सामाजिक परिवर्तन और सामाजिक नियन्त्रण

रामनाथ शर्मा

राजेन्द्र कुमार शर्मा

एटलांटिक पब्लिशर्स एण्ड डिस्ट्रीब्यूटर्स

प्रकाशक

एटलांटिक पब्लिशर्स एण्ड डिस्ट्रीब्यूटर्स

बी-2, विशाल एन्क्लेव, नई दिल्ली - 110027

दूरभाष : 25413460, 25429987, 25466842

विक्रय केन्द्र

एटलांटिक पब्लिशर्स एण्ड डिस्ट्रीब्यूटर्स

7/22, अन्सारी रोड, दरियागंज, नई दिल्ली-110002

दूरभाष : 23273880, 23285873, 23280451

फैक्स : 91-11-23285873

e-mail : info@atlanticbooks.com

web: www.atlanticbooks.com

टाईपसैटिंग : ए॰पी॰डी॰ कम्प्यूटर ग्रॉफिक्स, नई दिल्ली

मुद्रक : मेहरा ऑफसेट प्रैस, नई दिल्ली

SAMAJIK PARIVARTAN AUR SAMAJIK NIYANTRAN
(in Hindi) By Ramnath Sharma & Rajendra Kumar Sharma

भूमिका

यह पुस्तक समस्त भारतीय विश्वविद्यालयों में बी० ए० समाजशास्त्र विषय के सामाजिक नियन्त्रण और सामाजिक परिवर्तन नामक प्रश्न-पत्र के लिये लिखी गई है। पुस्तक में जहाँ पाठयक्रमों के किसी भी विषय को छोड़ा नहीं गया है, वहाँ प्रत्येक का वर्णन प्रथम श्रेणी के स्तर से करने की चेष्टा की गई है। चार्टों और तालिकाओं से पुस्तक को अधिकाधिक सुबोध बनाने की चेष्टा की गई है। परीक्षा के दृष्टिकोण से प्रत्येक अध्याय के अन्त में विश्वविद्यालयों की परीक्षा में पूछे गये अर्वाचीन प्रश्न भी दिये गये हैं। अधिक विस्तार से पढ़ने की इच्छा रखने वाले जिज्ञासुओं के लिये प्रत्येक अध्याय के अन्त में विशेष अध्ययन की सूची भी दे दी गई है।

यह पुस्तक विश्लेषणात्मक पद्धति (Analytical method) से लिखी गई है। अतः प्रत्येक विषय पर प्रत्येक प्वाइन्ट को काले अक्षरों में देकर यथासम्भव अलग पैराग्राफ में वर्णन किया गया है। विषय को उपस्थित करने की विश्लेषणात्मक पद्धति के साथ-साथ विषय के विवेचन में रचनात्मक समालोचना (Constructive Criticism) की विधि अपनाई गई है। विवादास्पद विषयों पर निष्कर्ष देने में लेखक का दृष्टिकोण सर्वांग (Integral) रहा है। सर्वांग दृष्टिकोण में किसी भी मत को असत्य न कहकर उसके सत्य के पक्ष पर जोर दिया जाता है और उसके खंडन के स्थान पर उसकी सीमायें दिखाने की ओर अधिक ध्यान दिया जाता है। जहाँ तक प्रयोगसिद्ध बातों का प्रश्न है उसमें नवीनतम प्रयोगों के परिणाम ही अन्तिम निष्कर्ष हैं। लेखकों ने प्रत्येक विषय के विवेचन में यथासम्भव नवीनतम सामग्री देने का प्रयास किया है।

समाजशास्त्र उन थोड़े से विज्ञानों में से है जो मानव जीवन के अत्यधिक निकट हैं। अतः समाजशास्त्रीय तथ्यों को अपने चारों ओर के दैनिक जीवन के अनुभवों की पृष्ठभूमि में समझना आवश्यक है। इस बात को ध्यान में रखकर लेखक ने यथासम्भव दैनिक जीवन की मामूली बातों से विषय को समझाने की कोशिश की है। स्थान-स्थान पर लेखक ने विभिन्न विषयों पर अपनी ओर से परिभाषायें भी उपस्थित की हैं।

भारत में समाजशास्त्र का अध्ययन अभी नया है। इसलिये अभी हिन्दी में पर्याप्त साहित्य उपलब्ध नहीं हो सका है। पश्चिमी लेखकों द्वारा लिखी गयी पुस्तकों में उदाहरण उनके देश की परिस्थितियों से लिये गये हैं। इनको पढ़ने से समाजशास्त्र के भारतीय विद्यार्थी को अपने चारों ओर से सामाजिक जीवन में आवश्यक अन्तर्दृष्टि नहीं मिल पाती क्योंकि भिन्न-भिन्न समाजों में कुछ न कुछ अन्तर पाया ही जाता है। प्रस्तुत पुस्तक में लेखकों ने सभी जगह भारतीय जीवन से उदाहरण दिये हैं।

'अर्चना'
सिविल लाइन्स, मेरठ।

डॉ० रामनाथ शर्मा
डॉ० राजेन्द्र कुमार शर्मा

विषय सूची

प्रथम खण्ड
सामाजिक परिवर्तन
(Social Change)

अध्याय पृष्ठ

भाग दो
सामाजिक नियंत्रण
(Social Control)

भाग एक
सामाजिक परिवर्तन
(Social Change)

1. **सामाजिक परिवर्तन की अवधारणा**
   (The Concept of Social Change)
2. **सामाजिक परिवर्तन के कारक**
   (Factors of Social Change)
3. **सामाजिक उद्विकास**
   (Social Evolution)
4. **सामाजिक प्रगति**
   (Social Progress)
5. **सामाजिक विकास**
   (Social Development)
6. **सामाजिक क्रान्ति**
   (Social Revolution)
7. **सामाजिक परिवर्तन के सिद्धान्त**
   (Theories of Social Change)

1

सामाजिक परिवर्तन की अवधारणा

(The Concept of Social Change)

मानव का परिवर्तनशील स्वभाव

मानव स्वभाव से ही एक गतिशील प्राणी है। अतः मानव समाज कभी भी स्थिर नहीं रहता। उसमें सदैव परिवर्तन हुआ करता है। डासन और गेटिस ने ठीक ही लिखा है, ''क्रिया और परिवर्तन सदैव उपस्थित सार्वभौम तथ्य हैं।[1] एक से जीवन से मानव ऊब जाता है। घनिष्ट प्रेममय सम्बन्धों में कुछ न कुछ परिवर्तन की इच्छा मानव स्वभाव है। प्रसिद्ध मनोविश्लेषणवादी फ्रॉयड के अनुसार मनुष्य में परस्पर विरोधी भाव सदैव उपस्थित रहते हैं। जहाँ प्रेम है वहाँ घृणा भी है। इसी कारण बराबर प्रेम बनाये रखने के लिए घनिष्ट प्रेमियों और पति पत्नी को भी जीवन में नये-नये परिवर्तन करते रहने की आवश्यकता पड़ती है। सफल पत्नी नित नये हाव भाव तथा परिर्वतन से पति की रूचि बनाये रखती है। यही सभी मानव सम्बन्धों का हाल है। ग्रीन के शब्दों में, ''परिवर्तन का उत्साहपूर्ण स्वागत प्रायः जीवन का एक ढंग हो गया है।''[2]।

मानव समाज में परिवर्तन

अतः मानव समाज में भी बराबर परिवर्तन होता रहता है। किसी भी देश का इतिहास कभी एक सा नहीं रहा। राज्य बनते बिगड़ते रहते हैं। नई-नई विचारधारायें अपनाई जाती हैं। पुरानी रूढ़ियाँ और परम्परायें टूटती रहती हैं। रीति-रिवाज, फैशन, प्रथायें, तौर तरीके, रहन-सहन के ढंग; पिता, पुत्र, देशी-विदेशी भिन्न-भिन्न व्यक्तियों के परस्पर सम्बन्ध बराबर बदलते रहते हैं। भारत में ही प्राचीन, मध्यकालीन और आधुनिक समाज की तुलना करके यह परिवर्तन देखा जा सकता है। परिवार, विवाह, जाति सभी संस्थाओं में, सामाजिक, आर्थिक, राजनैतिक सभी

1. "Activity and change are ever-present universal facts." --*Dawson and Gettys*
2. "The enthusiastic reception of change has become almost a way of life." --Green

व्यवस्थाओं में धर्म और राज्य में, शिक्षा के आदर्शों में, स्त्री-पुरुष के सम्बन्ध में, जीवन के सभी पहलुओं में यह परिवर्तन देखा जा सकता है।

परिवर्तन सार्वभौम है

परिवर्तन की यह प्रक्रिया सार्वभौम है। औद्योगिक क्रान्ति, नगरीकरण, जीवन के विभिन्न क्षेत्रों में नई-नई प्रविधियों के आविष्कार, नई-नई मशीनों के आविष्कार, यातायात और संदेशवहन की सुविधाओं में अत्यधिक प्रगति से सब कहीं परिवर्तन दिखलाई पड़ता है। स्त्री-पुरुष, मालिक-मजदूर, राजा-प्रजा तथा विभिन्न वर्गों के परस्पर सम्बन्धों में संसार में लगभग सब कहीं कुछ न कुछ परिवर्तन दिखलाई पड़ता है। साम्यवादी विचारधारा ने मानव सम्बन्धों को अत्यधिक प्रभावित किया है। विश्व-महायुद्धों का लगभग सार्वभौम प्रभाव पड़ता है। सामाजिक प्रगति के लिये परिवर्तन आवश्यक भी है। परिवर्तन जीवन का मूलमन्त्र है। उसके बिना जीवन का अस्तित्व तक खतरे में पड़ने का भय है। यह बात जीवन के व्यक्तिगत और सामाजिक दोनों ही पहलुओं के विषय में सत्य है। लम्ले ने ठीक ही लिखा है कि "कई कारणों से सामाजिक परिर्वतन अवश्यम्भावी और अपरिहार्य रहा और रहेगा।"[1]।

इस सार्वभौम परिवर्तन को समझने के लिए केवल एक ही उदाहरण पर्याप्त होगा। परिवार का ही उदाहरण लीजिए। आज संसार में सब कहीं परिवार के छोटे होने की प्रवृत्ति है। सभ्यता के विकास के साथ-साथ संसार में सभी आधुनिक देशों में अन्य समितियाँ परिवार से उसके अनेक कार्य लेती गई हैं। लगभग सभी जगह व्यक्तियों पर परिवार के नियन्त्रण के बन्धन कुछ ढीले पड़ गये हैं। इसी प्रकार विवाह, राज्य, आर्थिक व्यवस्था आदि अन्य अनेक क्षेत्रों के उदाहरणों से सामाजिक परिर्वन की सार्वभौमिकता समझी जा सकती है।

सामाजिक परिवर्तन की परिभाषा
(Definition of Social Change)

1. फेयरचाईल्ड—"सामाजिक परिवर्तन सामाजिक प्रक्रिया, प्रतिमान अथवा स्वरूप के किसी भी पहलू में होने वाला अन्तर या संशोधन है। यह एक व्यापक शब्द है जिससे सामाजिक आन्दोलन के प्रत्येक प्रकार के परिणामों का बोध होता है। सामाजिक परिवर्तन प्रगतिगामी या प्रतिगामी, स्थाई अथवा अस्थाई, नियोजित अथवा अनियोजित, एक-दिशागामी या बहु-दिशागामी, उपयोगी अथवा हानिकारक हो सकते हैं।"[2]

---

1. "Social change has been and is inevitable-unevadable for many reasons."--Lumley
2. "Social changes are variations or modifications in any aspect of social process pattern or form. (It is) a comprehensive term designating the result of every variety of social movement. Social change may be progressive or regressive, permanent or temporary, planned or unplanned, uni-directional or multi-directional, beneficial or harmful." Hanry Pratt Fairchild (ed.) Dictionary of Sociology Ames Iowa : Littlefield, Adams & Co. 1955 p. 277.

2. लुण्डवग (Lundberg); **श्चरेग** (Schrag)तथा **लारसेन** (Larsen)— "सामाजिक परिवर्तन से किसी विशेष अवधि में किसी सामाजिक प्रघटना में होने वाले स्पष्ट अन्तरों का बोध होता है।"[1]

3. किंग्सले डेविस—"सामाजिक परिवर्तन से केवल उन अन्तरों का बोध होता है जो सामाजिक संगठन में घटित होते हैं अर्थात् समाज की संरचना तथा प्रकार्यों में घटित होते हैं। इस प्रकार सामाजिक परिवर्तन को हम सांस्कृतिक परिवर्तन का केवल एक अंश मात्र ही कह सकते हैं। सांस्कृतिक परिवर्तन में तो वह सभी परिवर्तन आ जाते हैं जो संस्कृति की किसी भी शाखा में घटित होते हैं जैसे—कला, विज्ञान, तकनीकी, दर्शन, इत्यादि। इसमें हम उन परिवर्तनों को भी सम्मिलित करते हैं जो सामाजिक संगठन के स्वरूपों तथा नियमों में आते हैं।"[2]

4. वान वीज—"सामाजिक परिवर्तन से अभिप्राय केवल मनुष्य-मनुष्य के सम्बन्धों में होने वाले परिवर्तनों से है, जबकि सांस्कृतिक परिवर्तन से मनुष्य तथा पदार्थ के बीच पाये जाने वाले सम्बन्धों में परिवर्तन का बोध होता है। संस्कृति तो अर्न्तमानवीय क्रियाओं के प्रतिफलों की ओर संकेत करती है जबकि समाज स्वयं इन प्रतिफलों को उत्पन्न करने वाले मानवों से प्रयोजन रखता है।"[3]

5. मैकाइवर तथा पेज—"सामाजिक परिवर्तन से अभिप्राय सामाजिक सम्बन्धों में होने वाले परिवर्तनों से है ... उन रीतियों में परिवर्तन होने से है जिनके द्वारा एक दूसरे व्यक्ति के साथ अपना सम्बन्ध जोड़ते हैं।"[4]

6. मौरिस गिन्सबर्ग—"सामाजिक परिवर्तन में मनोवृत्तियों तथा विश्वासों को भी उस सीमा तक सम्मिलित किया जाना चाहिये जहाँ तक वे संस्थाओं को तथा उनमें होने वाले परिवर्तनों को शक्ति प्रदान करते हैं।"[5]

1. "Social change represents any observable difference in any social phenomena over any period of time, "--George A. Lundberg, Clarence C. Schrag and Otto N. Larsen, Sociology, 2nd ed. (New York: Harper & Row, 1958) p. 694.
2. "By social change" is meant only such alterations as occur in social organization—that is, the structure and functions of society. Social change thus forms only a part of what is essentially a broad category called "cultural change". The latter embraces all changes occurring in any branch of culture, as art, science, technology, philosophy, etc., as well as changes in the forms and rules of social organization.
3. "Social change denotes alterations in man-man relationships, while `cultural change' should refer to variations in man-matter connections. Culture is concerned with the products of inter-human activities, society with the producers themselves," Leopold Von Wiese, "The Sociological Study of Social Change." Transactions of the Third World Congress of Sociology (Amsterdam: International Sociological Association, 1956) p. 7.
4. "By social change is meant changes in social relationships...the changing ways in which human beings relate themselves to one another." Robert M. MacIver and Charles H. Page. Society: An Introductory Analysis (New York: Rinehart, 1949) p. 511.
5. "By social change I understand a change in social structure, for example, the size of society, the composition or balance of its parts or the types of its orginization. Examples of such changes are the contraction in the size of the family...the breaking up of the dominal economy... The term social change must also include changes in attitudes or beliefs, insofar as they sustain institutions and change with them."

7. विल्बर्ट ई॰ मूर—"सामाजिक संरचना में होने वाले केवल महत्वपूर्ण परिवर्तन ही सामाजिक परिवर्तन की श्रेणी में आयेंगे। महत्वपूर्ण परिवर्तनों से इनका अभिप्राय सामाजिक क्रियाओं तथा अन्त:क्रियाओं के प्रतिमानों में होने वाले परिवर्तनों से है। इसके अतिरिक्त इन्होंने सामाजिक परिवर्तन में सामाजिक संरचना में निहित आदर्शों (व्यवहार के नियमों), मूल्यों, सांस्कृतिक प्रतिफलों एवं प्रतीकों में होने वाले परिवर्तनों के परिणामों तथा इनकी अभिव्यक्तियों को भी सम्मिलित किया है।[1] मूर ने अपने विचारों को और भी अधिक स्पष्ट करते हुए कहा है कि "समाजशास्त्रियों को 'सामाजिक परिवर्तन' तथा छोटी-छोटी क्रियाओं में पाई जाने वाली क्रमबद्धता में अन्तर स्पष्ट करना चाहिये जो संगठित रूप से एक प्रतिमान, एक व्यवस्था, स्वयं व्यवस्था में परिवर्तन इत्यादि की ओर संकेत करती है।"[2]

9. एलविन बोस्कॉफ—"सामाजिक परिवर्तन एक ऐसी बोधगम्य प्रक्रिया है जिसके द्वारा निश्चित सामाजिक व्यवस्थाओं की संरचना तथा कार्यप्रणाली में होने वाले महत्वपूर्ण अन्तरों का बोध किया जा सकता है।"[3]

10. जॉनसन—"सामाजिक परिवर्तन किसी सामाजिक व्यवस्था की संरचना में होने वाला परिवर्तन है, जो स्थिर अथवा अपेक्षा तथा अपरिवर्तनीय था वह परिवर्तित हो जाता है। इसके अतिरिक्त, संरचनात्मक परिवर्तनों में सबसे महत्वपूर्ण वह परिवर्तन है जिसका व्यवस्था की कार्य-प्रणाली पर प्रभाव पड़ता हो अर्थात इसके लक्ष्यों को और अधिक कुशलतापूर्वक प्राप्त किया जा सकता हो अथवा उन दशाओं को अधिक कुशलतापूर्वक पूरा किया जा सकता हो जो व्यवस्था के अस्तित्व को बनाये रखने के लिए आवश्यक हों।"[4]

---

1. "Social change is the significant alteration of social structure (that is, of patterns of social action and interaction), including consequences and manifestations of such structures embodied in norms (rule of conduct), values and cultural products and symbols." Wilbert E. Moore, "Social Change". an article in the International Encyclopaedia of the Social Sciences. Vol. 14 (New York: The Macmillan Co., and the Free Press, 1968) pp. 3-4.
2. "Mere sequences of small actions, that is sum essentially comprise the pattern, the system, and changes in the system itself, in the magnitude or the boundaries in the prescription for action."--Wilbert E. Moore, "Social Change", (Englewood Cliffs, N.J. : Prentice-Hall, 1963) pp. 5-6.
3. "Scial change is the intelligible process in which we can discover significant alterations in the structure and functioning of determinate social system." Alvin Boskoff, in Howard Becker and Alvin Boskoff, (eds.) Modern Sociological Theory (New York: Dryden Press), p. 263.
4. Social change is the change in the structure of a social system; what has been stable or relatively unchanging changes. Moreover, of structural changes the most important are those that have consequences for the functioning of the system-for attaining its goals more (or less) efficiently or for fulfilling more (or less) efficiently the conditions that must be met if the system is to survive at all.

11. फ्रैंसिस ऐलन–''इससे उन परिवर्तनों का बोध होता है जो किसी अवधि में सामाजिक व्यवस्थाओं अथवा किन्हीं उपव्यवस्थाओं की संरचना, उनके प्रकार्यों अथवा उसमें क्रियाशील प्रक्रियाओं में घटित होते हैं।''[1]

सांस्कृतिक परिवर्तन एवं सामाजिक परिवर्तन

सामाजिक परिवर्तन की अवधारणा सांस्कृतिक परिवर्तन की अवधारणा के साथ जुड़ी हुई है। अनेक समाजशास्त्री, यहाँ तक कि अनेक मानवशास्त्री भी सांस्कृतिक परिवर्तन पर ही अधिक बल देते हैं। व्हाईट (Leslie White) ने कहा है कि संस्कृति विज्ञान (Culturology) के अन्तर्गत संस्कृति को स्वतःजनित (Sui-generis) प्रक्रिया माना है जिसका मानवीय वाहकों से कोई सम्बन्ध नहीं है।[2] रॉलफ लिन्टन तथा हर्स्टकोविट्स ने संस्कृति और समाज में अन्तर किया है। समाज ऐसे व्यक्तियों का एक संगठित पुंज है जो एक विशेष प्रकार का जीवन व्यतीत करते हैं। इनके अनुसार, ''संस्कृति'' शब्द का प्रयोग अत्यन्त ही संकुचित अर्थों में उन हस्तांरित की जा सकने वाली वस्तुओं, मूल्य प्रतिमानों, विचारों तथा अन्य प्रतीकात्मक प्रकार की व्यवस्थाओं के लिये किया जाना चाहिये जो मानवीय व्यवहार को ठोस रूप से ढालने का कार्य करती हैं। इसके विपरीत ''समाज'' तथा ''सामाजिक व्यवस्था'' शब्द का प्रयोग व्यक्तियों तथा समूहों के बीच घटित होने वाली अन्तःक्रियाओं की विशेष व्यवस्थाओं के लिये किया जाना चाहिये। यदि यह कहा जाय कि अमुक व्यक्ति किसी संस्कृति का सदस्य है तो यह उसकी पदन्यूनता का द्योतक है क्योंकि इसका अर्थ यह हुआ कि वह समाज की अमुक संस्कृति का सदस्य है।[3] क्रोबर तथा पॉरसन्स के अनुसार समाज तथा संस्कृति दो विभिन्न व्यवस्थाओं की ओर संकेत करते हैं, क्योंकि वह किसी ठोस प्रघटना के दो विभिन्न अमूर्त (Abstract) तथा विश्लेषक (Objective) तत्वों का बोध करते हैं। जिन सम्बन्धों की चर्चा किसी सास्कृतिक प्रतिमान (Cultural Pattern) के सन्दर्भ में की जाती है वह उन सम्बन्धों

---

1. "Social change comprises modifications in social systems or sub-systems in structure, functioning, or process over some period of time." Francies R. Allen, "Socio-cultural Dynamics: An Introduction to Social Change," (New York: Macmillan Co., 1971) p. 39.
2. Leslie A. White, "Culturology" an article in Julius Gould and William L. Kolb (eds.) "A Dictionary of the Social Sciences." (New York: The Free Press of Glencoe. Inc. 1964) pp. 114-175.
3. "We suggest that it is useful to define the concept of `culture' for most usages more narrowly than has been generally the case in the American anthropological tradition, restricting its reference to transmitted and created content and patterns of values, ideas, and other symbolic meaning system as factors in the shaping of human behaviour and the artifacts produced through behaviour. On the other hand, we suggest that the term "Society"—or more generally, `social system'—be used to designate the specifically relational system of interaction among individuals and collectivities. To speak of a member of culture should be understood as an ellipsis meaning a "member of the society of culture' X," A. L. Kroeber and Talcott Parsons, "The Concept of Culture and Social System." *"American Sociological Review"* Vol. 23 No. 5, (October 1958), pp. 582-83.

से भिन्न होते हैं जिनकी चर्चा समाज-सम्बन्धित सम्बन्धों के संदर्भ में की जा सकती है।''[1]

'समाज' तथा 'संस्कृति' के उपरोक्त अन्तर से स्पष्ट है कि सामाजिक परिवर्तन को 'सांस्कृतिक परिवर्तन' नहीं माना जा सकता। सांस्कृतिक परिवर्तन एक संकुचित अवधारणा है जबकि सामाजिक परिवर्तन एक विस्तृत अवधारणा है। एक रूप में सांस्कृतिक परिवर्तन को सामाजिक परिवर्तन का केवल एक भाग ही माना जा सकता है।

सामाजिक और सांस्कृतिक परिवर्तन में भेद

सामाजिक परिवर्तन की परिभाषा करते हुए कुछ समाजशास्त्री सामाजिक परिवर्तन और सांस्कृतिक परिवर्तन में अन्तर करना भूल गये हैं। इस प्रकार गिलिन और गिलिन ने सामाजिक परिवर्तन की परिभाषा करते हुए लिखा है कि ''सामाजिक परिवर्तन जीवन के स्वीकृत प्रकारों में परिवर्तन है चाहे वह भौगोलिक परिस्थितियों में, सांस्कृतिक साधनों में, जनसंख्या की अथवा विचारधारणओं की रचना में परिवर्तन से हुए हों, या समूह के अन्दर ही प्रसार अथवा आविष्कार से लाये गये हों।[2] सामाजिक परिवर्तन की इस परिभाषा में सामाजिक परिवर्तन और सांस्कृतिक परिवर्तन में अन्तर किया गया है। मैकाइवर और पेज ने इन दोनों में अन्तर करने की चेष्टा की है। सामाजिक परिवर्तन सामाजिक सम्बन्धों का परिवर्तन है। सामाजिक सम्बन्ध समाज के जीवन से पृथक् नहीं किये जा सकते। इस प्रकार सामाजिक और सांस्कृतिक परिवर्तनों में एक अन्य बड़ा अन्तर उनके तत्वों को लेकर है। संस्कृति के तत्व ऐसे होते हैं कि समय के परिवर्तन के बाद भी उनको किसी रूप में जीवित रखा जा सकता है। उदाहरण के लिए सभ्य समाजों में प्राचीन संस्कृतियों के अवशेषों को संग्रहालयों और अजायबघरों में सजा कर रखा जाता है। इस प्रकार हजारों साल बीत जाने के बाद भी ये सांस्कृतिक उपकरण ज्यों के त्यों देखे जा सकते हैं। परन्तु सामाजिक परिर्वतन के तत्वों के विषय में ऐसा नहीं है। सामाजिक परिवर्तन में सामाजिक सम्बन्ध बदलते हैं। नये सम्बन्ध आने के बाद पुराने सम्बन्धों को किसी अजायबघर में नहीं देखा जा सकता। यद्यपि इतिहास में समाज की प्राचीन संरचना और दशाओं का कुछ उल्लेख मिल सकता है परन्तु इस प्रकार का ज्ञान एक अप्रत्यक्ष ज्ञान होगा जबकि अजायबघर में रखी वस्तुयें प्रत्यक्ष दिखाई पड़ती हैं। एक नयी मशीन बन जाती है, तो पुरानी मशीन अजायबघर में देखी जा सकती है। इस तरह

1. "They are distinct systems in that they abstract or select two analytically distinct sets of components from the other concrete phenomena. Statements made about relationship within a cultural pattern are thus of a different order from those within "a system of social relationships." *Ibid*.
2. "Social changes are variations from the accepted modes of life, whether due to alteration in geographic conditions, in cultural equipment, composition of the population, or ideologies or whether brought by diffusion or invention within the group." --Gillin and Gillin. *'Cultural Sociology,'* pp. 561-62.

पुरानी मशीन भी कायम रहती है। परन्तु जब एक नई प्रथा या संस्था विकसित होती है तो पुरानी प्रथा और संस्था का कहीं नामोनिशान नहीं रहता। वास्तव में जैसा कि मैकाइवर और पेज ने ठीक ही लिखा है '' यदि लोग किसी प्रथा को नहीं मानते तो यह प्रथा पृथ्वी पर अब कहीं नहीं रहती। ... सम्बन्धों को संस्था से अलग नहीं किया जा सकता जिसकी कि वह अभिव्यक्ति है। काल के आघातों से बचाने के लिए एक सामाजिक संरचना को एक अजायबघर में नहीं रखा जा सकता ...।'' समाज और संस्कृति के अन्तर से भी सामाजिक और सांस्कृतिक परिवर्तन का अन्तर स्पष्ट मालूम होता है। समाज सामाजिक सम्बन्धों की व्यवस्था है। इस व्यवस्था में परिवर्तन सामाजिक परिवर्तन हैं। यह व्यवस्था कुछ जनरीतियों, रूढ़ियों, परम्पराओं, प्रथाओं तथा फैशन आदि से चलती है। इन सब में परिवर्तन या इनमें से किसी में भी परिवर्तन सामाजिक परिवर्तन है। इनके परिवर्तन से सामाजिक सम्बन्ध, उनके स्वरूप और व्यवहार प्रभावित होते हैं। दूसरी ओर संस्कृति कला, विज्ञान, साहित्य, दर्शन तथा विचारों और मूल्यों आदि से सम्बन्धित है। इनमें परिवर्तन का समाज पर कुछ न कुछ प्रभाव पड़ सकता है और सामाजिक परिवर्तन से इनमें भी परिवर्तन होता है। परन्तु एक परिवर्तन होने से दूसरे में परिवर्तन होना अनिवार्य नहीं है। उदाहरण के लिए संगीत कला के क्षेत्र में नये-नये रागों, नृत्यों आदि के निकलने से सामाजिक परिवर्तनों में कोई विशेष अन्तर नहीं पड़ता। अतः सामाजिक और सांस्कृतिक परिवर्तन परस्पर सम्बन्धित होते हुए भी अभिन्न नहीं हैं।

वास्तव में संस्कृति एक अधिक व्यापक शब्द है। अतः सांस्कृतिक परिवर्तन सामाजिक परिवर्तन से अधिक व्यापक हैं। सामाजिक परिवर्तन में केवल सामाजिक सम्बन्धों के परिवर्तन आते हैं जबकि सांस्कृतिक परिवर्तन में कला, विज्ञान तथा प्रौद्योगिकी और विचार आदि के परिवर्तन भी आते हैं। इन सबके परिवर्तन का सामाजिक परिवर्तन में उसी सीमा तक महत्व है जिस सीमा तक ये सामाजिक सम्बन्धों को प्रभावित करते हैं। अतः सांस्कृतिक और सामाजिक परिवर्तनों को एक दूसरे से पृथक् समझना चाहिए। डेविड ने ठीक ही लिखा है कि ''यह ठीक है कि संस्कृति का कोई भी भाग सामाजिक व्यवस्था से असम्बद्ध नहीं है परन्तु यह सत्य है कि इन शाखाओं में सामाजिक व्यवस्था पर कोई प्रत्यक्ष प्रभाव डाले बिना परिवर्तन हो सकते हैं। अतएव समाजशास्त्रीय दृष्टिकोण से हम सांस्कृतिक परिवर्तन में उसी सीमा तक रूचि लेते हैं जिस सीमा तक वह सामाजिक संगठन से निकलता है या उस पर प्रभाव डालता है। सामाजिक परिवर्तन से अलग हम उसमें उसी के लिए रूचि नहीं लेते।''[1]

---

1. "Of course, no part of culture is totally unrelated to the social order, but it remains true that change may occur in these branches without noticeably affecting the social system. Sociologically, therefore, we are interested in cultural change only to the extent that it arises from or has an affect on soical organisation, we are not interested in it for itself apart from social change." --*Davis, 'Human Society'*, p. 623

समाज सामाजिक सम्बन्धों का जाल है। सामाजिक सम्बन्ध समाज के सदस्यों, नर-नारियों, बाल, युवा और वृद्धों के परस्पर व्यवहार में स्थापित होते हैं। यह व्यवहार परस्पर क्रियाओं के रूप में होता है। इस प्रकार सामाजिक सम्बन्ध समाज के सदस्यों में सामाजिक अन्त:क्रिया पर आधारित हैं। समाज के किन्हीं दो सदस्यों में सम्पर्क होने पर किसी न किसी प्रकार की सामाजिक अन्त:क्रिया आरम्भ हो जाती है। स्त्री पुरुष के सम्पर्क में आने पर आकर्षण भी हो सकता है और विकर्षण भी, सहयोग भी हो सकता है और संघर्ष भी। समाज के विभिन्न समूहों में परस्पर संघर्ष, प्रतियोगिता, सहयोग अथवा समन्वय की प्रक्रियायें चलती रहती हैं। ये सब सामाजिक अन्त:क्रियायें हैं।

इस प्रकार सामाजिक अन्त:क्रियाओं और सामाजिक परिवर्तन का घनिष्ठ सम्बन्ध है। यदि किसी समाज में विभिन्न अन्त:क्रियायें संघर्ष, प्रतियोगिता, सहयोग, समन्वय आदि न हों तो समाज में परिवर्तन नहीं हो सकता। अन्त:क्रियाओं के होने से ही सामाजिक परिवर्तन होता है। परन्तु सामाजिक अन्त:क्रिया और सामाजिक परिवर्तन में अन्तर है। सामाजिक अन्त:कियायें वे प्रक्रियायें हैं जिनसे व्यक्तियों में कुछ अर्थपूर्ण मानसिक व्यवहार स्थापित होते हैं। दूसरी ओर सामाजिक परिवर्तन व्यक्तियों के व्यवहारों में कुछ प्रतिमानों में परिवर्तन की ओर संकेत करता है। यह सामाजिक परिर्वतन सामाजिक जीवन के सभी भागों को प्रभावित करता है। समाज एक गतिशील संरचना हैं। उसमें सामाजिक परिर्वतन सदैव होता रहता है। समाज की इसी प्रकृति के कारण सामाजिक अन्त:क्रियायें दिखाई पड़ती हैं।

सामाजिक स्थायित्व और सामाजिक परिवर्तन

मानव समाज सामाजिक सम्बन्धों की जटिल संरचना हैं यह संरचना सतत परिवर्तनशील है। इसके रूप और प्रतिमान बराबर बदलते रहते हैं। इसमें विभिन्न प्रकार के समूह बनते और बिगड़ते रहते हैं। कहीं विकास होता है तो कहीं क्रान्ति, कहीं संयोजन होता है तो कहीं वियोजन। सच तो यह है कि किन्हीं भी दो मनुष्यों के सामाजिक सम्बन्ध तक कभी भी एक से नहीं रहते। इस प्रकार सामाजिक व्यवस्था का रूप सतत परिवर्तनशील है। परन्तु क्या इससे यह कहा जा सकता है कि सामाजिक स्थायित्व जैसी कोई चीज नहीं है? सामाजिक स्थायित्व से तात्पर्य सामाजिक सम्बन्धों के स्थायित्व से है। तब प्रश्न यह उठता है कि क्या सामाजिक सम्बन्धों में किसी भी प्रकार का स्थायित्व नहीं पाया जाता ? यह समझाने के लिए सामाजिक स्थायित्व के प्रत्यय को कुछ और अधिक स्पष्ट करना आवश्यक है।

सामाजिक स्थायित्व क्या है?

सामाजिक स्थायित्व (Social Stability) से मनुष्यों के परस्पर सम्बन्धों में न्यूनाधिक स्थायित्व समझना चाहिए। यह एक सापेक्ष धारणा है क्योंकि कोई भी सामाजिक सम्बन्ध न तो पूर्णतया परिवर्तनशील हैं और न ऐसा ही है कि उनमें कोई स्थायित्व न हो। उदाहरण के लिए संसार के सभी देशों में स्त्री पुरुष के परस्पर

वैवाहिक सम्बन्ध परिवर्तनशील होते हुए भी स्थायी होते हैं। उनमें परस्पर संघर्ष के अवसर आते हैं, तनाव भी होते हैं और वैवाहिक सम्बन्ध टूटते भी हैं परन्तु दूसरी ओर कितने ही वैवाहिक सम्बन्ध आजीवन दृढ़ रहते हैं। ऐसा नहीं है कि किसी भी पति-पत्नी के परस्पर सम्बन्धों में कोई परिवर्तन ही न आता हो। वास्तव में यदि ध्यान से देखा जाए तो पति-पत्नी के रूप में भी स्त्री-पुरुष के सम्बन्ध गतिशील होते हैं, उनकी परस्पर भावनाओं, प्रवृत्तियों, संवेगों, अनुभूतियों, आशाओं, आकांक्षाओं आदि मानसिक प्रवृत्तियों में कुछ न कुछ अन्तर होता ही रहता है। परस्पर तनाव भी उत्पन्न होते हैं परन्तु वे सुलझा लिये जाते हैं और तलाक की नौबत नहीं आती। इस प्रकार पति-पत्नी के सम्बन्धों की गतिशीलता वैवाहिक सम्बन्धों के स्थायित्व को समाप्त नहीं करती क्योंकि विवाह की संस्था के अन्तर्गत ही यह सब कुछ होता है। अस्तु, सामान्य रूप से विवाह की संस्था और उसके स्थूल प्रतिमान बने ही रहते हैं।

यही बात परिवार की संस्था में भी देखी जा सकती है। लगभग प्रत्येक समाज में पारिवारिक सम्बन्धों में कुछ न कुछ सामाजिक स्थायित्व सदैव देखा जा सकता है। यद्यपि सब कहीं परिवार के सदस्य आपस में लड़ते-झगड़ते भी हैं, बहुत दिनों तक एक दूसरे से सम्बन्ध भी तोड़ लेते हैं, मिलते-जुलते भी नहीं, परस्पर घृणा, ईर्ष्या और बैर की भावनायें भी रखते हैं परन्तु इन सबसे रिश्तेदारी नहीं टूटती और लड़ने वाले फिर से मिल जाते हैं, उनमें फिर से सम्पर्क होता है। सहयोग और मेल-जोल बढ़ता है। स्पष्ट है कि सामाजिक सम्बन्धों के स्थूल प्रतिमानों, सामाजिक संस्थाओं, सामाजिक नियन्त्रणों के साधनों आदि में बहुत कुछ स्थायित्व होता है यद्यपि सूक्ष्म रूप से इस स्थायित्व की सीमा के अन्दर ही सामाजिक परिवर्तन भी कार्य करता रहता है।

इस प्रकार सामाजिक स्थायित्व और सामाजिक परिर्वतन सामाजिक व्यवस्था के दो विभिन्न पहलू हैं। इन दोनों में से एक के भी अभाव में समाज नहीं रह सकता और न सामाजिक सम्बन्ध ही बन सकते हैं। यह बात बिल्कुल स्पष्ट है कि यदि सामाजिक सम्बन्धों में क्षण-क्षण में परिवर्तन होता हो और कोई भी स्थायित्व न हो तो समाज नहीं बन सकता और न किसी प्रकार की सामाजिक संस्थायें अथवा समितियाँ ही काम कर सकती हैं। इस प्रकार की स्थिति में सामुदायिक जीवन असम्भव है। अस्तु, सामाजिक व्यवस्था में सामाजिक स्थायित्व का मूल्य अत्यधिक है। परन्तु जब कोई संस्था इतनी स्थायी हो जाती है कि उसमें कोई परिवर्तन ही नहीं होता तो उसकी जीवन शक्ति मरने लगती है और परिवर्तन आवश्यक हो जाता है। ऐसा न होने पर सामाजिक संस्था का वह रूप क्रमशः मिट जाता है और उसकी जगह नये रूप ले लेते हैं जो कि अधिक गतिशील हैं और मनुष्यों की परिवर्तनशील मांगों को अधिक अच्छी तरह सन्तुष्ट कर सकते हैं। इस प्रकार परिवर्तन और स्थायित्व दोनों ही सामाजिक सम्बन्धों के महत्वपूर्ण पहलू हैं। इनमें से एक के भी अभाव में सामाजिक सम्बन्ध समृद्ध और पर्याप्त नहीं रह सकते। विवाह की संस्था में स्त्री-पुरुष के परस्पर सम्बन्धों में परिवर्तन भी उतना आवश्यक है जितना स्थायित्व।

परिवर्तन न हो तो कोई नयापन न रहे, मनुष्य ऊब जाये; उसमें तनाव बढ़ने लगे क्योंकि मनुष्य परिवर्तनशील प्राणी है। दूसरी ओर स्थायित्व न हो तो मनुष्य के मूल्य, विश्वास और आस्थायें डिग जायें, उसका जीवन असम्भव हो जाए। इसलिए किन्हीं भी दो व्यक्तियों के परस्पर सामाजिक सम्बन्धों की प्रगाढ़ता, नयापन और जीवनी शक्ति को बनाए रखने के लिए यह आवश्यक है कि उनमें एक गतिशील स्थायित्व हो अर्थात् स्थायित्व के अन्तर्गत सूक्ष्म परिवर्तन होते रहें।

सामाजिक परिवर्तन के कारक
(Factors of Social Change)

स्थूल रूप से सामाजिक परिवर्तन के मुख्य कारक निम्नलिखित हैं—

(1) **सांस्कृतिक कारक**—संस्कृति, मूल्यों, शैलियों, भावात्मक लगावों और बौद्धिक अभियानों का क्षेत्र है। ये मूल्य, शैलियाँ, और विचार आदि सामाजिक परिवर्तन को भी प्रभावित करते हैं विशेष तौर से मूल्यों का सामाजिक परिवर्तनों पर व्यापक प्रभाव पड़ता है। मूल्य का अर्थ उस लक्ष्य से है कि जिसको प्राप्त करने के लिए कोई व्यक्ति और संस्था प्रयत्नशील रहती है। इस प्रकार हर एक सामाजिक संस्था का लक्ष्य कुछ मूल्यों को प्राप्त करना होता है। उदाहरण के लिये हिन्दू विवाह की संस्था का लक्ष्य संतानोत्पत्ति के साथ-साथ धर्म पालन और रति भी है। आधुनिक काल में धर्म का महत्व घट जाने से विवाह में से यह मूल्य लगभग समाप्त हो गया है। मूल्य में इस परिवर्तन से विवाह की संस्था अस्थिर हो गई है। इस प्रकार मूल्यों और विचारों के अन्तर से आधुनिक परिवार में अन्तर देखा जा सकता है। प्राचीन परिवारों में पिता का बड़ा सम्मान था। परिवार के सभी सदस्य उसकी आज्ञा मानना अपना परम कर्तव्य समझते थे। आधुनिक काल में माता-पिता और लड़के-लड़कियों के मूल्यों में अन्तर होता चला जा रहा है जिससे कि उन दोनों के बीच के सम्बन्ध टूटते जाते हैं और पारिवारिक विघटन दिखलाई पड़ता है। शैलियों में परिवर्तन का प्रभाव साहित्य, दर्शन और विशेषतः फैशन में देखा जा सकता है। फैशन का सामाजिक सम्बन्धों पर भी व्यापक प्रभाव पड़ता है। उदाहरण के लिये आजकल वस्त्रों के फैशन विशेषतः स्त्रियों के अंगों का अधिक से अधिक प्रदर्शन करते हैं। स्वाभाविक है कि इससे यौनिकता बढ़ती है और स्त्री-पुरुष के यौन सम्बन्धों में कुछ न कुछ परिवर्तन होता है। इस प्रकार विचार और संस्कृति में परिवर्तन से सामाजिक संरचना और सामाजिक संस्थाओं, विशेष तौर से परिवार और विवाह की संस्थाओं, में परिवर्तन देखा जा सकता है।

मैक्सवेबर ने सांस्कृतिक कारक को सामाजिक परिवर्तन का मुख्य कारक बतलाया है। उसके अनुसार सामाजिक परिवर्तन संस्कृति में परिवर्तन होने के साथ होते हैं। मैक्सवेबर ने अपने इस मत को धर्मों और आर्थिक व्यवस्थाओं के तुलनात्मक अध्ययन से सिद्ध किया। वास्तव में इस बात से कोई इन्कार नहीं कर सकता कि भौतिक और अभौतिक संस्कृति में परिवर्तन से सामाजिक सम्बन्धों पर अवश्य प्रभाव पड़ता है। डॉसन और गेटिस ने लिखा भी है कि इस प्रकार संस्कृति सामाजिक परिवर्तन को गति और निर्देश देती है और वे सीमायें निश्चित करती है, जिनसे परे

सामाजिक परिवर्तन नहीं हो सकते, ''परन्तु इससे यह निष्कर्ष निकालना ठीक नहीं है कि सामाजिक परिवर्तन और सांस्कृतिक परिवर्तन में कोई अन्तर नहीं हैं। वास्तव में सामाजिक परितर्वन का क्षेत्र सांस्कृतिक परिवर्तन के क्षेत्र से संकुचित है। मैकाइवर और पेज ने स्पष्ट लिखा है, ''इसलिये सामाजिक परिवर्तन, सांस्कृतिक या सभ्यता सम्बन्धी परिवर्तन से भिन्न वस्तु हैं।''[1]

(2) प्रौद्योगिक कारक—सामाजिक परिवर्तन में प्रौद्योगिक कारकों का बड़ा प्रभाव पड़ता है। ऑगबर्न ने लिखा है कि ''प्रौद्योगिकी हमारे पर्यावरण को परिवर्तित करके जिससे कि हम अनुकूलन करते हैं, हमारे समाज को परिवर्तित करती है। यह परिवर्तन साधारणतया भौतिक पर्यावरण में होता है और हम परिवर्तनों से जो अनुकूलन करते हैं उससे बहुधा प्रथायें और सामाजिक संस्थायें संशोधित हो जाती हैं।''[2] इस प्रकार विज्ञान के नित नये आविष्कारों से, नये-नये यन्त्रों तथा प्रणालियों के निरन्तर बढ़ते जाने से सामाजिक सम्बन्धों पर भारी प्रभाव पड़ा है। बिजली, भाप तथा पैट्रोल से चलने वाले उत्पादन के यन्त्रों, यातायात, परिवहन और संदेशवहन के साधनों तथा दैनिक जीवन के सैंकड़ो कामों के लिये नई-नई मशीनों के आविष्कारों से समाज का रूप बदलता जा रहा है और परिवार तथा विवाह जैसी संस्थाओं तक पर भारी प्रभाव पड़ा है। प्रौद्योगिक विकास के प्रत्यक्ष प्रभाव श्रम-संगठन, श्रम विभाजन, विशेषीकरण, जीवन की तीव्रगति, उत्पादन में वृद्धि आदि प्रत्यक्ष हैं। अप्रत्यक्ष रूप से नगरीकरण, बेकारी, प्रतिद्वन्द्विता और अपराध भी उसी के कारण हैं। आधुनिक युग में प्रौद्योगिक कारक सामाजिक परिवर्तन के सबसे प्रमुख कारणों में से हैं।

प्रौद्योगिकी में मुख्य रूप से चार कारक काम करते हैं—(1) उद्योगों में मशीनों का प्रयोग, (2) सन्देशवहन के साधनों का विकास, (3) आवागमन के साधनों का विकास, (4) नवीन कृषि प्रविधियों का विकास। उद्योगों में मशीनों के प्रयोग से नगरीकरण बढ़ा और कारखाना पद्धति का उदय हुआ। औद्योगीकरण से नये वर्गों की उत्पत्ति हुई और नवीन विचारधारायें तथा आन्दोलन दिखलाई पड़ने लगे। इससे स्त्रियों की स्थिति में भी परिवर्तन हुआ। प्रौद्योगिकी से मूल्यों में भी व्यापक परिवर्तन होते हैं। भौतिकवाद, व्यक्तिवाद, अत्यधिक विशेषीकरण आदि आधुनिक प्रौद्योगिकी का ही परिणाम है। प्रौद्योगिकी का सामाजिक संस्थाओं पर प्रभाव पड़ता है। नगरीय जीवन में प्रौद्योगिकी का प्रभाव सामुदायिक भावना की कमी, सम्बन्धों में निर्वैयक्तिकता, समय का मूल्य बढ़ जाना, बीमारियों की संख्या

---

1. "Social change is, therefore, a distinct thing from culture or civilisational change..."
--MacIver & Page

2. "Technology changes society by changing our environments to which we in turn adopt. This change is usually in the material environment and the adjustment we make to the changes often modifies customs and social institutions."
--Ogburn W. F.
How Technology Changes Society, in *Annals of the American Academy of Political and Social Science*, 249: 81-88 (Jan. 1947) p. 81

और प्रकारों में वृद्धि, पारिवारिक नियन्त्रण में कमी, नैतिकता का निम्न स्तर, स्त्री पुरुष की जनसंख्या में विषमता, अपराधों की संख्या में वृद्धि तथा सामाजिक और व्यक्तिगत विघटन के रूप में देखा जा सकता है। प्रौद्योगिकी से सामाजिक परिवर्तन किस प्रकार होते हैं यह एक छोटे से उदाहरण से समझा जा सकता है। पहले जब कार को स्टार्ट करने के लिये हैंडिल घुमाने की जरूरत पड़ती थी तब स्त्रियाँ कार नहीं चलाती थीं। जब से कारों में स्वयंचालक यंत्र का प्रयोग होने लगा तब से समृद्ध स्त्रियाँ बड़ी संख्या में कार स्वयं चलाने लगीं। इससे उनकी वेशभूषा, गतिशीलता, रहन-सहन, विचार, मूल्य तथा सामाजिक सम्बन्धों में परिवर्तन हुआ।

(3) जैवकीय कारक—जैवकीय कारकों का भी सामाजिक परिवर्तन पर प्रत्यक्ष रूप से प्रभाव पड़ता है। जैवकीय कारकों में वंशानुसंक्रमण से सम्बन्धित जनसंख्या का गुणात्मक पक्ष आता है। मानव समाज में जैवकीय दशायें जनसंख्या के गुण, दोष, आकार, वितरण रचना आदि में दिखलाई पड़ती हैं। जनसंख्या के इन अंगों में परिवर्तन से अनेक सामाजिक परिवर्तन होते हैं। उदाहरण के लिये जनसंख्या में स्त्री पुरुष के अनुपात में परिवर्तन होने से विवाह की संस्था में और स्त्री पुरुष के परस्पर सम्बन्धों में परिवर्तन देखा जा सकता है। जनसंख्या के आकार के अत्यधिक बढ़ जाने से समाज में स्वास्थ्य का स्तर नीचे गिरता है और निर्धनता बढ़ती है। नगरों में अत्यधिक जनसंख्या बढ़ जाने से सामाजिक सम्बन्धों में परिवर्तन स्पष्ट देखा जा सकता है। जनसंख्या की वृद्धि से सामुदायिक भावना का ह्रास होता है, सामाजिक नियन्त्रण और पारिवारिक नियन्त्रण कम होता है, स्त्रियों की दशा तथा विवाह और परिवार की संस्था में परिवर्तन दिखाई पड़ता है। जनसंख्या अत्यधिक बढ़ने से सामाजिक मूल्यों में भी परिवर्तन होता है। नगरों में अत्यधिक भीड़-भाड़ से गन्दी बस्तियाँ विकसित होती हैं, जिनका लोगों के चरित्र और स्वास्थ्य पर बुरा प्रभाव पड़ता है। जनसंख्या की गुणात्मक योग्यता अर्थात् उसमें स्त्री, पुरुष, बालक, किशोर, वृद्ध तथा युवा, सपंगु तथा अपंगु तथा मानसिक दोष से पीड़ित लोगों के अनुपात का सामाजिक परिवर्तन पर स्पष्ट प्रभाव देखा जा सकता है।

जनसंख्या का गुणात्मक पक्ष महान् और प्रभावशाली व्यक्तियों पर आधारित है और इनका जन्म बहुत कुछ वंशानुसंक्रमण तथा उत्परिवर्तन पर निर्भर है। अतः इस सीमा तक भी जैवकीय कारकों का सामाजिक परिवर्तन में हाथ होता है। इसके अतिरिक्त प्राकृतिक प्रवरण (Natural Selection) और अस्तित्व के लिये संघर्ष (Struggle for Survival) के जैवकीय तत्व समाज में बराबर परिवर्तन उत्पन्न करते रहते हैं।

(4) आर्थिक कारक—सामाजिक परिवर्तन के अन्य प्रभावक आर्थिक हैं। कार्ल मार्क्स तथा उसके अनुयायी विचारकों के अनुसार तो सामाजिक परिवर्तन पूरी तरह से आर्थिक परिवर्तनों से ही निश्चित होते हैं। यह मत तो एकांगी है परन्तु फिर भी इसमें कोई संदेह नहीं कि आर्थिक दशाओं में परिवर्तन सामाजिक परिवर्तनों को अवश्य प्रभावित करते हैं। स्थूल रूप से खेती करने वाले अथवा शिकारी समाजों

में विभिन्न प्रकार के सामाजिक परिवर्तनों के प्रतिमान में अन्तर देखा जा सकता है। जब कोई समाज अथवा समूह शिकारी अवस्था से खेती की अवस्था पर आता है तब उसमें अनेक सामाजिक परिवर्तन होते हैं। यह एक सर्वविदित तथ्य है कि जब घुमक्कड़ जातियाँ केवल पशु पालन तक ही सीमित न रहकर किसी एक स्थान पर जमकर खेती करने लगीं तो उनकी सामाजिक संरचना, संस्थाओं, परम्पराओं, रीतिरिवाजों, जनरीतियों, आदि में व्यापक परिवर्तन हुए। इसी प्रकार से जब कोई समाज अथवा समूह खेती की दशा से उद्योगों की दशा पर पहुँचता है अर्थात् उसमें उद्योगों का तेजी से विकास होता है तब भी समाज के विभिन्न अंगों में परिवर्तन देखे जा सकते हैं। इसके अलावा किसी व्यक्ति अथवा समूह की आर्थिक स्थिति गिरने अथवा उठने से उसके सामाजिक सम्बन्धों में भी परिवर्तन होता। अतः इसमें कोई सन्देह नहीं कि आर्थिक दशाओं का सामाजिकरण परिवर्तन पर व्यापक प्रभाव पड़ता है।

(5) भौगोलिक पर्यावरण सम्बन्धी कारक—भौगोलिकवादियों ने मानव समाज पर भौगोलिक पर्यावरण के परिवर्तन के प्रभाव पर बड़ा जोर दिया है। हटिंगटन ने तो यहाँ तक कह दिया है कि जलवायु का परिवर्तन ही सभ्यताओं और संस्कृतियों के उत्थान पतन का एकमात्र कारण है। भौगोलिकवादियों के इन दावों को न भी स्वीकार किया जाय तो भी इससे कोई इन्कार नहीं कर सकता कि बाढ़, भूचाल, अकाल, अतिवृष्टि, अनावृष्टि, ऋतु परिवर्तन आदि का सामाजिक सम्बन्धों पर भारी प्रभाव पड़ता है और वे इनसे परिवर्तित होते हैं।

हर एक मानव समाज कुछ विशेष भौगोलिक परिस्थितियों में रहता है। जलवायु, पृथ्वी, ऋतुयें, नदी, पहाड़, समुद्र आदि भौगोलिक दशाओं का समाज के जीवन पर अवश्य प्रभाव पड़ता है। उदाहरण के लिये पहाड़ों और मैदानों के निवासियों के सामाजिक जीवन में स्पष्ट अन्तर देखा जा सकता है। ये देखा गया है कि मैदानों में सामाजिक व्यवस्थायें अधिक जटिल और विकसित होती हैं। संसार की सभी महान् सभ्यतायें मैदानों में ही उत्पन्न हुईं और विकसित हुईं। परन्तु सामाजिक जीवन पर भौगोलिक दशाओं के इस प्रभाव के कारण जो कुछ भौगोलिकवादी विचारकों ने यह मान लिया कि भौगोलिक दशायें ही सामाजिक परिवर्तनों को निश्चित करती हैं यह मत एकांगी है क्योंकि जहाँ भौगोलिक दशायें मनुष्य को प्रभावित करती हैं वहाँ मनुष्य जीवन स्वयं भी विज्ञान की सहायता से भौगोलिक दशाओं के प्रभाव को नियन्त्रित करता है। सच तो यह है कि भौगोलिक दशायें सामाजिक परिवर्तन का रंगमंच मात्र है। रंगमंच में परिवर्तन आने से नाटक में भी कुछ न कुछ परिवर्तन अवश्य आता है। परन्तु केवल रंगमंच का परिवर्तन नाटक की घटनाओं को निश्चित नहीं करता।

(6) मनोवैज्ञानिक कारक—उपरोक्त कारकों के अतिरिक्त सामाजिक परिवर्तन के कारकों में मनोवैज्ञानिक कारकों को भी महत्वपूर्ण माना गया है। सामाजिक परिवर्तनों का कारण स्वयं मनुष्य का मनोविज्ञान है। मनुष्य स्वभाव से ही परिवर्तन प्रिय है। जीवन के प्रत्येक पक्ष में वह सदैव नई-नई खोजें किया करता है और नये-नये अनुभवों का इच्छुक रहता है। इस प्रवृत्ति के कारण प्रत्येक मानव

समाज में रूढ़ियों, परम्पराओं, रीति-रिवाज आदि में बराबर परिवर्तन हुआ करता है। इसका अर्थ यह नहीं है कि मनुष्य सदैव नवीन को प्राचीन से बेहतर समझता है। जहाँ एक ओर वह नवीनता की ओर उन्मुख रहता है वहाँ वह प्राचीनता का भी संरक्षण करना चाहता है। इन दोनों ही प्रवृत्तियों की क्रिया प्रतिक्रिया में सामाजिक सम्बन्धों का रूप क्रमशः बदलता रहता है। नई-नई रीतियाँ और प्रथायें बनती रहती हैं और पुरानी परम्पराओं का स्थान लेती जाती हैं। पुरानी परम्पराओं का सम्मान किया जाता है परन्तु समय की माँग के साथ-साथ उनमें परिवर्तन आवश्यक हो जाता है। वास्तव में परिवर्तन ही जीवन है और स्थिरता जीवन के स्वभाव के विरुद्ध है। जब समय आने पर भी परिवर्तन नहीं होते तो क्रान्तियाँ होती हैं, युद्ध होते हैं, महामारियाँ फैलती हैं और परिवर्तन किये जाते हैं।

(7) अन्य कारक—उपरोक्त कारकों के अतिरिक्त नवीन विचारधाराओं की उत्पत्ति भी परिवर्तन का कारण है। उदाहरण के लिए दहेज, जाति प्रथा, स्त्री शिक्षा आदि की ओर विचारों के परिवर्तन से भारी सामाजिक परिवर्तन हुये हैं। वास्तव में अधिकतर सामाजिक क्रान्तियाँ नवीन विचारधाराओं के उत्पन्न होने के कारण होती हैं। इसी प्रकार युद्ध भी सामाजिक परिवर्तन का एक कारण है क्योंकि उससे जनसंख्या, आर्थिक स्थिति, स्त्री पुरुष का अनुपात आदि पर प्रभाव पड़ता है। इसी प्रकार महान् व्यक्ति जैसे गाँधी, मार्क्स आदि के प्रादुर्भाव से भी सामाजिक परिवर्तन होते हैं।

सामाजिक परिवर्तन के परिणाम

सामाजिक परिवर्तन के उपरोक्त कारणों के प्रभाव से सामाजिक जीवन के प्रत्येक पक्ष का रूप परिवर्तित होता रहता है। सामाजिक, आर्थिक, राजनैतिक, सांस्कृतिक सभी क्षेत्रों में नई-नई संस्थायें और समितियाँ बनती बिगड़ती रहती हैं। परिवार, विवाह, राज्य, धर्म सभ्यता, संस्कृति, शिक्षा व्यवस्था, आर्थिक व्यवस्था तथा सामाजिक ढांचे का रूप बदलता रहता है। इससे व्यक्ति के जीवन में और अन्य व्यक्तियों से उसके सम्बन्धों में परिवर्तन आता है। उदाहरण के लिये आदिकाल से लेकर आज तक के परिवार के उद्देश्यों, ढांचे, स्वरूप, महत्व, कार्य आदि के इतिहास को देखकर सामाजिक परिवर्तन के परिणामों का वर्णन करने के लिये तो एक पूरा ग्रन्थ ही होना चाहिये। संक्षेप में, आदिम समाज से आधुनिक समाज में जो कुछ भी अन्तर दिखाई पड़ता है वह सामाजिक परिवर्तन का ही परिणाम है। वेनबर्ग और शेबेत ने ठीक ही लिखा है कि ''सामाजिक परिवर्तन आधुनिक जगत के हृदय में निवास करता है।''[1]

भारत में सामाजिक परिवर्तन

भारतवर्ष के प्राचीन और आधुनिक समाज की तुलना करने से सामाजिक परिवर्तन के इन विभिन्न कारकों का महत्व मालूम हो जायेगा। भारतीय समाज की

1. "Social change lies at the heart of the modern world." --Weinberg and Shabat

वर्तमान राजनैतिक, धार्मिक तथा सामाजिक स्थिति में गाँधी जी, स्वामी दयानन्द, राजा राममोहन राय आदि महापुरुषों का कितना बड़ा योगदान है, यह सर्वविदित है। भारतवर्ष की जनसंख्या की लगातार वृद्धि से आज देश के आर्थिक सामाजिक सभी क्षेत्रों में परिवर्तन हो रहे हैं। सरकार परिवार नियोजन के लिये जोर शोर से प्रयत्नशील है। उसके लिये गर्भ निरोधक उपायों की खोज की जा रही है। साथ ही बढ़ती हुई जनसंख्या की भोजन और अन्य आवश्यकताओं की पूर्ति के लिये देश में नित नये आविष्कार हो रहे हैं और नई-नई चीजों के कारखाने खुलते जा रहे हैं। इस औद्योगीकरण से नगरीकरण बढ़ रहा है और नगरीकरण से परिवार, जाति व्यवस्था, सामाजिक संगठन, धर्म, विवाह आदि में बराबर परिवर्तन दिखाई पड़ता है। जहाँ औद्योगिक और जनसंख्या के कारकों से देश में बराबर परिवर्तन हो रहा है वहाँ साम्यवाद और समाजवाद आदि नवीन विचारधाराओं तथा पश्चिमी संस्कृति के प्रभाव से मूल्यों में परिवर्तन आ रहा है और संस्कृति का रूप बदल रहा है। इस सांस्कृतिक परिवर्तन का प्रभाव सामाजिक संस्थाओं और समितियों पर भी पड़ रहा है। पारिवारिक विघटन इसका एक उदाहरण है। भौतिक पर्यावरण का भी भारत के सामाजिक संगठन पर प्रभाव है। भारत कृषि प्रधान और गर्म देश है। यहाँ के सामाजिक सम्बन्धों में धर्म का प्रभाव अधिक है क्योंकि खेती में प्राकृतिक शक्तियों से संघर्ष में धर्म की बड़ी आवश्यकता अनुभव होती है। भारतीय समाज के त्यौहार आदि ऋतु परिवर्तनों के अनुसार निश्चित किए गये हैं। गर्म देश होने के कारण यहाँ शारीरिक अपराध अधिक होते हैं।

सामाजिक परिवर्तन के उपरोक्त कारक अथवा प्रभावक अलग-अलग होते हुए भी एक दूसरे से पृथक् नहीं हैं। जैसा कि पीछे दिए गये विवरण से स्पष्ट होता है सामाजिक परिवर्तन में कौन सा परिवर्तन प्रौद्योगिकी के कारण है अथवा कौन सा आर्थिक दशा में परिवर्तन के कारण है यह सदैव निश्चित नहीं किया जा सकता है। इसी प्रकार सांस्कृतिक और प्रौद्योगिकी कारक भी एक दूसरे को प्रभावित करते हैं। प्रौद्योगिक परिवर्तनों से सांस्कृतिक परिवर्तन होते हैं। इसी प्रकार प्रौद्योगिक परिवर्तनों से आर्थिक परिवर्तन भी होते हैं। जैसा कि पहले बतलाया जा चुका है जैवकीय परिवर्तनों अथवा जनसंख्या की रचना की गुणात्मक योग्यता आदि में परिवर्तन से आर्थिक और सामाजिक परिवर्तन देखे जा सकते हैं। इस प्रकार सामाजिक परिवर्तन के विभिन्न कारक परस्पर निर्भर हैं और एक दूसरे को प्रभावित करते हैं। सामाजिक परिवर्तनों के इन कारकों के विस्तृत अध्ययन से उनकी यह परस्पर निर्भरता और भी स्पष्ट होगी।

सामाजिक परिवर्तन के प्रतिरोध

(Resistances or Restraints to Social Change)

यहाँ पर कुछ ऐसे कारकों का विवेचन भी प्रासंगिक होगा जो कि सामाजिक परिवर्तन की गति को कम करते हैं, रोकते हैं, अथवा उसमें प्रतिरोध उत्पन्न करते हैं। मुख्य प्रतिरोध निम्नलिखित हैं—

(1) आविष्कारों की कमी—आगबर्न और निमकॉफ के अनुसार सामाजिक परिवर्तन में आने वाले प्रतिरोध का एक मुख्य कारण आविष्कारों की सापेक्षिक अनुपस्थिति अर्थात् उनका अपेक्षाकृत कम होना है।

आविष्कार क्या है? Encyclopaedia Americana के अनुसार "एक आविष्कार कोई भी नवीन अथवा उपयोगी यान्त्रिक उपकरण अथवा वस्तु, प्रणाली, खोज, जड़, पदार्थ की रचना अथवा व्यवस्था है जो कि पहले ज्ञात अथवा प्रयुक्त नहीं होती है, अथवा वह किसी भी ज्ञात यन्त्र कला पद्धति या व्यवस्था में कोई भी उन्नति है।"[1] इस प्रकार आविष्कार या तो किसी नई वस्तु, यन्त्र, उपकरण, प्रणाली अथवा व्यवस्था का पता लगाना है या किसी पहले से ही मौजूद यन्त्र, वस्तु, उपकरण, प्रणाली अथवा व्यवस्था में कोई उन्नति करना है। दोनों ही दशाओं में आविष्कार सदैव नया होता है और उपयोगी भी होता है। कहा जाता है कि आवश्यकता आविष्कार की जननी है। इसका आशय भी यही है कि प्रत्येक आविष्कार किसी न किसी रूप में उपयोगी होता है।

आविष्कारों से परिवर्तन—इस प्रकार आविष्कार का मानव समाज में परिवर्तन में महत्वपूर्ण योगदान है। आविष्कारों के द्वारा मनुष्य अपने पर्यावरण से सामंजस्य करने के नये-नये उपाय निकालता है जिससे उसके जीवन और सामाजिक सम्बन्धों पर भी प्रभाव पड़ता है। यदि यह कहा जाये तो अतिश्योक्ति नहीं होगी कि मनुष्य का समस्त सांस्कृतिक विकास आविष्कारों पर आधारित है। यदि उसमें आविष्कार करने की सामर्थ्य न होती तो वह आदिम अवस्था से सभ्य समाज की स्थिति तक न पहुँचता। आविष्कारों ने मानव जीवन के भौतिक पक्ष को ही नहीं बल्कि मानसिक और आध्यात्मिक पक्ष को प्रभावित किया है। मनुष्य का रहन-सहन ही नहीं बल्कि उसकी कला, साहित्य, धर्म, मनोरंजन आदि के क्षेत्र में भी नये-नये आविष्कार होते हैं जिनसे महत्वपूर्ण सामाजिक परिवर्तन हुये हैं। अतः आविष्कारों की कमी से सामाजिक परिवर्तनों का मन्द होना अनिवार्य है। वास्तव में आविष्कार स्वयं परिवर्तन का प्रतीक है। जिस समाज में आविष्कार बहुत कम होते हैं उसमें परिवर्तन भी बहुत कम दिखलाई पड़ता है।

परन्तु आविष्कार के अपेक्षाकृत कम होने के कारण क्या हैं? कुछ समाजों में आविष्कार इतने कम क्यों होते हैं? स्थूल से इसके लिए तीन कारण दिये गये हैं—

आविष्कारों की कमी के कारण

(अ) किसी भी नये आविष्कार के लिये समाज में कुछ आवश्यक तत्वों का होना जरूरी है। इन तत्वों की अनुपस्थिति में आविष्कार नहीं हो सकते। उदाहरण

---

1. "An invention is recognised to be any new or useful mechanical contrivance or article, method, discovery, composition of matter or system not previously known or used, or any improvement in any known machine, art, method or system."
--Encyclopaedia Americana.

के लिये आविष्कार के लिए परिश्रम के साथ-साथ मानसिक योग्यता और बौद्धिक स्तर की उच्चता भी आवश्यक है। जिस समाज के लोगों में ये गुण अधिक होते हैं वहाँ आविष्कार भी अधिक दिखलाई पड़ते हैं।

(ब) आविष्कार तब होते हैं जबकि उनकी मांग अधिक होती है। अतः ऐसे समाजों में आविष्कार बहुत कम होंगे जहाँ पर कि जनता गतिशील न हो अथवा जीवन के विभिन्न पहलुओं में परिवर्तन न चाहती हो।

(स) समूह के व्यक्तियों में उपलब्ध आविष्कारों को स्वीकार करने की तत्परता का यदि अभाव है तो उन आविष्कारों का प्रचार नहीं हो पाता और फलतः उनसे होने वाले सामाजिक परिवर्तन भी नहीं हो पाते। इसलिये केवल आविष्कार होना ही सामाजिक परिवर्तन के लिए काफी नहीं है। आवश्यकता इस बात की है कि समूह के सदस्य इन आविष्कारों को स्वीकार भी करें। अनेक देशों में तरह-तरह के आविष्कारों का घोर विरोध किया गया है। उदाहरण के लिये भारतवर्ष में जब शुरु-शुरु में रेल चली तो जनता ने उसका घोर विरोध किया। लोगों का विचार था कि उससे वायु दूषित होगी। इसी प्रकार अन्य आविष्कारों का भी विरोध किया गया है। जाँच से पता चला है कि मद्यपान स्वास्थ्य के लिये हानिकारक है परन्तु इस खोज को विभिन्न समाजों के सभी व्यक्तियों ने नहीं अपनाया। अनेक समाजों में मद्य-निषेध का विरोध किया गया। अतः उससे जो सामाजिक परिवर्तन होते वे न हो सके। आविष्कार केवल भौतिक क्षेत्र में ही नहीं होते बल्कि जीवन के अन्य क्षेत्रों में भी उनका उतना ही महत्व है। उदाहरण के लिये भारतवर्ष में वेश्यावृत्ति के विरुद्ध कानून एक वैधानिक आविष्कार था परन्तु क्योंकि जनता ने इसको अभी तक पूरी तरह स्वीकार नहीं किया है अतः देश में वेश्यावृत्ति की दशा में होने वाले परिवर्तन अभी नहीं हो पा रहे हैं। इस प्रकार जब समाज के सदस्य नये-नये सामाजिक विचारों, अनुसंधानों और आविष्कारों को ग्रहण करने के लिए तत्पर नहीं होते तो उनसे होने वाले सामाजिक परिवर्तनों में बाधा पड़ती है और वे सम्भव नहीं हो पाते।

(2) **मनोवैज्ञानिक प्रतिरोध**—सामाजिक परिवर्तन के कुछ प्रतिरोध मनोवैज्ञानिक भी हैं। मनुष्य का स्वभाव है कि वह नई चीजों से डरता है और उसमें सन्देह करता है। मनुष्य स्वभाव से ही पुराने रीति-रिवाजों, प्रथाओं, तौर तरीकों के अनुसार चलना चाहता है क्योंकि वे आजमाये जा चुके हैं और उनमें खतरा कम है। मनुष्य की यह प्रवृत्ति परिवर्तन की विरोधी है। अतः जब तक पर्याप्त विचार और शिक्षा के द्वारा किसी विशेष परिवर्तन के प्रति सन्देह और भय मिटा नहीं दिया जाता तब तक लोग उस परिवर्तन को अपनाने से डरते हैं। वास्तव में परिवर्तन के विरोधी भय और विश्वास के मूल में मनुष्य का अज्ञान ही है। जब यह अज्ञान दूर कर दिया जाता है तो यह भय और अविश्वास भी दूर हो जाता है। इस प्रकार सामाजिक परिवर्तन के प्रतिरोधक मनोवैज्ञानिक कारक ऐसे नहीं हैं जिनको उचित शिक्षा से बदला न जा सकता हो।

(3) सामाजिक परिस्थितियाँ—कुछ सामाजिक परिस्थितियाँ भी सामाजिक परिवर्तन में प्रतिरोध उत्पन्न करती हैं। उदाहरण के लिए भारतवर्ष में जातिप्रथा अनेक प्रकार के सामाजिक परिवर्तनों को रोकती है। रूढ़ियाँ सभी जगह पर सामाजिक परिवर्तनों का प्रतिरोध करती हैं। सामाजिक परिवर्तन करने के लिये इन रूढ़ियों को बदलना पड़ता है। सामाजिक प्रथायें और संस्थायें भी सामाजिक परिवर्तन की प्रतिरोधी हैं। सामाजिक परिवर्तन से इनमें परिवर्तन होता हैं परन्तु सामाजिक परिवर्तन को सफल बनाने के लिये इनमें परिवर्तन करने की दशायें उत्पन्न करना भी आवश्यक है।

(4) राजनैतिक परिस्थितियाँ—कुछ राजनैतिक परिस्थितियाँ भी सामाजिक परिवर्तन में प्रतिरोध उत्पन्न करती हैं। उदाहरण के लिये निरंकुश राजतन्त्र में राजा लोग ऐसे परिवर्तन नहीं होने देना चाहते जिनसे उनकी अपनी कुछ भी हानि होती हो। भारतवर्ष में राजाओं और बड़े-बड़े जमींदारों ने जनता में समानता लाने वाले अनेक परिवर्तनों का घोर विरोध किया। सर्वसत्ताधिकारी राज्य में राज्य की ओर से ऐसे सामाजिक परिवर्तनों को रोका जाता है जिनसे राज्य को हानि पहुँचने की सम्भावना हो चाहे उसमें जनता को लाभ ही क्यों न होता हो।

(5) आर्थिक परिस्थितियाँ—कुछ आर्थिक परिस्थितियाँ भी सामाजिक परिवर्तन में बाधा डालती हैं। उदाहरण के लिए निर्धनता सामाजिक परिवर्तन में सबसे बड़ी बाधा है। भूखे आदमी को रोटी के अलावा कुछ नही सूझता। जिस देश में लोग दोनों समय पेट भर भोजन भी नहीं प्राप्त कर सकते उस देश में सामाजिक परिवर्तनों की बात करना अज्ञान दिखाता है। परन्तु यदि निर्धनता लोगों में क्रान्ति की आग भड़का दे तो कभी-कभी ऐसे सामाजिक परिवर्तन सम्भव हो पाते हैं जो आर्थिक स्थिति अच्छी न होने पर कभी नहीं हो सकते। यहाँ यह ठीक है कि निर्धन व्यक्ति को कुछ नहीं सूझ पड़ता वहाँ यह भी ठीक है कि धन की अधिकता मनुष्य को आलसी और स्थिर बना देती है। अतः अत्यधिक निर्धनता और अत्यधिक धन दोनों ही दशायें परिवर्तन में बाधक कही जा सकती हैं। यद्यपि इस नियम के अपवाद भी देखे जा सकते हैं। सच तो यह है कि यह निश्चित करना बहुत कठिन है कि कौन सी आर्थिक दशा किस तरह के सामाजिक परिवर्तन में बाधा पहुँचायेगी और किस तरह के सामाजिक परिवर्तन को प्रोत्साहित करेगी परन्तु इतना अवश्य कहा जा सकता है कि आर्थिक अवस्थायें जहाँ सामाजिक परिवर्तन को उकसाती भी हैं वहाँ कभी-कभी उसमें भारी प्रतिरोध उत्पन्न करती हैं।

(6) सांस्कृतिक परिस्थितियाँ—कुछ सांस्कृतिक परिस्थितियाँ भी सामाजिक परिवर्तन का प्रतिरोध करती हैं। उदाहरण के लिए भारत में दक्षिण में मन्दिरों में देवदासी की प्रथा से वेश्यावृत्ति के उन्मूलन के सामाजिक परिवर्तन में बाधा पड़ती है। इसी प्रकार देश में भिक्षावृत्ति को समाप्त करने में हिन्दू धर्म की अनेक मान्यतायें बाधा डालती हैं।

भारत में सामाजिक परिवर्तन में समाजशास्त्रियों का कार्य

संक्रमण काल—वर्तमान काल में भारतीय समाज एक संक्रमण काल से गुजर रहा है जिसमें सभी प्रकार के अच्छे बुरे परिवर्तन दिखलाई पड़ रहे हैं। निहित स्वार्थों को लेकर गुटबाजी का बाजार गर्म है। एक ओर सुधार-सुधार की चिल्लाहट सुनाई पड़ती है तो दूसरी ओर इस शोरगुल का लाभ उठाकर स्वार्थी लोग राजनैतिक, सामाजिक, आर्थिक सभी क्षेत्रों में अपना उल्लू सीधा कर रहे हैं। समाज की भावी रूपरेखा के विषय में परस्पर विरोधी विचारधाराओं में संघर्ष हो रहा है। कुछ लोग भारत को पश्चिम की एकदम सच्ची प्रतिलिपि (True Copy) बना डालना चाहते हैं तो कुछ लोग वेद और उपनिषदों के काल की ओर लौट चलने का शंख फूंक रहे हैं। जागृति अवश्य है, जीवन भी है, परिवर्तन की इच्छा भी कम नहीं, परन्तु कमी मार्ग दर्शन की।

सामाजिक इन्जीनियर—यह मार्ग दर्शन कौन करेगा? एक व्यक्ति यदि कोई मकान बनवाता है तो पहले कुशल विशेषज्ञों से उसका नक्शा बनवाता है और उस नक्शे के पास हो जाने के बाद कुशल कारीगरों की देख-रेख में मकान बनाया जाता है। सरकार पुल या बाँध बनवाती है तो उसका कार्य इन्जीनियरों को सौंप देती है। पुलिस या न्याय विभाग उसमें कोई हस्तक्षेप नहीं कर सकता क्योंकि आजकल प्रत्येक कार्य का विशेषीकरण हो गया है और इन्जीनियर अपने कार्य का विशेषज्ञ है। परन्तु समाज निर्माण अथवा सामाजिक परिवर्तन जैसे गम्भीर प्रसंग पर सभी अपनी मनमानी राय देने और अपनी मनमानी करने लगते हैं। किसी सीमा तक यह ठीक भी है। क्योंकि समाज के दोषों का पता समाज में रहने वाले समाज के व्यक्तियों को ही चल सकता है। परन्तु इसी प्रकार रोग का पता भी रोगी को ही चलता है। फिर भी उसको डाक्टर कोई नहीं मानता। रोगी स्वयं अपना इलाज नहीं करता वह यह कार्य डाक्टर अथवा शरीर के इन्जीनियर पर सौंप देता है। इसी प्रकार समाज के परिवर्तन की दिशा का निर्देशन भी सामाजिक इन्जीनियरों को सौंप देने की आवश्यकता है ये सामाजिक इन्जीनियर कौन हैं? ये वे लोग हैं जो समाज के ढाँचे, उसके स्वरूप, उसकी प्रक्रियाओं तथा उसके परिवर्तनों आदि के नियमों से भली-भाँति परिचित हैं। कहना न होगा कि समाजशास्त्री ही समाज का इन्जीनियर है। सामाजिक परिवर्तनों को सरलतापूर्वक लाने में निर्देशन करना उसी का काम है।

सामाजिक इन्जीनियर का दोहरा कार्य—भारतीय समाज में सामाजिक परिवर्तनों को सफलतापूर्वक उपस्थित करने में सामाजिक इन्जीनियर को दोहरा कार्य करना पड़ेगा। एक ओर तो उसको प्रत्येक दिशा में परिवर्तन के लिए रचनात्मक सुझाव देने होंगे दूसरी ओर उन सुझावों को कार्यान्वित करने के मार्ग में बाधाओं को हटाने की भी व्यवस्था करनी पड़ेगी। प्रत्येक समाज में विभिन्न वर्गों के तात्कालिक हितों में अनिवार्य रूप से संघर्ष रहता है। प्रत्येक वर्ग अपने पक्ष में

अधिक से अधिक परिवर्तन लाने की चेष्टा करता है और दूसरे के हित में परिवर्तन का उग्र विरोध करता है। इसी प्रकार राजनैतिक दलों तथा आर्थिक वर्गों में भी विभिन्न गुटों में बड़ा उग्र विरोध पाया जाता है। कुछ रूढ़िवादी लोग सामाजिक व्यवस्था में किसी भी प्रकार के परिवर्तन का उग्र विरोध करते हैं। वे पुरानी रूढ़ियों और परम्पराओं से ही चिपटे रहना चाहते हैं और इसी में अपनी और समाज की भलाई मानते हैं। ऐसी परिस्थिति में समाजशास्त्री को केवल सुधार की दिशा में सुझाव ही नहीं देते हैं बल्कि इस बात का प्रयत्न करना है कि समाज के इन परस्पर विरोधी गुटों और दलों में संघर्ष न हो।

प्रचार और शिक्षा—इस दिशा में सबसे पहला कार्य जनता में फैले भ्रम और सामाजिक परिवर्तन विषयक अज्ञान को दूर करना है। यह कार्य बड़ा कठिन है क्योंकि स्वयं समाजशास्त्री इस विषय में सभी बातों पर एक मत नहीं हैं। परन्तु फिर भी सर्वमान्य वैज्ञानिक सिद्धान्तों को लोगों को बतलाया जा सकता है और उन्हें उपयुक्त दृष्टिकोण ग्रहण करने की दिशा में शिक्षा दी जा सकती हैं। क्रन्तिकारियों की गति को सन्तुलित करने और रूढ़िवादियों को परिवर्तन के लाभ बताने के लिए शिक्षा और प्रसार की आवश्यकता है। शिक्षा और प्रसार के इस कार्य में व्याख्यान, प्रेस, रेडियो, समाचार पत्र आदि विविध साधनों का सहारा लिया जा सकता है। इस प्रचार और शिक्षा से जहाँ एक ओर जनता को सामाजिक सुधारों के विषय में जानकारी होगी वहाँ जनता में परिवर्तनों के प्रति विश्वास भी उत्पन्न होगा। समाजशास्त्रियों के इस कार्य में सरकार का सहयोग होना अनिवार्य रूप से आवश्यक है। दोनों के सहयोग से ही यह कार्य हो सकता है प्रचार और शिक्षा के इस कार्य में सामाजिक इन्जीनियरों को भारतीय समाज की रुचियों, इच्छाओं, भावनाओं और स्वभाव का अध्ययन करना पड़ेगा और उसी के अनुरूप अपने विचार उपस्थित करने पड़ेंगे। किसी सामाजिक परिवर्तन को सरल बनाने के लिये यह बड़ा आवश्यक है कि उसको समाज के सामने इस रूप में उपस्थित किया जाय कि लोग उसको देश के लिए निश्चित रूप से कल्याणकारी समझ लें। समाज पर कोई भी परिवर्तन बलात् लादा नहीं जा सकता और यदि ऐसा हो भी जाय तो वह परिवर्तन कभी भी स्थायी नहीं होगा। जब तक वह समाज के स्वभाव का एक अंग नहीं बन जाता तब तक वह कभी भी उखाड़ा जा सकता है। सामाजिक परिवर्तन के इस मूल तत्व को ध्यान में रखकर जनता में प्रचार और शिक्षा से समाजशास्त्री सामाजिक परिवर्तन के कार्य को बड़ा सुगम बना सकते हैं।

सामाजिक इन्जीनियर के रूप में समाजशास्त्री—भारतवर्ष में तलाक, विधवा विवाह, दहेज निरोध, अछूतों की समानता आदि के विषय में कानून बन चुके हैं। परन्तु केवल कानून से कभी स्थायी सामाजिक परिवर्तन नहीं किये जा सकते। इस विषय में लोकमत तैयार करना बड़ा आवश्यक है। तभी देश में इन कानूनों का भली प्रकार पालन हो सकेगा, भारत में आज जातिवाद एक भारी समस्या बन गया है। इससे राष्ट्रीय एकता में और देश की उन्नति में बड़ी बाधा पड़ती है परन्तु इस

विषय में कानून क्या कर सकता है? इसमें तो तभी परिवर्तन हो सकता है जब जातिवाद के विरुद्ध लोकमत तैयार किया जाय। इसी प्रकार साम्प्रदायिकता की समस्या भी जटिल है। पाकिस्तान के बाद हिन्दू-मुस्लिम समस्या अब उतनी उग्र नहीं रह गई है परन्तु फिर भी उनमें तनाव अभी शेष है। हरिजनों के समान ही भारत में आदिवासियों के कल्याण की भी योजनायें बनाई जा रही हैं। इन योजनाओं की सफलता के लिए उनको कार्यन्वित करने वाले अफसरों और सरकारी कर्मचारियों को आदिवासी समाजों के विषयों में पूरा ज्ञान होना चाहिये। इस ज्ञान की अनुपस्थिति में वे कभी-कभी बड़ी भयंकर भूलें कर बैठते हैं जिनसे कल्याण के स्थान पर स्थिति और भी गम्भीर हो जाती है। आदिवासियों की समस्याओं का एक उदाहरण नागा समस्या (Naga Problem) है जिसको सुलझाने में बड़ी समझदारी की आवश्यकता है। इधर औद्योगीकरण तथा नगरीकरण से सम्बन्धित सैकड़ों समस्यायें आज देश के सामने हैं। बाल अपराध की समस्या, वेश्याओं की समस्या, शराबखोरी की समस्या, हड़ताल और तालेबन्दी की समस्या, मिल मालिक और मजदूरों के सम्बन्ध की समस्या, वयस्क अपराधियों की समस्या आदि कितनी ही समस्यायें ऐसी हैं जिनको दूर करने के लिए आवश्यक प्रयत्नों में समाजशास्त्री का निर्देशन बड़ा आवश्यक है।

हर्ष का विषय है कि सामाजिक परिवर्तनों को सरल बनाने में सामाजिक इन्जींनियर के इस महत्व की भारत की वर्तमान सरकार ने उपेक्षा नहीं की है। इधर समाजशास्त्र का अध्ययन और प्रचार बराबर बढ़ रहा है। गांवों में खण्ड विकास अधिकारी (Block Development Officer) अच्छा कार्य कर रहे हैं। शिक्षा के क्षेत्रों में वयस्क शिक्षा अधिकारी (Adult Education Officer) तथा सामाजिक शिक्षा अधिकारी (Social Education Officer) के कार्य से बड़ी सहायता मिली है। सामाजिक शिक्षा के क्षेत्र में खोज को भी प्रोत्साहन दिया जा रहा है। अपराधियों के लिये सुधारगृह (Reformatories) खोले गये हैं। इधर सरकार ने पीड़ित और असहाय स्त्रियों के लिये नारी निकेतनों की व्यवस्था की है। वेश्यावृत्ति उन्मूलन में कानूनी रोक के साथ-साथ वेश्याओं के पुनर्वास की व्यवस्था की गई है।

अभ्यास के लिए प्रश्न

प्रश्न 1. सामाजिक परिवर्तन की मूल धाराओं की संक्षिप्त व्याख्या कीजिये।

प्रश्न 2. किसी भी समुदाय में जिससे आप परिचित हैं, सामाजिक परिवर्तन की प्रक्रिया का विश्लेषण कीजिये।

प्रश्न 3. सामाजिक परिवर्तन की परिभाषा दीजिये तथा उसके मुख्य प्रतिमानों का विश्लेषण कीजिये।

प्रश्न 4. सामाजिक परितर्वन की परिभाषा कीजिए। सामाजिक परिवर्तन और सांस्कृतिक परिवर्तन में अन्तर बतलाइये।

2

सामाजिक परिवर्तन के कारक
(Factors of Social Change)

जैवकीय कारक (Biological Factors)— सामाजिक परिवर्तन में जैवकीय कारकों का बड़ा महत्व है। मानव समाज में ये जैवकीय कारक जनसंख्या के गुण दोषों के रूप में दिखाई पड़ते हैं। जनसंख्या के गुण दोष जन्मदर, मृत्युदर, जनसंख्या में स्त्री पुरुष का अनुपात, जनसख्या में अस्वस्थ मस्तिष्क वाले लोगों का अनुपात, जनसंख्या में प्रौढ़ों और वृद्धों की संख्या, बालकों की संख्या, प्रति माता बालकों की संख्या, विधुर और विधवाओं की संख्या आदि अनेक तत्वों से मालूम पड़ते हैं। जनसंख्या के ये सभी तत्व सामाजिक परिवर्तन को प्रभावित करते हैं।

जनसंख्या का सामाजिक परिवर्तन पर क्या प्रभाव पड़ता है इसको अति जनसंख्या की स्थिति से भली-भांति समझा जा सकता है। जब किसी देश की जनसंख्या अत्यधिक बढ़ जाती है अर्थात् इतनी बढ़ जाती है कि देश में पोषण के लिये खाद्यान्न की कमी हो जाती है तो उस दशा में सामाजिक जीवन में अव्यवस्था उत्पन्न होने लगती है। परन्तु दूसरी ओर जनसंख्या बढ़ने से जनशक्ति बढ़ती है और राष्ट्र शक्तिशाली बनता है। स्मिथ के शब्दों में "एक नियम के रूप में अधिक जनसंख्या का अर्थ शक्तिशाली राष्ट्र है जबकि कम जनसंख्या का परिणाम एक अपेक्षाकृत कमजोर राष्ट्र है।"[1] यहाँ पर यह ध्यान रखने की बात है कि कम या अधिक जनसंख्या राष्ट्र के भौतिक साधनों को देखकर निश्चित की जाती है। उदाहरण के लिये भारत में जितनी जनसंख्या है यह यहाँ के आर्थिक और औद्योगिक विकास को देखते हुए बहुत अधिक है जबकि अन्य समृद्ध और विकासशील देशों के विषय में इतनी जनसंख्या होते हुए भी यह नहीं कहा जा सकता। इस प्रकार अधिक जनसंख्या किसी देश को बलवान तभी तक बनाती है जब तक कि वह अत्यधिक न हो जाय। जैसे ही जनसंख्या उचित सीमा को पार करने लगती है वैसे ही वह देश को सबल बनाने की अपेक्षा निर्बल बनाती जाती है। अत्यधिक जनसंख्या होने पर प्रति व्यक्ति आय कम होती जाती है और गरीबी बढ़ती है। उदाहरण के लिये

1. "A large population as a rule means a powerful nation, whereas a small population results, in a relatively weak nation."

—T. Lynn Smith, *'Population Analysis.'* p. 3

भारतवर्ष में सन् 1921 से देश की जनसंख्या बराबर बढ़ रही है और इसी प्रकार से गरीबी भी बराबर बढ़ती जा रही है।

संक्षेप में किसी भी समाज में अत्यधिक जनसंख्या के निम्नलिखित प्रभाव देखे जा सकते हैं–

(1) **गरीबी का बढ़ना**– जैसा कि पीछे बतलाया जा चुका है, अत्यधिक जनसंख्या का सबसे स्पष्ट प्रभाव गरीबी की वृद्धि के रूप में दिखाई पड़ता है।

(2) **भुखमरी**– अत्यधिक जनसंख्या का दूसरा प्रभाव देश में भुखमरी और अकाल के रूप में दिखाई पड़ता है। उदाहरण के लिये भारतवर्ष में पिछली शताब्दी में अनेक भयंकर अकाल पड़े जिससे लाखों लोगों की मृत्यु हुई।

(3) **जीवन के स्तर का नीचे गिरना**–अत्यधिक जनसंख्या का एक अन्य प्रभाव जीवन के स्तर के लगातार नीचे गिरने में दिखाई पड़ता है। भारतवासियों के जीवन का स्तर पिछले दिनों बराबर नीचे गिरता गया। यद्यपि प्रति व्यक्ति आय कुछ बढ़ी है परन्तु उसकी तुलना में चीजों के दाम इतने अधिक बढ़े हैं कि जीवन का स्तर पहले से नीचा हो गया है। नगरों की जनसंख्या बढ़ने से भीड़ बढ़ती जाती है। दिल्ली जैसे नगरों में जमीन का भाव हजारों रुपये गज तक हो गया। बम्बई, कलकत्ता आदि बड़े-बड़े नगरों में लाखों परिवार एक कमरे के मकान में रहने पर मजबूर हैं। गन्दी बस्तियां अलग बढ़ती जाती हैं। इन गन्दी बस्तियों से केवल स्वास्थ्य ही नहीं बिगड़ता बल्कि लोगों का नैतिक चरित्र भी गिरता है और अपराध की प्रवृति बढ़ती है।

(4) **स्वास्थ्य का स्तर नीचे गिरना**–अत्यधिक जनसंख्या से देश में महामारियाँ फैलती हैं और देश में स्वास्थ्य का स्तर नीचे गिरता है। अनुमान लगाया गया है कि भारत में प्रति वर्ष हैजे से दो लाख, तपेदिक से 5 लाख, चेचक से 71 हजार और प्लेग से 25000 लोग मरते हैं।

(5) **कृषि योग्य भूमि का बंटवारा**–जनसंख्या की अत्यधिक वृद्धि से देश में कृषि योग्य भूमि का बंटवारा होता जाता है और क्रमशः वे अनार्थिक जोतें बन जाती हैं। इससे देश में खेती की दशा खराब होती है और कृषकों का जीवन-स्तर नीचे गिरता है। इससे बहुत से लोग धीरे-धीरे गांव छोड़कर शहर में आने लगते हैं क्योंकि जमीन इतनी छोटी-छोटी बंट जाती है कि न तो उन पर पूरे परिवार के काम करने की जरूरत होती है और न उनकी उपज से पूरे परिवार का गुजारा ही हो सकता है। इसका एक उदाहरण भारतवर्ष में देखा जा सकता है। भूमि के इस प्रकार अत्यधिक अपखण्डन को रोकने के लिये भारत सरकार ने पिछले दिनों नये विधान बनाये हैं और भूमि का पुनर्गठन करने की कोशिश की है।

(6) **पारिवारिक विघटन**– अत्यधिक जनसंख्या से एक अन्य सामाजिक परिवर्तन पारिवारिक विघटन के रूप में दिखाई पड़ता है। जैसा कि पहले बताया जा चुका है, अत्यधिक जनसंख्या निर्धनता बढ़ाती है और स्वास्थ्य का स्तर नीचे

गिराती है। इससे परिवार के सदस्यों में कटुता उत्पन्न होती है। सबके जीवन की सभी आवश्यकतायें पूरी नहीं हो पातीं। अतः पारिवारिक तनाव उत्पन्न होते हैं और परिवार का विघटन होने लगता है।

(7) **व्यक्तिगत विघटन**— अत्यधिक जनसंख्या से एक अन्य समाजिक परिवर्तन व्यक्तिगत विघटन के रूप में दिखाई पड़ता है। निर्धनता अपराध उत्पन्न करती है। अत्यधिक जनसंख्या से स्त्रियों को भी पुरुषों के साथ बाहर काम करना पड़ता है। माता-पिता के घर से बाहर रहने से लड़के-लड़कियाँ आवारा हो जाते हैं। अत्यधिक जनसंख्या से जीवन का स्तर नीचे गिरता है। घोर परिश्रम करने के बाद भी निम्न स्तर के लोग जीवन की आवश्यकतायें पूरी करने के साधन नहीं जुटा पाते। इससे निराशा और हताशा बढ़ती है। परिणामस्वरूप मद्यपान आदि दोष उत्पन्न होने लगते हैं। गांव में जनसंख्या बढ़ने से लोग गाँव छोड़कर शहरों में आने पर मजबूर होते हैं। परिवारों से दूर रहकर मजदूर शहरों में वेश्यागमन आदि दोषों में पड़ जाते हैं। यदि परिवार को अपने साथ ले भी आये तो भी गन्दी बस्तियों में उनके साथ-साथ उनके परिवार के सदस्यों का भी नैतिक पतन होता है। वस्तुओं के मूल्य बढ़ते जाने से और तदनुसार आय के न बढ़ने से लोगों की चिन्तायें बढ़ती ही जाती हैं जिससे उनमें नाना प्रकार के मानसिक रोग उत्पन्न होने लगते हैं।

(8) **वैवाहिक विघटन**—अप्रत्यक्ष रूप से जनसंख्या की अत्यधिक वृद्धि विवाह पर बुरा प्रभाव डालती है और उसका क्रमशः विघटन शुरू हो जाता है। जैसा कि पहले बताया जा चुका है, जनसंख्या अधिक बढ़ने से पारिवारिक सम्बन्ध ढीले पड़ते हैं, जिनका विवाह की स्थिरता पर भी प्रभाव पड़ता है। आर्थिक कठिनाइयां बढ़ती जाने से लोग देर से विवाह करते हैं और बहुत से तो विवाह करते ही नहीं। जीवन का स्तर गिर जाने से एक सामान्य स्थिति का पति अपनी पत्नी और बच्चों की आवश्यकताओं को पूरी करना बहुत कठिन पाता है। इससे पति-पत्नी के सम्बन्धों पर बुरा प्रभाव पड़ता है। पारिवारिक विघटन के समान व्यक्तिगत विघटन से भी वैवाहिक विघटन होता है।

(9) **सामाजिक विघटन**—पारिवारिक, वैयक्तिक और वैवाहिक विघटन से समाज का विघटन होने लगता है। समाज की सारी व्यवस्था ही बिगड़ जाती है। रीति-रिवाज तेजी से टूटने लगते हैं। लोगों में स्वार्थ, चिन्ता, कटुता आदि बढ़ने लगते हैं। जिससे वे अपनी स्थितियों के अनुसार कार्य को भली प्रकार नहीं करते। नगरों की जनसंख्या बढ़ने से सामुदायिक भावना क्षीण होने लगती है। गांवों की जनसंख्या बढ़ने से लोग गाँव छोड़-छोड़ कर नगरों में आने लगते हैं।

जनसंख्या की वृद्धि से होने वाले उपरोक्त सभी परिवर्तनों को भारतीय समाज में देखा जा सकता है। कुछ समाजशास्त्रियों के अनुसार जनसंख्या की वृद्धि का राज्य के स्वरूप पर भी प्रभाव पड़ता है।

प्रौद्योगिक कारक
(Technological Factors)

प्रौद्योगिकी क्या है?

कार्ल मार्क्स के शब्दों में "प्रौद्योगिकी प्रकृति के साथ मनुष्य के व्यवहार करने का प्रकार और उत्पादन की उस प्रक्रिया को प्रकट करती है जिससे वह अपना पालन करता है और इस प्रकार सामाजिक सम्बन्धों के बनने का प्रकार तथा उनसे उत्पन्न होने वाले मानसिक प्रत्ययों के प्रकार को व्यक्त करती है।"[1] इस प्रकार प्रौद्योगिकी यन्त्र (Machine) अथवा उपकरण (Tool) से भिन्न है। वह ऐसा व्यवस्थित ज्ञान है जिसमें यन्त्रों या उपकरणों का प्रयोग किया जाता है। उदाहरण के लिये रेल का इन्जन एक यन्त्र है और उसका प्रयोग करने की प्रक्रिया प्रौद्योगिकी है। इस प्रकार मनुष्य प्रकृति से अपना व्यवहार एक पशु के समान सीधे-सीधे अथवा निश्चेष्ट रूप में न करके अपने ज्ञान और बुद्धिबल के सहारे उसके गुप्त भेदों का उपयोग करते हुये एक विशेष पद्धति से करता है। यही प्रौद्योगिकी है। इसके सहारे वह जमीन से अपने खाने पीने की तथा जीवन के अन्य उपयोग की वस्तुयें उत्पन्न करता है। कार्ल मार्क्स के अनुसार सामाजिक सम्बन्ध और मानसिक धारणाओं का बनना तक इसी पर निर्भर रहता है। प्रौद्योगिक वैज्ञानिक प्रक्रियाओं से भिन्न है। वैज्ञानिक प्रक्रियायें सत्य की खोज करती हैं। प्रौद्योगिकी में उसका उपयोग किया जाता है। इस प्रकार प्रौद्योगिकी व्यावहारिक है। उसमें मानव आदर्शों और आवश्यकताओं का ध्यान रख कर साधनों को विकसित किया जाता है। इस प्रकार प्रौद्योगिकी मनुष्य का प्रकृति से व्यवहार करने का 'साधन' है। इस साधन पर पूंजीवादी देशों में पूंजीपतियों का और साम्यवादी देशों में राज्य का अधिकार रहता है। प्रौद्योगिकी पर अधिकार रहने से ही आर्थिक हित सुरक्षित रह सकते है। इस प्रकार प्रौद्योगिकी आर्थिक उत्पादन के साध्य का 'साधन' है।

प्रौद्योगिकी का विकास

इस प्रौद्योगिकी में बराबर विकास होता रहा है और इसके विकास के साथ-साथ समाज का ढांचा भी बदलता जाता है। उदाहरण के लिये प्रौद्योगिकी के सतत विकास से श्रम विभाजन तथा विशेषीकरण बढ़ता जाता है जिससे समाज में प्रत्येक विषय के विशेषज्ञ दिखाई पड़ते हैं। मानव सभ्यता के विकास में प्रौद्योगिकी के विकास का बड़ा हाथ रहा है। आज यातायात और संदेशवहन के साधन डाक, तार, टेलीफोन, रेल, हवाई जहाज, जलपोत, मोटरें और बाइसिकिल, खेती के यन्त्र तथा जीवन की अन्य उपयोगी वस्तुओं को निर्माण करने की जो हजारों मशीनें दिखाई पड़ती हैं वे प्रौद्योगिकी के विकास का ही फल हैं।

---

1. "Technology discloses man's mode of dealing with nature and the process of production by which he sustains his life and thereby lays bare the mode of formation of social relations and of mental conceptions that flow from them." —Karl Marx *'Capital'*, Vol. **1.** (1954), p, 372

प्रौद्योगिक कारक

प्रौद्योगिक कारकों (Technological Factors) में मुख्य निम्नलिखित हैं–

(1) **उद्योगों में मशीनों का प्रयोग** (Introduction of Machines in Industries)– प्रौद्योगिकी का विकास उद्योगों में मशीनों के प्रयोग से ही प्रारम्भ हुआ। यह प्रौद्योगिकी का सबसे महत्वपूर्ण कारक है।

(2) **संदेशवहन के साधनों का विकास** (Development of the Means of Communication)– संदेशवहन के साधनों के विकास से औद्योगीकरण और परिणामस्वरूप प्रौद्योगिकी का विकास हुआ।

(3) **आवागमन के साधनों का विकास** (Development of the Means of Transport)– आवागमन के साधनों के विकास से व्यापार में अभूतपूर्व उन्नति हुई।

(4) **नवीन कृषि सम्बन्धी प्रविधियों का विकास** (Development of New Agricultural Techniques)– कृषि के क्षेत्र में तो प्रौद्योगिक कारकों ने क्रान्ति ही कर दी।

प्रौद्योगिक कारकों के प्रभाव

इन चारों प्रौद्योगिक कारकों ने सामाजिक जीवन में भारी परिवर्तन उत्पन्न कर दिया है। उद्योगों में मशीनों के प्रयोग ने सामूहिक ढांचे में मौलिक परिवर्तन उत्पन्न कियें हैं। इस विषय में मुख्य परिवर्तन निम्नलिखित हैं:–

(1) उद्योगों में मशीन का प्रयोग

(i) **कारखाना पद्धति का उदय**–उद्योगों में मशीनों के प्रयोग का सबसे मुख्य प्रभाव व्यक्तिगत उत्पादन के स्थान पर कारखाना पद्धति (Factory System) का उदय है। मशीनों के आविष्कार से ही आज इतने बड़े-बड़े विशाल कारखाने बन गये हैं जिनमें हजारों लोग काम करते हैं और प्रत्येक काम यन्त्रवत् होता है। भारतवर्ष में पहले जुलाहे लोग अपने-अपने घरों में हाथ करघों पर कपड़ा तैयार करते थे और किसानों के घर में गन्ने के रस से राब और गुड़ बनाया जाता था। आज देश में कपड़े और चीनी की सैकड़ों मिलें हैं जिनमें लाखों मजदूर काम करते हैं।

(ii) **नगरीकरण**–औद्योगीकरण तथा बड़े-बड़े कारखानों के उदय से नगरीकरण हुआ और बड़े-बड़े नगर बन गये। प्रारम्भ में गांवों से आने वाले हजारों श्रमिक कारखाने के आसपास रहने लगे, फिर उनके लिये दुकानें खुलीं, बाजार बने, स्कूल खुले, फिर होटल, कालेज, दफ्तर और व्यापारिक कम्पनियां बनीं और इस प्रकार जहां-जहां बड़े-बड़े कारखाने थे वहाँ बड़े-बड़े नगर बस गये। भारतवर्ष में जमशेदपुर, कानपुर, मोदीनगर, अहमदाबाद आदि सैकड़ों छोटे-बड़े नगरों का उद्गम उनके कारखानों से ही हुआ है।

(iii) **नये वर्गों की उत्पत्ति**— औद्योगीकरण और नगरीकरण से समाज का ढांचा बदल गया। सामाजिक संगठन वर्गों में बंट गया जिनमें परस्पर घोर प्रतिद्वन्द्विता दिखलाई पड़ने लगी। पूंजीपति और श्रमिक वर्ग में नित नये झगड़े बढ़ने लगे। बाबू लोगों का एक मध्यम वर्ग भी विकसित हो गया।

(iv) **नई विचारधारायें और नये आन्दोलन**— इन सब कारकों से नवीन विचारधाराओं का उदय हुआ। भारत में साम्यवादी आन्दोलन अधिकतर औद्योगिक नगरों में ही दिखाई पड़ता है। साम्यवाद और समाजवाद की विचारधाराओं के प्रचार के साथ-साथ व्यापारिक संघ आन्दोलनों (Trade Union Movements) की भी धूम हुई। आये दिन वर्गगत हितों को लेकर तालेबन्दी, हड़तालों और जलूसों तथा सभाओं का बाजार गर्म रहने लगा।

(v) **स्त्रियों की स्थिति में सुधार**—मशीनों के प्रचार से परिवारों में स्त्रियों के काम का बोझ हलका हो गया। कपड़ा धोने, प्रेस करने, बर्तन साफ करने आदि की सुविधाओं से उनको मानसिक तथा व्यावसायिक कार्यों के लिये पर्याप्त समय मिलने लगा और वे भी आर्थिक क्षेत्र में पुरुषों का मुकाबला करने लगीं। भारतवर्ष में पारिवारिक कार्यों में भी मशीनों का प्रचार हो गया है। अतः इस विषय में भारतीय नारी की स्थिति पाश्चात्य नारी के समान हो गई है।

वास्तव में मशीनों के प्रयोग के सामाजिक प्रभावों को गिनाने के लिये तो एक पूरा ग्रन्थ होना चाहिये। इस विषय में स्वतन्त्र रूप से अनेक ग्रन्थ लिखे भी गये हैं।

(2) संदेशवहन के साधनों का विकास

उद्योगों में मशीनों के प्रयोग से बड़े पैमाने पर व्यापार का विकास हुआ जिससे दूर-दूर के व्यापारियों से बातचीत करने की आवश्यकता हुई। इस दिशा में डाक, तार, बेतार का तार, टेलीफोन आदि से बड़ा लाभ हुआ। समाचार पत्रों, रेडियो, टेलीविजन आदि की सहायता से दूर-दर के समाचार घर बैठे ज्ञात होने लगे। इन साधनों से विभिन्न संस्कृतियों का परस्पर आदान-प्रदान भी प्रारम्भ हुआ। इससे नये सिद्धान्तों के प्रचार तथा राजनैतिक दलों के प्रौपेगैन्डा का भी सुभीता हुआ। विभिन्न समाज एक दूसरे के निकट आने लगे और मानव में एकता की भावना बढ़ने लगी।

(3) आवागमन के साधनों का विकास

सन्देशवहन के साधनों के साथ-साथ आवागमन के साधनों का भी आश्यर्चजनक विकास हुआ और 500 मील फी घण्टे की रफ्तार से उड़ने वाले जेट वायुयानों से लोग कुछ ही घण्टों में एक देश से दूसरे देशों में पहुंचने लगे। साइकिल, मोटर, रेल, जहाज और वायुयानों के आविष्कार से माल के एक स्थान से दूसरे स्थान पर पहुंचने में सुविधा हो गई। इससे राष्ट्रीय तथा अन्तर्राष्ट्रीय व्यापार का अभूतपर्व विकास हुआ। विभिन्न देशों के लोगों के परस्पर मिलने-जुलने से उनमें आपस में भेदभाव दूर होने लगे और घृणा तथा द्वेष का स्थान सहानुभूति और सहयोग ने ले लिया।

विभिन्न जातियों और प्रजातियों में सहिष्णुता बढ़ने लगी। इससे एक विश्व राष्ट्र की भावना के विकास में सहायता मिली।

(4) खेती की नवीन प्रविधियों का विकास

प्रौद्योगिक विकास का एक महत्वपूर्ण कारक खेती की नवीन प्रविधियों (Techniques) का विकास है। इससे खेती करने के नये-नये यन्त्रों का आविष्कार हुआ। बड़े-बड़े विशाल खेतों में टैक्टरों की सहायता से खेती की जाने लगी। नई-नई रासायनिक खादों के प्रयोग से विभिन्न प्रकार की वस्तुओं का उत्पादन बढ़ाया गया। उत्तम बीजों के प्रयोग से उपज की किस्म में भी उन्नति हुई। इन सब बातों से खेती में कम परिश्रम से अधिक उत्पादन होने लगा। खेती के काम के लिये कम लोगों की आवश्यकता पड़ने लगी। इससे बहुत से लोग कल-कारखानों में काम करने लगे और व्यापार आदि में लगे। भारत में तो इस दिशा में प्रौद्योगिकी का प्रभाव सबसे अधिक महत्वपूर्ण है क्योंकि भारत एक कृषि प्रधान देश है और कृषि की उन्नति पर ही देश का भविष्य निर्भर है।

प्रौद्योगिकी के सामाजिक प्रभाव

मुख्य प्रौद्योगिक कारकों के प्रभावों के उपरोक्त विवेचन से यह स्पष्ट हो गया कि इन कारकों का समाज पर कितना भारी प्रभाव पड़ता है। मैकाइवर ने प्रौद्योगिक कारकों के सामाजिक प्रभावों को दो भागों में बांटा है—

(1) **प्रत्यक्ष** (Direct) **प्रभाव**— इसमें नवीन श्रम संगठन, कार्यों का विशेषीकरण, समय पालन तथा शीघ्रतापूर्वक कार्य सम्पादन आदि आते हैं।

(2) **अप्रत्यक्ष** (Indirect) **प्रभाव**— इसमें शहरों की संख्या में वृद्धि, बेकारी, प्रतिद्वन्द्विता, अपराध, जीवन स्तर की धारणा, समाज में नये वर्गों के निर्माण आदि का समावेश है।

इस विषय में अन्य सामाजिक प्रभाव निम्नलिखित हैं—

(1) **मूल्यों में परिवर्तन**— आर्थिक सीमाओं के विस्तार, राज्यों के क्षेत्र के विस्तार, नये वर्गों के निर्माण, लोकतन्त्र के विकास, फैशन के प्रचार, नगरीकरण, नवीन विचारधाराओं के प्रसार तथा नई समितियों के निर्माण से मनुष्यों के विश्वासों, प्रवृत्तियों तथा विचारों पर बड़ा प्रभाव पड़ा है। इससे जीवन के मूल्यों में जबर्दस्त परिवर्तन हुआ है। पुराने मूल्य बिल्कुल बदल गये हैं। धन को लगभग सर्वोच्च स्थान दिया जाने लगा है। उसी से सब पद प्रतिष्ठा आदि होती है। भारतीय समाज में पहले जो आदर ब्राह्मणों तथा बाद में जो क्षत्रियों को प्राप्त था वही अब वैश्यों या पूंजीपतियों को मिलने लगा है। नैतिक मूल्यों का अब उतना अधिक सम्मान नहीं रह गया है। धर्म को निजी मामला समझा जाने लगा है और सामाजिक सम्बन्धों में धर्म-निरपेक्षता पर जोर दिया जाने लगा है। गुणों के स्थान पर संख्या अथवा मात्रा को महत्व दिया जाने लगा है। जीवन बहिर्मुखी होता जा रहा है। विचार के स्थान

पर बाहरी तड़क-भड़क को अधिक महत्व दिया जाने लगा है। दिखावट और बनावट के सामने संस्कृति के मौलिक तत्वों की अवहेलना होने लगी है। मानवीय सम्बन्ध निर्वैयक्तिक और द्वैतीयक होते जा रहे हैं। सब ओर 'मानव यन्त्र' दिखाई पड़ते हैं जिनमें गति है परन्तु मौलिकता नहीं, स्पन्दन है परन्तु भावना नहीं हृदय है परन्तु अनुभूतियां नहीं। सभी दौड़ रहे हैं। किसी को किसी ओर देखने की फुरसत नहीं है। मगर किधर और कहाँ? कौन जाने? कौन सोचे? किसी से पूछो तो यही जवाब मिलेगा "तुम्हें क्या? मुझे क्या?" सामाजिक मूल्यों के इन परिवर्तनों का एरिक फ्रॉम (Erich Fromm) ने अपनी पुस्तक "The Sane Society" में बड़ा अच्छा वर्णन किया है। इस प्रकार ग्रीन ने ठीक ही लिखा है कि "प्रौद्योगिक परिवर्तन सामाजिक मूल्यों और नैतिक नियमों को प्रभावित करते हैं।"[1]

(2) सामाजिक संस्थाओं पर प्रभाव– प्रौद्योगिकी ने सामाजिक संस्थाओं पर भी प्रभाव डाला है। परिवार के अनेक काम दूसरी समितियां करने लगी हैं। परिवार के बहुत से काम मशीनों से होने लगे हैं। इससे स्त्रियों को अधिक अवकाश मिलने लगा है और उनकी अवस्था पहले से बहुत सुधर गई है। अब वे घर से बाहर प्रत्येक क्षेत्र में पुरुषों से कन्धे से कन्धा मिलाकर काम करने लगी हैं। पारिवारिक नियन्त्रण कम होता जा रहा है। विघटन के चिन्ह भी स्पष्ट दिखाई पड़ने लगे हैं। बच्चों की संख्या घटती जा रही है। परिवार के साथ-साथ विवाह के बन्धन भी ढीले पड़ गये हैं क्योंकि विवाह एक धार्मिक संस्कार न रहकर सामाजिक समझौता बन गया है जिसको किसी भी समय तोड़ा जा सकता है। चुनाव का क्षेत्र बढ़ गया है। प्रेम को अधिक महत्व दिया जाने लगा है। तलाकों की संख्या बढ़ रही है। धार्मिक संस्थाओं का महत्व कम होता जा रहा है। राज्य धर्म निरपेक्ष तथा कल्याणकारी बनते जा रहे हैं। प्रौद्योगिकी के विकास से उनका क्षेत्र बराबर बढ़ता जा रहा है और वे अधिक स्थिर होने लगे हैं। विश्व राज्य की कल्पना का प्रचार होता जा रहा है।

(3) नगरीय जीवन के प्रभाव– प्रौद्योगिकी का सामाजिक जीवन पर प्रभाव सबसे अधिक नगरीय जीवन में दिखाई पड़ता है क्योंकि नगरों के विकास में प्रौद्योगिक कारकों का भारी महत्व है। नगरों के सामाजिक जीवन में प्रौद्योगिकी के विकास के निम्नलिखित प्रभाव स्पष्ट देखे जा सकते हैं—सामुदायिक भावना की कमी, सम्बन्धों में निर्वैयक्तिकता, समय का मूल्य बढ़ जाना, बीमारियों की संख्या और प्रकारों में वृद्धि, पारिवारिक नियन्त्रण का अभाव, नैतिकता का निम्न स्तर, स्त्री-पुरुषों की जनसंख्या में विषमता, अपराधों की संख्या में वृद्धि, सामाजिक विघटन (Social Disorganization) आदि। दूसरी ओर जीवन की सुविधाओं में तथा अवकाश में वृद्धि, आत्मविश्वास में वृद्धि तथा ज्ञान और सांस्कृतिक तत्वों के प्रसार के रूप में प्रौद्योगिकी के अच्छे प्रभाव भी दिखाई पड़ते हैं।

---

1. "Technological change affects social values and moral norms."
—Green,
'Sociology', pp. 522-23

क्या औद्योगिक समाज प्रगति की ओर जा रहा है

इस प्रकार उपरोक्त वर्णन से यह स्पष्ट होता है कि प्रौद्योगिक विकास से समाज में भारी परिवर्तन होता है। प्रौद्योगिक विकास के साथ सामाजिक संगठन में बराबर परिवर्तन होता जा रहा है। परन्तु क्या इस प्रकार के प्रत्येक परिवर्तन को प्रगति कहा जा सकता है? क्या आधुनिक औद्योगिक समाज प्रगति की ओर जा रहा है? यह एक विवादास्पद विषय है। प्रौद्योगिक विकास से समाज में अनेक लाभदायक परिवर्तन हुए हैं और जीवन के आराम तथा भोग के साधन बढ़ गये हैं। परन्तु जहां तक मानव सम्बन्धों का प्रश्न है, यह प्रभाव अधिक स्वस्थ नहीं हुआ है। ऑल्डस हक्सले (Aldos Huxley), सोरोकिन, (Sorokin), टॉयनबी (Toynbee), श्वाइटजर (Scheweitzer), बर्दयेव (Berdyev) टॉल्सटॉय, महात्मा गांधी, रस्किन, श्री अरविन्द आदि विश्व के कितने ही मनीषियों और विचारकों ने प्रौद्योगिकी के विकास के दुष्परिणामों का चित्र खींचा है और मानव को उनसे बचने की चेतावनी दी है। अतः यह निश्चित रूप से कहा जा सकता है कि औद्योगिक समाज इस प्रकार से प्रगति की ओर नहीं बढ़ रहा है। प्रौद्योगिक विकास में अन्धाधुन्ध दौड़ से मौलिक गलतियां होने की संभावना है। विचारवान् मनुष्यों को रुक कर सोचना है कि वे कहां जा रहे हैं और उन्हें कहाँ जाना है। प्रौद्योगिकी एक साधन है। उसको साध्य समझ बैठना महान् भूल है। साध्य क्या है? इसका पता नीति, दर्शन, धर्म अथवा अनुभव से चलेगा। उसको जान कर उसको प्राप्त करने के लिए प्रौद्योगिकी को साधन रूप में प्रयोग करने से ही प्रौद्योगिकी से लाभ उठाया जा सकेगा।

आर्थिक कारक
(Economic Factors)

उत्पादन प्रणाली का जीवन पर प्रभाव

उत्पादन प्रणाली का जीवन की आर्थिक, राजनैतिक तथा आचरण संबन्धी सभी क्रियाओं पर कुछ न कुछ प्रभाव अवश्य पड़ता है। सभ्यता के आदि काल में जब मनुष्य के पास खेती करने के यन्त्र और भिन्न-भिन्न वस्तुयें बनाने की मशीनें नहीं थीं तब वह सारे काम हाथ से करता था। ऐसी स्थिति में मनुष्य अपनी जरूरत की लगभग सभी चीजें खुद ही पैदा करता था। वह घास-फूंस इकट्ठा करके झोंपड़ी बनाता या पहाड़ों की गुफाओं में रहता, खाने पीने की चीजें और शिकार की तलाश में जंगल में घूमता तथा खाल व छाल आदि से स्वयं कपड़े बनाकर पहनता। इस स्थिति में राजनैतिक संगठन बहुत ही न्यून था। अक्सर सबसे बलवान व्यक्ति ही औरों पर शासन करता था। आचरण के विषय में विशेष नियम नहीं थे। स्त्री-पुरुष सभी काम करते थे, दोनों की स्थिति में अधिक अन्तर न था। मध्ययुग में जब मनुष्य स्थायी रूप से खेती करने लगे तथा चीजें उत्पन्न करने लगे तब क्रमशः छोटे-छोटे राज्य स्थापित हुये। समुदाय ने व्यवहार के नियम बनाए, शारीरिक दृष्टि से कमजोर होने के कारण स्त्री-पुरुष के आधीन हो गई और क्रमशः आर्थिक तथा राजनैतिक

स्वतन्त्रता खो बैठी। मशीनों के आधुनिक युग ने उत्पादन की प्रणाली में क्रान्ति कर दी जिसमें मनुष्य की शक्ति सें अधिक शक्तिशाली मशीनों के बन जाने से मशीनों का महत्व बढ़ गया। यन्त्र स्वामी बन बैठे। मशीनों पर अधिकार रखने वाले कारखानेदार और पूंजीपति ही राजनीति की बागडोर सम्भालने लगे। मशीनें, भाप या बिजली से चलने लगीं जिससे स्त्री बच्चे तक उत्पादन कार्य में हाथ बँटाने लगे। सरसरी नजर से उत्पादन प्रणाली के परिवर्तन के इतिहास पर दृष्टि डालने से जीवन के विभिन्न पक्षों में उसका प्रभाव साफ दिखाई पड़ता है।

अब वर्तमान यन्त्र युग की उत्पादन प्रणाली के जीवन के आर्थिक, राजनैतिक तथा आचरण सम्बन्धी प्रक्रियाओं पर पड़ने वाले प्रभावों का विवेचन करने से यह बात और भी स्पष्ट होगी।

आर्थिक प्रक्रियाओं पर प्रभाव

वर्तमान उत्पादन प्रणाली का सबसे बड़ा आर्थिक प्रभाव यह हुआ कि उत्पादन की इकाइयों का आकार बढ़ने लगा। बड़े-बड़े विशालकाय कारखाने स्थापित हुये जिनमें हजारों लोग काम करते थे। इन लोगों की सत्ता उस बड़े कारखानें में मशीन के एक पुर्जे के समान है जो यनत्रवत् अपना कार्य करता है। इस प्रकार उत्पादन के कार्य में से मानवीय तत्व निकल गया है और वह यान्त्रिक हो गया है। इससे जहां एक ओर कलात्मकता कम हुई है वहां दूसरी ओर कुशलता बढ़ी है। मशीनों के कारण कम दामों में अधिक चीजें बनाई जा सकती हैं। इस प्रकार नवीन उत्पादन प्रणाली के प्रभाव से उत्पादन बराबर बढ़ता जा रहा है। उत्पादन के साथ-साथ वितरण की प्रक्रिया में भी तेजी आई है क्योंकि यातायात और संदेशवहन के साधनों में अभूतपूर्व उन्नति होने से अन्तर्राष्ट्रीय व्यापार में बड़ी प्रगति हुई। व्यापार बड़े पैमाने पर होने लगा है। बड़े पैमाने पर उद्योग और व्यापार होने के कारण विनिमय मुद्रा के माध्यम से होने लगा है। कागजी मुद्रा (Paper Currency) का प्रचार बढ़ गया है। इस प्रकार नवीन उत्पादन प्रणाली के आविष्कार से आर्थिक क्षेत्र में क्रान्ति ही हो गई है। अप्रत्यक्ष रूप में इससे वर्गवाद को जबर्दस्त प्रोत्साहन मिला है क्योंकि मशीन मिल मालिक और मजदूर के मानवीय सम्बन्धों के बीच की एक ऐसी खाई है जो बराबर बढ़ती जा रही है। उत्पादन में मशीन का महत्व बढ़ने से मजदूर का महत्व कम हो गया है जिससे शोषण बढ़ गया है। बड़े पैमाने पर उत्पादन से बर्बादी (Waste) भी बड़े पैमाने पर होती है। बाजारों में एकाधिकार की सहायता से चीजों के भाव कृत्रिम रूप से उतारे चढ़ाये जाते हैं। इस प्रकार वर्तमान आर्थिक ढांचा बड़ा पेचीदा हो गया है।

राजनैतिक संस्थाओं पर प्रभाव

आर्थिक उत्पादन के प्रकार में परिवर्तन से अब उद्योग और व्यापार बड़े विशाल पैमाने पर होने लगे हैं और उनको चलाने के लिये अपेक्षाकृत कम व्यक्तियों की आवश्यकता पड़ती है। इस प्रकार बड़े-बड़े पूंजीपतियों का अभ्युदय होने लगा

है जो राजनैतिक सत्ता भी हथियाते जा रहे हैं। आधुनिक जगत के जनतन्त्रीय देशों की सरकारों में इनका बड़ा भारी प्रभाव है और ये कानून तथा कभी-कभी न्यायपालिका को भी प्रभावित करते हैं। इससे जहाँ शोषण बढ़ा है वहाँ वर्ग संघर्ष को भी प्रोत्साहन मिला है जिससे साम्यवादी और समाजवादी विचारधारायें फैलने लगी हैं और अनेक देशों में सरकारों के रूप बदल कर साम्यवादी सरकारों की स्थापना की गई है। श्रमिक संगठन बनने लगे हैं। राज्यों की सत्ता के लिये राजनैतिक दलों में जबर्दस्त प्रतिद्वन्द्विता रहती है। राज्य कल्याणकारी हो गये हैं और उनका प्रभाव तथा आकार बढ़ता जाता है। व्यापार तथा उद्योग की दृष्टि से विभिन्न देशों के एक दूसरे पर आश्रित होने से अन्तर्राष्ट्रीयता की भावना बढ़ रही है।

राजनैतिक प्रक्रियाओं पर प्रभाव

वर्तमान उत्पादन प्रणाली की विशेषता यह है कि उसमें मशीनों की सहायता से और पैसे के प्रभाव से व्यक्ति बड़े से बड़े कारखाने का काम सम्भाल सकता है। मशीनें पैसे से आती हैं और मशीनें शक्ति हैं। इसलिये आजकल पैसा शक्ति है उसी का सम्मान है। इसी कारण संसार के अधिकांश देशों में पूंजीपति लोग राजनैतिक प्रक्रियाओं पर बड़ा प्रभाव रखते हैं। अमरीका जैसे व्यापारी देश में तो सरकार करीब-करीब पूंजीपतियों के हाथ में ही है। इससे राज्यों का रूप बदल गया है। समाजवादी विचारधारा के प्रभाव से राज्य कल्याणकारी कार्यों को महत्व देने लगे हैं।

सामाजिक संस्थाओं पर प्रभाव

आर्थिक जीवन में उत्पादन के प्रभाव से समाज में सामाजिक संस्थाओं पर बड़ा प्रभाव पड़ता है। इस तथ्य की परीक्षा किसी भी समाज की औद्योगिक क्रांति के पूर्व और पश्चात् की सामाजिक और राजनैतिक संस्थाओं की स्थिति का मुकाबला करने से हो सकती है। भारतवर्ष का उदाहरण लीजिये, भारतवर्ष में आर्थिक उत्पादन में यन्त्रों का बड़े पैमाने पर प्रयोग पाश्चात्य सभ्यता के प्रभाव से और शुरू-शुरू में अंग्रेजों के प्रयास से शुरू हुआ। उसके पहले के भारत में और बाद के भारत में सामाजिक संस्थाओं में मुख्य रूप से निम्नलिखित अन्तर देखे जा सकते हैः—

(1) **परिवार**—पहले संयुक्त परिवार की प्रथा थी। जीवन की अधिकांश आवश्यकताओं को परिवार ही पूरा करता था, व्यक्ति पर परिवार का दृढ़ नियंत्रण था परिवार संगठित था और उत्पादन के कार्यों की इकाई था। अब संयुक्त परिवारों का सब कहीं तेजी से विघटन हो रहा है। खेती में मशीनों के प्रयोग से उसमें पूरे परिवार को लगने की आवश्यकता नहीं पड़ती। अतः परिवार के अन्य व्यक्ति नौकरी अथवा अन्य व्यवसाय करते हैं जिसमें बहुधा उनको घर छोड़कर अन्य स्थान पर जाकर बसना पड़ जाता है। इससे परिवार छोटे होते जा रहे हैं। उत्पादन के बड़े-बड़े कारखानों के बन जाने से हजारों ग्रामीण श्रमिक अपने गांवों से आकर शहर में कभी

अकेले और कभी सपरिवार रहते हैं। इससे गांवों में भी संयुक्त परिवार समाप्त होते जा रहे हैं। मशीनों के आविष्कार से स्त्रियों और बच्चों के लिये भी काम निकलने लगे हैं। इससे वे भी कमाई करने लगे हैं। इससे जहां वैयक्तिकता की भावना और आत्म विश्वास बढ़ा है वहां पारिवारिक नियन्त्रण भी ढीला पड़ा है। मशीनों के आविष्कार से पुस्तकों का मिलना सुलभ हो गया है जिससे शिक्षा का प्रचार बढ़ रहा है। सिनेमा यन्त्र युग की देन है। आधुनिक शिक्षा और सिनेमा के प्रभाव का पारिवारिक विघटन में भारी हाथ है। इस प्रकार मध्यकालीन और आधुनिक परिवारों में अन्तर बहुत कुछ आर्थिक जीवन में यन्त्रों के प्रयोग की देन है।

(2) **विवाह की संस्था में परिवर्तन**—आर्थिक उत्पादन के प्रचार में आधुनिक परिवर्तन से आर्थिक क्षेत्र में स्त्रियाँ धीरे-धीरे पुरुषों का मुकाबला करने लगी हैं। आर्थिक समानता के साथ-साथ वे अन्य क्षेत्रों में भी समानता लेती जा रही हैं। इससे वैवाहिक सम्बन्धों में स्त्री पुरुष की समानता स्थापित होने लगी है। विवाह अब धार्मिक संस्कार न रह कर सामाजिक समझौता मात्र रह गया है जिसको इच्छा होने पर तोड़ा जा सकता है। आर्थिक स्वाधीनता प्राप्त कर लेने से स्त्रियां अब केवल प्रेम अथवा यौन सुख भोग आदि कारणों से विवाह करती हैं। इस प्रकार विवाह का आधार परिवर्तित हो गया है। इससे विवाह-पूर्व तथा विवाह से बाहर यौन सम्बन्धों की संख्या बढ़ने लगी है। बच्चों की संख्या कम होती जा रही है और तलाकों की संख्या बढ़ती जा रही है।

(3) **सामाजिक स्थितियों में परिवर्तन**—इस प्रकार आर्थिक उत्पादन के प्रकार में परिवर्तन से स्त्री पुरुष की सामाजिक स्थितियों में परिवर्तन हो गया है। जीवन के लगभग सभी क्षेत्रों में दोनों एक दूसरे के समकक्ष आते जा रहे हैं। आजकल सामाजिक स्थिति को निश्चित करने में धन का बड़ा महत्व है। सामाजिक मूल्यों के परिवर्तन तथा विशेषीकरण के प्रभाव से लोगों की सामाजिक स्थिति में परिवर्तन हो गया है।

(4) **सामाजिक स्तरों में परिवर्तन**—आर्थिक उत्पादन के प्रकार में परिवर्तन होने के साथ-साथ सामाजिक स्तरों में भी परिवर्तन हुआ है। वर्तमान युग में किसान और जमींदार वर्गों के स्थान पर पूंजीपतियों और श्रमिकों के वर्ग दिखाई पड़ते हैं। ये दो वर्ग एक दूसरे के जबर्दस्त प्रतिद्वन्द्वी हैं।

(5) **धार्मिक संस्था में परिवर्तन**—आर्थिक उत्पादन में मशीनों के प्रयोग तथा नवीन अनुसंधानों के कारण मानव के आर्थिक जीवन पर प्रकृति का प्रभाव बहुत कम हो गया है और अनेक अन्धविश्वास दूर होते जा रहे हैं। इससे प्राकृतिक शक्तियों का भय घटने लगता है। धर्म को निजी मामला समझा जाने लगा है और उसकी उपेक्षा होने लगी है।

आचरण सम्बन्धी प्रतिक्रियाओं पर प्रभाव

वर्तमान उत्पादन प्रणाली में स्त्रियाँ भी उत्पादन में महत्वपूर्ण भाग ले सकती हैं, क्योंकि मशीनों की सहायता से काम हल्के हो गये हैं। इस परिवर्तन से आज जीवन के प्रत्येक क्षेत्र में स्त्रियाँ पुरुषों के साथ काम करती दिखाई पड़ती हैं। इससे

जहाँ स्त्रियों की स्थिति पुरुष के समकक्ष आने लगी है वहाँ यौन सम्बन्धों के विषय में विचार अधिक उदार होने लगे हैं। विवाह-पूर्व और विवाह के बाहर यौन सम्बन्धों की संख्या बढ़ने लगी है। विवाह में प्रेम पर जोर दिया जाने लगा है। विवाह अब एक सामाजिक समझौता है जिसको कभी भी तोड़ा जा सकता है। अत: तलाकों की संख्या बढ़ रही है। उत्पादन के क्षेत्र में स्त्री-पुरुष सभी के काम करने से परिवार के काम कम हो गये हैं और अनेक काम दूसरी ऐजेन्सियाँ करने लगी हैं। व्यक्ति पर परिवार का नियन्त्रण कम हो गया है। जीवन यन्त्रवत् होते जाने के कारण जहाँ एक ओर नवीनता और परिवर्तन की प्यास रॉक एन रोल (Rock N Roll) और जाज (Jazz) की ओर ले जा रही है वहाँ दूसरी ओर मनोरंजन तक निष्क्रिय और यन्त्रवत् होते जा रहे हैं। उदाहरण के लिये सिनेमा आज के प्रमुख मनोरंजन के साधनों में से है जिसमें आपको केवल आँख खोलकर सिनेमा हाल में दो तीन घण्टे बैठ जाना भर पड़ता है। वर्तमान उत्पादन प्रणाली के परिणाम औद्योगीकरण और नगरीकरण के प्रभाव भी अप्रत्यक्ष रूप से वर्तमान उत्पादन प्रणाली के ही प्रभाव हैं।

परन्तु इससे यह निष्कर्ष नहीं निकाला जा सकता कि आर्थिक उत्पादन प्रणाली से परिवर्तन ही आर्थिक, राजनैतिक और आचरण सम्बन्धी प्रक्रियाओं के एक मात्र निर्णायक हैं। इस विषय में अनेक कारक भी महत्वपूर्ण काम करते हैं। इस प्रकार मार्क्स तथा वैबलन आदि निर्णायकवादियों का मत एकांगी है। आर्थिक, राजनैतिक तथा आचरण सम्बन्धी क्रियायें इतनी सरल नहीं हैं कि उन्हें किसी एक कारक से समझाया जा सके। वे जटिल प्रक्रियायें हैं। अत: उनकी व्याख्या के लिये व्यापक दृष्टिकोण से काम लेना पड़ेगा।

सांस्कृतिक कारक

संस्कृति की परिभाषा

साधारण बोलचाल में संस्कृति का अर्थ सुन्दर, परिष्कृत, रुचिकर या कल्याणकारी व्यवहार या गुणों से लिया जाता है। परन्तु यह संस्कृति की शास्त्रीय परिभाषा नहीं है। समाजशास्त्र में संस्कृति की निश्चित परिभाषा की जाती है। कुछ परिभाषायें निम्नलिखित हैं-

(1) **टायलर**- "संस्कृति एक जटिल सम्पूर्ण है जिसमें ज्ञान, विश्वास, कलायें, नीति, विधि, रीति-रिवाज और समाज के सदस्य होकर मनुष्य द्वारा अर्जित अन्य योग्यताएँ और आदतें शामिल हैं।"[1]

(2) **रेडफील्ड**- "संस्कृति कला और उपकरणों से जाहिर परम्परागत ज्ञान का वह संगठित रूप है जो परम्परा के द्वारा संगठित होकर मानव समूह की विशेषता बन जाता है।"[2]

---

1. "Culture is that complex whole which includes knowledge, belief, art, morals, law, custom and any other capabilities and habits acquired by man as a member of society." —Tylor, E.B. *'Primitive Culture'*, p. 1
2. "Culture is the organised body of conventional understanding, manifest in art and artifact, which persisting through tradition; characterizes human group."—Redfield 'Unpublished Lectures' Social Sciences Series, University of Chicago

(3) **जोसेफ पीपर**– "संस्कृति प्राणी की तमाम कुदरती चीजों और उन उपहारों तथा गुणों का सार है जो मनुष्य से सम्बन्ध रखते हुये भी उनकी जरूरतों और आवश्यकताओं के तात्कालिक क्षेत्र से परे हैं।"[1]

(4) **ह्वाइट**– "संस्कृति एक प्रतीकात्मक, निरन्तर, संचयी और प्रगतिशील प्रक्रिया है।"[2]

इस प्रकार संस्कृति में वह सब शामिल है जो मानव ने अपने व्यक्तिगत और सामाजिक जीवन के मानसिक और आध्यामिक क्षेत्र में आज तक अर्जित किया है। मैकाइवर और पेज के शब्दों में, "यह मूल्यों, शैलियों, भावात्मक लगावों तथा बौद्धिक अभियानों का क्षेत्र है। इस तरह संस्कृति सभ्यता का बिल्कुल प्रतिवाद है। वह हमारे रहने और सोचने के ढंगों में, दैनिक कार्य कलापों में, कला में, साहित्य में, धर्म में, मनोरंजन और सुखोपभोग में हमारी प्रकृति की अभिव्यक्ति है।"[3]

संस्कृति की आवश्यक विशेषतायें

(1) संस्कृति में मनुष्य निर्मित और वे चीजें शमिल हैं जिनमें मनुष्य संशोधन कर सकता है।

(2) नये तत्वों के समावेश से संस्कृति की जटिलता और गुण बढ़ते हैं।

(3) यह पीढ़ी दर पीढ़ी मानसिक (Psychic) रूप से संचारित होती रहती है।

(4) संस्कृति केवल मानव समाजों में पाई जाती है।

संस्कृति की प्रकृति

संस्कृति की प्रकृति के बारे में महत्वपूर्ण बातें निम्नलिखित हैं:–

(1) **संस्कृति सीखे हुए गुण हैं**– संस्कृति जन्मजात नहीं है। सामाजीकरण के द्वारा सीखे हुए गुण, आदतें तथा विचार आदि ही संस्कृति कहलाती है। मनुष्य में प्रतीकात्मक संचार (Symbolical Communication) की योग्यता होने के कारण वह सांस्कृतिक व्यवहार को ग्रहण कर लेता है।

---

1. "Culture is the quintessence of all natural goods of the world, and of those gifts and qualities which, while, belonging to man, lie, beyond the immediate sphere of his needs and wants," —Joseph Pieper.
Leisure, the Basis of Culture,' (1952), p. 20
2. "Culture is a symbolic, continuous, cumulative and progressive process.
—"White, L.A.'*American Sociological Review*. (Dec. 1947)
3. "This is the realm of styles, of values, of emotional attachments, of intellectual adventures. Culture, then, is the antithesis of civilization. It is the expression of our nature in our modes of living and thinking, in our everyday intercourse, in art, in literature, in religion, in recreation and enjoyment." —MacIver and Page,
'Society : an Introductory Analysis,' p.499.

(2) **संस्कृति संचारशील है**—इस प्रकार संस्कृति का एक पीढ़ी से दूसरी पीढ़ी को संचार होता है। इससे संस्कृति में बराबर वृद्धि होती रहती है। संचार के कारण नई पीढ़ी पिछली पीढ़ी के अनुभवों से लाभ उठाती है। इस प्रकार संस्कृति अर्द्धस्थायी हो जाती है और किसी व्यक्ति या समूह के रहने से उस पर कोई विशेष प्रभाव नहीं पड़ता ।

(3) **संस्कृति वैयक्तिक नहीं बल्कि सामाजिक है**—संस्कृति के सम्वर्द्धन और संचार में हर एक व्यक्ति कुछ न कुछ भाग लेता है परन्तु संस्कृति वैयक्तिक न होकर सामाजिक है। उसमें समूह के सदस्यों की सामान्य अपेक्षतायें (Expectations) शामिल होती हैं। समूह से बाहर रहकर व्यक्ति संस्कृति की सृष्टि नहीं कर सकता।

(4) **संस्कृति आदर्शात्मक है**—संस्कृति में व्यवहार के वे आदर्श प्रतिमान (Ideal Patterns) या आदर्श नियम (Ideal Norms) शामिल हैं जिनके अनुसार समाज के सदस्य आचरण करने की चेष्टा करते हैं। इन आदर्श नियमों तथा प्रतिमानों को समाज स्वीकार करता है।

(5) **संस्कृति कुछ आवश्यकताओं को पूरा करती है**—संस्कृति मनुष्य की उन नैतिक तथा सामाजिक आवश्यकताओं को पूरा करती है जो स्वयं साध्य हैं। संस्कृति में सामूहिक आदतें शामिल हैं। आदतें उन्हीं कामों की पड़ती हैं जिनसे कुछ न कुछ आवश्यकतायें पूरी होती हों। इन आवश्कताओं को पूरा किये बिना संस्कृति का जीवित रहना असम्भव है। संस्कृति का जो अंश सामाजिक सन्तोष में सहायक नहीं होता वह गायब हो जाता है।

(6) **संस्कृति में उपयोजन की योग्यता होती है**—पर्यावरण के अनुसार संस्कृति बराबर बदलती रहती है और इस परिवर्तन से बाहरी शक्तियों से उसका उपयोजन होता रहता है। परन्तु विकसित होने पर प्राकृतिक पर्यावरण का प्रभाव घटता जाता है। इसके अलावा संस्कृति के विभिन्न अंगों का भी विकास होता रहता है और उनमें आन्तरिक उपयोजन की जरूरत पड़ती है।

(7) **संस्कृति में एकीभूत** (Integrated) **होने का गुण है**—संस्कृति में एक क्रम और एक संगठन होता है। उसके भिन्न-भिन्न भाग आपस में एकीभूत रहते हैं और जो भी नया तत्व आता है वह भी उनमें मिल जाता है। जिन संस्कृतियों पर बाहरी प्रभाव अधिक पड़ता है वे अधिक विजातीय (Heterogeneous) होती हैं। परन्तु सभी संस्कृतियों में कुछ न कुछ एकभूतता (Integration) की प्रवृत्ति अवश्य दिखाई पड़ती है।

इस प्रकार संस्कृति सामाजिक, आदर्शात्मक और सीखी हुई होती है तथा मनुष्य की बहुत सी आवश्यकताओं को पूर्ण करती है। उसमें संचार, उपयोजन तथा एकभूतता के गुण होते हैं। वह मनुष्य का विशेष गुण है, उसकी सामाजिक विरासत है, उसकी श्रेष्ठता का सबूत है।

संस्कृति की अन्तर्वस्तु
(Contents of Culture)

संस्कृति के तत्व क्या हैं? संस्कृति में क्या-क्या शामिल है? साधारण बोलचाल की भाषा में समूह के विश्वासों, आदर्शों, विचारों, व्यवहारों, रीति-रिवाजों आदि व्यवहार के अनेक उपकरणों तथा साधनों को संस्कृति कहा जाता है। बोगार्डस के अनुसार "संस्कृति एक समूह से सम्बद्ध रीति-रिवाजों, परम्पराओं और चालू व्यवहार प्रतिमानों से बनती है। संस्कृति एक समूह का मूलधन है। वह मूल्यों की एक ऐसी पूर्ववर्ती समष्टि है जिसमें प्रत्येक व्यक्ति पैदा होता है। वह एक माध्यम है जिससे व्यक्ति पैदा होते और विकसित होते हैं।"[1] अलैग्जैण्डर ए० गोल्डनवाइजर ने संस्कृति में निम्नलिखित तत्व माने हैं– "हमारी प्रवृत्तियाँ, विश्वास और विचार, हमारे निर्णय और मूल्य, हमारी संस्थायें–राजनैतिक और कानूनी, धार्मिक और आर्थिक, हमारी नैतिक संहितायें और शिष्टाचार के नियम, हमारी पुस्तकें और मशीनें हमारे विज्ञान, दर्शन और दार्शनिक, ये सब और दूसरी बहुत सी चीजें तथा प्राणी, स्वयं भी और अपने विविध सम्बन्धों में भी।"[2] जे० एल० गिलिन तथा जे० पी० गिलिन ने एक सामाजिक समूह के सामान्य सीखे हुए व्यवहार (The Learned Behaviour Common to a Social Group of Human Beings) को संस्कृति कहा है। इस तरह मोटे तौर से संस्कृति में यह सब कुछ शामिल है जो कुछ मनुष्य समाज में सीखता है जैसे ज्ञान, धार्मिक विश्वास, कला, कानून, नैतिकता, रीति-रिवाज, व्यवहार के तौर-तरीके, साहित्य, संगीत, भाषा इत्यादि। सहज (Instinctive) व्यवहार को संस्कृति नहीं कहा जायेगा। स्वाभाविक तथा जन्मजात व्यवहार जैसे सांस लेना आदि संस्कृति में शामिल नहीं किये जाते। ए० डब्लू० ग्रीन के शब्दों में "संस्कृति ज्ञान, व्यवहार, विकास की उन आदर्श पद्धतियों को तथा ज्ञान और व्यवहार से उत्पन्न हुए साधनों की व्यवस्था को कहते हैं जो सामाजिक रूप से एक पीढ़ी से दूसरी पीढ़ी को दी जाती है।"[3] इस प्रकार संस्कृति में वह सब शामिल है जो कि सामाजिक विरासत में गिना जाता है।

---

1. "Culture is composed of integrated customs, traditions and current behaviour-patterns of a human group. Culture is the 'stock in trade' of a group. It is an antecedent complex of values into which every individual is born. It is a medium within which individuals develop and mature." —Bogardus
2. "Our attitudes, beliefs and ideas, our judgements and values; our institutions—Political and legal, religious and economic; our ethical codes and codes of etiquette, our books and machines, our sciences, philosophies and philosophers, all of these and many other things and beings within themselves and in their multi-form inter-relations." —Alexander A. Goldenweiser
3. "Culture is the socially transmitted system of idealized ways in knowledge, practice and belief along with the artifacts that knowledge and practice maintain as they change in type." —Green A. W.

संस्कृति के प्रकार

समाजशास्त्रियों ने संस्कृति के दो प्रकार माने हैं– भौतिक संस्कृति और अभौतिक संस्कृति।

(1) **भौतिक संस्कृति** (Material Culture)– इसमें भौतिक या पार्थिव वस्तुएं आती हैं जो कि मनुष्य के व्यवहार में आती हैं जैसे रहने के मकान, घरों का सामान, विविध प्रकार के उपकरण, औजार, हथियार, बर्तन, आवागमन के साधन इत्यादि।

(2) **अभौतिक संस्कृति** (Non-Material Culture)– इसमें अमूर्त (Intangible) वस्तुएं शामिल हैं जैसे समाज के विभिन्न रीति-रिवाज, रूढ़ियाँ, विधियाँ कलाएं, ज्ञान और धर्म आदि।

संस्कृति के सार्वभौम तत्व

क्लार्क विजलर (Clark Wissler) ने मानव जाति के प्रत्येक समूह की संस्कृति में ये सार्वभौम तत्व माने हैं– (1) बोली, (2) पार्थिव उपकरण जैसे भोजन, मकान, आवागमन के साधन, वेशभूषा, हथियार, बर्तन, वस्त्र, उद्योग और धन्धे, (3) कलायें, (4) पौराणिक और वैज्ञानिक ज्ञान, (5) धार्मिक रीतियाँ और अन्ध-विश्वास, (6) कुटुम्ब और विवाह, सामाजिक नियन्त्रण, खेल-कूद जैसी सामाजिक संस्थायें, (7) सम्पत्ति, मूल्य, विनिमय और व्यापार, (8) सरकार और विधि (Government and Law), (9) युद्ध।

संस्कृति के ये सार्वभौम तत्व सभी संस्कृतियों में पाये जाते हैं परन्तु इनके रूप भिन्न-भिन्न होते हैं। भिन्न-भिन्न समाजों में विवाह के भिन्न-भिन्न रूप पाये जाते हैं जैसे बहुपति विवाह, बहुपत्नी विवाह, समूह विवाह, एक विवाह इत्यादि। खान-पान में तो भिन्न-भिन्न संस्कृतियों में भारी भेद दिखाई पड़ता है। North West Amazons में विफेन (Whiffen) ने लिखा है कि पश्चिमी अमेजन प्रदेश की इस्साजपुरा (Issa-Japura) नामक जाति के बोरो (Boro) तथा विटोटो (Witoto) लोग बन्दर, मेंढक और छिपकली को बड़ा स्वादिष्ट भोजन समझते हैं। ये बर्रें, मधु-मक्खियों की इल्लियाँ (Larvae) और पड़ौसियों के सर की जूएं भी खा जाते हैं। गोरर (Gorrer) के अनुसार दक्षिणी पूर्वी एशिया की कुछ जातियों के लोग कोबरा आदि विषैले सांपों और अजगर की कढ़ी बड़े शौक से खाते हैं।

संस्कृति और प्रौद्योगिकी

संस्कृति का प्रौद्योगिकी से बड़ा घनिष्ठ सम्बन्ध है। इस सम्बन्ध में दोनों एक दूसरे को प्रभावित करते हैं। इस प्रकार इस परस्पर प्रभाव के दो पहलू हैं– (1) प्रौद्योगिकीय परिवर्तन सांस्कृतिक परिवर्तन को जन्म देते हैं। (2) सांस्कृतिक स्थिति

प्रौद्योगिकीय दिशा एवं रूप को प्रभावित करती है। अब इन दोनों पहलुओं का विस्तृत विवेचन किया जायेगा।

(1) प्रौद्योगिकीय परिवर्तन सांस्कृतिक परिवर्तन को जन्म देते हैं

मैकाइवर ने कहा है कि मनुष्य जिन उपकरणों का उपयोग करता है, केवल उनके लाभदायक होने से ही सन्तोष नहीं कर लेता बल्कि वह उनकी लाभप्रदता में सौंदर्य भी देखना चाहता है। इस प्रकार प्रौद्योगिकीय परिवर्तन सांस्कृतिक परिवर्तन को जन्म देते हैं। एक उदाहरण लीजिये। पहले मोटर का इन्जन स्टार्ट करने के लिये उसके सामने हैण्डल लगाकर जोर से घुमाना पड़ता था। यह काम कठिन और कष्ट-साध्य था। अतः स्त्रियां मोटर बहुत कम चलाती थीं। अब मोटर में इस हैंडिल के स्थान पर स्वयंचालक यंत्र (Self-Starter) होता है जिससे गाड़ी आसानी से स्टार्ट की जा सकती है। इस सुविधा से अब स्त्रियाँ खूब मोटर चलाने लगी हैं। इस साधारण प्रौद्योगिक परिवर्तन का केवल इतना ही प्रभाव नहीं पड़ा। इससे स्त्रियों पर और भी सांस्कृतिक प्रभाव पड़े। इससे उनकी गतिशीलता, आदतों, गृह-जीवन, संतान के पालन-पोषण, होटलों के प्रयोग, अवकाश मनाने के तरीकों में भी जबर्दस्त अन्तर हुआ है। इस एक उदाहरण से स्पष्ट है कि एक साधारण से प्रौद्योगिक परिवर्तन से भी कितने दूरवर्ती सांस्कृतिक परिवर्तन हो सकते हैं। ऑगबर्न और निमकॉफ के शब्दों में ''कभी-कभी यह अनेक प्रभाव डालता है जो विभिन्न दिशाओं में एक पहिये की तीली के समान फैल जाते हैं।''[1]

प्रौद्योगिक परिवर्तन से सांस्कृतिक परिवर्तन का एक और भी उत्तम और जीता जागता उदाहरण रेडियो और टेलीविजन का आविष्कार है। इनकी सहायता से मामूली हैसियत के लोग भी घर बैठे विभिन्न देशों और अलग-अलग संस्कृतियों के विचारों, कहानियों, लोक गीतों, समाचारों, साहित्य, संगीत तथा रहन-सहन, रीति-रिवाज आदि का परिचय पाते रहते हैं। जिन घरों में ये साधन उपलब्ध हैं उनके सांस्कृतिक वातावरण में स्पष्ट अन्तर दिखाई पड़ता है। यह बात दूसरी है कि उस परिवर्तन को आप प्रगति कहना चाहें या अवनति परन्तु परिवर्तन से कोई इन्कार नहीं कर सकता। यह परिवर्तन केवल उनके रहन-सहन, तौर-तरीके, बोलचाल में ही नहीं बल्कि विचारों और जीवन के मूल्यों तक में देखा जा सकता है।

इसी प्रकार का जबर्दस्त सांस्कृतिक परिवर्तन सिनेमा के आविष्कार से हुआ है। सिनेमा के द्वारा यह परिवर्तन एक साधारण रिक्शे वाले के जीवन तक में देखा जा सकता है। सिनेमा के प्रभाव से वह अधिक साफ सुथरा, तन्दुरुस्त, चुस्त और ''सुन्दर'' दिखाई पड़ने की कोशिश करता है। उसको अपने जीवन में रस आने लगता है। उसके सोचने समझने, बोलने, भावभंगिमा आदि सभी पर सिनेमा का

1. "Sometimes it exerts many influences which spread out in different directions like the spokes of a wheel."
—Ogburn and Nimkoff

स्पष्ट प्रभाव दिखाई पड़ता है। इस प्रकार के उदाहरण आपको राह चलते मिल जायेंगे।

यातायात और सन्देशवहन के साधनों के विकास से भी भारी सांस्कृतिक परिवर्तन हुए हैं। इनके प्रभाव से विभिन्न संस्कृति के व्यक्तियों को एक दूसरे से मिलने-जुलने, बोलने-चालने, समझने-पहचानने के अवसर मिले जिससे एक विश्व संस्कृति की भावना क्रमशः बढ़ रही है।

इस प्रकार प्रौद्योगिकी ने हमें यातायात और सन्देशवहन के साधन, उद्योगों में प्रयोग होने वाली मशीनें और कृषि सम्बन्धी प्रविधियां दी हैं जिनसे हमें नाना प्रकार के यन्त्रों और उपकरणों को नए-नए रूपों में प्रयोग करने का अवसर मिला है। ये यन्त्र, उपकरण तथा इनसे सम्बन्धित अन्य क्रियायें मानव की संस्कृति की अभिव्यक्ति करते हैं। वन्य जातियों के लोग अब भी हाथ की बनाई 'डोंगियो' में नदियाँ पार करते हैं, सभ्य देशों में स्टीमरों का प्रयोग होता है। नाव और स्टीमर के अन्तर से संस्कृति का अन्तर स्पष्ट दिखाई पड़ता है। इस प्रकार प्रौद्योगिकी में परिवर्तन के साथ-साथ संस्कृति में भी परिवर्तन हो जाता है क्योंकि प्रौद्योगिकी से सांस्कृतिक अभिव्यक्ति के उपकरण मिलते हैं। आजकल जो संस्कृति में तेजी से परिवर्तन दिखाई पड़ता है उसका कारण प्रौद्योगिकी का तीव्र परिवर्तन है। जब प्रौद्योगिकी के परिवर्तन की गति धीमी होती है तब सांस्कृतिक परिवर्तन की गति भी कुछ न कुछ मन्द हो जाती है। प्रौद्योगिक परिवर्तन सांस्कृतिक प्रतिमानों के स्वरूपों को बदलते रहते हैं। केवल व्यक्तियों पर ही नहीं बल्कि सामूहिक जीवन में संस्थाओं और समितियों पर भी प्रौद्योगिक परिवर्तन का प्रभाव पड़ता है।

(2) सांस्कृतिक स्थिति प्रौद्योगिकीय दिशा एवं रूप को प्रभावित करती है

डासन और गेटिस ने लिखा है कि "संस्कृति में सामाजिक परिवर्तन की दिशा निश्चित करने और उसे गति प्रदान करने तथा उन सीमाओं को निश्चित करने की प्रवृत्ति होती है जिनके परे सामाजिक परिवर्तन नहीं जा सकता।"[1] मैकाइवर ने सभ्यता के उपकरणों में प्रौद्योगिकी की एक जहाज से उपमा देते हुये कहा है कि जहाज स्वयं यह निश्चित नहीं करता कि वह कहां जायेगा। मैकाइवर और पेज के शब्दों में "वह बन्दरगाह जहां की हम यात्रा करते हैं एक सांस्कृतिक चुनाव रहता है।"[2] यह ठीक है कि जहाज के बिना यात्रा नहीं की जा सकती और यात्रा का तीव्र

---

1. "Thus, culture tends to give direction and momentum to social change and to set limits beyond which social change may not go."
—Dawson and Gettys, *'Introduction to Sociology'*, p. 580
2. "The port we sail to remains a cultural choice."
—MacIver & Page, *'Society : An Introductory Analysis'*, p. 580

या मध्यम गति से होना भी जहाज की प्रकृति पर निर्भर है परन्तु जहाज का डिजाइन यह निश्चय नहीं करता कि यह कहां पहुंचेगा। जहाज जितना अच्छा होगा उतने ही अधिक बन्दरगाह चुने जाने के लिये उसकी सीमा में आयेंगे, परन्तु कौन सा बन्दरगाह चुना जायेगा यह संस्कृति पर आधारित है। इस प्रकार सांस्कृतिक स्थिति प्रौद्योगिकीय परिवर्तन की दिशा और प्रकृति को प्रभावित करती है। विज्ञान के आविष्कारों का किस दिशा में प्रयोग किया जायेगा यह संस्कृति पर निर्भर है, क्योंकि मानव के चालक कारक संस्कृति में हैं। अंग्रेजी में एक कहावत है कि "It is not the gun which fights but the man who fights. It is not the man who fights but the tiny heart in him which fights." अर्थात् ''बन्दूक नहीं लड़ती, मनुष्य लड़ते हैं, मनुष्य नहीं लड़ते दिल लड़ते हैं।'' आज के विज्ञान ने अणुशक्ति को मानव के हाथ में रख दिया है। उसका उपयोग रचनात्मक कार्यों में होगा या विनाश की दिशा में, इसका निश्चय स्वयं अणुशक्ति या विज्ञान नहीं करेगा बल्कि राजनीतिज्ञों के मूल्य करेंगे, उनकी नैतिकता तथा विचारशीलता करेगी। मैकाइवर ने ठीक ही लिखा है कि ''सभ्यता की सामग्री का हम अभीष्ट उपयोग कर सकते हैं, उत्पादक उद्देश्यों में लगाई गई शक्तियों से हम जो चाहें पैदा कर सकते हैं। हमारे औद्योगिक कारखाने जीवन के लिये आवश्यक वस्तुयें तैयार कर सकते हैं, भोग विलास की सामग्री बना सकते हैं और युद्ध की सामग्री का भी निर्माण कर सकते हैं। हमारे कारखाने इनमें क्या तैयार करें इसका निर्णय और निर्धारण हमारी संस्कृति करती है।''

वास्तव में प्रौद्योगिकी एक साधन मात्र है। उसको स्वयं साध्य नहीं माना जा सकता और न उससे साध्य का कुछ पता ही लगता है। साध्य का निश्चय मूल्यों और विचारधाराओं से होता है जो कि संस्कृति के अंग हैं। अतः संस्कृति से प्रौद्योगिकी के विकास का मानव के विनाश के लिये भी प्रयोग हो सकता है। प्रौद्योगिक परिवर्तन के रूप को भी संस्कृति ही निश्चित करती है। प्रौद्योगिक परिवर्तन किस प्रकार का होगा यह मूल्यों और विचारधाराओं पर निर्भर है। रूस में प्रौद्योगिकी की दिशा और रूप पर मार्क्स के विचारों और आदर्शों की स्पष्ट छाप है।

अभ्यास के लिये प्रश्न

प्रश्न 1. संक्षिप्त टिप्पणी लिखिए—जनसंख्या तथा सामाजिक परिवर्तन।

प्रश्न 2. सामाजिक परिवर्तन के कारक के रूप में जनसंख्या के महत्व पर विचार कीजिए।

प्रश्न 3. जनसंख्या तथा सामाजिक परिवर्तन का सम्बन्ध स्पष्ट कीजिए।

प्रश्न 4. जनसंख्या के आधार का सामाजिक परिवर्तन से क्या सम्बन्ध है? अपना उत्तर भारतीय उदाहरणों द्वारा स्पष्ट कीजिए।

प्रश्न 5. सामाजिक परिवर्तन के जनांककीय कारक की भूमिका की व्याख्या कीजिए।

प्रश्न 6. सामाजिक परिवर्तन में आर्थिक कारणों के महत्व की विवेचना कीजिए।

प्रश्न 7. सामाजिक परिवर्तन के आर्थिक कारकों का विश्लेषण कीजिए।

प्रश्न 8. विचार कहां तक सामाजिक परिवर्तन को आरम्भ करते हैं?

प्रश्न 9. सामाजिक परिवर्तन में विचारों की विवेचना कीजिए।

प्रश्न 10. सामाजिक परिवर्तन क्या है? उचित उदाहरण सहित सामाजिक परिवर्तन के सांस्कृतिक कारक बताइए।

3

सामाजिक उद्‌विकास
(Social Evolution)

जिस प्रकार सामाजिक परिवर्तन की अवधारणा के विषय में विद्वानों में मतभेद पाया जाता है उसी प्रकार सामाजिक परिवर्तन के प्रारूपों (Typologies) के विषय में अनेक मतभेद पाये जाते हैं। कुछ विद्वान उद्‌विकास (Evolution) को ही सामाजिक परिवर्तन मानते हैं, कुछ दूसरे सामाजिक परिवर्तन से प्रगति (Progress) या विकास (Development) का अर्थ लगाते हैं। कुछ विद्वान समय के आधार पर सामाजिक परिवर्तन को लघुकालीन तथा दीर्घकालीन प्ररुपों में बांटते हैं। कुछ अन्वेषण (Innovation) तथा प्रसार (Diffusion) प्रकार के सामाजिक परिवर्तन बतलाते हैं तो कुछ अन्तर्वलन (Involution) और पश्चजनन (Epegenesis) प्रकार के। इस प्रकार सामाजिक परिवर्तन के अनेक भेद किये गये हैं।

मूर ने "परिवर्तन की दिशा" (Direction of Change) के आधार पर सामाजिक परिवर्तनों को निम्नलिखित प्ररुपों (Typologies) में बाँटा है।

(1) संचित अथवा क्रमविकासवादी प्रकार के सामाजिक परिवर्तन
(Cumulative or Evolutionary Type of Social Change)

(2) संचित पूर्वव्यापी क्रमविकास प्रकार के सामाजिक परिवर्तन
(Cumulative Retroactive Evolutionary Type of Social Change)

(3) सामाजिक परिवर्तन का अन्तवर्ती प्ररुप
(Transitional Model of Social Change)

(4) दिशाहीन चक्रिय प्रकार के सामाजिक परिवर्तन
(Trendless Cycles Type of Social Change)

(5) आदिमवादी व्यवस्था की ओर होने वाले सामाजिक परिवर्तन
(Primitivism Type of Social Change)

संक्षेप में सामाजिक परिवर्तन के प्रमुख प्रकार निम्नलिखित हैं—

(1) सामाजिक उद्‌विकास (Social Evolution)

(2) सामाजिक विकास (Social Development)

(3) सामाजिक प्रगति (Social Progress)

(4) नियोजित सामाजिक अन्वेषण (Planned Social Change)

(5) सामाजिक अन्वेषण (Social Innovation)

(6) सामाजिक प्रसार (Social Diffusion)

(7) सामाजिक अन्तर्वलन (Social Involution)

(8) सामाजिक पश्चजनन (Social Epegenesis)

(9) सामाजिक क्रान्ति (Social Revolution)

सामाजिक उद्विकास की अवधारणा

सामाजिक परिवर्तन की सबसे प्राचीनतम अवधारणा सामाजिक उद्विकास प्रकार के परिवर्तन के रूप में विकसित हुई। **डारविन** के विचरों से प्रेरित होकर थॉमस हॉब्स, फरगूशन (Ferguson), स्पेन्सर, जॉन लॉक जैसे विद्वानों ने सामाजिक उद्विकास प्रकार के परिवर्तन की अवधारणा व्यक्त की। इनका कहना था कि विभिन्न समाजों की संरचनाओं में, अर्थव्यवस्थाओं में तथा तकनीकी में काफी अन्तर देखने को मिलते हैं जिनको एक क्रमव्यवस्था में सजाया जा सकता है। किसी भी सामाजिक व्यवस्था में प्रारम्भ में एकीकरण (Integration) तथा विषमता (Heterogeneity) को अस्पष्ट रूप में ही देखा जा सकता है। धीरे-धीरे एकीकरण तथा विषमता बढ़ती है। इसके साथ-साथ समूहों में सामंजस्य (Equilibrium) भी बढ़ता है। प्रथायें कानून का रूप ले लेती हैं, जो विभिन्न क्रियाओं के लिए विशेष स्वरूप में ढल जाता है। प्रारम्भ में जो प्रथायें अस्पष्ट सी दीख पड़ती हैं वह धीरे-धीरे एक दूसरे से अलग होकर स्पष्ट दिखने लगती हैं।

सामाजिक उद्विकास की परिभाषा

1. नोर्थ ने लिखा है कि "जब किसी समय में होने वाले परिवर्तनों का क्रम न केवल परिवर्तन के बाद परिवर्तन की क्रिया की ओर संकेत करता है, बल्कि निरन्तर घटित होने वाली प्रक्रिया को बतलाता है जिसके द्वारा समदृश्यता का धागा स्पष्ट रूप में दृष्टिगोचर होता है, तब परिवर्तनों के ऐसे क्रम को क्रमविकास कहा जाता है।"[1]

2. ऑगबर्न तथा **निमकॉफ** के अनुसार सामाजिक उद्विकास को एक ऐसे परिवर्तन के रूप में परिभाषित किया जा सकता है जो एक विशेष दिशा में घटित होता है।[2] सामाजिक उद्विकास सामान्य उद्विकास का ही एक पहलू है। यह

---

1. "We have evolution when the series of changes that occur during a period of time appear to be, not mere succession of changes but a continuous process," C. C. North Social Problems and Social Planning, 1952, p. 56.
2. W.F. Ogburn & M. E. Nimkoff, "A Handbook of Sociology." p. 603.

जैविक उद्विकास के सिद्धान्त को सामाजिक प्रघटना में लागू करता है। यह स्वत: ही घटित होता है। यह व्यक्तियों के द्वारा अपनी परिस्थितियों से निरन्तर समायोजन के कारण उत्पन्न होता है। यह एक प्राकृतिक प्रक्रिया है। इसकों नियंत्रित नहीं किया जा सकता।

3. **हरबर्ट स्पेन्सर**–"उद्विकास पदार्थ तथा सहकारी गति के निप्रथन (Dissipation) का एक संकलन है जिसमें पदार्थ एक आपेक्षिक, अनिश्चित और बेमेल सजातीय से एक आपेक्षिक रूप से निश्चित तथा समन्वित विजातीय में बदल जाता है जिसमें कि स्थापित गति में भी समानान्तर रूपान्तरण हो जाता है।"[1] हरबर्ट स्पेन्सर की उद्विकास की इस व्याख्या के अनुसार सामाजिक उद्विकास का अर्थ होगा अनिश्चित तथा बेमेल सजातीय से निश्चित और समन्वित विजातीयता की ओर प्रगति। इस प्रगति में तीन बातें स्पष्ट दिखाई पड़ती हैं। सामाजिक उद्विकास में अनिश्चित समिति, संस्थायें आदि निश्चित रूप ग्रहण कर लेती हैं। सामाजिक उद्विकास में समन्वय की प्रक्रिया शामिल है अर्थात् समाज के विभिन्न अंगों में समन्वय होता चलता है। अत: सामाजिक उद्विकास कोरा परिवर्तन मात्र नहीं है। तीसरे, सामाजिक उद्विकास के साथ-साथ समाज में विजातीयता बढ़ती है अर्थात् नईं-नई समितियाँ, समुदाय और संस्थायें बढ़ती जाती हैं।

सामाजिक उद्विकास की विशेषतायें

हरबर्ट स्पेन्सर ने सामाजिक उद्विकास के सम्बन्ध में चार महत्वपूर्ण सिद्धांत उपस्थित किये। वे सिद्धान्त निम्नलिखित हैं–

(1) सामाजिक उद्विकास सम्पूर्ण ब्रह्माण्ड के उद्विकास (Cosmic Evolution) के परिवर्तन के नियम का एक सांस्कृतिक या मानवीय पहलू है। (2) अत: सामाजिक उद्विकास सब स्थानों पर समान प्रकार से होता है और कुछ निश्चित तथा अनिवार्य स्तरों से गुजरता है। (3) सामाजिक उद्विकास क्रमिक (Gradual) है। (4) सामाजिक उद्विकास प्रगतिशील (Progressive) है।

सामाजिक उद्विकास की इन चार महत्वपूर्ण विशेषताओं के अलावा उसकी उपरोक्त परिभाषा से उसकी निम्नलिखित तीन विशेषतायें भी स्पष्ट होती हैं– (1) सामाजिक उद्विकास भिन्नता (Differentiation) की प्रक्रिया से होता है। इसको समझने के लिए किसी भी समाज के लम्बे इतिहास पर नजर डालिये तो आपको उसमें समितियाँ, संस्थायें, आदि बराबर विकसित होती मिलेंगी। सामाजिक उद्विकास में नई-नई समस्यायें नई-नई परिस्थितियाँ बराबर आती रहती हैं, जिनके कारण नई-नई समितियाँ और संस्थायें विकसित होती रहती हैं। किसी एक नगर के

---

1. "Evolution is an integration of matter and concomitant dissipation of motion, during which the matter passes from a relatively indefinite, incoherent homogeneity to a relatively definite coherent heterogeneity and during which the retained motion undergoes a parallel transformation."
—Herbert Spencer
'Principles of Sociology,' Vol. V

समाज को लीजिये। पहले जब वह नगर एक छोटा सा गाँव या कस्बा होगा तो उसका प्रबन्ध एक पंचायत या टाउन एरिया कमेटी करती होगी। अब वह शहर एक बड़ा व्यापारिक केन्द्र बन गया है अत: उसके प्रबन्ध के लिए बीसों अलग-अलग कमेटियाँ हैं। कोई शिक्षा का प्रबन्ध करती है, कोई सफाई का, कोई चुंगी का प्रबन्ध करती है, तो कोई बाजारों की देखरेख करती है। इस प्रकार शहर के उद्विकास के साथ-साथ यह भिन्नता भी बढ़ती जाती है (2) परन्तु समन्वय (Integration) के बिना यह भिन्नता किसी भी ओर नहीं ले जा सकती। अत: भिन्नता के साथ-साथ समन्वय भी आवश्यक है। शहरों में जहाँ आपको कायस्थ समाज, महाराष्ट्रीय समिति आदि मिल जायेंगी वहाँ ऐसी संस्थायें भी मिलेंगी जो विभिन्न जातिगत और वर्गगत भेदों पर आधारित इन समितियों का समन्वय करती हों। आज मानव समाज में जहाँ नये-नये राष्ट्र उत्पन्न होते जा रहे हैं वहाँ इन राष्ट्रों का समन्वय करके एक विश्व राज्य की स्थापना के प्रयत्न भी कम जोर-शोर से नहीं किये जा रहे हैं। (3) भिन्नता तथा समन्वय की इस दोहरी प्रक्रिया से समाज की कुशलता बराबर बढ़ती जाती है। श्रम-विभाजन (Division of Labour) आधुनिक आर्थिक उद्विकास का मूलमंत्र है। समाज में भी भिन्न-भिन्न संस्थाओं और समितियों के बढ़ते जाने से विभिन्न क्षेत्रों में काम अधिक सफलता से होता है और समन्वय की प्रक्रिया के कारण विभिन्न क्षेत्र एक दूसरे की कुशलता से लाभ भी उठाते हैं।

सामाजिक उद्विकास के सम्बन्ध में हरबर्ट स्पेन्सर ने डार्विन (Darwin) के योग्यतम की विजय (Survival of the Fittest) और अस्तित्व के लिए संघर्ष (Struggle for Survival) के जैवकीय सिद्धान्तों को समाज पर लागू किया है। सामाजिक उद्विकास के इस सिद्धान्त को बहुत से विद्वानों ने स्वीकार किया है और उसकी अपनी-अपनी परिभाषायें प्रस्तुत की हैं। हाबहाउस ने लिखा है "मैं उद्विकास किसी भी प्रकार की वृद्धि समझता हूँ। सामाजिक प्रगति से सामाजिक जीवन के उन गुणों की वृद्धि समझता हूँ, जिनसे मानव प्राणी बुद्धिपूर्वक कुछ मूल्य जोड़ सकें।" [1] सामाजिक उद्विकास का सिद्धान्त समाज में क्रमिक प्रगति मानता है। परन्तु सभी विद्वान सामाजिक उद्विकास को क्रमिक नहीं मानते। कुछ विद्वान उसे समरैखिक (Unilinear) और कुछ अन्य विद्वान् चक्रिय (Cyclical) मानते हैं। मॉर्गन, वैखोफन, हैडन और इंगेल्स के अनुसार प्रत्येक समाज का उद्विकास इन तीन अवस्थाओं से होकर होता है—(1) वन्यावस्था (Savagery) (2) बरर्बता Barbarism) और (3) सभ्यता (civilization)। इसी प्रकार इन विद्वानों ने प्रत्येक समाज के आर्थिक विकास की चार अवस्थायें मानी हैं—(1) आखेट (Hunting), (2) पशुपालन (Pastoral), (3) कृषि अवस्था (Agricultural), तथा (4) औद्योगिक (Industrial) अवस्था। विकासवादी सिद्धांत के अनुसार प्रौद्योगिकी (Technology)

---

1. "By evolution I mean any sort of growth, by social progress the growth of social life in respect of those qualities to which human beings can attach or can rationally attach values."
—Hobhouse

के विकास में निम्नलिखित तीन स्तर माने गये हैं—प्रस्तर युग (Stone Age), कांसा युग (Bronze Age), तथा लौह युग (Iron Age)। इसी प्रकार विवाह, परिवार, धर्म, सम्पत्ति, कानून, राज्य आदि मानव समाज के विभिन्न अंगों में भी विकासवादियों ने विकास की विभिन्न अवस्थायें दिखाने की कोशिश की।

विकासवादी मत के विरुद्ध प्रतिक्रिया

परन्तु कुछ विद्वानों ने इस मत की कटु आलोचना की। The History and Prospects of the Social Sciences में गोल्डनवाइज़र (A. Goldenweiser) ने इस मत का प्रबल समर्थन किया। इन विद्वानों के अनुसार सामाजिक क्षेत्र में उद्‌विकास की कल्पना भ्रामक है। समाज के विकास की अवस्थाओं का वर्णन कोरी कल्पना है। प्रौद्योगिकी, आर्थिक अथवा सांस्कृतिक विकास की इन अवस्थाओं का कोई भी ऐतिहासिक प्रमाण नहीं है। सभी समाजों में एक ही प्रकार का क्रमिक विकास मानना तो एकदम गलत है। क्योंकि प्रत्येक समाज की अपनी-अपनी परिस्थिति होती हैं और उसमें उसी के अनुसार परिवर्तन होता है। ये परिस्थितियाँ सदैव बदलती रहती हैं, इसलिये यह परिवर्तन भी क्रमबद्ध नहीं रहता।

मैकाइवर का मत

मैकाइवर ने अपनी प्रसिद्ध पुस्तक Scoiety में सामाजिक उद्‌विकास के सिद्धांत का समर्थन किया है। मैकाइवर के अनुसार "सामाजिक उद्‌विकास वह क्रिया है जिससे वस्तु में प्रच्छन्न सभी भावनायें क्रमशः अथवा धीरे-धीरे प्रकट हो जाती हैं। उद्‌विकास सीधी वृद्धि को नहीं कहते हैं। उद्‌विकास से वस्तु के आधार में वृद्धि होने के अलावा उसकी रचना में भी परविर्तन होता है। यह संख्यात्मक और गुणात्मक परिवर्तन यह निरन्तर और एक दिशा में ले जाने वाली प्रक्रिया है। जिससे वस्तु (या समाज) की आन्तरिक विशेषतायें प्रकट होकर भिन्न और स्पष्ट हो जाती हैं अतः उद्‌विकास की मौलिक विशेषता विभेदीकरण (Differentiation) है। (जिसमें एकीकरण का अर्थ भी शामिल है)। समाज में विभेदीकरण अधिकतर श्रम विभाजन, कार्यात्मक समितियों की संख्या और विविधता में वृद्धि तथा समाजिक संचार के साधनों (विशेषकर भाषा) में अधिकतर विभिन्नता और उत्कृष्टता में जाहिर होता है।" मैकाइवर ने साामाजिक उद्‌विकास को काल्पनिक मानने के सिद्धान्त की जबर्दस्त आलोचना की है।

सामाजिक उद्‌विकास की वास्तविकता

सामाजिक उद्‌विकास की वास्तविकता क्या है? इस विषय में कुछ निश्चिय करने के लिये सामाजिक उद्‌विकास की वास्तविकता के पक्ष में मैकाइवर और पेज के तर्कों को जान लेना लाभदायक होगा। मोटे तौर से ये तर्क निम्नलिखित हैं—

(1) आदिम तथा सभ्य समाजों में जो विविधता और भेद दिखलाई पड़ता है वैसी ही विविधता और भेद पशु समाज में भिन्न-भिन्न प्रकार के पशुओं में देखा

जा सकता है। अतः जब पशुओं में उद्विकास का सिद्धान्त लागू हो सकता है तो फिर मानव समाज के क्षेत्र में वह क्यों नहीं लागू किया जा सकता है। इस प्रकार मानव समाज की विविधता से यह नतीजा नहीं निकाला जा सकता कि उद्विकास के सिद्धान्त में वास्तविकता नहीं है।

(2) सामाजिक जीवन में विभेदीकरण की क्रिया के अस्तित्व से ही समाज में उद्विकास का होना सिद्ध होता है। वास्तव में जैसा कि पीछे बतलाया जा चुका है, मैकाइवर के अनुसार यह विभेदीकरण (Differentiation) की क्रिया ही सामाजिक उद्विकास की मौलिक विशेषता है। अतः मैकाइवर समरैखिक उद्विकास (Unilinear Evolution) के रूप में उद्विकास के सिद्धान्त को नही मानता। उसने स्पष्ट कह दिया है कि यदि उद्विकास का मतलब यह लगाया जाए कि समाज की कुछ विशेष संस्थायें एक निश्चित क्रम के अनुसार अनेक दशाओं से गुजर कर उन्नत समाजों की विशेष अवस्थायें बन जाती हैं तो इस रूप में उद्विकास की वास्तविकता को स्वीकार नहीं किया जा सकता। सामाजिक उद्विकास की वास्तविकता विभेदीकरण की प्रक्रिया में है। इसी क्रिया के कारण प्रत्येक समाज में कालान्तर में भिन्न-भिन्न काम करने के लिए नई-नई समितियाँ, व्यवस्थायें, संघ और संस्थायें विकसित होती रहती हैं। इस प्रकार समाज के राजनैतिक, आर्थिक, धार्मिक, संस्कृतिक सभी दलों का विकास होता चलता है। इतिहास यह बतलाता है कि प्रारम्भ में मानव समाज में विभिन्न कार्यों के लिए यह विभेदीकरण नहीं था। सभ्यता और सांस्कृति की प्रगति के साथ-साथ यह विभेदीकरण हुआ और यह अब भी बराबर बढ़ता जा रहा है। यह ऐतिहासिक तथ्य ही इस बात का साक्षी है कि सामाजिक उद्विकास के सिद्धान्त में कितनी वास्तविकता है?

(3) सामाजिक उद्विकास की यह वास्तविकता आदिम समाजों की आधुनिक समाजों में तुलना करने पर और भी स्पष्ट होती है। आदिम समाजों में हर एक परिवार या अधिक से अधिक हर एक बन्धुवर्ग (Kin Group) सामूहिक रूप में मिल कर खेती, शिकार, युद्ध आदि सभी काम करते हैं। न उनमें आधुनिक समाज जैसे वर्ग पाये जाते हैं और न विशेष कामों को करने के लिए विशेष समितियाँ। धार्मिक, सांस्कृतिक तथा शैक्षिक संस्थायें तक अलग-अलग नहीं होतीं। इसके विपरीत आधुनिक समाज में धार्मिक, आर्थिक, सांस्कृतिक सभी क्षेत्रों में विभेदीकरण दिखाई पड़ता है। जाहिर है कि आदिम (Primitive) और आधुनिक (Modern) समाजों का यह अन्तर सामाजिक उद्विकास की वास्तविकता के कारण हैं।

सामाजिक उद्विकास का एक उदाहरण

सामाजिक उद्विकास की वास्तविकता का समर्थन करने के लिये केवल एक उदाहरण ही पर्याप्त होगा। मैकाइवर ने इस विषय में सामाजिक उद्विकास की वास्तविकता को धर्म के उद्विकास का उदाहरण देकर स्पष्ट किया है। उसके अनुसार धर्म का उद्विकास निम्नलिखित अवस्थाओं से होकर हुआ—

(1) **धार्मिक तत्व का अन्य सांस्कृतिक तत्वों के साथ मिश्रण होना** (The Fusion of Religious and Other Cultural Elements)– लूसियन लेवी ब्रहल ने लिखा है, "विभिन्न वस्तुयें तथा प्राणी जिन रहस्यमय गुणों से युक्त होते हैं वे आदिम व्यक्ति के विचार का एक अविभाज्य अंग होते हैं जो कि उसकी एक समन्वित पूर्ण सभ्यता है।"[1] इस प्रकार आदिम व्यक्ति में धार्मिक तत्व अन्य सांस्कृतिक तत्वों से मिला होता है। वास्तव में इस समय धर्म सभी महत्वपूर्ण मामलों में आदिम व्यक्ति के चिन्तन की पद्धति थी। यह एक प्रकार का मानसिक वातावरण था जो जीवन की सभी प्रधान घटनाओं में काम करता था। इस प्रकार जन्म, मृत्यु, महामारी, प्रकृति की विभिन्न शक्तियों के आकस्मिक प्रगटीकरण, सामाजिक रीति-रिवाजों, फसलों, ऋतुओं, मुखिया की संस्था, सभी को धर्म के आधार पर समझा जाता था। आदिम मानव ने प्राकृतिक और आध्यात्मिक शक्तियों में भेद करना नहीं सीखा था। पोलीनीशिया के माना (Mana) की तरह उस समय के विचार में अच्छी और बुरी शक्तियां, मनुष्य तथा उसके नाम आदि में कोई भेद नहीं था।

(2) **सम्प्रदाय और जादू** (Cult and Magic)– इस खिचड़ी अवस्था से धर्म सम्प्रदाय और जादू की अवस्था में आया। इस अवस्था में अज्ञात शक्तियों को निश्चित रूप दिया जाने लगा था तथा अस्पष्ट रहस्यवादी भावना विशेष चीजों के साथ बंध कर स्पष्ट होने लगी थी। अब इन निश्चित रूप वाली शक्तियों को समाज स्वीकार करने लगा था और उनके साथ विशेष कर्मकाण्ड, दन्तकथायें तथा विश्वास जुड़ने लगे थे। इस प्रकार सम्प्रदाय (Cults) उत्पन्न हुए। पृथ्वी, आकाश, आंधी, तूफान और प्रकृति की जड़ चेतन वस्तुओं से सम्बन्धित रूढ़ शक्तियाँ पृथक् और विशिष्ट सत्तायें बन गईं। उनके पास पहुँचने की विशेष विधियां बनीं। इन विधियों को जानने वाले पुरोहितों का आविर्भाव हुआ। इनके साथ-साथ समाज में जादू करने वाले ओझों का भी जन्म हुआ। इस प्रकार धर्म ने एक संस्था का रूप धारण कर लिया और जीवन के एक विशेष पहलू में ही सीमित हो गया। इस अवस्था में अभी शरीर की आत्मा, सामाजिक और आध्यात्मिक तत्व, जादू टोना और धर्म में भेद नहीं किया गया था।

(3) **विशिष्ट धार्मिक संस्थाओं का निर्माण** (The Formation of Specifically Religious Institutions)–तीसरी अवस्था विशिष्ट धार्मिक संस्थाओं के निर्माण की अवस्था थी। इसमें मनुष्य ने संसार की अच्छाई और बुराई को देखकर उनके अलौकिक कारण देवताओं और राक्षसों की कल्पना की। इस अवस्था में निम्नलिखित दो घटनायें महत्वपूर्ण है:–

(क) **सामूहिक अथवा जातीय देवता** (Communal Deities)– धर्म के संस्थात्मक रूप धारण कर लेने से उसको समूचे समाज या जाति की सम्पत्ति समझा

---

1. "The mystic properties with which things and beings are imbued form an integral part of the idea to the primitive who views it as a synthetic whole."
—Lucien Levy Bruhl

जाने लगा। इससे जाति के पुराने काल्पनिक या वास्तविक पूर्वज और महापुरुष तथा कभी-कभी वर्तमान राजा भी देवता मान लिये गये। इस प्रकार बहुदेववाद (Polytheism) का प्रचार हुआ और क्रमशः एकदेववाद (Monotheism) की ओर प्रवृत्ति हुई।

(ख) **पवित्र और अपवित्र के विचार का आविर्भाव** (The Emergence of the Sacred and Profane)— जातीय या सामूहिक देवताओं के साथ धर्म की एक पृथक् संस्था बन गई और उसके साथ विशेष धार्मिक कर्मकाण्ड, धार्मिक विधियों, धार्मिक पुरोहितों आदि का भी आविर्भाव हुआ। क्रमशः इन सबसे सम्बन्धित वस्तुयें पवित्र (Sacred) और इनसे विरुद्ध वस्तुयें अपवित्र (Profane) समझी जाने लगीं।

(4) **धार्मिक संस्थाओं से विशेष धार्मिक समितियां बनना** (From Religious Institutions to Specifically Religious Associations)— धर्म की चौथी अवस्था में धार्मिक समितियों का उदय हुआ। समिति बनने से धर्म को मानना न मानना व्यक्ति की इच्छा पर निर्भर हो गया। यह धर्म की वर्तमान अवस्था है। परन्तु संस्थाओं से समितियों की अवस्था तक धर्म के विकास में लाखों-करोड़ों मानवों को भारी संघर्ष करना पड़ा है। मध्यकालीन यूरोप में सब जगह प्रजा को राजा का धर्म मानना पड़ता था। इस रिवाज को समाप्त करने के लिये सदियों तक घोर संघर्ष हुआ। अब अधिकांश सभ्य समाजों में राज्य और धर्म को अलग-अलग समितियां मान लिया गया है। धर्म की सदस्यता ऐच्छिक है अनिवार्य नहीं।

सामाजिक उद्विकास के सम्बन्ध में धर्म का उपरोक्त उदाहरण उद्विकास की एक मोटी रूपरेखा ही उपस्थित करता है जिसमें स्थान-स्थान पर विद्वानों में मतभेद होना स्वाभाविक ही है। परन्तु इस एक उदाहरण से इतना अवश्य स्पष्ट होता है कि सामाजिक उद्विकास का सिद्धान्त बालू की दीवार नहीं है। कम से कम इतना तो बहुत से विरोधी मत रखने वाले भी मानते हैं कि इस दृष्टि से देखने से सामाजिक संस्थाओं और समितियों के अध्ययन पर एक नया प्रकाश पड़ता है। ऐसी स्थिति की कल्पना करना कठिन है जब सामाजिक उद्विकास की वास्तविकता में किसी को भी सन्देह नहीं होगा क्योंकि इस बात को समझना बहुत कुछ विशेष विद्वान् के अपने दृष्टिकोण पर आधारित है। परन्तु फिर भी इतना तो जाहिर ही है कि दृष्टिकोण के निकट भूतकाल में और वर्तमान समय में मानव समाज के विभिन्न अंगों, संस्थाओं और समितियों के जो अध्ययन किये गए हैं वे केवल रूचिकर ही नहीं बल्कि प्रेरणा देने वाले भी हैं।

सामाजिक उद्विकास की अवस्थायें

मैकाइवर का वर्गीकरण

प्रसिद्ध समाजशास्त्री मैकाइवर के अनुसार यद्यपि सामाजिक उद्विकास की ऐतिहासिक प्रक्रिया का वर्णन नहीं किया जा सकता परन्तु उसकी एक मोटी

रूप-रेखा अवश्य पेश की जा सकती है। मैकाइवर ने इस उद्विकास की अवस्थाओं का निम्नलिखित वर्गीकरण किया है।

(1) सामूहिक प्रथायें (Cummunal Customs)।

(2) विभेदीकृत सामूहिक संस्थायें (Differentiated Communal Institutions)।

(3) विभेदीकृत समितियां (Differentiated Associations)।

1. सामूहिक प्रथायें—आदिम समाजों में बहुत सी सामूहिक प्रथायें होती थीं जिनको समाज के सभी व्यक्ति मानते थे। ये सामूहिक प्रथायें ही आदिम समाजों पर शासन करती थीं। ये ही आदिम मानव के सामाजिक जीवन का नियन्त्रण करती थीं। इस समय में सामाजिक जीवन के भिन्न-भिन्न अंगों की व्याख्या करने के लिये अलग-अलग प्रथायें नहीं थीं। इस प्रकार आर्थिक, धार्मिक और राजनैतिक सभी कार्य सामूहिक रीति-रिवाजों से ही लिये जाते थे, जैसे समाज में मुखिया की प्रथा होने पर मुखिया ही धार्मिक, सामाजिक, राजनैतिक सभी कामों में अध्यक्ष का काम करता था। वही समाज का राजा था, वही पुजारी और वही समाज का अगुआ। इस प्रकार के कामों के लिये अलग-अलग समितियों, संस्थाओं आदि का इस अवस्था में विकास न हुआ था।

2. विभेदीकृत सामूहिक संस्थायें—सामाजिक उद्विकास के क्रम में मैकाइवर के अनुसार दूसरी अवस्था विभेदीकृत सामूहिक संस्थाओं की है। कालान्तर में धीरे-धीरे समाजों का विकास होता है, जनसंख्या बढ़ती है, नई-नई समस्यायें उत्पन्न होती हैं, नई-नई आवश्यकतायें बढ़ती जाती हैं। रुचियों और प्रवृत्तियों के रूप बदलते हैं और उनमें विविधता आती है। अतः इन विभिन्न स्वार्थों, रुचियों, आवश्यकताओं तथा प्रवृत्तियों को संतुष्ट करने के लिये कार्य का विभाजन किया जाता है और ये काम भिन्न-भिन्न संस्थाओं को सौंप दिये जाते हैं। प्रत्येक वर्ग की अपनी-अपनी संस्थायें विकसित होती हैं और उनके संचालन का भार विशेष व्यक्तियों को सौंपा जाता है। इस प्रकार समाज में भिन्न-भिन्न कामों की विशेष प्रणालियाँ प्रकट होती हैं, विशेष विधि निषेध (Taboos) लागू होने लगते हैं। प्राकृतिक शक्तियों का नियन्त्रण करने और उनके गुप्त भेदों का पता लगाकर लाभ उठाने के लिये नई-नई संस्थायें पैदा होती हैं। इस प्रकार उदाहरण के लिये जादू-टोना करने वाले ओझे, जाति की आवश्यकताओं को पूरा करने के वाले कर्म-काण्ड, मन्त्र-तन्त्र तथा अभिचार की विधियों को करने वाले व्यक्ति समाज में अपने विशेष वर्ग बना लेते हैं। इसी प्रकार परिवार, विवाह, आर्थिक तथा राजनैतिक आदि समाज के विभिन्न कामों के लिये अलग-अलग संस्थायें बन जाती हैं।

3. विभेदीकृत समितियाँ—सामाजिक उद्विकास में तीसरी अवस्था को मैकाइवर ने विभेदीकृत समितियाँ (Differentiated Associations) कहा है। इस

अवस्था में उपरोक्त संस्थायें क्रमशः समितियों का रूप धारण कर लेती हैं। इस प्रकार राज्य, आर्थिक संगठन, परिवार, स्कूल, चर्च, आदि विभिन्न समितियाँ पैदा होती हैं। संस्थाओं की अवस्था से समितियों की अवस्था तक समाज के उद्विकास में बहुत समय लगता है। वास्तव में आदिम समाजों में संस्थाओं से समितियों के विकास की अवस्था बहुत कम आ पाती है क्योंकि उनमें इस विकास के लिये आवश्यक लचीलेपन का अभाव होता है और आर्थिक तथा सामाजिक जीवन में विशेषीकरण कम होता है। उनमें सामूहिक प्रथाओं का अधिक मान होता है और जीवन के विभिन्न क्षेत्रों में अधिकतर इन्हीं का जोर होता है। इसके विपरीत आधुनिक समाजों में ज्ञान की वृद्धि तथा श्रम-विभाजन के कारण समितियों के निर्माण के उपयुक्त परिस्थिति उत्पन्न हो गई है। अतः जीवन के भिन्न-भिन्न काम अलग-अलग समितियों को सौंप दिये गये हैं। उदाहरण के लिये प्राचीन काल में सन्तानोत्पत्ति, मनोरंजन, शिक्षा, आर्थिक उत्पादन आदि अनेक काम अकेले परिवार की संस्था करती थी। अब मनोरंजन, शिक्षा तथा आर्थिक उत्पादन आदि के काम परिवार से अन्य समितियों ने ले लिये हैं। इसी प्रकार जीवन के अन्य क्षेत्रों में भी यह उद्विकास देखा जा सकता है। उदाहरण के लिये दूसरी अवस्था में प्रायः धार्मिक और राजनैतिक संस्थायें एक दूसरे के साथ सम्बद्ध होती हैं। तीसरी अवस्था में राज्य धर्म निरपेक्ष हो जाता है और धार्मिक समितियाँ पृथक् हो जाती हैं। इस प्रकार सामाजिक उद्विकास की इस अवस्था में धार्मिक संस्थायें बन जाती हैं।

समाज के उद्विकास की उपरोक्त व्याख्या को सभी समाजशास्त्री नहीं मानते। उदाहरण के लिये गिन्सबर्ग (Ginsberg) ने इसमें गम्भीर सन्देह प्रकट किया है कि उद्विकास समाज को सरल से जटिल बनाने की क्रमिक गति है। कुछ समाजशास्त्रियों ने सामाजिक उद्विकास की जैवकीय उद्विकास (Biological Evolution) के आधार पर व्याख्या की है। ऑगबर्न (Ogburn) ने सामाजिक उद्विकास के निम्नलिखित चार कारक बतलाये हैं—(1) आविष्कार (Invention), (2) संचय (Accumulation), (3) प्रसार (Diffusion), (4) सामंजस्य (Adjustment)। वास्तव में सामाजिक उद्विकास की अवस्थाओं के विषय में जितने सिद्धान्त प्रस्तुत किये गये हैं उन सभी की कुछ न कुछ आलोचना की जा चुकी है। इस विषय में कोई सर्वसम्मत सिद्धान्त उपस्थित करना है भी कठिन क्योंकि सामाजिक उद्विकास की प्रक्रिया अत्यधिक जटिल है।

उद्विकास, प्रगति, प्रक्रिया और अनुकूलन

प्रगति क्या है?

स्थूल रूप से प्रगति का मतलब आगे बढ़ना है। मैकाइवर ने लिखा है कि "जब हम प्रगति के बारे में बात करते हैं तो हमारा मतलब केवल किसी दशा मात्र से नहीं होता बल्कि किसी निश्चित लक्ष्य की दिशा की ओर ऐसा गन्तव्य जो केवल काम करने वाली शक्तियों मात्र के विचार से नहीं बल्कि आदर्श रूप से निश्चित

किसी लक्ष्य की ओर ले जाता है।''[1] बरगेस के अनुसार ''कोई परिवर्तन या एक उपस्थित पर्यावरण से किसी प्रकार का अनुकूलन जो कि एक व्यक्ति या व्यक्तियों के समूह अथवा जीवन के किसी अन्य संगठित रूप के लिए जीवन को अधिक आसान बना देता है, प्रगति का प्रतिनिधित्व करता कहा जा सकता है।''[2] ऑगबर्न ने लिखा है ''कि प्रगति का अर्थ बेहतर के लिए परिवर्तन है और इसलिये उसमें एक मूल्यात्मक निर्णय होना आवश्यक है।''[3] इस प्रकार प्रगति का निश्चय किसी मूल्य की कसौटी से किया जाता है। प्रत्येक विचारक के सामने कुछ मूल्यों का एक मानदण्ड होता है जिनसे वह जीवन की श्रेष्ठता का निश्चय करता है। यदि उन मूल्यों की वृद्धि होती दिखाई पड़ती है तो वह उस परिवर्तन को प्रगति मानता है, यदि उन मूल्यों की अवनति दिखाई पड़ती है तो वह उसे पतन मानता है। देशकाल तथा व्यक्ति के अनुसार इन मूल्यों में अन्तर हो सकता है और इस कारण प्रगति है या नहीं इस विषय में भी दृष्टिकोण भिन्न-भिन्न हो सकते हैं। इस प्रकार प्रगति मूल्यों पर आधारित है।

उद्विकास

इसके विपरीत उद्विकास में सभी प्रकार की वृद्धि आती है। यह प्रच्छन्न तत्वों की अभिव्यक्ति होता है। अतः प्रगति उद्विकास से संकीर्ण है। लम्ले ने लिखा है 'प्रगति एक अधिक संकीर्ण शब्द है। वह परिवर्तन है परन्तु वह किसी भी दिशा में नहीं बल्कि एक वांछित अथवा अभीप्सित दिशा में परिवर्तन है।''[4] इस प्रकार जहाँ प्रगति केवल वाँछित दिशा में वृद्धि को ही कहते हैं, उद्विकास में किसी भी दिशा में वृद्धि हो सकती है। अतः उद्विकास की कसौटी मूल्य नहीं है। दूसरे, जैसा कि पहले कहा जा चुका है, प्रगति की कसौटी आत्मगत (Subjective) है। वह व्यक्ति-व्यक्ति अथवा देशकाल के अनुसार बदलती रहती है। इसके विपरीत उद्विकास की कसौटी वस्तुगत (Objective) है। हो सकता है कि उद्विकास प्रगति हो अर्थात् वांछित दिशा में परिवर्तन हो परन्तु हो सकता है कि वह प्रगति न हो। वास्तव में यह कहना अधिक आसान है कि किसी समाज में उद्विकास हुआ है या नहीं जबकि यह सर्वमान्य रूप से निश्चित नहीं किया जा सकता कि उस समाज ने प्रगति की है अथवा नहीं। प्रगति उद्विकास का ही एक प्रकार है।

---

1. "When we speak of progress, we imply not merely direction, but direction towards some final goal, some destination determined ideally not simply by the objective consideration of the forces at work." —MacIver
2. "Any change or adaptation to an existent environment that makes it easier for a person or group of persons or other organised form of life to live may be said to represent progress." —Burgess
3. "Progress means change for the better and hence must imply a value judgement." —Ogburn & Nimkoff
4. "Progress is a narrower concept. It is change but it is change in a desired or approved direction, not any direction." —Lumley *'Principles of Socilogy'*, p. 387.

प्रक्रिया

मैकाइवर तथा पेज ने प्रक्रिया की परिभाषा इन शब्दों में की है, "एक प्रक्रिया का अर्थ प्रारम्भ से ही परिस्थिति में उपस्थित शक्तियों के फलस्वरूप एक निश्चित रूप से होने वाले एक लगातार परिवर्तन से है।"[1] इस परिभाषा को और भी स्पष्ट करने के अभिप्राय से मैकाइवर ने आगे कहा है "प्रक्रिया का एक मात्र अभिप्राय एक निश्चित चरण-अनुचरण पद्धति से है जिससे एक अवस्था में सीढ़ी दूसरी में विलीन हो जाती है।" इस प्रकार प्रक्रिया में एक अवस्था में दूसरी अवस्था में परिवर्तन के प्रकार, पद्धति या क्रिया का अध्ययन किया जाता है। अनुकूलन, विघटन आदि ऐसी ही प्रक्रियायें हैं। इस प्रकार प्रक्रिया एक निश्चित और निरंतर परिवर्तन है चाहे यह आगे की ओर हो या पीछे की ओर, संगठनकारी हो या विघटनकारी, प्रगति की दिशा में हो या अवनति की दिशा में।

अनुकूलन

अनुकूलन (Adaptation) एक जैवकीय क्रिया है। इससे व्यक्ति अथवा प्राणी अपने पर्यावरण अथवा अन्य वस्तुओं के अनुकूल होने के लिये परिवर्तित होता है। इस प्रकार अनुकूलन का सम्बन्ध दो या दो से अधिक वस्तुओं से होता है। इस प्रक्रिया में ये पदार्थ एक दूसरे के अनुरूप होने की कोशिश करते हैं। अतः अनुकूलन प्रगति या उद्‌विकास से भिन्न है। वह एक प्रकार का परिवर्तन है जिसमें प्रगति भी हो सकती है और अवनति भी, वृद्धि भी हो सकती है और कमी भी। उसका एक मात्र लक्ष्य अन्य वस्तु या परस्थिति अथवा पर्यावरण के अनुकूल बनना है। उदाहरण के लिये अनेक पशुओं के शरीर पर पहाड़ों में बड़े-बड़े बाल उग आते हैं और मैदानों में उतर आने पर या गर्मियों में झड़ जाते हैं।

आदिम से सभ्य समाज तक विभिन्न अवस्थायें

सभ्यता के विकास क्रम को सभी विद्वानों ने एक दृष्टिकोण से नहीं देखा है। अतः आदिम समाज से सभ्य समाज तक विकास में कौन सी विभिन्न अवस्थायें हैं इसके बारे में सभी एक मत नहीं हैं। सभी लोगों ने संस्कृति के विकास के तीन स्तर माने हैं। ये तीन स्तर निम्नलिखित हैं :—

(1) पाश्विकता (Savagery)

(2) बर्बरता (Barbarism)

(3) सभ्यता (Civilization)

प्रौद्योगिकी (Technology) के विकास से सभ्यता का विकास समझाने वाले विचारक आदिम समाज से सभ्य समाज तक निम्नलिखित तीन अवस्थायें मानते हैं :—

---

1. "A process means continuous change taking place in a definite manner through the operation of forces present from the first within the situation."—MacIver & Page

(1) प्रस्तर युग (Stone Age)

(2) कांस्य युग (Bronze Age)

(3) लौह युग (Iron Age)

आर्थिक जीवन के उद्विकास को सभ्यता का उद्विकास मानने वाले विद्वानों ने आदिम जीवन से वर्तमान सभ्यता तक विकास की अग्रलिखित चार अवस्थायें मानी हैं :—

(1) शिकारी अवस्था (Hunting Stage)

(2) चरवाही अवस्था (Pastoral Stage)

(3) कृषि अवस्था (Agricultural Stage)

(4) औद्योगिक अवस्था (Industrial Stage)

मार्क्स तथा इंगेल्स (Marx and Engels) ने इन अवस्थाओं को वास्तविक ऐतिहासिक क्रम का सूचक माना है अर्थात् सभी मानव सभ्यतायें इसी निश्चित क्रम से इन अवस्थाओं से गुजरी हैं। परन्तु फ्रेडरिक रजल (Fredrick Ratzel), एडवर्ड हान (Edward Han) तथा एलेग्जेण्डर वॉन हमबोल्ट (Alexander Von Humboldt) आदि विद्वानों ने इस मत का खण्डन किया है। फिर भी यह मत बहुत प्रसिद्ध है। अतः यहाँ पर इसी का वर्णन किया जायेगा।

1. **शिकारी अवस्था**—मनुष्य की सभ्यता की पहली अवस्था शिकारी अवस्था है। इस अवस्था में लोग जंगलों में अथवा नदियों तथा समुद्रों के किनारे रहा करते थे और पशु-पक्षियों तथा मछलियों का शिकार करते थे। इन्हीं पशुओं की खालों से तथा पेड़ों की छालों से वे अपने वस्त्र बनाते थे। गर्म देशों में वस्त्र लगभग नहीं के बराबर प्रयोग होते थे और अधिकतर लोग एक लंगोटी बांधते या नग्न रहते थे। इस समय तक मनुष्य समूहों में गांव बनाकर नहीं रहते थे। वे प्राकृतिक शक्तियों से डरते थे और उनकी उपासना करने तथा जादू के जोर से उनको अपने पक्ष में करने की कोशिश करते थे। शिकार के हथियार पत्थर, लकड़ी तथा हड्डी आदि और बाद में लोहे के भी होने लगे थे। गर्म देशों में लोग पेड़ों पर या झोंपड़ियों में रहते थे। ठण्डे देशों में गुफाओं का प्रयोग किया जाता था। व्यापार के रूप में कुछ वस्तुओं की अदला बदली (Barter) मात्र होती थी। सामूहिक और स्थायी जीवन के अभाव में सामाजिक और राजनैतिक जीवन का विकास नहीं हुआ था।

2. **चरवाही अवस्था**— शिकार करने के साथ-साथ मानव ने कुछ जंगली पशुओं को पालना भी सीखा। इस प्रकार बकरियाँ, भेड़ें, गाय, भैंस, घोड़े, रेनडियर, कुत्ते, आदि पाले जाने लगे। घास खाने वाले जानवरों को चारे की जरूरत रहती थी। अतः चरवाही अवस्था में मनुष्य अधिकतर घुमक्कड़ थे। वे अपने पशुओं के लिये चारे की तलाश में एक स्थान से दूसरे स्थान को घूमते रहते थे। जब एक स्थान पर घास आदि की कमी हो जाती थी तो वे वह स्थान छोड़कर आगे बढ़ जाते थे। इस अवस्था में फल और गोश्त के साथ-साथ खाने पीने में दूध से बनी चीजों का भी प्रयोग होने लगा। जानवरों की खालों के तम्बू रहने के लिये प्रयोग किये जाने

लगे। इस अवस्था में परिवार के परिवार चारे की तलाश में इधर-उधर घूमा करते थे।

3. **कृषि अवस्था**– खेती की अवस्था से मानव ने सभ्यता की सीढ़ी में महत्वपूर्ण कदम आगे बढ़ाया क्योंकि अब वह स्थायी रूप से खेती के योग्य मैदानों में रहने लगा। स्थायी रूप से बहुत से लोगों के एक स्थान पर रहने से और प्राकृतिक आपत्तियों के विरुद्ध लड़ने में एक दूसरे के साथ भाग लेने से उनमें क्रमशः सामुदायिक भावना का विकास हुआ और धीरे-धीरे छोटे-छोटे गाँव बस गये। इन गाँवों में एक दूसरे से भी सम्पर्क आने लगा। गाँव में सामूहिक जीवन के विकास से राजनैतिक जीवन का विकास हुआ। सामाजिक और राजनैतिक संस्थाओं का विकास हुआ। स्थायी रूप से एक स्थान पर रहने और खेती करने से जीविकोपार्जन से कुछ अवकाश मिला और साहित्य, कला, दर्शन और धर्म का विकास हुआ। इस प्रकार संसार के प्रसिद्ध उपजाऊ मैदानों में मानव की खेती की अवस्था में महान् सभ्यताओं का उदय हुआ। मिस्त्र, भारत तथा चीन की सभ्यताओं की किसी भी आधुनिक पाश्चात्य सभ्यता से तुलना की जा सकती है।

4. **उद्योगिक अवस्था**– परन्तु उद्योग की अवस्था ने मानव सभ्यता के विकास में क्रांति ही कर दी। औद्योगिक क्रांति के प्रभाव से सामाजिक, राजनैतिक, आर्थिक जीवन के सभी पक्षों में सभ्यता की तेजी से प्रगति हुई। बड़े-बड़े नगर बसने लगे और वे ही अब सभ्यता के केन्द्र हो गये। विज्ञान की अभूतपूर्व प्रगति से मानव ने प्राकृतिक शक्तियों, जल, वाष्प, विद्युत, अणुशक्ति आदि पर अधिकार करके धरती का रूप बदलना शुरू किया। वह पवन से भी तेज गति से हवा में उड़ने लगा। सागर की छाती पर हजारों मन बोझ लेकर जहाज इधर का माल उधर करने लगे। यातायात और संदेशवहन के साधनों में अभूतपूर्व विकास हुआ। औद्योगीकरण से वर्गवाद बढ़ा। साम्यवाद और समाजवाद जैसी नवीन राजनैतिक विचारधारायें फैलने लगीं। जनसाधारण के जीवन का स्तर ऊंचा उठा। सामाजिक और राजनैतिक ढाँचा और भी जटिल हो गया।

आज मानव सभ्यता उद्योग की अवस्था में है। हमारा युग अणु युग अथवा औद्योगिक युग है। जीवन की गति तीव्र होती गई है जिसमें सभी दिशाओं में समान रूप से प्रगति नहीं हुई है। इससे सब कहीं सांस्कृतिक विलम्बना दिखाई पड़ने लगी है। भौतिकता बढ़ती जाती है। इसके साथ अभौतिक संस्कृति में इतनी प्रगति नहीं हुई है। इस असन्तुलन से मानव सभ्यता को जबर्दस्त खतरा है। यदि यह असन्तुलन दूर न हुआ तो शायद विशालकाय मैमथों (Mammoths) और डाइनोसरों (Dinosaures) के समान भविष्य में हमारा भी पता न लगे। परन्तु यदि यह संकट टल गया तो मानव सभ्यता इस धरती से ऊपर उठकर चांद सितारों तक पहुँचेगी।

अभ्यास के लिए प्रश्न

1. सामाजिक उद्विकास की परिभाषा दीजिये।

2. सामाजिक उद्विकास, प्रगति, प्रक्रिया और अनुकूलन में अन्तर बतलाइये।

4

सामाजिक प्रगति

(Social Progress)

प्रगति की व्याख्या

प्रगति का शाब्दिक अर्थ किसी लक्ष्य की ओर आगे बढ़ना है या केवल आगे बढ़ना है। परन्तु आगे बढ़ना या पीछे हटना, प्रगति या अवनति सापेक्षिक शब्द हैं। यदि यह कहा जाय कि यह देश आगे बढ़ा तो इस बात का तब तक कोई अर्थ समझ में नहीं आ सकता जब तक यह न मालूम हो कि किस तरफ आगे बढ़ा अथवा उसने किस मूल्य या लक्ष्य को प्राप्त करने में प्रगति की। इस प्रकार प्रगति केवल परिवर्तन मात्र नहीं है। वह किसी विशेष दिशा में परिवर्तन है। प्रत्येक दिशा में परिवर्तन को प्रगति नहीं कहा जा सकता। उदाहरण के लिये यदि किसी देश में खेती की दशा खराब हो गई और अकाल पड़ गया तो यह परिवर्तन तो हुआ परन्तु इसे प्रगति कोई नहीं कहेगा। अतः प्रगति का अर्थ किसी लक्ष्य को प्राप्त करने में आगे बढ़ना है। इस प्रकार इसका अर्थ उद्‌विकास (Evolution) से संकीर्ण है। मोटे रूप में उस परिवर्तन को प्रगति कहा जा सकता है जिससे किसी व्यक्ति, संस्था अथवा समूह के जीवन में सहायता मिले क्योंकि जीवित रहना (To Live) यद्यपि सर्वोच्च नहीं परन्तु सर्वप्रथम और अनिवार्य मूल्य है। जब जीवन ही नहीं रहा तब फिर मूल्य किस का और कैसा? अतः प्रगति का नाम पाने की इच्छा रखने वाले प्रत्येक परिवर्तन को कम से कम जीवनदायक तो होना ही चाहिये।

सामाजिक प्रगति क्या है?

1. **वार्ड का मत—** लैस्टर वार्ड के अनुसार "प्रगति वह है जो कि मानव सुख में वृद्धि उत्पन्न करती है।"[1] जैसा कि वार्ड ने ठीक ही कहा है समाज के सदस्यों के सुख में उत्तरोत्तर वृद्धि सामाजिक प्रगति की एक निश्चित पहचान है और इसकी अनुपस्थिति में किसी भी परिवर्तन को प्रगति नहीं कहा जा सकता। मानव सुख की वृद्धि सामाजिक प्रगति की एक कसौटी है। यदि समाज के लोग अधिक सुखी हैं तो स्पष्ट है कि समाज प्रगति की ओर जा रहा है। यदि समाज के लोग

1. "Progress is that which secures the increase of human happiness."—Lester Ward

दुखी हैं तो प्रगति नहीं मानी जा सकती। यहाँ पर यह ध्यान रखने की बात है कि सामांजिक सुख एक सापेक्ष शब्द है। प्रगति की कसौटी के रूप में सामाजिक सुख का अर्थ केवल यह है कि लोग पहले की अपेक्षा अधिक सुखी हैं, यह सुख कितना कम है या अपर्याप्त है यह दूसरी बात है। यहां पर यह भी ध्यान रखने की बात है कि यदि समाज के थोड़े से लोग ही सुखी दिखाई पड़ते हैं तो उसको प्रगति की अवस्था नहीं माना जा सकता क्योंकि वे थोड़े से लोग ही तो समाज नहीं बनाते। सामाजिक प्रगति के लिये यह आवश्यक है कि समाज के अधिकतर सदस्यों के सुख में वृद्धि हो।

2. **ग्रोब्ज और मूर का मत—** ग्रोब्ज और मूर के अनुसार ''प्रगति स्वीकृत मूल्यों के आधार पर एक वांछित लक्ष्य की ओर गति को कहते हैं।''[1] जैसा कि प्रगति के नाम से स्पष्ट है प्रगति का निश्चय किसी न किसी लक्ष्य के प्रसंग में ही किया जा सकता है। प्रगति वह गति है जो किसी लक्ष्य की ओर होती है। परन्तु सभी तरह के लक्ष्य की ओर गति को भी प्रगति नहीं कहेंगे क्योंकि इनमें से कुछ लक्ष्य वांछनीय हो सकते हैं जबकि अन्य कुछ लक्ष्य अवांछनीय भी हो सकते हैं। अवांछनीय लक्ष्यों की गति को कोई भी प्रगति नहीं कहेगा। इसलिये प्रगति के लिये किसी वांछनीय लक्ष्य की ओर गति आवश्यक है।

यहाँ एक प्रश्न उठता है कि वांछनीय अथवा अवांछनीय की कसौटी क्या है? उसका निश्चय कैसे किया जाय? यह एक तथ्य है कि भिन्न-भिन्न मानव समाजों में और एक ही समाज में भिन्न-भिन्न व्यक्तियों में भिन्न-भिन्न तरह की चीजों को वांछनीय कहा जाता है। कभी-कभी जो चीज एक समाज में वांछनीय मानी जाती है वही दूसरे समाज में अवांछनीय मानी जाती है। केवल यही क्यों बल्कि एक ही समाज में भी एक समय में जो चीज वांछनीय मानी जाती है वही चीज दूसरे समय में अवांछनीय मानी जाती है। इसी तरह एक ही समाज में उसी समय में समाज के भिन्न-भिन्न व्यक्ति भिन्न-भिन्न समय में और कभी परस्पर विरोधी चीजों को वांछनीय मानते हैं। ये सब मतभेद भिन्न-भिन्न समाजों में और भिन्न-भिन्न व्यक्तियों में तथा एक ही समाज में भिन्न-भिन्न कालों में मूल्यों के भेद के कारण हैं। इस तरह सामाजिक मूल्य यह निश्चित करते हैं कि क्या वांछनीय है और क्या अवांछनीय तथा वांछनीय का विचार सामाजिक लक्ष्य सिद्ध करता है जिनकी ओर गति से सामाजिक प्रगति मानी जाती है। स्पष्ट है कि सामाजिक प्रगति मूल्यों के अनुसार सापेक्ष है। मूल्य बदलने के साथ प्रगति की धारणा भी बदलती है।

यहाँ पर यह कठिनाई हो सकती है कि मूल्यों के इस भेद में आखिरकार किन मूल्यों को ऊँचा माना जाय। इसके विषय में भिन्न-भिन्न समाजशास्त्री एक मत नहीं हैं। यद्यपि सामान्य रूप से यह कहा जा सकता है कि आध्यात्मिक मूल्य मानसिक

---

1. "Progress is movement towards a desired end in terms of accepted values."
--Groves and Moore

मूल्यों से और मानसिक मूल्य भौतिक मूल्यों से ऊंचे हैं। उदाहरण के लिये मानसिक दृष्टिकोण से प्रगति यद्यपि भौतिक प्रगति का स्थान नहीं ले सकती परन्तु फिर भी इसको भौतिक प्रगति से ऊंचा माना जाता है। मूल्यों के संस्तरण में इस क्रम को मानने का आधार स्वयं मनुष्य की अपनी संरचना है। जहाँ तक भौतिक लक्ष्यों का सवाल है मनुष्य और पशु में अधिक अन्तर नहीं है। मानसिक लक्ष्य, कला, विज्ञान, साहित्य आदि और आध्यात्मिक मूल्य धर्म, नीति आदि मनुष्य को पशु से ऊपर उठाते हैं। यदि भौतिक मूल्य प्राप्त कर लिये गये तो इसमें कोई मानवोचित श्रेष्ठता नहीं है उनको तो पशु भी प्राप्त कर सकते हैं। मानवोचित श्रेष्ठता तो तभी होगी जबकि मानसिक अथवा आध्यात्मिक मूल्य प्राप्त किये जायें। इस प्रकार मूल्यों में ऊंचे नीचे का निश्चय मनुष्य की श्रेष्ठता के आधार पर किया जाता है। दूसरे जैसे-जैसे मूल्य सूक्ष्म, जटिल और व्यापक होते जाते हैं वैसे-वैसे ही उनको ऊंचा मानना पड़ेगा। भौतिक मूल्यों से मानसिक मूल्य अधिक व्यापक, जटिल और सूक्ष्म हैं तथा मानसिक मूल्यों से आध्यात्मिक मूल्य अधिक व्यापक, जटिल और सूक्ष्म हैं। इस प्रकार उपरोक्त परिभाषा में यह बात ठीक नहीं जंचती कि किसी भी समाज के समकालीन लोगों द्वारा माने गये मूल्यों से ही प्रगति की परीक्षा कर ली जाय। जैसा कि मूल्यों के उपरोक्त विवेचन से स्पष्ट है स्वयं मूल्यों में उतार चढ़ाव का एक क्रम है। अतः यह कहना अधिक बेहतर होगा कि निम्न से उच्चतर मूल्यों को प्राप्त करने की ओर गति को प्रगति कहा जा सकता है।

(3) **मैकाइवर का मत**—मैकाइवर के अनुसार "जब हम प्रगति की बात करते हैं तो हमारा तात्पर्य किसी भी दिशा से नहीं होता बल्कि किसी परम शुभ, किसी गन्तव्य स्थान से होता है जो कि आदर्श रूप में निर्धारित होता है और केवल काम करती हुई शक्तियों के विचार से नहीं निर्धारित होता।"[1] इस परिभाषा में मैकाइवर ने यह ठीक ही कहा है कि प्रगति का लक्ष्य आदर्श रूप में निश्चित होता है। जैसा कि पीछे विश्लेषण किया जा चुका है मूल्यों के क्रम के अनुसार प्रगति का विचार निश्चित होगा। मूल्यों के इस संस्तरण को आदर्श रूप में ही निश्चित किया गया है। समाज किस ओर जा रहा है अथवा उसमें कौन सी शक्तियां कार्य कर रही हैं इससे यह निश्चय नहीं होगा कि उसको किस ओर जाना चाहिये। जो कुछ है (What is) वह जो कुछ होना चाहिये (What ought to be) उसका निश्चय नहीं कर पाता। इसलिये सामान्य शुभ क्या है, अथवा मूल्य क्या हैं इनका निश्चय विज्ञान के क्षेत्र में न आकर नीति और दर्शन के क्षेत्र में आता है। वास्तव में जैसा कि प्लेटो (Plato) ने हजारों साल पहले ठीक ही कहा था जगत के वैषयिक तत्व अपने आदर्श रूपों की भद्दी प्रतिलिपि मात्र हैं। किस वस्तु को क्या होना चाहिये, किस व्यक्ति को क्या करना चाहिये, यह एक आदर्श की बात है। वह वस्तु क्या है अथवा वह व्यक्ति क्या है इससे इस आदर्श में कोई अन्तर नहीं पड़ता। परन्तु आदर्श का तात्पर्य यह नहीं है कि वह कभी यथार्थ हो ही न सके। सच तो यह है

---

1. "When we speak of progress, we simply do not mean direction but direction towards some final good, some destination determined ideally not simply by the objective consideration of the force at work". --MacIver

कि यद्यपि यथार्थ और आदर्श का अन्तर पूरी तरह नहीं मिटता परन्तु ये दोनों सापेक्ष हैं और आदर्श अधिकाधिक यथार्थ बनाया जा सकता है। इसीलिये आदर्श रूप में निर्धारित लक्ष्य यथार्थ रूप में प्राप्त किये जा सकते हैं।

(4) **पार्क और बर्गेस का मत**– पार्क और बर्गेस के अनुसार "किसी उपस्थित पर्यावरण के प्रति अनुकूलन के लिये कोई भी परिवर्तन जो कि एक व्यक्ति अथवा व्यक्तियों के समूह अथवा जीवन के अन्य संगठित रूप के लिये जीवन आसान बना देता है प्रगति का प्रतिनिधित्व करता हुआ कहा जा सकता है।"[1] पीछे दिये गये विश्लेषण की पृष्ठभूमि में यह स्पष्ट है कि प्रगति की परिभाषा एकांगी और अपूर्ण है। वास्तव में यह प्रगति के जैवकीय विचार को उपस्थित करती है। यह ठीक है कि मनुष्य के सामने सबसे बड़ी समस्या जीवन का संघर्ष है और इस संघर्ष में सहायता देने वाली हर चीज आमतौर से वांछनीय है परन्तु यदि मानव जीवन के लक्ष्य को यहीं तक सीमित कर दिया जाये तो मनुष्य और पशु में अन्तर ही क्या है। कोई भी विचारक जिसने मनुष्य और पशु के अन्तर पर विचार किया है केवल अस्तित्व के लिये संघर्ष मात्र ही मानव जीवन का लक्ष्य नहीं मान सकता। मनुष्य का लक्ष्य जीना है। परन्तु यह जीना कीड़े-मकोड़े की तरह जीना न होकर मनुष्य की तरह जीना है मनुष्य की तरह जीने का अर्थ कोई आसान या सरल जीवन न होकर एक ऐसा जीवन है जिसमें मानव सुलभ मूल्यों का समुचित विकास हो सके और ये मानव सुलभ मूल्य, जैसा कि पहले बतलाया जा चुका है, मानसिक और आध्यात्मिक मूल्य हैं। दूसरे, मनुष्य केवल पर्यावरण से अनूकूलन ही नहीं करता बल्कि पर्यावरण को भी अपने अनुकूल बदल देता है। यही मानवीय अनुकूलन और पाश्विक अनुकूलन में अन्तर है। अतः केवल अनुकूलन मात्र में सहायता देने वाली चीज को वांछनीय नहीं कहा जा सकता। फिर भी प्रगति की उपरोक्त परिभाषा से इतना सत्य अवश्य है कि पर्यावरण से अधिक से अधिक अनुकूलन प्रगति की एक महत्वपूर्ण कसौटी है।

(5) लम्ले का मत– सामाजिक उद्‌विकास और सामाजिक प्रगति में अन्तर बतलाते हुए लम्ले ने लिखा है। "प्रगति एक अधिक संकीर्ण प्रत्यय है। वह परिवर्तन है, परन्तु वह किसी भी दिशा में परिवर्तन न होकर एक वांछित अथवा स्वीकृत दिशा में परिवर्तन है।"[2] प्रगति की यह परिभाषा सामाजिक उद्‌विकास से उसका अन्तर स्पष्ट करती है। प्रगति का जो विश्लेषण पीछे दिया गया है उससे इस परिभाषा को समझने में कठिनाई नहीं होगी।

---

1. Any change or adaptation to an existent environment that makes it easier for a person or group of persons or other organised forms of life may be said to represent progress."
—Park and Burgess
'An Introduction to Science of Sociology', p. 382.
2. "Progress is a narrower concept. It is change but it is change in a desired or approved direction not any direction.
—Lumley,
Principals of Socilogy, p. 38

प्रगति की विशेषतायें

प्रगति की सामान्य विशेषताओं को जानने से प्रगति का विचार और भी स्पष्ट होगा। प्रगति की मुख्य सामान्य विशेषतायें निम्नलिखित हैं–

(1) प्रगति में परिवर्तन है–प्रगति, जैसा कि उसके नाम से स्पष्ट है किसी न किसी दिशा में गति अथवा परिवर्तन है। अतः परिवर्तन उसकी अनिवार्य विशेषता है।

(2) प्रगति में वांछित उद्देश्य की पूर्ति होती है–परन्तु केवल परिवर्तन मात्र को प्रगति नहीं कहा जा सकता। प्रगति कहलाने के लिये परिवर्तन वांछित उद्देश्य की पूर्ति करने वाला भी होना चाहिये। वह वांछित उद्देश्य कुछ भी हो सकता है परन्तु यह कल्याणकारी और लाभदायक तो होगा ही क्योंकि कोई भी अपना अकल्याण अथवा हानि नहीं चाहता।

(3) प्रगति सामूहिक होती है–प्रगति नैतिक अथवा अन्य अर्थों में व्यक्तिगत भी होती है। परन्तु समाजशास्त्र में प्रगति के इस अर्थ को नहीं लिया जाता है क्योंकि समाजशास्त्र समाज का शास्त्र है और उसमें व्यक्ति को समाज के एक अंग के रूप में ही स्थान दिया जाता है। अतः समाजशास्त्र के अनुसार प्रगति सामूहिक होती है अर्थात् उसमें समस्त समूह किसी वांछित दिशा में आगे बढ़ता है।

(4) प्रगति में हानि लाभ दोनों सम्भव हैं–ऐसा नहीं है कि प्रगति में केवल लाभ ही लाभ हो और हानि बिल्कुल नहीं, परन्तु हाँ इतना अवश्य है कि अन्त में हानि की अपेक्षा लाभ अवश्य ही अधिक होता है। लाभ से हानि अधिक होने पर सामाजिक परिवर्तन को प्रगति नहीं कहा जा सकता। हर एक प्रगति में समूह को कुछ न कुछ कष्ट उठाने पड़ते हैं और त्याग करने पड़ते हैं। स्वतन्त्रता प्राप्त करने में भारत को भारी कष्ट उठाने पड़े और कितनी हानि सहन करनी पड़ी। परन्तु फिर भी स्वतन्त्रता के इतिहास में प्रत्येक संघर्ष प्रगति की ओर ही एक कदम था।

(5) प्रगति ऐच्छिक होती है–प्रगति अपने हाथ पर हाथ धर कर बैठने से नहीं होती। उसके लिये इच्छा और संकल्प की आवश्यकता है। वह ऊपर चढ़ने का काम (Uphill Task) है, उसके लिये कोशिश करनी पड़ती है और जब उस कोशिश में सफलता मिलती है तब उसे प्रगति कहते हैं। ध्यान रहे कि यह आवश्यक नहीं है कि प्रयत्न प्रगति हो क्योंकि बहुधा प्रयत्न व्यर्थ भी जाते हैं और भरसक कोशिश करने पर भी कभी-कभी हम एक कदम भी आगे नहीं बढ़ पाते।

(6) प्रगति की धारणा परिवर्तनशील है–सभी देश कालों में प्रगति की धारणा एक ही नहीं होती। आज जो प्रगति का चिन्ह माना जाता है वही कल अवनति का प्रतीक माना जा सकता है। भारत में एक ही बात को अवनति माना जा सकता है जबकि पश्चिमी समाज में उसे ही प्रगति माना जा सकता है। ऑगबर्न और निमकॉफ लिखते हैं "हमारा देश एक शताब्दी पहले से अधिक धनी है। परन्तु क्या

धन की प्राप्ति प्रगति है? हम शीघ्रतापूर्वक संसार में भ्रमण कर सकते हैं परन्तु क्या इससे अधिक सुख या स्वास्थ्य या आराम या मानसिक शान्ति प्राप्त होती है? पूर्व की प्राचीन सभ्यताओं से आने वाले व्यक्ति और सुदूर स्थानों के कम उन्नतिशील व्यक्ति हमारी भौतिक सफलता पर आश्चर्य करते हैं और बहुधा पूछते हैं कि क्या यह वास्तव में प्रगति है।''

प्रगति और सामाजिक मूल्य

प्रगति की परिभाषा करते हुए लम्ले ने लिखा है, ''प्रगति हमारे सामाजिक उद्देश्यों की प्राप्ति है।''[1] इस प्रकार प्रगति सामाजिक मूल्यों द्वारा निर्धारित होती है। जिस देश काल में जो सामाजिक मूल्य (Social Values) होंगे उसी के अनुसार उनका प्रगति का विचार होगा। समाजशास्त्र में मूल्य शब्द का प्रयोग विशेष अर्थों में किया गया है। Patterns of Culture में गिलिन और गिलिन लिखते हैं ''एक वस्तु का मूल्य किसी अन्य वस्तु की तुलना में उसका महत्व या वांछनीयता है। मूल्य (1) समूह अथवा समूह की एक बड़ी संख्या या बड़े भाग की आवश्यकताओं को पूरा करने वाली क्रियाओं और रूखों के चारों ओर, अथवा (2) जीवन के उन तरीकों के चारों ओर केन्द्रित है जो कि आदत या प्रथा बन चुकी हैं और इसलिये रोज-रोज बहुत कम चेतन अवधान चाहती हैं, अथवा (3) वे संस्कृति के अन्य तत्वों से इतने घुल-मिल गये हैं कि संकुल के किसी एक भाग में विघ्न अन्य सभी में भी विघ्न का खतरा उत्पन्न कर लेते हैं।''[2] इस प्रकार मूल्य वह है जो वांछनीय है। वह उन क्रियाओं या विचारों पर आधारित होता है जो सामूहिक जीवन की आवश्यकताओं को पूरा करती हैं। मूल्य उन क्रियाओं से सम्बन्धित है जो हमारी आदत बन चुकी है तथा संस्कृति में घुल-मिल गये हैं। इस प्रकार स्पष्ट है कि मूल्य सामाजिक हैं और हम उनकी वृद्धि चाहते हैं अथवा समूह को उनकी वृद्धि की आवश्यकता है। अतः जितनी ही अधिक मूल्यों की प्राप्ति होगी समूह उतना ही वांछित दिशा में बढ़ेगा। स्पष्ट है कि प्रगति सामाजिक मूल्यों पर ही आधारित है। किसी परिवर्तन को प्रगति कहा जायेगा या अवनति, यह उस समाज के सामाजिक मूल्यों पर निर्भर है और ये मूल्य सदा बदलते रहते हैं। अतः कोई भी चीज ऐसी नहीं है जो सभी देश काल में एक ही रूप में मूल्यवान मानी जाय। इसीलिये मैकाइवर और पेज ने लिखा है ''प्रगति का विचार एक गिरगिट है जब हम पर्यावरण के अनुकूल होते हैं तब उसका रंग ग्रहण कर लेता है और जब हम अनुकूलन नहीं कर

---

1. Progress is the realisation of our social ideals." --Lumley
2. "The value of a thing is its worth or desirability as compared with something else. Value clusters around (1) activities and attitudes which serve needs of the group, or a large or dominant portion of the group, or (2) about ways of life which have become habitual or customary and, therefore, require little conscious adjustment from day to day or they are (3) so intertwined with other elements in the culture that disturbance of one part of the complex threatens others." --Gillin and Gillin

पाते तब विपरीत रंग ग्रहण कर लेता है।"[1] इस प्रकार प्रगति का विचार गिरगिट के समान रंग बदलता रहता है। यहाँ पर यदि कुछ लोग यह कहें कि प्रगति के कुछ विचार सदैव एक से रहते हैं जैसे चोरी न करना, हिंसा न करना, शोषण न करना आदि प्रगति के चिन्ह हैं। परन्तु गौर करने से यह स्पष्ट हो जायेगा कि इन शब्दों के अर्थ भिन्न-भिन्न देश काल में भिन्न-भिन्न होते हैं। उदाहरण के लिये जैन धर्म में कीड़े या मच्छर को मारना भी हिंसा माना जाता था जबकि राजनैतिक क्षेत्र में शत्रु को मार डालना भी हिंसा नहीं माना जाता है। इसी प्रकार किसी समय में दास प्रथा तक को शोषण नहीं माना जाता था। आज भी साम्यवादी और पूंजीवादी देशों में शोषण के अर्थ भिन्न-भिन्न हैं। इस प्रकार प्रगति का अर्थ विशिष्ट सामाजिक मूल्यों पर निर्भर है। मूल्यों की इस परिवर्तनशीलता का अर्थ यह नहीं है कि प्रगति का विचार निश्चित ही नहीं है। इसका अर्थ केवल यह है कि प्रगति का विचार सब देश कालों में एक सा नहीं होता और सामाजिक मूल्यों के अनुसार निर्धारित होता है। ये सामाजिक मूल्य बदलते रहते हैं परन्तु इनके बदलने की गति बहुत मन्द होती है और बहुत से मूल्यों में तो सैकड़ों सालों में भी बहुत कम अन्तर पड़ता है। अतः उस सीमा तक प्रगति का विचार स्थिर रहता है। अतः यह स्पष्ट है कि प्रगति का विचार सामाजिक मूल्यों से निर्धारित होता है। मूल्यों का विवेचन पीछे भी किया जा चुका है।

सामाजिक प्रगति में सहायक दशायें

सामाजिक प्रगति में सहायक दशायें भी सभी देश काल में एक सी नहीं हो सकतीं। इसके अलावा प्रगति के भिन्न-भिन्न क्षेत्रों के लिये सहायक दशायें भी भिन्न-भिन्न होंगी। विभिन्न देशों में प्रगति के स्तर के अनुसार उनकी प्रगति में सहायक अवस्थायें भी बदलती रहती हैं। उदाहरण के लिये भारतवर्ष में वर्तमान अवस्था में जनता के लिये शिक्षा, आजीविका के साधन, खाद्य सामग्री आदि का प्रबन्ध प्रगति में सहायक दशायें हैं। ये चीजें प्रत्येक समाज के लिये आवश्यक हैं परन्तु जहाँ ये चीजें पहले से उपलब्ध हों वहाँ प्रगति इन क्षेत्रों के अलावा अन्य क्षेत्रों में होगी। अतः उसके लिये भिन्न दशाओं की आवश्यकता होगी। उदाहरण के लिये अमरीका में मानसिक और यौन सम्बन्धी व्याधियों का दूर होना प्रगति की आवश्यक दशा है सांस्कृतिक विकास के कार्यक्रम उस देश की प्रगति में सहायक दशा हो सकती है जहाँ लोगों को पर्याप्त भोजन उपलब्ध हो। जिस देश में लोगों को खाने को भी न हो वहाँ सांस्कृतिक कार्यक्रम केवल समय और शक्ति बर्बाद करेंगे। इस प्रकार सामाजिक प्रगति में सहायक दशाओं को सब देश काल के लिये निश्चित नहीं किया जा सकता। इस सापेक्ष रूप को सामने रखते हुये कुछ मुख्य सामान्य दशायें अग्रलिखित हो सकती हैं :—

---

1. "The concept of progress is a chameleon that takes on the colour of the environment when we are adjusted to that environment and some contrasting colour when we feel maladjusted." --MacIver and Page

(1) **शारीरिक और मानसिक स्वास्थ्य**—स्वस्थ मन और शरीर किसी भी प्रकार की प्रगति की पहली शर्त है। इसी से भावी पीढ़ी भी स्वस्थ होगी और देश का भाविष्य उज्ज्वल बनेगा।

(2) **भौतिक वस्तुओं का संचय**—स्वास्थ्य के साथ ही गरीबी और अभाव से मुक्ति मिलना परमावश्यक है। गरीबी और भुखमरी में स्वास्थ्य भी क्या ठीक रहेगा? अतः जीवन की आवश्यकता की चीजों का संचय प्रगति की आवश्यक दशा है।

(3) **सार्वभौम शिक्षा**—पर्याप्त साधनों के साथ ही सार्वभौम शिक्षा भी प्रगति में सहायक दशा है। इसके बिना ज्ञान विज्ञान की प्रगति नहीं हो सकती।

(4) **सामाजिक सुरक्षा** (Social Security)—प्रगति में सहायक एक अन्य महत्वपूर्ण दशा, रोग, आपत्ति, वृद्धावस्था तथा बेकारी आदि के बीमों की व्यवस्था है।

(5) **स्वतन्त्रता और समानता**—स्वतन्त्रता और समानता के बिना लोग प्रगति की दिशा में सफलतापूर्वक काम नहीं कर सकते। ये प्रगति में बड़ी सहायक दशायें हैं।

(6) **प्रगति की सम्भावना**—लोगों को प्रगति की सम्भावना में विश्वास होना चाहिये और किसी प्रकार का भय नहीं होना चाहिये। जब प्रगति की सम्भावना ही नहीं होगी तो प्रगति के लिये प्रेरणा कहां से मिलेगी? परन्तु दूसरी ओर प्रगति की सम्भावना अनिवार्य भी न मालूम पड़े अन्यथा लोग उसके लिये प्रयत्न करना बन्द कर देंगे।

(7) **न्यूनतम बाधायें**—मनुष्यों के आने-जाने, व्यवहार तथा जीवन में आगे बढ़ने के रास्ते में बाधाओं का कम से कम होना प्रगति में सहायक दशा है। उनको कार्य करने की अधिक से अधिक स्वतन्त्रता होनी चाहिये।

कहना न होगा कि प्रगति में सहायक दशाओं का उपरोक्त वर्णन संक्षिप्त और अपूर्ण है। देशकाल के अनुसार इसमें बहुत सी बातें बढ़ाई जा सकती हैं। इसमें केवल मौलिक दशायें बतलाई गई हैं जो प्रगति के लिये अनिवार्य हैं। आगे प्रगति की कसौटियों के विचार से उसकी दशायें और भी स्पष्ट होंगी।

प्रगति की कसौटियाँ

प्रगति की दशाओं के समान प्रगति की कसैटियों का भी वर्णन कठिन है और देश काल की परिस्थितियों में सापेक्ष है। प्रगति की कसौटियाँ सामाजिक मूल्य हैं और सामाजिक मूल्य देश काल के अनुसार बदलते रहते हैं। अतः प्रगति की सर्वमान्य कसौटी निश्चित करना कठिन है। फिर भी मोटे तौर से इसकी अग्रलिखित कसौटियां बतलाई जा सकती हैं :—

(1) **स्वास्थ्य और दीर्घ जीवन**—ए० जे० टॉड ने लिखा है कि एक डाक्टर के मतानुसार ''जीवन की औसत लम्बाई ही केवल एक मात्र और निश्चित कसौटी है कि दुनिया बेहतर हो रही है।''[1] परन्तु यह आवश्यक नहीं है कि अधिक लम्बा जीवन अधिक सुखी और अच्छा भी हो, अतः यह कसौटी अपूर्ण है।

(2) **धन सम्पत्ति**— कुछ विद्वानों के अनुसार धन सम्पत्ति अथवा आर्थिक उन्नति प्रगति की कसौटी है। परन्तु स्वास्थ्य के अभाव में धन का क्या लाभ? भारत जैसे धर्म-प्रधान देश में धर्म अथवा नैतिकता को सदैव धन से ऊपर माना गया है।

(3) **जनसंख्या**—कुछ लोगों के अनुसार जनसंख्या में वृद्धि प्रगति का चिन्ह है। परन्तु यदि ऐसा है तो भारत जोर-शोर से परिवार नियोजन द्वारा जनसंख्या की वृद्धि को रोकने में क्यों लगा है? यदि जनसंख्या ही कसौटी हो तो इंग्लैण्ड और अमरीका तथा रूस नहीं बल्कि चीन और भारत ही संसार में सबसे अधिक प्रगतिशील देश माने जाने चाहियें।

(4) **नैतिक आचार**—महात्मा गांधी जैसे कुछ विचारकों के अनुसार नैतिक आचरण ही प्रगति की कसौटी है। यह मत सामान्य रूप से ठीक है परन्तु इसमें कठिनाई यही है कि नैतिक आचार क्या है, यही निश्चित नहीं है।

उपरोक्त विवेचन से यह स्पष्ट हो गया होगा कि प्रगति की कोई एक कसौटी नहीं बनाई जा सकती क्योंकि जीवन बहुरंगी है।

किसी निष्कर्ष पर पहुँचने से पहले इस सम्बन्ध में कुछ मुख्य मतों पर दृष्टि डालना उपयुक्त होगा। कुछ मुख्य मत निम्नलिखित हैं :—

1. **बोगार्डस का मत**—बोगार्डस के अनुसार सामाजिक प्रगति के निम्नलिखित 14 आधार होते हैं, जिनको देखकर यह निश्चित किया जा सकता है कि प्रगति हो रही है अथवा नहीं :—

(1) प्राकृतिक सम्पत्ति का सार्वजनिक हित के लिये उपयोग।

(2) शारीरिक और मानसिक दृष्टि से स्वस्थ व्यक्तियों की वृद्धि।

(3) स्वास्थ्यप्रद पर्यावरण में वृद्धि।

(4) उपयोगी मनोरंजन में वृद्धि।

(5) संगठित परिवारों में वृद्धि।

(6) अधिकाधिक लोगों को रचनात्मक कार्य के लिये अवसर।

(7) उद्योगों और व्यापारों के जनतन्त्रीयकरण की वृद्धि।

(8) दुर्घटनाओं, बीमारियों, मृत्यु, बेकारी आदि के विरुद्ध सामाजिक बीमे की वृद्धि।

---

1. ". . .the average length of life is the one and only sure index of whether the world is growing." --Quoted by A.J. Todd

(9) अधिक से अधिक लोगों के रहन-सहन के स्तर में वृद्धि।

(10) सरकार के साथ सहयोग में अधिक से अधिक वृद्धि।

(11) कला का अधिक से अधिक प्रसार।

(12) मानव प्रकृति के धार्मिक और आध्यात्मिक पहलुओं का विशेष विकास।

(13) व्यावसायिक, अव्यावसायिक और कल्याणकारी शिक्षा का प्रसार।

(14) संश्लिष्ट अथवा सहकारी जीवन में वृद्धि।

सामाजिक प्रगति के इन आधारों में भौतिक, मानसिक और आध्यात्मिक सभी तरह के मूल्यों को स्थान देने का प्रयास किया गया है। अतः काम चलाऊ रूप से प्रगति की इन कसौटियों को माना जा सकता है।

(2) **लम्ले का मत**– लम्ले ने सामाजिक प्रगति के निम्नलिखित आठ आधार माने हैं। इन आधारों को उसने मानव प्रगति की दशायें कहा है अर्थात् इन दशाओं में किसी समाज में गति को प्रगति कहा जा सकता है। ये आठ दशायें निम्नलिखित हैं :–

(1) प्रगति की पहली दशा यह है कि लोगों को यह विश्वास हो कि संघर्ष से वांछित फल होगा। इससे वे परिवर्तन की चेष्टा करेंगे। इसके न होने पर परिवर्तन की सम्भावना और इसलिये प्रगति की संभावना कम रहती है।

(2) प्रगति की दूसरी दशा में लोगों का यह विश्वास है कि प्रगति अनिवार्य नहीं है अर्थात् वह स्वयं नहीं होती। ऐसा विश्वास होने पर लोग प्रगति के लिये चेष्टा करेंगे और इसके न होने पर वे हाथ पर हाथ धर कर बैठे रहेंगे।

(3) प्रगति की तीसरी दशा लोगों का यह विश्वास है कि प्रगति सम्भव है। इस विश्वास से वे प्रगति के लिये कोशिश करेंगे और ऐसा न होने पर वे भाग्यवादी बन जायेंगे।

(4) प्रगति की चौथी दशा यह है कि मनुष्य को मनुष्येतर शक्तियों का भय न हो। इसके होने पर वे बहुत से परिवर्तन करते हुए डरेंगे जिससे प्रगति में बाधा पड़ेगी। भय न होने पर वे निशंक होकर नये-नये प्रयोग और आविष्कार करेंगे।

(5) प्रगति की पाँचवीं दशा भौतिक पदार्थों का पर्याप्त मात्रा में संग्रह है। निर्धनता बढ़ने को अवनति ही कहा जायेगा। भौतिक पदार्थों के संग्रह के साथ प्रगति के लिये उसका अधिक से अधिक व्यक्तियों में वितरण भी आवश्यक है।

(6) प्रगति की छठी दशा शिक्षा का सार्वभौम रूप से प्रसार है जिससे कि अधिक से अधिक लोग उसका लाभ उठा सकें।

(7) प्रगति की सातवीं दशा आनुवंशिक रूप से दोषपूर्ण व्यक्तियों की संख्या में बराबर कमी होना है। इस कमी से समाज में शक्ति और सम्पत्ति की भारी बचत होगी जिसको रचनात्मक कार्यों में उपयोग किया जा सकेगा।

(8) प्रगति की आठवीं दशा व्यक्ति को दुनिया में कहीं भी घूमने फिरने की स्वतन्त्रता है। उससे भिन्न-भिन्न समाजों में मेल-जोल बढ़ेगा तथा भिन्न-भिन्न व्यक्तियों को एक दूसरे के सम्पर्क में आने का अवसर मिलेगा।

प्रगति की उपरोक्त आठों दशायें प्रगति की कसौटियां न होकर वे परिस्थितियां हैं जिनमें कोई समाज प्रगति कर सकता है। परन्तु इन आठों परिस्थितियों में सामाजिक प्रगति के लिये आवश्यक सभी परिस्थितियाँ नहीं आतीं। इनके अलावा और बहुत सी परिस्थितियाँ ऐसी हो सकती हैं जो सामाजिक प्रगति के लिये आवश्यक हों और इन आठों दशाओं के रहने पर भी यह आवश्यक नहीं कि प्रगति अवश्य है।

(3) **हार्ट का मत**—हारनेल हार्ट (Harnel Hart) ने सामाजिक प्रगति के निम्नलिखित तीन आधार माने हैं :—

(1) आयु का अधिक होना।

(2) मानसिक स्वास्थ्य।

(3) अवकाश का अधिक समय।

सामाजिक प्रगति के लिये ये तीन आधार तो आवश्यक हैं ही परन्तु इनके अलावा और कितने ही ऐसे आधार हैं जो सामाजिक प्रगति के लिये आवश्यक है। अतः हार्ट का मत एकांगी और अपूर्ण है।

(4) **डेवाइन का मत**— ई० टी० डेवाइन (E. T. Devine) ने सामाजिक प्रगति की निम्नलिखित कसौटियां मानी हैं :—

(1) प्राकृतिक साधनों का संरक्षण और कुछ थोड़े से चतुर व्यक्तियों के लिये नहीं बल्कि सभी व्यक्तियों के लाभ के लिये उनका अपेक्षाकृत अधिक उपयोग।

(2) अपेक्षाकृत अधिक स्वस्थ, मानसिक और शारीरिक आनुवंशिकता, दुर्बल मस्तिष्क या शराबी माता पिता से उत्पन्न होने वाले नष्ट धर्मी (Degenerate) सन्तानों की संख्या में अपेक्षाकृत कमी।

(3) स्वास्थ्य के लिये अधिक अनुकूल परिस्थिति और हानिप्रद मकानों, सफाई की असन्तोषजनक व्यवस्था तथा संक्रामक रोगों का अभाव।

(4) स्वास्थ्यप्रद मनोरंजन में वृद्धि और हानिकारक मनोरंजन में कमी तथा नागरिक जीवन को थकाने वाली गति में कमी।

(5) स्वास्थ्य और सम्पन्न परिवारों और शिक्षित बालकों की संख्या में वृद्धि और माता पिता द्वारा तिरस्कृत बच्चों की संख्या में कमी तथा उद्योग में बालकों के साथ होने वाले अत्याचार में कमी।

(6) अपेक्षाकृत अधिक व्यक्तियों के लिये रचनात्मक कार्यों के अवसर, ऐसे व्यक्तियों की संख्या में कमी जो कि अपने काम को ईमानदारी के साथ करते हैं और कमजोरी नहीं रखते तथा ऐसे व्यक्तियों की संख्या में कमी जो अपने जीवन के मध्य काल में बेकार हो जाते हैं।

(7) उद्योग और व्यापार का अधिक जनतन्त्रीयकरण। इसमें उद्योग और व्यापार में नियन्त्रण में मजदूर, पूंजीपति, जनता सभी का महत्व हो और ऐसे मजदूर कारीगर तथा मालिकों की संख्या में वृद्धि हो जो दूसरों की भलाई और तब अपनी भलाई के लिये काम करें।

(8) दुर्घटनाओं, रोगों, बुढ़ापा, मृत्यु और बेकारी के सामाजिक बीमे में वृद्धि।

(9) अपेक्षाकृत अधिक व्यक्तियों के जीवन स्तर में वृद्धि जिसमें पौष्टिक भोजन, ताजगी लाने वाले मनोरंजन और रचनात्मक कार्यों के अवसर शामिल हैं।

(10) इस बात पर अपेक्षाकृत कम जोर दिया जाता है कि मैं सरकार से क्या प्राप्त कर सकता हूँ बल्कि इस बात पर अधिक जोर दिया जाना चाहिये कि मैं सरकार के लिये क्या कर सकता हूँ। अच्छे संगीत, चित्रकला, काव्य, मूर्तिकला तथा अन्य कलाओं में अधिक रुचि।

(11) व्यावसायिक, अव्यावसायिक और जनकल्याण सम्बन्धी शिक्षा का प्रसार।

(12) अपेक्षाकृत अधिक व्यक्तियों के आध्यात्मिक और धार्मिक पहलुओं का अपेक्षाकृत अधिक विकास।

इस प्रकार सामाजिक प्रगति एक सापेक्ष परिवर्तन है। यदि किसी वांछित लक्ष्य की ओर परिवर्तन पहले की अपेक्षाकृत अधिक है तो उसको प्रगति कहा जायेगा। स्पष्ट है कि यह प्रगति कभी भी खत्म नहीं होती। सामाजिक प्रगति कोई गन्तव्य स्थान नहीं है जहां पहुँचने के बाद कुछ अन्य करना शेष रह न जाय। वास्तव में वह स्वयं यात्रा है। वह अभीष्ट लक्ष्यों की ओर लगातार बढ़ते जाना है। इस यात्रा में अभीष्ट लक्ष्यों की ओर यह परिवर्तन की गति ही प्रगति है। इस प्रकार किसी समाज ने प्रगति की है या नहीं यह उसकी वर्तमान अवस्था की भूतकालीन अवस्था से तुलना करने से मालूम हो सकता है। लक्ष्य की ओर कितना आगे बढ़े हैं यह एक अलग बात है परन्तु यदि उस दिशा में कुछ भी परिवर्तन हुआ है तो सामाजिक प्रगति अवश्य है।

सामाजिक प्रगति की कसौटियों के विषय में उपरोक्त मतों से उसके विभिन्न पहलुओं का आभास होता है। समाज सामाजिक सम्बन्धों की व्यवस्था है। ये

सामाजिक सम्बन्ध केवल शारीरिक न होकर मानसिक और आध्यात्मिक भी होते हैं। ये सामाजिक सम्बन्ध शून्य में नहीं होते। इन पर राजनैतिक, आर्थिक तथा अन्य परिस्थितियों का प्रत्यक्ष अप्रत्यक्ष प्रभाव अवश्य पड़ता है। अतः सामाजिक प्रगति में इन सभी दिशाओं में प्रगति आवश्यक है। यह एक सर्वांगीण विचार है। जैसा कि पहले बतलाया जा चुका है, इसमें जैविक, मानसिक और आध्यात्मिक सभी मूल्यों का समुचित स्थान होना चाहिये। परन्तु फिर भी सामाजिक प्रगति की कसौटियों को पूरी तरह से निश्चित नहीं किया जा सकता क्योंकि जैसे-जैसे मनुष्य मानसिक और आध्यात्मिक दृष्टि से विकसित होता है उसको प्रगति के विचार में और भी अन्तर्दृष्टि मिलती रहती है। स्पष्ट है कि सामाजिक प्रगति का प्रत्यय एक विकासमान प्रत्यय है। फिर सामाजिक प्रगति का निश्चय भी बड़ा कठिन है। किसी विशेष समाज ने प्रगति की है अथवा नहीं या मानव समाज पहले से प्रगति की ओर जा रहा है या अवनति की ओर ? इस प्रश्न का पूरी तरह उत्तर देना बड़ा कठिन है क्योंकि सामाजिक प्रगति का निश्चय करने के लिये समाज के सभी क्षेत्रों के विकास का चित्र उपस्थित करना पड़ेगा। अव्वल तो पूरे समाज का चित्र उपस्थित ही नहीं किया जा सकता और यदि किया भी जाय तो उसे देखने से यह मालूम पड़ेगा कि परिवर्तन सब कहीं एक सा नहीं है। सामाजिक जीवन के किसी पहलू में वांछित परिवर्तन दिखाई पड़ेगा तो कहीं अवांछित परिवर्तन दिखाई पड़ेगा। ऐसी स्थिति में यह निश्चय करना कठिन होगा कि समाज प्रगति कर रहा है अथवा नहीं। सामाजिक, आर्थिक और औद्योगिक सभी क्षेत्रों में जब कि कुछ कारक आगे बढ़ते हैं तो दूसरे तत्वों में विलम्बना दिखाई पड़ती है। इन सब बातों की वजह से सामाजिक प्रगति का निश्चय करना कठिन होता है। जैसा कि फैरिस ने कहा है "आधुनिक मस्तिष्कों के सामने उपस्थित समस्या के रूप में प्रगति के तथ्य को प्रदर्शित करने की कठिनाई बहुत वास्तविक हो गई है। यह सिद्ध करना तो सम्भव है कि दुनिया अधिक जटिल हो गई है। यह सिद्ध करना मुश्किल से ही सम्भव है कि वह बेहतर हो गई है और यह सिद्ध करना तो बिलकुल असम्भव ही है कि वह ऐसा करती रहेगी।"[1] फैरिस के इस कथन में इतना सत्य तो अवश्य है कि अन्तिम रूप से और पूरी तरह संतोषजनक दशा में यह निश्चय करना कठिन है कि मानव समाज प्रगति कर रहा है अथवा नहीं परन्तु यदि मूल्यों के संस्तरण को ध्यान में रखा जाय तो किसी छोटे-मोटे विशेष ***सामाजिक प्रगति*** समाज के बारे में यह निश्चय अवश्य किया जा सकता है कि उसमें परिवर्तन किस ओर जा रहे हैं। सामाजिक प्रगति की कसौटियों में मतभेद होने

---

1. "The difficulty in demonstrating the fact of progress has become very real as the problem is presented to modern minds. It is possible to prove that world has become more complex. It is hardly possible to prove that it will continue to do so."
Ellsworth Faris
Quoted by Park Burgess in "*An Introduction to the Science of Sociology.*" p. 916

का एक बड़ा कारण यह भी है कि सभी विचारक प्रगति के लक्ष्यों के विषय में एक मत नहीं है। कुछ उसे आर्थिक बतलाते हैं तो कुछ आध्यात्मिक, कुछ उसे धार्मिक बताते हैं तो कुछ धर्म को बिल्कुल बेकार समझते हैं। इस मतभेद में कोई ऐसा सिद्धान्त उपस्थित करना सम्भव नहीं है जो सभी को मान्य हो और न ऐसा करना आवश्यक ही है। मूल्य आदर्श रूप में निर्धारत किये जाते हैं अत: उनके विषय में मतभेद होना स्वाभाविक ही है। परन्तु यदि गौर किया जाय तो यह मालूम पड़ेगा कि यह मतभेद इतना अधिक नहीं है कि भिन्न-भिन्न मत परस्पर विरोधी हो जायें। सामान्य रूप से यह कहा जा सकता है। कि सामाजिक प्रगति में समाज की सर्वांगीण प्रगति निहित है और इस सर्वांगीण प्रगति में भिन्न-भिन्न पहलुओं का समान नहीं बल्कि अनुपातिक (Proportionate) महत्व है।

सामाजिक प्रगति के सिद्धान्त

सामाजिक प्रगति के विचार और आधार की पृष्ठिभूमि में अब उसके विषय में प्रचलित कुछ मुख्य सिद्धान्तों का विवचेन किया जा सकता है।

1. कार्ल मार्क्स का सिद्धान्त—सामाजिक प्रगति के विषय में सबसे प्रसिद्ध सिद्धान्त कार्ल मार्क्स ने उपस्थित किया है। कार्ल मार्क्स ने मानव इतिहास की आर्थिक व्यवस्था उपस्थित की। उनके अनुसार मानव समाज के लक्ष्य आर्थिक हैं और इन आर्थिक लक्ष्यों की ओर विकास को देखकर ही समाज की प्रगति का निश्चय किया जा सकता है। मार्क्स के अनुसार सामाजिक जीवन के सभी पहलुओं के स्वरूप आर्थिक कारकों द्वारा निर्धारित होते हैं। उत्पादन और वितरण का प्रकार सामाजिक संरचना और सामाजिक संस्थाओं का स्वरूप निश्चित करता है। इस प्रकार कार्ल मार्क्स के अनुसार मानव सभ्यता की व्याख्या आर्थिक शब्दों में की जा सकती है।

मार्क्स के इस सिद्धान्त में यह सत्य है कि सामाजिक प्रगति आर्थिक प्रगति के बिना असम्भव है। परन्तु फिर आर्थिक प्रगति स्वयं कोई साध्य नहीं है। व्यक्ति और समाज दोनों के जीवन में आर्थिक विकास एक साधन मात्र है जिससे कि वे मानसिक और आध्यात्मिक विकास करते हैं। यह ठीक है कि आर्थिक कारक मानव जीवन को बहुत अधिक प्रभावित करते हैं परन्तु फिर दूसरी ओर यह भी गलत नहीं है कि आर्थिक से अधिक मानव जीवन को मनोवैज्ञानिक कारक प्रभावित करते हैं। अत: सामाजिक प्रगति के विषय में कार्ल मार्क्स का आर्थिक सिद्धान्त एकांकी है।

2. मानवशास्त्रीय भौगोलिक सिद्धान्त—सामाजिक प्रगति के विषय में दूसरा महत्वपूर्ण सिद्धान्त मानवशास्त्रीय भौगोलिक सिद्धान्त है। बकल के अनुसार सामाजिक प्रगति में दो कारक कार्य करते हैं एक तो बाहरी अथवा भौगोलिक कारक और दूसरे आन्तरिक अथवा मनुष्य से सम्बन्धित कारक। इन दोनों ही कारकों ने

मनुष्य की प्रगति में हाथ बंटाया है। मनुष्य की बौद्धिक श्रेष्ठता और प्रकृति की उदारता दोनों ही मिलकर महान् सभ्यताओं का सूत्रपात करते हैं। बकल का यह सिद्धान्त बहुत ठीक मालूम पड़ता है परन्तु इस सिद्धान्त से यह नहीं मालूम पड़ता कि सामाजिक प्रगति की कसौटियाँ क्या-क्या हैं? यह तो केवल यही बतलाता है कि सामाजिक प्रगति की दशायें क्या हैं अथवा किन हालतों में सामाजिक प्रगति होती है और इस दृष्टि से भी इस सिद्धान्त में सभी कारकों का उल्लेख नहीं किया गया है। मानव समाज इतना जटिल है और मानव इतिहास में इतने विविध कारकों का महत्व रहा है कि उसको इस प्रकार दो कारकों में बाँट देना अथवा दो प्रकार की दशाओं के कारण मान लेना अति सरलीकरण (Over Simplification) है।

3. मनोवैज्ञानिक सिद्धान्त—सामाजिक प्रगति के विषय में एक अन्य सिद्धान्त मनोवैज्ञानिक कहलाता है। इस सिद्धान्त को मानने वाले विचारकों ने सामाजिक प्रगति में मनोवैज्ञानिक तत्वों पर जोर दिया है। इस मत के अनुसार सामाजिक जीवन के विकास में स्थायी भावों का महत्वपूर्ण योगदान है। मानव समाज की वर्तमान प्रगति मनुष्य की श्रेष्ठ बौद्धिक सामर्थ्य के कारण है। अपनी बौद्धिक सामर्थ्य से ही मनुष्य ने प्रकृति के रहस्यों का पता लगाया और उनका अपनी प्रगति के लिए उपयोग किया। इस सिद्धान्त के अनुसार सामाजिक विकास में मनोवैज्ञानिक कारण प्रधान होते हैं और प्राकृतिक कारण गौण होते हैं।

मनोवैज्ञानिक सिद्धान्तों के बारे में भी वही कहा जा सकता है जो पिछले दोनों सिद्धान्तों के बारे में कहा गया है। यह सिद्धान्त गलत नहीं है परन्तु एकांगी और अपर्याप्त हैं यह सामाजिक प्रगति की कुछ थोड़ी सी दशाओं को बतलाता है जबकि अन्य बहुत सी दशायें इससे छूट जाती हैं। इससे सामाजिक लक्ष्यों के विषय में अन्तदृष्टि नहीं मिलती।

4. मनोवैज्ञानिक समाजशास्त्रीय सिद्धान्त—सामाजिक प्रगति का एक अन्य सिद्धान्त मनोवैज्ञानिक समाजशास्त्रीय सिद्धान्त कहलाता है। जैसा कि इसके नाम से स्पष्ट है, इसमें मनोवैज्ञानिक और समाजशास्त्रीय दृष्टिकोण का समन्वय किया गया है। यह सिद्धान्त सामाजिक प्रगति के लिए अनेक कारकों को महत्वपूर्ण मानता है। इनमें भौगोलिक, आर्थिक, जैवकीय, मनोवैज्ञानिक और सामाजिक सभी कारक आ जाते हैं। सामाजिक प्रगति के आधार के विषय में जिन सिद्धान्तों का पीछे उल्लेख किया गया है उनको इसी वर्ग में रखा जा सकता है। जैसा कि पहले बतलाया जा चुका है इस दिशा में अन्तिम रूप से कुछ नहीं कहा जा सकता। इस सिद्धान्त का दृष्टिकोण अन्य सिद्धान्तों से कहीं अधिक व्यापक और संतुलित है।

अभ्यास के लिए प्रश्न

प्रश्न 1. संक्षिप्त टिप्पणी लिखिये—सामाजिक प्रगति।

प्रश्न 2. सामाजिक प्रगति क्या है? क्या यह एक वैज्ञानिक अवधारणा है?

प्रश्न 3. क्या सामाजिक प्रगति का निर्णय करने की कोई वैज्ञानिक कसौटियाँ हो सकती हैं? विवेचना कीजिये।

प्रश्न 4. सामाजिक विकास और सामाजिक प्रगति के भेद को समझाइये। आपके मत से सामाजिक परिवर्तन की कौन सी कसौटियाँ हैं?

प्रश्न 5. सामाजिक प्रगति क्या है? क्या आधुनिक सभ्यता प्रगतिशील है।

प्रश्न 6. सामाजिक प्रगति के महत्वपूर्ण आधारों का वर्णन कीजिये। क्या आधुनिक युग प्रगतिशील है?

प्रश्न 7. सामाजिक प्रगति के महत्वपूर्ण आधारों की आलोचनात्मक विवेचना कीजिये।

प्रश्न 8. सामाजिक विकास और सामाजिक प्रगति में अन्तर बतलाइये।

5

सामाजिक विकास

(Social Development)

अपनी पुस्तक 'The Concept of Development' में जे॰ पी॰ नेटल (J. P. Nettle) ने विकास को निम्नलिखित चार अर्थों में प्रयोग किया है।

1. पभिाषाओं के समूह में विकास के अर्थों का निर्माण किया गया है जिनका अभिप्राय विकसित और अविकसित राज्य से है।

2. मूल्यों का एक समूह जो कि विकास को अनिवार्य नहीं तो वांछनीय बनाता है।

3. विकसित और अविकसित समाजों के मध्य परस्पर सम्बन्ध।

4. कम से कम विश्लेषक के मस्तिष्क में विकास में अन्तर्निहित क्रम की मान्यता। किन्तु सम्भवतया भाग लेने वालों के मन में यह भी मान्यता होती है।

यूं तो विकास का तात्पर्य किसी भी समूह में अन्तर्निहित अनभिव्यक्त शक्तियों का अभिव्यक्त होना है किन्तु आधुनिक काल में विकास की अवधारणा को समाजों और राज्यों की प्रगति के प्रसंग में प्रयोग किया गया है। प्रगति और विकास में प्रमुख अन्तर यह होता है कि जबकि प्रगति कुछ सुनिश्चित लक्ष्यों की ओर आगे बढ़ने को कहते हैं, विकास में ये लक्ष्य बाहर से लादे गये न होकर समूह की आन्तरिक प्रवृत्तियों की ही वृद्धि को कहा जाता है। अस्तु, विकास प्रगति से कहीं अधिक व्यापक अवधारणा है। प्रगति में विकास सम्मिलित है।

विकास की अवधारणा के उपरोक्त अर्थों में यह स्पष्ट किया गया कि विकास कुछ मूल्यों को आगे बढ़ाता है जो कि वांछनीय माने जाते हैं। आधुनिक काल में विकसित और अल्पविकसित समाजों में विकास की कसौटियों के आधार पर ही अन्तर किया गया है। इस प्रकार की अवधारणा सामाजिक व्यवस्थाओं के स्तर दिखलाती हैं। इससे सामाजिक व्यवस्थाओं की प्रगति की दिशा भी निर्धारित होती है। अन्त में विकास की अवधारणा उन समाजशास्त्रियों और राज्य शास्त्रियों के मस्तिष्क की उपज है जो कि समाज अथवा राज्य का विश्लेषण करके उनमें अन्तर्निहित उन तत्वों को स्पष्ट करते हैं जो अभिव्यक्त नहीं हैं और जिनकी अभिव्यक्ति को ही विकास की संज्ञा दी जाती है।

सामाजिक विकास विषयक मतभेद के कारण

समाजशास्त्रियों में सामाजिक विकास की कोई एक अवधारणा प्रचलित नहीं है। इसके निम्नलिखित कारण हैं–

(1) **आधुनिक काल में भिन्न-भिन्न समाजों में भिन्न-भिन्न जीवन मूल्य प्रचलित हैं।** अस्तु, अपने-अपने जीवन मूल्यों के आधार पर वे सामाजिक विकास की व्याख्या करते हैं। यदि पाश्चात्य समाज को ही विकसित समाज कहा जाये तो एशिया की अनेक विकसित सभ्यताओं वाले समाज अविकसित माने जायेंगे।

(2) **विद्वानों में इस विषय पर मतभेद है कि कौन से मूल्यों को विकसित जीवन का चिन्ह कहा जाना चाहिये।** उदाहरण के लिये आधुनिक पाश्चात्य समाज में व्यक्तिवाद, अवसरवाद, धनलोलुपता, नौकरशाही का विकास, संगठित अपराध आदि ऐसे अनेक तत्व दिखलायी पड़ते हैं जिन्हें विकास का लक्षण नहीं कहा जा सकता। ऐसी स्थिति में विकसित समाज का नमूना निश्चित करना सम्भव नहीं है।

हॉबहाउस की अवधारणा

सामाजिक विकास की अवधारणा हाबहाउस ने सन् 1929 में प्रकाशित अपनी पुस्तक (Social Development) में उपस्थित की। हाबहाउस की सामाजिक विकास की अवधारणा पर जीव शास्त्र का प्रभाव स्पष्ट रूप में दिखलायी पड़ता है। जैविक विकास में जीवधारी के शरीर में क्रमशः नये-नये अंगों का विकास होता है और वे नये-नये कार्य करते हैं। इसके अतिरिक्त जैविक विकास आगे बढ़ने के साथ-साथ जीवधारी के विभिन्न अंगों में समायोजन भी बढ़ता जाता है। आकार प्रकार में भी आयु बढ़ने के साथ-साथ जीवधारी में विकास दिखलायी पड़ता है। संक्षेप में जैविक विकास जीवधारी की सब दिशा में वृद्धि है। इसी प्रकार सामाजिक विकास की व्याख्या करते हुए हाबहाउस ने उसे सामाजिक संस्थाओं और इन संस्थाओं के कार्यों में विकास कहा है। विकास की इस परिभाषा में समाज में समायोजन बढ़ने को विकास का प्रमुख चिन्ह माना गया है।

किसी भी समाज में आरम्भ से ही अनेक वर्ग होते हैं। इन वर्गों में परस्पर सम्पर्क होता है। इस सम्पर्क में समायोजन का बढ़ना विकास का चिन्ह है। इस प्रकार विकास के साथ-साथ समाज के विभिन्न सदस्य एक दूसरे के जीवन में भागीदार होने लगते हैं। दूसरे विकास बढ़ने के साथ-साथ समाज में नये-नये कार्य करने वाले व्यक्ति, समूह और संस्थाओं का भी जन्म होता है। इन दो चिन्हों के अतिरिक्त विकास का तीसरा चिन्ह संस्था और परिणाम की दृष्टि से समाज की वृद्धि है। इस प्रकार विकास की परिभाषा में हाबहाउस ने संस्था की वृद्धि, नये कार्यों का उत्पन्न होना और समायोजन ये तीन तत्व माने हैं। किन्तु किसी भी समाज में ये तीनों तत्व एक साथ उत्पन्न नहीं होते और न तीनों एक साथ बढ़ते ही हैं। कहीं पर संख्या बढ़ती है तो समायोजन नहीं हो पाता, कहीं समायोजन होता है तो नये कार्यों का अभाव दिखलायी पड़ता है।

सामाजिक विकास और नैतिक विकास

हॉबहाउस ने सामाजिक विकास को नैतिक विकास के अनुरूप माना है। इस प्रकार सामान्य रूप से किसी भी समाज में सामाजिक विकास बढ़ने के साथ-साथ नैतिक विकास भी बढ़ता है। साधारणतया समाज के विकास की दशा अच्छी ही होती है। हेज (Hayes) ने ठीक ही लिखा है कि जीवन के प्रति एक अच्छा दृष्टिकोण सामाजिक विकास की एक अनिवार्य दशा है। सामाजिक विकास में आन्तरिक चेतना का विकास सम्मिलित है। सामाजिक विकास के साथ-साथ समाज के सदस्य कुछ आधारभूत नैतिक सिद्धान्तों को मानने लगते हैं। नैतिक गुणों के अभाव में किसी भी समाज का विकास नहीं हो सकता। इस प्रकार सामाजिक विकास में नैतिक चेतना का विकास भी सम्मिलित है। यह सामाजिक विकास सृजनात्मक सदस्यों के द्वारा होता है। ये सदस्य नये-नये आविष्कारों के द्वारा समाज को आगे बढ़ाते हैं।

हॉबहाउस के अनुसार भी सामाजिक विकास का विचार नैतिक विकास से मिलता जुलता है और दोनों में सम्बन्ध भी है किन्तु फिर, जैसा कि पीछे दिखलाया गया है, हॉबहाउस ने सामाजिक विकास और नैतिक विकास में अनिवार्य सम्बन्ध नहीं माना है। कभी-कभी किसी विकसित समाज में नैतिक मूल्यों का स्तर नीचा हो सकता है। वास्तव में समाजिक विकास की अवधारणा नैतिक विकास से कहीं अधिक व्यापक है। उसमें समाज के सभी सदस्यों का सन्तुलित विकास सम्मिलित है। यह विकास नैतिक के अतिरिक्त भी होता है। सामाजिक और नैतिक विकास के सम्बन्ध से यह स्पष्ट होता है कि सामाजिक्र विकास के साथ-साथ स्वतन्त्रता और समानता के तत्व भी बढ़ते हैं। चिन्तन और विचारों की स्वतन्त्रता विकसित समाज का अनिवार्य लक्षण है। इसी प्रकार सामाजिक विकास के साथ-साथ सदस्यों में समानता की भावना का भी विकास होता है। अनेक समाजशास्त्रियों ने जनतन्त्रीय मूल्यों को आगे बढ़ाने को सामाजिक विकास का लक्षण माना है।

हॉबहाऊस के अनुसार केवल परिमाणात्मक उन्नति का होना विकास की ओर संकेत नहीं करता, किन्तु यदि इसको संगठन की कुशलता में वृद्धि के साथ जोड़ दिया जाय तो इसका ठोस महत्व हो जाता है। उन्नति के स्तर बढ़ जाने से विभेदीकरण बढ़ जाता है तथा एकीकरण की समस्यायें उठ खड़ी होती हैं। इसलिए यदि कुशलता समान हो तो एक छोटे समुदाय की अपेक्षा एक बड़े समुदाय का संगठन बड़ा तथा व्यापक उपलब्धि वाला होता है। कुशलता अपने में विशेषीकरण (Specialization) की माँग करती है, किन्तु केवल विशेषीकरण को ही विकास का प्रत्यक्ष आधार मानना ठीक नहीं होगा। वास्तव में, जब नये कार्य उत्पन्न होकर एक दूसरे के साथ उचित समायोजन करते हैं तब सामान्य उपलब्धि की वृद्धि विकास कहलाती है।

स्वतन्त्रता तथा समानता के तत्व स्वयं अपने में 'सामाजिक विकास' के विचार को स्पष्ट नहीं करते। स्वतन्त्रता केवल सामान्य जीवन के शिथिल होने से किन्ही नियन्त्रणों के हट जाने में निहित हो सकती है। इसी प्रकार समानता में किसी विशेष

प्रयास अथवा बड़ी उपलब्धि का अभाव होना भी पाया जा सकता है। इसलिए यदि किसी संगठन की उच्च कुशलता का स्तर बहुत बड़ा मान लिया जाए, जो उन व्यक्तियों की स्वतन्त्र तथा बुद्धिमतापूर्ण स्वीकृति पर निर्भर हो जो इसको संचालित करते हैं, ओर इसके परिणामस्वरूप जो लाभ उत्पन्न हों, उनमें सभी अपनी आवश्यकताओं तथा अपनी-अपनी भूमिकाओं के योगदान के आधार पर भाग लें, तब जिस प्रकार का समन्वय देखा जायेगा वह सामाजिक विकास के विचारों को अच्छी प्रकार प्रस्तुत करेगा।[1]

सामाजिक तत्वों का विकास—हॉबहाउस ने समाज की कल्पना इसके उन समस्त सदस्यों के रूप में की है जो पीढ़ी-दर-पीढ़ी पारस्परिक सम्बन्धों में जुड़े होते हैं। किन्तु समाज केवल सदस्यों तथा इनके एकान्त में रहने अथवा विभिन्न सम्बन्धों में बंधे रहने से ही नहीं बनता। सदस्यों में अन्तर्सम्बन्धों के अतिरिक्त एक और ऐसा तत्व भी है जो समाज को उत्पन्न करता है। वह तत्व है इन सम्बन्धों का 'सामाजिक' होना। 'सामाजिक' से तात्पर्य मनुष्य का मनुष्य से सम्बन्ध है, न कि मनुष्य का सम्बन्ध से अतिरिक्त होना, न ही सम्बन्ध का मनुष्य से अतिरिक्त होना। इस प्रकार 'सामाजिक विकास' से तात्पर्य मनुष्यों के उनके पारस्परिक सम्बन्धों के सन्दर्भ में विकसित होने से है। मनुष्य के सम्बन्ध इनकी प्रकृतियों से उत्पन्न हो सकते हैं अथवा एक दूसरे की किन्हीं आवश्यकताओं एवं क्षमताओं की पूर्ति पर आधारित हो सकते हैं। इनको सामाजिक सम्बन्धों में साम्य के रूप में भी समझा जा सकता है।

इस प्रकार कोई भी समुदाय यदि अपने स्तर, कुशलता, स्वतन्त्रता तथा पारस्परिकता (Mutuality) में आगे बढ़ता है तो विकास की ओर उन्मुख समझा जाना चाहिये। किन्तु इनमें कोई भी एक तत्व स्वयं अपने में विकास का परिचायक नहीं होगा। सभी तत्वों का समन्वय विकास के लिए आवश्यक है।

आंशिक विकास

हॉबहाउस के अनुसार कोई भी विकास प्रायः एकांगी तथा आंशिक होता है, क्योंकि उपरोक्त तीनों तत्वों का एक साथ पाया जाना सम्भव नहीं है। यहाँ यह भी उल्लेखनीय है कि सामाजिक विकास वास्तव में आंशिक विकासों का योगफल है। यह आवश्यक रूप से एक साथ नहीं होता और कभी-कभी एक दूसरे का विरोधी भी हो सकता है। इस प्रकार के आंशिक विकास नैतिक आवश्यकताओं के लिये पर्याप्त नहीं होते और कभी कभी उपरोक्त विरोध के कारण एक दूसरे के विपरीत हो सकते हैं।

---

1. "If on the other hand we suppose high efficiency of organisation on a great scale resting on the free and intelligent acceptance of those who work in it and securing benefits in which all share in accordance with their needs and the functions thus perform, we have a synthesis which gives more complete account of social development, than any of its elements teken severally," *Ibid.* p 75

सामाजिक विकास का विचार समाज के सदस्यों द्वारा किन्हीं वांछनीय उपलब्धियों की ओर संकेत करता है। हॉबहाउस के सामाजिक सिद्धांत का मुख्य सार ही सामाजिक विकास का विचार है। हॉबहाउस के अनुसार सामाजिक विकास से अभिप्राय अपेक्षाकृत अच्छे तथा सम्पूर्ण जीवन के लिये परिवर्तन होना भी है। इसका अभिप्राय एक प्रगतिशील समाज के सदस्यों के लिए व्यक्तित्व का विकास होना भी है। एक प्रगतिवादी समाज के व्यक्तियों में सामंजस्य पाया जाता है, क्योंकि नैतिकता का मुख्य आधार ही सामाजिक सामंजस्य में निहित होता है।[1]

सामाजिक विकास की अवधारणा एक जैविक अवधारणा ही कही जा सकती है, जिसमें किसी समाज के सदस्यों का सन्तुलित विकास निहित होता है। इस प्रकार किसी समाज के सदस्यों का विकास ही सामाजिक विकास की पूर्व आवश्यकता कहीं जा सकती है। सामाजिक विकास तथा सामाजिक प्रगति में सह-सम्बन्ध पाया जाता है। किसी समाज में विकास तभी सम्भव होता है जब उसके सदस्य सामाजिक प्रगति में पर्याप्त योगदान देते हैं।

हेज के विचार

हेज (E. C. Hayes) के अनुसार सामाजिक विकास का समाज के सदस्यों की सामाजिक गतिविधियों से घनिष्ट सम्बन्ध होता है। इनके विचार में समाज के सदस्यों द्वारा जो आविष्कार किये जाते हैं वह सामाजिक विकास के लिए उपयुक्त वातावरण का निर्माण करते हैं। इनको समाज के सृजनात्मक सदस्य और अधिक उन्नत एवं पूर्ण करते हैं। यदि किन्हीं प्रकार की आवश्यकताओं को स्पष्ट किया जाये तो एक विकासशील समाज में प्रायः अनेक आविष्कार किये जाते हैं। उदाहरण के लिए युद्ध के समय अनेक प्रकार के विनाशकारी अस्त्र-शस्त्रों का आविष्कार होता है।[2]

हेज के अनुसार जीवन के प्रति एक अच्छा दृष्टिकोण होना सामाजिक विकास की एक आवश्यक दशा है। आन्तरिक चेतना का विकास तथा समाज के सदस्यों द्वारा किन्हीं आधारभूत नैतिक सिद्धांतों को मानना भी सामाजिक विकास की पूर्ण आवश्यकता है। नैतिक गुणों के अभाव में कोई भी समाज विकसित नहीं हो सकता। इसलिये सामाजिक विकास के लिए नैतिक चेतना का विकास भी आवश्यक है।

मौरिस गिन्सबर्ग का विचार

मौरिस गिन्सबर्ग ने सामाजिक विकास की व्याख्या प्रयोजन के रूप में की है। इनके विचार में समुदायों का विकास अपने सदस्यों की सामान्य आवश्यकताओं तथा आकांक्षाओं की पूर्ति के लिए होता है। समुदाय अपने सदस्यों के पारस्परिक सहयोग के द्वारा विकसित होते हैं।[3]

---

1. "Social development coincides with ethical development. But social development is a union of partial developments which do not necessarily go together, and may be opposed. Such partial development is not adequate to ethical requirements, and may through the said opposition be in antagonism to them." *Ibid.* p. 94.
2. L. T. Hobhouse, *Social Evolution and Political Theory*, p. 86.
3. E. C. Hayes, *Introduction to the Study of Sociology*, p. 283.

सामाजिक विकास तथा व्यक्तियों का विकास दोनों साथ–साथ घटित होते हैं। यदि सदस्यों में सहयोग करने की तत्परता हो तो समाज का विकास होता है। लेकिन सदस्यों में एकीकरण का पाया जाना सामाजिक विकास के लिए एक आवश्यक पूर्प–दशा है।

अन्त में सामाजिक विकास से अभिप्राय किसी भी समाज में होने वाले उन परिवर्तनों से होता है जो समाज की आधारभूत संस्थाओं में होते है, जो सामाजिक प्रक्रियाओं तथा सामाजिक संगठनों से सम्बन्धित होते हैं, जो अन्ततः सामाजिक कल्याण में वृद्धि से सम्बन्धित होते हैं। यह सभी परिवर्तन समाज में उत्पन्न होने वाले विघटनकारी तत्वों को हठाकर समाज को एक निर्दिष्ट दिशा की ओर ले जाते हैं। यह समाज को स्वावलम्बी तथा सर्वोदय के निकट ले जाते हैं। इस प्रकार चाहे समाज का विकास साम्यवादी समाज की ओर हो, अथवा पूंजीवादी समाज की ओर या सर्वोदय समाज की ओर, सभी विकास की दिशा के द्योतक हैं। देखना केवल यह है कि मानवीय सुख एवं कल्याण की मात्रा अधिकतम होनी चाहिये। इस प्रकार एरिक फ्रॉम की स्वस्थ (Sence Society) की परिकल्पना, अमिताई ईटज्योनी (Amitai Etzioni) की सक्रिय समाज (Active Society) की परिकल्पना तथा विनोबा भावे की सर्वोदय समाज की कल्पना सामाजिक विकास की सर्वोत्कृष्ट अवस्थायें हैं।

शैफ्फ का मत

ऐ॰ शैफ्फ (A. Schaff) ने सामाजिक विकास को समझाने के लिए 'गति' (Movement), परिवर्तन (Change), विकास (Development) तथा प्रगति (Progress) में अन्तर किया है। जहाँ तक सामाजिक परिवर्तन का प्रश्न है यह एक ऐसी प्रक्रिया का बोध कराता है जिसमें पृथक्–पृथक् समय बिन्दुओं में समाज की संरचना भिन्न होती चली जाती है। लेकिन जब हम 'गति' की बात करते हैं तो हम बड़े ही संकुचित अर्थों में स्थान में होने वाले स्थिति में परिवर्तन की ओर संकेत करते हैं। यह लगभग एक यान्त्रिक गति (Mechanical Motion) के समान है। 'विकास का विचार भी संकुचित ही है। जब कभी हम विकास की चर्चा करते हैं उससे हमारा अभिप्राय किसी प्रकार के परिवर्तन से अवश्य होता है लेकिन जब हम परिवर्तन का अनुमान लगाना चाहते हैं तो हमें विकास पर विचार करने की आवश्यकता नहीं होती। इस प्रकार शैफ्फ के अनुसार ''विकास से अभिप्रायः उन परिवर्तनों से है जो एक विशेष सन्दर्भ में और एक विशेष पैमाने पर किसी प्रघटना में होने वाली उन्नति के परिमाणात्मक तत्व की ओर संकेत करते हैं जिन्हें मूल्यों की एक विशेष व्यवस्था में हम संकारात्मक समझते हैं।[1]

---

1. The term "development" designates a certain type of changes : those which, within a given frame of reference and scale of measurement, represent a quantitative growth of a phenomenon considered positive undeı a given system of values. A. Schaff," The Marxitsts Theory of Social Development" in S. N. Eisenstadt (Ed.), Readings in Social Evolution and Development. (New York : Pergamon Press, 1970) pp. 74-75.

सामाजिक विकास का अर्थ

1. **ऑक्सफोर्ड इंगलिश डिक्शनरी** में विकास को "एक क्रमिक उन्मूलन (A Gradual Unfolding), किसी भी वस्तु की अधिकतम जानकारी, जीवाणु का विकास" आदि के अर्थ में बताया गया है। उदाहरणार्थ, एक बच्चे द्वारा युवा अवस्था को प्राप्त करने पर उसमें होने वाले शारीरिक एवं मानसिक परिवर्तन को विकास कहा जायेगा। इसी प्रकार शरीर में बीमारी की बढ़ोत्तरी को भी विकास कहेंगे। किन्तु विकास का यह अर्थ सामाजिक विकास से भिन्न है।

विकास परिवर्तन की एक ऐसी प्रक्रिया है जिसमें विभेदीकरण की वृद्धि होती है तथा यह सदैव ऊपर की ओर होता है। विकास का सम्बन्ध सामाजिक मूल्यों से नहीं है। अतः यह अच्छाई और बुराई दोनों ही ओर से हो सकता है। यह तो एक अवस्था से दूसरी अवस्था में परिवर्तन की गति को प्रकट करता है। साामजिक जीवन के उदाहरण द्वारा हम इसे और भली-भाँति समझ सकते हैं। विकास में अच्छाई व बुराई दोनों ही हो सकती हैं। उदाहरण के लिए मानव ने शिकारी, पशुपालन व कृषि अवस्था से आज की औद्योगिक अवस्था तक विकास की एक लम्बी यात्रा तय की है। प्रत्येक अवस्था के अपने गुण व दोष, लाभ व हानि, अच्छाई तथा बुराई है जिसका मूल्यांकन विकास में नहीं किया जाता। विकास का सम्बन्ध तो मानव जीवन में उत्तरोत्तर परिवर्तन एवं एक अवस्था के दूसरी ओर आगे बढ़ने से ही है।

2. मार्क्सवादी विचारकों ने भी विकास और प्रगति शब्द का समान अर्थों में ही प्रयोग किया। **स्कॉफ** ने विकास को परिभाषित करते हुए लिखा है, "माप के पैमाने और सन्दर्भ के एक निश्चित ढाँचे में एक निश्चित प्रकार के परिवर्तनों को बताने वाला शब्द विकास है जो मूल्यों की एक निश्चित व्यवस्था के अन्तर्गत स्पष्ट रूप से एक घटना की परिमाणात्मक वृद्धि का प्रतिनिधित्व करता है।"[1]

इस परिभाषा से विकास की तीन विशेषताएँ प्रकट होती हैं-(i) विकास में एक निश्चित ढाँचे में एक निश्चित प्रकार के परिवर्तन आते हैं, (ii) इस परिवर्तन के कारण समाज में परिमाणात्मक वृद्धि होती है जिसकी माप का पैमाना भी निश्चित होता है, (iii) विकास मूल्यों से घनिष्ट रूप से सम्बद्ध है। इस परिभाषा में प्रगति एवं विकास की अवधारणा को घुला-मिला दिया गया है।

3. **बॉटोमोर** कहते हैं कि अनेक नवीन समाजशास्त्रीय रचनाओं में विकास शब्द का एक प्रयोग ग्रामीण एवं कृषि प्रधान तथा औद्योगीकृत समाजों में भेद प्रकट करने के लिए किया गया है। विकास शब्द के द्वारा इन दोनों प्रकार के समाजों में पाये जाने वाले आय के अन्तर तथा ग्रामीण एवं कृषि प्रधान समाज के औद्योगीकृत हो जाने की प्रक्रिया को प्रकट किया जाता है। इस प्रकार विकास शब्द का प्रयोग नवीन विचारधारा में दो विशेषताओं को बताने के लिए किया गया है—(i) वर्तमान

---

1. A Schaff, *In Reading in Social Evolution and Development*, (ed.) by N. Eisenstadt.

समय में देखे जाने वाले विशिष्ट प्रकार के परिवर्तनों की चर्चा के लिए, तथा (ii) उन आर्थिक परिवर्तनों के लिए जिन्हें नापा एवं पहचाना जा सके। इस अर्थ में यदि मानव अपने ज्ञान में वृद्धि कर नवीन आविष्कारों द्वारा प्रकृति पर नियन्त्रण बढ़ाने में सफल होता है तो निश्चिय ही वह विकास कहलायेगा। विकास को तुलनात्मक एवं ऐतिहासिक अर्थ में प्रयोग अनेक लेखकों ने किया है। एक महत्वपूर्ण नवीन गोष्ठी में (The Challenge of Development) विकास शब्द का प्रयोग कम आय वाले देशों में हो रहे औद्योगीकरण और उसकी तुलना पश्चिमी देशों में हो रहे औद्योगीकरण से करने के सन्दर्भ में किया।

इस प्रकार आधुनिक समय में विकास शब्द का प्रयोग अधिकाँशतः आर्थिक अर्थों में किया गया है। प्रति व्यक्ति आय में वृद्धि, श्रम-विभाजन एवं विशेषीकरण में वृद्धि, बाजारों का विस्तार, उत्पादन एवं उद्योगों में वृद्धि, पूँजी निर्माण में वृद्धि प्राकृतिक स्रोतों का अधिकाधिक दोहन तथा मानवीय ज्ञान द्वारा प्रकृति पर अधिकाधिक नियन्त्रण आर्थिक विकास को इंगित करते हैं। किन्तु विकास शब्द के प्रयोग को आर्थिक एवं औद्योगिक क्षेत्रों में होने वाले कुछ विशिष्ट परिवर्तनों तक ही सीमित कर देना उचित नहीं है। यह धर्म, प्रथाओं, परिवार, राजनीति, संस्कृति, आदि अनेक क्षेत्रों में प्रयुक्त किया जा सकता है। सामाजिक विकास में सामाजिक सम्बन्धों का विस्तार होता है, प्राचीन सामाजिक संरचनाओं, मूल्यों, मनोवृत्तियों एवं विचारों में परिवर्तन एवं वृद्धि होती है। सामाजिक विकास में व्यक्ति की स्वतन्त्रता, पारस्परिक सहयोग एवं नैतिकता की भावना तथा समुदाय की आय एवं सम्पत्ति में वृद्धि होती है। आर्थिक विकास सामाजिक विकास का ही एक अंग है जिसे विभिन्न आधारों पर मापना सरल है।

संक्षेप में सामाजिक विकास समाज का विकासोन्मुख परिवर्तन है जिसमें निश्चित उद्देश्यों की पूर्ति के नियन्त्रित एवं जागरूक प्रयत्न किये जाते हैं।

सामाजिक विकास की विशेषतायें

(1) एक सार्वभौमिक प्रक्रिया (A Universal Process)—विश्व में शायद ही ऐसा कोई समाज मिले जो विकास की प्रक्रिया से न गुजर रहा हो। इस प्रकार विकास एक सार्वभौमिक प्रक्रिया है। आदिम समाज से औद्योगिक समाज की रचना विकास की प्रक्रिया का ही परिणाम है।

(2) जागरूक एवं अजागरूक प्रक्रिया (Conscious and Unconscious Process)—विकास के लिए सतत् प्रयास भी किये जाते हैं जिसके फलस्वरूप विकास होता है परन्तु प्रयासों के दौरान कई बार स्वतः भी विकास हो जाता है। इस प्रकार विकास एक जागरूक एवं अजागरूक दोनों ही प्रकार की प्रक्रिया है।

(3) वैचारिक आधार (An Ideological Basis)—किसी भी क्षेत्र में विकास करने के लिए सर्वप्रथम उसकी वैचारिक रूपरेखा तैयार करनी पड़ती है और तभी उसके आधार पर विकास की प्रक्रिया प्रारम्भ होती है।

(4) अनेक विकल्पों की विद्यमानता (Presence of Many Options)—विकास के अन्तर्गत विकल्पों का अतुल भण्डार उपलब्ध होता है। हम विकास की किसी भी तकनीक, रूप, साधन और तरीके को सुविधानुसार अपना सकते हैं।

(5) लौकिक परिवर्तन का परिचायक (An Introducer of Worldly Change) —विकास का सम्बन्ध धर्म व आध्यात्मिकता से नहीं है। विकास का सम्बन्ध केवल सांसारिक परिवर्तनों से ही है। विश्व में क्या-क्या परिवर्तन आ रहे हैं, यह सब कुछ हमें विकास की प्रक्रिया के दौरान ही ज्ञात होते है।

सामाजिक विकास के मापदण्ड

हॉरॉविज (Horowitz) ने विकास के चार मापदण्ड बताये हैं—

(i) शिक्षा की मात्रा व स्वरूप, (ii) कल्याण का स्तर, (iii) मनोवृत्ति और कार्यों में अन्तर, (iv) विकास की लागत तथा उपलब्धियाँ।

मिचेल ने विकास के छः प्रमुख मापदण्ड बताये हैं—

(i) अशिक्षा से सार्वभौमिक शिक्षा की ओर रूपान्तर, (ii) एकतंत्र से प्रजातन्त्र तथा सार्वभौमिक व्यस्क मताधिकार की ओर परिवर्तन, (iii) कानून के समक्ष सभी की समानता में वृद्धि, (iv) राष्ट्रीय प्रभुसत्ता में वृद्धि, (v) धन के केन्द्रीयकरण से उचित और न्यायपूर्ण वितरण की ओर परिवर्तन, (vi) स्त्रियों की स्थिति में दासी के स्थान पर साथी के रूप में परिवर्तन।

सामाजिक विकास की दशायें

हॉबहाउस ने सामाजिक विकास की कुछ दशाओं का उल्लेख किया है जिनके अभाव में किसी भी समाज का विकास सम्भव नहीं है। ये दशाएँ निम्नांकित हैं—

(1) पर्यावरण सम्बन्धी दशाएँ (Environmental Conditions)—किसी भी समाज में विकास के लिए पर्यावरण सम्बन्धी उचित दशाओं का होना आवश्यक है। जिस समाज का उपयुक्त भौगोलिक वातावरण हो तथा जिसे प्राकृतिक साधन प्रचुर मात्रा में उपलब्ध हों, खनिज पदार्थ काफी मात्रा में पाये जाते हों तो ऐसे समाज में विकास की सम्भावनाओं पर सन्देह नहीं किया जा सकता। भौगोलिक व प्राकृतिक साधनों की उपलब्धि कार्यक्षमता व कार्यकुशलता को भी बढ़ाती है।

(2) जैवकीय दशाएँ (Biological Conditions)—रुग्ण एवं अस्वस्थ जनसंख्या वाले समाज की तुलना में स्वस्थ जनसंख्या वाले समाज में विकास अधिक होगा। इसका कारण यह है कि शारीरिक स्वस्थता कार्यक्षमता की अधिकता की परिचायक है और अधिक कार्यक्षमता से उत्पादन तथा राष्टीय आय में वृद्धि होती है, जीवन-स्तर उच्च होता है, जो विकास का द्योतक है।

(3) मनोवैज्ञानिक परिस्थितियाँ (Mental or Psychological Conditions)—विकास के लिए मनोवैज्ञानिक परिस्थितियाँ भी उत्तरदायी होती हैं क्योंकि जब तक हम किसी कार्य के लिए मानसिक रूप से तैयार नहीं होंगे तब तक कोई भी कार्य सम्पन्न नहीं होगा। अतः किसी भी समाज को विकास करने हेतु अपने सदस्यों को सर्वप्रथम मानसिक रूप से तैयार करना होगा, तभी वह अपना लक्ष्य प्राप्त कर सकता है।

(4) सामाजिक दशाएँ (Social Conditions)—समाज की संस्थाएँ, मूल्य, धर्म, राजनीति, आर्थिक परिस्थितियाँ, सांस्कृतिक परिस्थितियाँ व रीति-रिवाज भी विकास पर प्रभाव डालते हैं। यदि हमारा सामाजिक पर्यावरण विकास की प्रक्रिया के अनुकूल होगा तभी विकास सम्भव हैं। फिर हमारी समाज व्यवस्था भी इस प्रकार की होनी चाहिए जो प्रत्येक सदस्य को उचित अवसर, स्वतन्त्रता, विशेषतः उचित सामाजिक न्याय और उन्नति के अवसर प्रदान करे। जहाँ इन सब का अभाव होता है, उस समाज में विकास की कल्पना करना निरर्थक है।

विकास के विभिन्न सिद्धान्त

विकास की व्याख्या विभिन्न सिद्धान्तों के आधार पर की गई है। इनमें मुख्य हैं आदर्शवादी, ऐतिहासिक तथा मार्क्सवादी।

(1) आदर्शवादी सिद्धान्त (Idealist Approaches)—प्लेटो और हीगेल तथा भारत में श्री अरविन्द की अवधारणाओं के अनुसार विकास परम तत्व का क्रमशः अनावरण है जिसमें उसके अनाभिव्यक्त तत्व अभिव्यक्त होते रहते हैं। परम तत्व के प्रमुख लक्षणों की अभिव्यक्ति ही विकास की कसौटी है। जिस समाज में ये लक्षण जितने होंगे वह उतना ही विकसित होगा। आधुनिक समाजशास्त्र में आदर्शवादी सिद्धान्तों का कोई विशेष महत्व नहीं है। फिर भी सोरोकिन और टायनबी की विकास की सांस्कृतिक अवधारणाओं को आदर्शवादी कहा जा सकता है।

(2) ऐतिहासिक सिद्धान्त (Historical Approaches)—अधिकतर समाजशास्त्रियों ने विकास की ऐतिहासिक व्याख्या की है जिसके अनुसार मानव समाज सब कहीं विकास की कुछ अवस्थाओं से होकर आगे बढ़ता है। इस प्रकार की अवस्थाओं का एक सरल प्रतिमान परम्परागत समाज (Traditional Society), संक्रमणवादी समाज (Transitional Society) तथा आधुनिक समाज (Modern Society) है। विकास का यह वर्गीकरण इतिहास की आर्थिक अवस्थाओं पर आधारित है। उत्पादन की क्रिया और साधनों का इसमें विशेष महत्व है। आधुनिक काल में विकसित और विकासशील समाजों के अनेक तुलनात्मक अध्ययन किये गये हैं। बहुधा इन ऐतिहासिक विवरणों में विकास की स्थितियों को पूरी तरह सुनिश्चित करने का प्रयास किया है। इनका आग्रह है कि सभी समाजों में विकास इन्हीं स्थितियों से होकर होगा। उदाहरण के लिये यह कहा जाता है कि सब कहीं अन्न संग्रह (Food Gathering), चरवाही (Pastoral), कृषि प्रधान (Agricultural)

और औद्योगिक (Industrial) अवस्थाओं से होकर विकसित होते हैं जबकि वास्तव में ऐसा नहीं है। इसी प्रकार आधुनिक औद्योगिक समाजों में विकास की कुछ विचारकों ने पूँजीवाद से समाजवाद की ओर अनिवार्य प्रगति माना है जबकि वर्तमान काल में सोवियत साम्यवाद के पूर्ण विघटन से इस बात का खण्डन होता है। इसी प्रकार वैरिंगटन मूर की पुस्तक Social Origins of Dictatorship and Democracy के अनुसार आधुनिक जगत को पहुँचाने के तीन मार्ग हैं बुर्जुआ क्रान्ति, फात्सीवादी क्रान्ति और कृषक क्रान्ति अथवा जन आन्दोलन। यहाँ पर हरबर्ट स्पेन्सर और एल॰ टी॰ हाबहाउस के सिद्धान्तों का विशेष महत्व है।

(3) मार्क्सवादी विचारधारा (Marxist Approach)—आधुनिक काल में विकास की व्याख्या का एक प्रसिद्ध सिद्धान्त मार्क्सवादी विचारधारा है जिसके प्रमुख सिद्धान्त हैं आर्थिक निर्धारणवाद (Economic Determinism), द्वन्द्वात्मक भौतिकवाद (Dialectical Materialism) तथा वर्ग संघर्ष का सिद्धान्त (Theory of Class Conflict) सोवियत रूस में साम्यवाद के पतन और जनतन्त्र की स्थापना से विकास की मार्क्सवादी अवधारणा को आघात लगा है फिर भी चीन तथा अन्य देशों में अनेक विचारक आज भी मार्क्सवाद के समर्थक हैं।

अभ्यास के लिए प्रश्न

1. सामाजिक विकास के सम्बन्ध में हाबहाउस की अवधारणा स्पष्ट कीजिये?

2. सामाजिक विकास का क्या अर्थ है? उसके अर्थ के विषय में मतभेद क्यों पाये जाते हैं?

3. सामाजिक विकास की विशेषतायें क्या हैं? उसके मापदंड और दशायें बतलाइये?

4. सामाजिक विकास की व्याख्या के विभिन्न सिद्धान्त बतलाइये।

6

सामाजिक क्रान्ति

(Social Revolution)

सामाजिक क्रान्ति क्या है?

सामाजिक क्रान्ति के विषय में निम्नलिखित विद्वानों के विचार उल्लेखनीय हैं—

1. ब्रूम-सेल्जनिक—सामाजिक क्रान्ति एक प्रकार की सामूहिक क्रिया है जिसके द्वारा किसी विद्यमान कानूनी व्यवस्था को पलटने का प्रयत्न किया जाता है या पलट दिया जाता है। यह आधारभूत परिवर्तनों की एक माँग है जिसे सीधी कार्यवाही द्वारा प्राप्त किया जाता है।

2. पीटर काल्वर्ट—सामाजिक क्रान्ति से अभिप्राय ऐसे राजनीतिक परिवर्तन लाने से है जिसके द्वारा जीवन के प्रत्येक पहलू में आकस्मिक परिवर्तन लाया जाता है। प्रक्रिया, घटना, योजना तथा राजनीतिक गाथा इसके प्रमुख तत्व होते हैं।

3. मार्क्स-एंजिल्स—उत्पादन सम्बन्धों में जनसंघर्ष के द्वारा ऐतिहासिक परिवर्तन लाना क्रान्ति है।

4. सल्वाडोर गिनर—सामाजिक क्रान्ति एक गहन एवं तीव्र सामाजिक प्रक्रिया है जिसके द्वारा सामाजिक संरचना में तेजी से व्यापक परिवर्तन लाये जाते हैं या आ जाते हैं।

5. आर्थर बौर—जो परिवर्तन समाज में बलपूर्वक लाये जाते हैं या जिनके द्वारा सामाजिक संरचना में आमूल-चूल परिवर्तन लाने का प्रयत्न किया जाता है, सामाजिक क्रान्ति कहलाते हैं।

6. एडमंड ब्रुर्क—सामाजिक क्रान्ति का सम्बन्ध सामाजिक व्यवस्था से है जिसमें तेजी से परिवर्तन घटित होता है।

7. अरस्तू—समाज के आधारभूत मूल्यों में परिवर्तन लाना क्रान्ति कहलाता है।

8. सोरोकिन—जब किसी सामाजिक व्यवस्था की विद्यमान व्यवस्था अथवा संस्थाओं में तीव्रता, गहनता तथा भयंकर परिवर्तन लाये जाते हैं तब उन परिवर्तनों को हम सामाजिक क्रान्ति कहते हैं।

9. क्रेन ब्रिन्टन—सामाजिक क्रान्ति समाज का एक बुखार है जिसके समाप्त हो जाने पर समाज की व्यवस्था स्वस्थ तो हो जाती है लेकिन पूर्ववत् नहीं रहती।

सामाजिक क्रान्ति की परिभाषायें

1. आर्नोल्ड एम॰ रोज—"सामाजिक क्रान्ति से अभिप्राय किसी समाज में घटित होने वाले आमूल-चूल तथा दूरगामी परिवर्तनों की शृंखला से है, जो प्रायः तेजी से घटित होते हैं लेकिन यह आवश्यक नहीं है कि वह हिंसात्मक हों।"[1]

2. बिल्बर्ट मूर—सामाजिक क्रान्ति से अभिप्राय समाज के सामाजिक ढाँचे में बड़े पैमाने पर होने वाले अनियमित परिवर्तनों से है।[2] ध्रुर्वीकरण की प्रक्रिया (Polarization) आने वाली क्रान्ति का मुख्य अग्र-सूचक होती है।

2. एन्थोनी वैलेस—"यह जान बूझकर संगठित रूप में किया गया एक प्रयास है जो समाज के कुछ सदस्यों द्वारा किन्हीं नवीन विचारों के प्रतिमान को तेजी से ग्रहण करके ऐसी संस्कृति को स्थापित करने के रूप में किया जाता है जो अपेक्षाकृत अधिक सन्तुष्टि प्रदान कर सके।"[3]

आजकल "क्रान्ति" शब्द का प्रयोग करना एक फैशन सा हो गया है और इसको इतने ढीले-ढीले अर्थों में प्रयोग किया जाने लगा है कि "सामाजिक क्रान्ति" की वास्तविक अवधारणा अस्पष्ट होकर रह गई है। एक ओर जहाँ हम फ्रांस की क्रान्ति की चर्चा करते हैं वहाँ दूसरी ओर औद्योगिक क्रान्ति, सामाजिक क्रान्ति, धार्मिक क्रान्ति, हरित क्रान्ति, वैचारिक क्रान्ति, रहन-सहन तथा वेषभूषा के ढंग में क्रान्ति, फैशन में क्रान्ति इत्यादि की चर्चा करते हैं।

वास्तव में सामाजिक क्रान्ति की परिभाषा केवल ऐतिहासिक रूप में ही की जानी चाहिए तथा इसमें मुख्य रूप से राजनीतिक पहलू की प्रधानता होनी चाहिए। ऐतिहासिक रूप में विचार करने पर फ्रांस की 1789 की क्रान्ति के बाद से आधुनिक क्रान्ति के युग का इतिहास शुरू होता है। आधुनिक काल में हम रूस, चीन, इंग्लैण्ड, फ्रांस, अमेरिका, क्यूबा, वीयतनाम, अफ्रिकाई देशों, एशियाई देशों, कोरिया, इत्यादि में हुई राजनीतिक क्रान्तियों का उल्लेख कर सकते हैं।

सामाजिक क्रान्ति के मूल तत्व

(1) इसमें सामाजिक परिवर्तन होते है;

---

1. Revolution refers to "a radical and far-reaching series of changes in a society, usually occurring rapidly but not necessarily with violence." Arnold M. Rose, *Sociology* (New York: Alfred A. knopf, 1965), p. 730
2. Revolutions refer to "large scale discontinuous changes in the social fabric of society...Polarization is the key indicator of incipient revolution." Wilbert E. Moore, *Order and Change* (New York. John Wiley & Sons, 1967), p. 264.
3. "A deliberate organised attempt by some members of a society to construct a more satisfying culture by speedy acceptance of a pattern of new ideas." Anthony Wallace.

(2) इसमें परिवर्तन राजनीतिक व्यवस्था में आते हैं जिनके परिणामस्वरूप एक विद्यमान राजनीतिक व्यवस्था के स्थान पर दूसरी राजनीतिक व्यवस्था स्थापित हो जाती है।

(3) इसमें परिवर्तन धीरे-धीरे नहीं आते बल्कि अचानक, तेजी से तथा तीव्रता से आते हैं।

(4) इन परिवर्तनों से न केवल राजनीतिक ढाँचा ही प्रभावित होता है बल्कि सामाजिक संस्थायें तथा इनसे सम्बन्धित मूल्य-व्यवस्था भी प्रभावित होती है।

(5) इनसे महत्वपूर्ण मनोवैज्ञानिक परिवर्तन भी घटित होते हैं, यहाँ तक कि कालान्तर में सामाजिक चरित्र की प्रकृति में ही अन्तर आ जाते हैं।

(6) ये परिवर्तन सम्पूर्ण सामाजिक संरचना में परिवर्तन की ओर संकेत करते हैं, जिसमें राजनीतिक एवं मनोवैज्ञानिक व्यवस्थायें भी सम्मिलित होती हैं। ये परिवर्तन साधारण न होकर व्यापक तथा आमूल-चूल आकार के होते हैं।

(7) परिवर्तन लाने की विधि में बल तथा हिंसा का प्रयोग भी किया जाता है जिसमें अनेक प्रकार से जान-माल की हानि तथा रक्तपात भी सम्मिलित है।

इस प्रकार सामाजिक क्रान्ति एक ऐसा राजनीतिक परिवर्तन है जिसमें सम्पूर्ण सामाजिक संरचना अचानक, तेजी एवं तीव्रता से आमूल-चूल रूप से परिवर्तित हो जाती है जिसमें आवश्यकतानुसार बल तथा हिंसा का प्रयोग भी होता है।

सामाजिक क्रान्ति की अवस्थायें

क्रेन ब्रिन्टन ने फ्रांस, अमेरिका, इंग्लैंड तथा रूस की क्रान्तियों का तुलनात्मक अध्ययन करके इनके विकास की निम्नलिखित अवस्थाएँ बताई हैं।

1. प्रथम अवस्था—आर्थिक दृष्टि से उपरोक्त चारों देश क्रांति से पहले अच्छी स्थिति में थे। यहाँ क्रान्तियाँ उन असमृद्धशाली व्यक्तियों ने नहीं की जो अपने को नियंत्रण में बंधा, या असन्तुष्ट या असहाय समझते थे, बल्कि क्रान्तियाँ शासकों की भयंकर दमनकारी नीति के कारण उत्पन्न हुई। इन क्रान्तियों में भाग लेने वाले भूखे-नंगे, दलित लोग नहीं थे, ये निराश व्यक्ति भी नहीं थे। ये क्रान्तियाँ तो आशा की लहर से उत्पन्न हुईं और इनका दर्शन आशावादी था।

2. दूसरी अवस्था—क्रांति से पूर्व के इन समाजों में निश्चित रूप से तीव्र वर्ग का विरोध विद्यमान था। यह प्रतिरोध 1640, 1776 तथा 1789 की क्रान्तियों में सामन्तवादियों का बुर्जुओं के प्रति, या 1917 की क्रांति में बुर्जुओं का श्रमिकों के प्रति नहीं था। क्रान्ति की तीव्र भावना उन पुरुषों और स्त्रियों के मन में उपजी जिनके पास जीवन-निर्वाह के लिये पर्याप्त धन था और जिन्होंने सामाजिक रूप से सुविधा-सम्पन्न कुलीनतंत्र की असमानताओं पर गहन चिन्तन किया था। क्रान्तियाँ उस समय अधिक सम्भव होती हैं जब सामाजिक वर्ग एक दूसरे से अधिक दूर होने

की अपेक्षा काफी निकट होते हैं। अस्पृश्य व्यक्ति कदाचित ही ईश्वरीय कुलीनतंत्र के विरुद्ध विद्रोह करते हैं। परन्तु धनिक व्यापारियों की पुत्रियाँ जिनके विवाह कुलीनों से हो सकते हैं यह सोचने की स्थिति में अधिक होती हैं कि ईश्वर के लिये तो व्यापारी तथा कुलीन एक समान ही हैं। यह कहना कठिन है कि सामाजिक रूप से जो वर्ग लगभग समान होते हैं उनमें कुछ समाजों में दूसरों की अपेक्षा क्रांति के भाव इतनी तीव्रता में क्यों उत्पन्न होते हैं। सामान्य रूप से यह देखने में आया है कि क्रान्तिपूर्व के समाजों में इस प्रकार के वर्ग-प्रतिरोध तीव्र रूप में विद्यमान थे।

3. तीसरी अवस्था—सभी समाजों की क्रान्तियों में एक सामान्य तत्व बुद्धिजीवियों का अलगाव देखा गया।

4. चौथी अवस्था—उपरोक्त सभी समाजों में क्रान्तिपूर्व काल में यह देखा गया कि सरकारी व्यवस्था स्पष्ट रूप से अकुशल थी, जिसका कारण आंशिक रूप में लापरवाही था तथा आंशिक रूप में पुरानी संस्थाओं में आवश्यक परिवर्तन न करना था। इन सभी समाजों में यह देखा गया कि आर्थिक विस्तार तथा विकास की नई दशाओं नये धनिक वर्गों के प्रादुर्भाव, यातायात के नवीन साधनों के विकास, व्यापार की नई पद्धतियों, इत्यादि नवीन दशाओं ने एक ऐसा दवाब डाला जिसको साधारण, अपेक्षाकृत आदिम दशाओं में अनुकूलित सरकारी व्यवस्था सहन न कर सकी।

5. पाँचवीं अवस्था—पहले से जो शासक वर्ग चला आ रहा था उस शासक वर्ग के अनेक व्यक्ति स्वयं अपने पर विश्वास खो बैठे अथवा अपने वर्ग की प्रथाओं तथा परम्पराओं में आस्था खो बैठे, तथा बुद्धिजीवियों के रूप में विकसित हो गये या उन्होंने मानवीय दृष्टिकोण अपना लिया या स्वयं विरोधी वर्गों में जाकर मिल गए। इनमें से अधिकाँश व्यक्ति अनैतिक जीवन व्यतीत करते थे। दूसरे शब्दों में शासक वर्ग राजनीतिक रूप से बिल्कुल निरर्थक एवं अयोग्य हो गया था।

क्रान्तियों के सामाजिक परिणाम

सोरोकिन ने भी आधुनिक काल की अनेक क्रान्तियों का विस्तृत अध्ययन करके कुछ सामाजिक परिणाम निकाले हैं जो इस प्रकार हैं—

1. क्रान्ति का चक्र (Cycle of Revolution)—क्रान्तिकारी परिवर्तनों में प्रायः एक पुनरावृत्ती चक्र देखने को मिलता है। प्रत्येक क्रान्ति में दो अवस्थायें होती हैं, एक तो 'विनाशकारी अवस्था' जिसमें क्रांति न केवल शुष्क संस्थाओं तथा मूल्यों को, बल्कि उन संस्थाओं तथा सांस्कृतिक मूल्यों को भी नष्ट करती है जो महत्वपूर्ण, सृजनात्मक तथा विकासगामी होते हैं। इनको अस्थाई रूप से छिन्न-भिन्न कर दिया जाता है और उनका विकास रोक दिया जाता है। दूसरी अवस्था होती है 'अवनति अवस्था' जिसमें महत्वपूर्ण संस्थायें तथा मूल्य पुनः उभरने लगते हैं, विकसित होते हैं तथा क्रान्ति की विनाशकारी शक्तियों को पीछे हट जाने को प्रोत्साहित करते हैं।

2. ध्रुवीकरण का सिद्धान्त (Law of Polarisation)—लगभग सभी क्रान्तियों में ध्रुवीकरण का नियम क्रियाशील देखा जा सकता है। इस नियम का सम्बन्ध क्रान्ति में जनसंख्या के विभिन्न तत्वों तथा स्वयं उसकी अपनी गतिविधियों पर विपरीत प्रभाव से है। सामान्य समय में अधिकाँश जनसंख्या न तो स्पष्ट रूप से बुरी, न ही स्पष्ट रूप से भली, न अत्यधिक सामाजिक और न ही अत्यन्त समाज-विरोधी, न स्पष्ट रूप से धार्मिक या अधार्मिक होती है। क्रांति के समय ये उदासीन विरोधी ध्रवों की ओर चल पड़ते हैं, कुछ पापी, कुछ सन्त, कुछ सामाजिक परमार्थवादी तथा कुछ समाज-विरोधी अहंमवादी हो जाते हैं। इस प्रकार का ध्रुवीकरण समस्त सामाजिक तथा सांस्कृतिक क्षेत्रों में देखा जा सकता है।

3. महत्वपूर्ण प्रक्रियाओं में परिवर्तन (Changes in Vital Processes)—प्रमुख क्रान्तियों में जनसंख्या में जन्म दर गृह युद्ध के लगभग नौ माह बाद घटने लगती है। विनाशकारी अवस्था का अन्त होने के बाद यह पुनः बढ़नी शुरू होती है और बाद के दो तीन वर्षों के दो तीन वर्षों में क्रान्ति पूर्व काल के स्तर से भी ऊपर चली जाती है। तब इसके बाद वह अपने क्रान्ति पूर्व के स्तर पर आती है। इसी प्रकार मृत्यु दर भी घटती-बढ़ती हैं। यही बात विवाह-दर तथा तलाक या परित्याग दर के साथ भी लागू होती है। आत्म-हत्याओं की दर में भी इसी प्रकार के उतार चढ़ाव आते हैं।

4. मनोविज्ञान तथा व्यवहार में परिवर्तन (Changes in Psychology and Behaviour)—ये परिवर्तन निम्न रूप में समझे जा सकते हैं—

(i) व्यक्तित्व संरचना का छिन्न-भिन्न होना (Breakdown of Personality Structure);

(ii) प्रत्यक्ष व्यवहार पर प्रभाव (Effect on Overt Behaviour);

(iii) विचारों की प्रतिक्रिया तथा सम्बन्धित वैचारिकी का प्रभावित होना (Speech Reactions and Corresponding Ideologies);

(iv) सम्पत्ति सम्बन्धों पर प्रभाव (Effect on Property Relations);

(v) लैंगिक व्यवहार तथा सम्बन्धों पर प्रभाव (Effect on Sexual Behaviour and Relationships);

(vi) नैतिक एवं धार्मिक आवरण पर प्रभाव (Effect on Ethical and Religious Conduct).

5. सामाजिक संरचनाओं में परिवर्तन (Changes in Social Structures) क्रान्तियों में सामाजिक संरचनाओं में महत्वपूर्ण परिवर्तन आते हैं जिन्हें निम्न रूप में देखा जा सकता है—

(i) अन्तःसमूह सामाजिक विभेदीकरण (Intergroup Social Differentiation)

(ii) अन्तर्समूह संस्तरण (Intergroup Stratification);

(iii) अन्तर्समूहों में विभेदीकरण (Intragroup Differentiation),

(iv) पारस्परिक संस्तरण (Intragroup Stratification)

6. व्यक्तियों के सामाजिक परीक्षण, चुनाव तथा वितरण की यांत्रिकी में परिवर्तन आना (Changes in the Mechanism of Social Testing, Selection and Distribution of Individuals)—क्रांति की प्रथम अवस्था में सम्पूर्ण जन-जीवन प्रभावित होने लगता है। न तो आर्थिक, राजनीतिक, वैज्ञानिक, तकनीकी, सांस्कृतिक प्रकार्य और न ही सैनिक प्रकार्य ही संतोषजनक रूप से सम्पादित होते हैं। इसके परिणामस्वरूप जनता में तीव्र असमायोजन एवं उत्पीड़न उत्पन्न हो जाता है जो सत्ताधारी दल की शक्ति के लिए हानिकारक स्थिति होती है। इस लिए यह आवश्यक हो जाता है कि सदस्यों के परीक्षण, चुनाव तथा वितरण की यांत्रिकी को कम से कम कुछ अंशों तक तो पुनः स्थापित कर दिया जावे। यह प्रक्रिया पहली अवस्था के अंत तक प्रारम्भ हो जाती है और दूसरी अवस्था तक चलती रहती है। दूसरी अवस्था के अंत तक विभिन्न स्तरों पर जो व्यक्ति होते हैं वे पुराने तथा नये तत्वों का मिश्रण होते हैं।

7. सामाजिक एवं सांस्कृतिक प्रक्रियाओं में परिवर्तन (Changes in Social and Cultural Processes)—सभी क्रांतियों में यह देखा गया कि ऐच्छिक तथा विशेष रूप से अनैच्छिक प्रवासिता, सामान्य तथा विभेदीकृत गतिशीलता तथा रैखिक गतिशीलता बड़े पैमाने पर होने लगती हैं। क्रांति की पहली अवस्था में आर्थिक जीवन छिन्न-भिन्न हो जाता है। जीवन स्तर गिर जाता है। गरीबी, बेकारी, भुखमरी बढ़ जाती हैं। राजनीतिक जीवन भी अनिश्चित सा हो जाता है। संस्कृति के समस्त क्षेत्रों विज्ञान तथा दर्शन, धर्म तथा नैतिकता, साहित्य तथा कला, राजनीति तथा कानून, सभी पर क्रांति की छाप होती है। सांस्कृतिक मूल्यों में भारी परितर्वन आते हैं।

क्रान्तियों के कारण

सामाजिक क्रान्तियों के सिद्धान्तों ने क्रान्तियों के सामाजिक कारणों का जो विश्लेषण किया है उसमें तीन कारणों पर विशेष रूप से प्रकाश डाला गया है—(1) शक्ति पतन (Power Deflation); (2) नेताओं का व्यवहार (Behaviour of Leaders); तथा (3) आकस्मिक घटना (Chance)।

तकावली तथा मार्क्स के विचारों का सम्मिश्रण करके जे० डेविस (J. Davis) ने सामाजिक क्रान्ति होने के लिए निम्न सैद्धान्तिक प्रतिस्थापना व्यक्त की है। "क्रान्तियाँ होने की सम्भावना उस समय अधिक होती है जब एक लम्बी अवधि के स्पष्ट आर्थिक एवं सामाजिक विकास के बाद एक छोटी सी अवधि आती है जिसमें तीव्र विपरीत प्रक्रिया दृष्टिगोचर होती है। पहले की स्थिति में समाज के व्यक्तियों में यह विश्वास उत्पन्न हो जाता था कि उनमें अपनी बढ़ती हुई आवश्यकताओं को सन्तुष्ट करने की योग्यता है; लेकिन बाद की स्थिति में वे मानसिक चिन्ता एवं निराशा का अनुभव करने लगते हैं कि वास्तविकता वह नहीं है जो स्पष्ट दिखती है। यह स्थिति क्रान्तियों को उत्पन्न करती है।"

सामाजिक क्रान्तियों के प्रकार

सारोकिन ने निम्नलिखित छः प्रकार की क्रान्तियों की चर्चा की है—

(1) राजनीतिक क्रान्ति (Political Revolution)—जब कोई क्रान्तिकारी परिवर्तन विशेष रूप से केवल किसी समूह की राजनीतिक सत्ता के विरुद्ध होता है, जिसमें राजप्रसादों में होने वाली क्रान्तियों से लेकर शासक वर्ग तथा सरकार में तीव्र परिवर्तन सम्मिलित किया जाता है, तब ऐसे परिवर्तनों को "राजनीतिक क्रान्ति" की संज्ञा दी जाती है।

(2) आर्थिक क्रान्ति (Economic Revolution)—जब कोई क्रान्तिकारी आन्दोलन किसी समूह की आर्थिक व्यवस्था सम्पत्ति के स्वरूप तथा स्वामित्व, उत्पादन, वितरण तथा उपभोग में तीव्र परिवर्तन लाने का प्रयास करता है तब उसे "आर्थिक क्रान्ति" कहा जाता है।

(3) धार्मिक क्रान्ति (Religious Revolution)—जब किसी क्रान्तिकारी आन्दोलन द्वारा समूह के धार्मिक मूल्यों में तीव्र परितर्वन लाये जाते हैं तब इन्हें "धार्मिक क्रान्ति" कहा जाता है।

(4) पारिवारिक क्रान्ति (Family Revolution)—जब किसी समूह की पारिवारिक तथा वैवाहिक व्यवस्था में आमूल-चूल परिवर्तन लाने की चेष्टा की जाती है तब इन्हें "पारिवारिक क्रान्ति" कहा जाता है।

(5) प्रजातीय या राष्ट्रवादी क्रान्ति (Racial or Nationalistic Revolutions)—जिन संस्थाओं, सम्बन्धों तथा मूल्यों को बदलने की कोशिश की जाती है यदि वे प्रजातीय अथवा राष्ट्रीय हों तब ऐसी क्रान्तियों को प्रजातीय या राष्ट्रवादी क्रान्ति कहा जाता है।

(6) सम्पूर्ण क्रान्ति (Total Revolution)—जब सम्पूर्ण स्थापित कानून, समूह की समस्त संस्थाओं एवं मूल्य-व्यवस्था में परिवर्तन लाने का प्रयत्न किया जाता है तब उन्हें "सम्पूर्ण क्रान्ति" कहा जाता है।

इनके अतिरिक्त इन निम्न प्रकार की क्रान्तियों की चर्चा भी हम कर सकते हैं—

(1) प्रतिक्रान्ति (Counter-Revolution)—म्यूजल (Meusel) ने प्रतिक्रान्ति की चर्चा करते हुए बतलाया है कि क्रांति के काल में उच्च वर्ग को हटाकर एक नवीन वर्ग सत्तारूढ़ हो जाता है। परन्तु जब यह उच्च वर्ग पुनः क्रान्ति करके सफलता प्राप्त कर लेता है, अपनी पहले की सत्ता स्थिति को प्राप्त कर लेता है, तथा क्रान्ति काल में घटित हाने वाले सभी परिवर्तनों को पलट देता है, तब इस प्रकार की घटना प्रतिक्रान्ति कहलाती है।[1]

1. "An attempt to reverse the transformations effected in a revolution its succees signalizes the triumph of the upper class, which has been endangered and temporarily displaced by the revolution." Alfred Meusel, qouted by Charles Tilly, *"The Analysis of a Counter Revolution"* (1963-64, p. 30.

(2) वाममार्गी, दक्षिणमार्गी तथा मध्यमार्गी क्रांतियाँ (Leftist, Rightist and Centralist Revolutions)– एस० एम० लिप्सेट (S. M. Lipset) ने क्रान्तियों के मुख्य रूप से तीन प्रकारों की चर्चा की है–वाममार्गी, दक्षिणमार्गी तथा मध्यमार्गी। इस प्रकार साम्यवाद तथा पैरोवाद (Peronism) प्रकार की क्रान्तियाँ वाममार्गी क्रान्तियाँ हैं जिनमें एक सम्पूर्ण राजनीतिक व्यवस्था के स्थान पर दूसरी राजनीतिक व्यवस्था स्थापित कर दी जाती है। परम्परागत सत्तावाद (Traditional Authoritarianism) प्रकार की क्रान्ति दक्षिणमार्गी होती है जिसमें विद्यमान व्यवस्था में ही आवश्यक संशोधन अथवा सुधार करके उभरती हुई माँगों की सन्तुष्टि के योग्य बनाया जाता है। फासिस्टवाद प्रकार की क्रान्ति मध्यमार्गी क्रान्ति कहलाती है। जिसमें एक ओर वैयक्तिक स्वतंत्रता की माँग की जाती है और दूसरी ओर स्थापित सत्ता को बनाये रखने का प्रयत्न किया जाता है।

(3) उदारवादी तथा उग्र क्रान्तियाँ (Liberal and Extremist Revolutions)–दक्षिणमार्गी तथा वाममार्गी क्रान्तियों को कुछ विद्वान उदारवादी (Liberal) तथा उग्रवादी क्रान्तियों की संज्ञा भी देते हैं। दक्षिण मार्गी प्रकार की क्रान्ति को उदारवादी क्रान्ति इसलिए कहा जाता है क्योंकि इस प्रकार की क्रान्ति का उद्देश्य वर्तमान राजनीतिक अथवा सामाजिक व्यवस्था में क्रान्तिकारी परिवर्तन लाना नहीं होता। इस प्रकार की क्रान्ति में पहले विद्यमान राजनीतिक व्यवस्था में जो दोष उत्पन्न हो जाते हैं अथवा इसके नेता जिस प्रकार की नीतियों का अनुसरण करते हैं उनसे असन्तोष दूर करने के लिए क्रान्ति के नेता एक ऐसा सामूहिक प्रयास करते हैं जिसमें प्रचलित नीतियों अथवा विद्यमान राजनीतिक व्यवस्था में आवश्यक संशोधन, परिवर्तन या सुधार करने के लिए सत्तारूढ़ नेताओं को विवश किया जाता है तथा उन संशोधनों को प्रभावोत्पादक ढंग से क्रियान्वित करवाया जाता है। इस प्रकार की क्रान्ति के नेता एक विरोधी दल या ''दबाव समूह'' (Pressure Group) के रूप में काम करते हैं। अनेक प्रजातांत्रिक देशों में इस प्रकार का उदारवादी समूह सदैव विद्यमान रहता है। यह समूह जब सत्ता प्राप्त कर लेता है तब भी यह विद्यमान व्यवस्था को बिलकुल उखाड़ कर नहीं फेंक देता बल्कि उसमें अपनी नीतियों के अनुसार आवश्यक हेर-फेर कर देता है।

इसके विपरीत वाममार्गी क्रान्ति को उग्रवादी क्रान्ति इसलिए कहा जाता है क्योंकि इसके नेता यह विश्वास करते हैं कि समाज में जो व्यापक असन्तोष विद्यमान है उसको केवल वर्तमान राजनीतिक व्यवस्था का जड़ से उन्मूलन करके और उसके स्थान पर एक नई राजनीतिक व्यवस्था स्थापित करके ही दूर किया जा सकता है। उग्रवादी नेता अपने उद्देश्य की प्राप्ति के लिए हिंसात्मक कार्यवाहियाँ करने में संकोच नहीं करते बल्कि सम्पूर्ण क्रान्ति के काल में अनेक बार हिंसा का प्रयोग किया जाता है, क्योंकि उदारवादी नीतियों के द्वारा उद्देश्य की पूर्ति असम्भव सी प्रतीत होती है। उदारवादी हिंसात्मक नीतियों में विश्वास नहीं करते, वे शांति एवं समझौते तथा दबाव की यांत्रिकी अपनाते हैं।

(4) सांस्कृतिक क्रान्ति (Cultural Revolution)—1950-1960 के दशक में चीन में एक नये प्रकार की क्रान्ति का सूत्रपात हुआ जो सांस्कृतिक क्रान्ति के नाम से जानी जाती है। इस क्रान्ति का उद्देश्य उन सभी तत्वों को जड़ से उखाड़ कर फेंकना था जो साम्यवादी संरचना के विरुद्ध उत्पन्न हो गये।

अभ्यास के लिए प्रश्न

प्रश्न 1. क्रान्ति क्या है? उसके विभिन्न रूपों की व्याख्या कीजिये।

प्रश्न 2. सामाजिक क्रान्ति किन अवस्थाओं से होकर गुजरती है? उसके परिणाम बतलाइये।

प्रश्न 3. सामाजिक क्रान्ति के कारण और प्रकार बतलाइये?

7

सामाजिक परिवर्तन के सिद्धान्त
(Theories of Social Change)

समाज में सामाजिक परिवर्तन किन कारणों से तथा किन नियमों के अन्तर्गत होता है, उनकी गति एवं दिशा क्या होती है, इन प्रश्नों को लेकर प्राचीन समय से आज तक विद्वान अपने-अपने मत व्यक्त करते रहे हैं। 16वीं सदी में **जीन बोडिन** ने विश्व की विभिन्न सभ्यताओं के ऐतिहासिक अध्ययन के आधार पर यह मत व्यक्त किया कि समाज में परिवर्तन चक्रीय रूप में घटित होते हैं। यद्यपि उनकी यह बात उस समय पूर्णतया स्वीकार नहीं की गयी किन्तु बाद में कुछ विद्वानों ने परितर्वन के चक्रीय सिद्धान्तों को स्वीकार किया। 18वीं सदी में फ्रांस में यह मत प्रचलित हुआ कि विचार और चिन्तन समाज में परिवर्तन उत्पन्न करते हैं। 19वीं सदी में कॉम्टे, हीगल एवं कार्ल मैनहीम ने सामाजिक परिवर्तन में विचारों की भूमिका को बहुत महत्व दिया। कॉम्टे, स्पेंसर एवं हॉबहाउस आदि विद्वानों ने कहा कि सामाजिक परिवर्तन एक सीधी रेखा में कुछ निश्चित स्तरों से होकर गुजरता है और प्रत्येक समाज को इन स्तरों से गुजरना होता है। ये स्तर कौनसे होंगे, इस बारे में उनमें मतभेद है। बाद में आने वाले समाज वैज्ञानिकों जैसे मॉर्गन, टायलर, हेनरीमेन, वेस्टरमार्क, हेड्डन एवं लेविब्रुहल आदि ने भी यह मत स्वीकार किया और इस आधार पर परिवार, विवाह, धर्म, कला एवं संस्कृति में परिवर्तन की उद्‌विकासीय प्रवृत्ति का उल्लेख किया। उस समय यह अवधारणा बनी कि परिवर्तन सदैव सरलता से जटिलता, समानता से असमानता तथा बुराई से अच्छाई की और होता है।

परिवर्तन की उद्‌विकासीय एवं चक्रीय व्याख्या के बाद कुछ विद्वानों ने किसी एक ही कारक को परिवर्तन के लिए उत्तरदायी ठहराकर परिवर्तन की निर्धारणवादी (Deterministic) व्याख्या प्रस्तुत की। मार्क्स एवं वेबलिन ने प्रौद्योगिक एवं आर्थिक कारकों को, ऑगबर्न ने संस्कृति को, मैक्स वेबर ने धर्म को तथा माल्थस एवं सैडलर ने जनसंख्यात्मक कारकों को सामाजिक परिवर्तन के लिए उत्तरदायी ठहराया।

सामाजिक परिवर्तन के चक्रीय सिद्धान्त
(Cyclical Theories of Social Change)

चक्रीय सिद्धान्तकारों के अनुसार समाज में परिवर्तन का एक चक्र चलता है। हम जहाँ से प्रारम्भ होते हैं, घूम-फिर कर पुनः वहीं पहुँच जाते हैं। इस प्रकार के विचारों की प्रेरणा इन विद्वानों को प्रकृति से मिली। प्रकृति में ऋतु का एक चक्र चलता है और सर्दी, गर्मी एवं वर्षा की ऋतुएँ एक के बाद एक पुनः-पुनः आती हैं। इसी प्रकार से रात के बाद दिन एवं दिन के बाद रात का चक्र चलता रहता है। प्राणी भी जन्म लेते हैं, युवा होते हैं, वृद्ध होते हैं और मर जाते हैं। मरकर फिर जन्म लेते हैं, और पुनः वही क्रम दोहराते हैं। परिवर्तन के इस चक्र को कई विद्वानों ने समाज पर भी लागू किया और कहा कि परिवार, समाज और सभ्यताएँ उत्थान और पतन के चक्र से गुजरते हैं। इसकी पुष्टि के लिए उन्होंने विश्व की अनेक सभ्यताओं का उल्लेख किया और कहा कि इतिहास इस बात का साक्षी है कि जो सभ्याताएँ आज फल-फूल रही हैं और प्रगति के उच्च शिखर पर हैं, वे कभी आदिम और पिछड़ी अवस्था में थीं और आज जो सभ्यताएँ नष्ट प्रायः दिखायी दे रही हैं, वे भूतकाल में विश्व की श्रेष्ट सभ्यताएँ रह चुकी हैं। इस प्रकार चक्रीय सिद्धान्तकार सामाजिक परिवर्तन को जीवन-चक्र के रूप में देखते हैं। चक्रीय सिद्धान्तकारों में स्पेंगलर, टॉयनबी, पेरेटो एवं सोरोकिन प्रमुख हैं।

(1) **स्पेंगलर का सिद्धान्त** (Theroy of Oswald Spengler)— सामाजिक परिवर्तन के बारे में अपना चक्रीय सिद्धान्त जर्मन विद्वान **ओस्वाल्ड स्पेंगलर** ने सन् 1918 में अपनी पुस्तक *'The Decline of the West'* में प्रस्तुत किया। इस पुस्तक में उन्होंने सामाजिक परिवर्तन के उद्‌विकासीय सिद्धान्तों की आलोचना की। उन्होंने कहा कि परिवर्तन कभी भी एक सीधी रेखा (Straight Line) में नहीं होता है। सामाजिक परिवर्तन का एक चक्र चलता है, हम जहाँ से प्रारम्भ होते हैं, घूम-फिर कर पुनः वहीं पहुँच जाते हैं। जैसे मनुष्य जन्म लेता है, युवा होता है, वृद्ध होता है और मर जाता है तथा फिर जन्म लेता है, यही चक्र मानव समाज एवं सभ्यताओं में भी पाया जाता है। मानव की सभ्यता एवं संस्कृति भी उत्थान और पतन, निर्माण और विनाश के चक्र से गुजरती है। वे भी मानव शरीर की तरह जन्म, विकास और मृत्यु को प्राप्त होती हैं। अपनी बात को सिद्ध करने के लिए स्पेंगलर ने विश्व की आठ सभ्यताओं यथा अरब, मिश्र, मेजियन, माया, रूसी एवं पश्चिमी संस्कृतियों आदि का उल्लेख किया और उनके उत्थान एवं पतन को दर्शाया। पश्चिमी सभ्यता के बारे में स्पेंगलर ने कहा कि यह अपने विकास की चरम सीमा पर पहुँच गयी है। उद्योग एवं विज्ञान के क्षेत्र में उसने अभूतपूर्व प्रगति की है किन्तु अब वह धीरे-धीरे क्षीणता एवं स्थिरता की स्थिति में पहुँच रही है, अतः इसका विनाश अवश्यम्भावी है। उन्होंने जर्मन संस्कृति के बारे में भी ऐसे ही विचार प्रकट किये और कहा कि यह भी अपनी चरम सीमा पर पहुँच गयी है और अब इसका पतन निकट है। स्पेंगलर की भविष्यवाणी उस समय सही प्रतीत हुई जब द्वितीय विश्व युद्ध के समय जर्मनी का

पतन हुआ। स्पेंग्लर ने कहा कि युद्ध एवं शहरों का निर्माण सभ्यता के पतन के सूचक हैं। उनके अनुसार पश्चिमी समाजों का आज जो दबदबा है, वह भविष्य में समाप्त हो जायेगा और उनकी सभ्यता एवं शक्ति नष्ट हो जायेगी। दूसरी ओर एशिया के देश जो अब तक पिछड़े हुए कमजोर एवं सुस्त हैं वे अपनी आर्थिक एवं सैन्य शक्ति के कारण प्रगति एवं निर्माण के पथ पर बढ़ेंगे तथा पश्चिमी समाजों के लिए एक चुनौती बन जायेंगे।

समालोचना—स्पेंग्लर के इस सिद्धान्त ने बहुत समय तक लोगों को अपनी ओर आकर्षित किया किन्तु इसे पूरी तरह स्वीकार नहीं किया जा सका। स्पेंग्लर ने संस्कृति एवं सभ्यता की तुलना सावयव से की जिसे आज कोई स्वीकार नहीं करता। ऐतिहासिक तथ्यों को तोड़-मरोड़ कर उन्होंने अपने पक्ष की पुष्टि की तथा युद्धों से पश्चिमी समाज के विनाश की घोषणा की। उन्होंने यह नहीं बतलाया कि किसी सभ्यता, समाज व संस्कृति का अन्तिम बिन्दु कौन सा है जिसके बाद ह्रास प्रारम्भ हो जाता है उनका यह कहना भी त्रुटिपूर्ण है कि पश्चिमी समाज विकास के चरम स्वरूप को प्राप्त कर चुका है क्योंकि अब भी उसके विकास का कार्य जारी है। स्पेंग्लर के सिद्धान्त को वैज्ञानिक नहीं माना जा सकता। उनके सिद्धान्त से उनका निराशावाद प्रकट होता है।

(2) **टॉयनबी का सिद्धान्त** (Theory of Toynbee)—अंग्रेज इतिहासकार अर्नाल्ड जे॰ टॉयनबी (Arnold J. Toynbee) ने विश्व की 21 सभ्यताओं का अध्ययन किया तथा अपनी पुस्तक 'A Study of History' में सामाजिक परिवर्तन का अपना सिद्धान्त प्रस्तुत किया। टॉयनबी के सिद्धान्त को 'चुनौती एवं प्रत्युत्तर का सिद्धान्त' (Challenge and Response Theory of Social Change) भी कहते हैं। उनके अनुसार प्रत्येक सभ्यता को प्रारम्भ में प्रकृति एवं मानव द्वारा चुनौती दी जाती है। इस चुनौती का सामना करने के लिए व्यक्ति को अनुकूलन की आवश्यकता होती है इस चुनौती के प्रत्युत्तर में व्यक्ति सभ्यता व संस्कृति का निर्माण करता है। जब भौगोलिक चुनौतियों के स्थान पर सामाजिक चुनौतियाँ दी जाती हैं तो ये चुनौतियाँ समाज की भीतरी समस्याओं के रूप में अथवा बाहरी समाजों द्वारा दी जाती हैं। जो समाज इन चुनौतियों का सामना सफलतापूर्वक कर लेता है, वह जीवित रहता है और जो ऐसा नहीं कर सकता, वह नष्ट हो जाता है। इस प्रकार एक समाज निर्माण एवं विनाश तथा संगठन एवं विघटन के दौर से गुजरता है। सिन्ध व नील नदी की घाटियों में ऐसा ही हुआ। प्राकृतिक पर्यावरण ने वहाँ लोगों को चुनौती दी जिसका प्रत्युत्तर उन्होंने निर्माण के द्वारा दिया। गंगा व वोल्गा नदी ने भी ऐसी चुनौती दी किन्तु वहाँ के लोगों ने प्रत्युत्तर नहीं दिया, अतः वहाँ की सभ्यताएँ नहीं पनपी।

समालोचना—टॉयनबी का सिद्धान्त वैज्ञानिकता से दूर एक दार्शनिक सिद्धान्त है। किन्तु टॉयनबी स्पेंग्लर की तुलना में अधिक आशावादी हैं। उन्होंने परिवर्तन की समाजशास्त्रीय व्याख्या करने का प्रयास किया।

(3) **पेरेटो का सिद्धान्त** (Theory of Pareto)—बिलफ्रेडो पेरेटो ने सामाजिक परिवर्तन का वह चक्रीय सिद्धान्त दिया जिसे अभिजात वर्ग के परिभ्रमण का सिद्धान्त (Theory of Circulation of Elites) कहते हैं। उन्होंने इसका प्रतिपादन अपनी पुस्तक 'Mind and Society' में किया। सामाजिक परिवर्तन को उन्होंने वर्ग व्यवस्था में होने वाले चक्रीय परिवर्तनों के आधार पर समझाया है प्रत्येक समाज में दो वर्ग दिखायी देते हैं—उच्च या अभिजात वर्ग तथा निम्न वर्ग। ये दोनों वर्ग स्थिर नहीं हैं वरन् इनमें परिवर्तन का चक्रीय क्रम पाया जाता है। निम्न वर्ग के व्यक्ति अपने गुणों एवं कुशलता में वृद्धि करके अभिजात वर्ग (Elite Class) में सम्मिलित हो जाते हैं। अभिजात वर्ग के लोगों की कुशलता एवं योग्यता में धीरे-धीरे ह्रास होने लगता है और वे अपने गुणों को खो देते हैं तथा भ्रष्ट हो जाते हैं। इस प्रकार वे निम्न वर्ग की ओर बढ़ते हैं। उच्च या अभिजात वर्ग में रिक्त स्थानों को भरने के लिए निम्न वर्ग के बुद्धिमान, चरित्रवान, कुशल, योग्य एवं साहसी व्यक्ति ऊपर की ओर जाते हैं। इस प्रकार उच्च वर्ग से निम्न वर्ग में तथा निम्न वर्ग से उच्च वर्ग में जाने की प्रक्रिया चलती रहती है। इस चक्रीय गति के कारण सामाजिक संरचना में भी परिवर्तन आता है। चूँकि यह परिवर्तन चक्रीय गति से होता है, इसलिए इसे सामाजिक परिवर्तन का 'चक्रीय सिद्धान्त' अथवा 'अभिजात परिभ्रमण का सिद्धान्त' (Circulation of Elite Theory) कहते हैं। पेरेटो ने सामाजिक परिवर्तन के चक्रीय सिद्धान्त का उल्लेख राजनीतिक, आर्थिक एवं आदर्शात्मक तीनों क्षेत्रों में किया है।

(i) **राजनीतिक क्षेत्र**—इसमें दो प्रकार के व्यक्ति दिखाई देते हैं-शेर तथा लोमड़ियाँ। 'शेर' लोगों का आदर्शवादी लक्ष्यों में दृढ़ विश्वास होता है जिन्हें प्राप्त करने के लिए वे शक्ति का सहारा लेते हैं। 'शेर' वे लोग हैं जो सत्ता में होते हैं। चूँकि 'शेर' लोग शक्ति का प्रयोग करते हैं अतः समाज में भयंकर प्रतिक्रिया हो सकती है। अतः वे कूटनीति का सहारा लेते हैं और शेर से अपने को 'लोमड़ियों' में बदल लेते हैं तथा लोमड़ियों की तरह चालाकी से शासन चलाते हैं एवं सत्ता में बने रहते हैं। किन्तु निम्न वर्ग में भी कुछ लोमड़ियाँ होती हैं जो सत्ता को हथियाने की फिराक में होती हैं। एक समय ऐसा अवसर आता है कि उच्च वर्ग की लोमड़ियों से सत्ता निम्न वर्ग की लोमड़ियों के हाथ में आ जाती है। ऐसी स्थिति में सत्ता परिवर्तन के कारण राजनीतिक व्यवस्था एवं संगठन में भी परिवर्तन आता है। पेरेटो का मत है कि सभी समाजों में शासन के लिए तर्क के स्थान पर शक्ति का प्रयोग अधिक होता है। शासन करने वाले लोगों में जब बल का प्रयोग करने की इच्छा व शक्ति कमजोर हो जाती है तब वे शक्ति के स्थान पर लोमड़ियों की तरह चालाकी से काम लेते हैं। शासित वर्ग की लोमड़ियाँ उनसे अधिक चतुर होती हैं, अतः वे उच्च वर्ग की लोमड़ियों से सत्ता छीन लेती हैं। अतः जब शासन बदलते हैं एवं सत्ता परिवर्तित होती है तो समाज में परिवर्तन आता है।

(ii) **आर्थिक क्षेत्र** –इसमें भी पेरेटो ने दो वर्गों–सट्टेबाजों (Speculators) तथा निश्चित आय वर्ग (Rentiers) का उल्लेख किया है। पहले वर्ग के लोगों की आय अनिश्चित -कभी कम तो कभी ज्यादा होती है। इस वर्ग के लोग अपनी बुद्धि के द्वारा धन कमाते हैं। इसके विपरीत, दूसरे वर्ग की आय निश्चित होती है। प्रथम वर्ग के लोग आविष्कारक, उद्योगपति एवं कुशल व्यवसायी होते हैं। इस वर्ग के लोग अपने हितों की रक्षा के लिए शक्ति एवं चालाकी का प्रयोग करते हैं। भ्रष्ट तरीके अपनाते हैं। इस कारण उनका पतन हो जाता है और उनका स्थान दूसरे वर्ग के लोग ले लेते हैं जो ईमानदार होते हैं। इस वर्ग परिवर्तन के साथ-साथ समाज की अर्थ-व्यवस्था में भी परिवर्तन आता है।

(iii) **आदर्शात्मक क्षेत्र**–इसमें भी दो प्रकार के व्यक्ति पाये जाते हैं–विश्वासवादी एवं अविश्वासी। कभी समाज में विश्वासवादियों का प्रभुत्व होता है किन्तु जब वे रूढ़िवादी हो जाते हैं तो उनका पतन हो जाता है और उनका स्थान दूसरे वर्ग के लोग ले लेते हैं।

समालोचना–पेरेटो ने अपने चक्रीय सिद्धान्त को व्यवस्थित एवं बुद्धिमत्तापूर्ण ढंग से प्रस्तुत किया है फिर भी ये उन कारणों को स्पष्ट करने में असमर्थ रहे हैं जो वर्गों की स्थिति को परिवर्तित करते हैं।

(4) सोरोकिन का सांस्कृतिक गतिशीलता का सिद्धान्त (Sorokin's Theory of Cultural Dynamics)–सोरोकिन ने अपनी पुस्तक 'Social and Cultural Dynamics' में सामाजिक परिवर्तन का सांस्कृतिक गतिशीलता का सिद्धान्त प्रस्तुत किया। इसका वर्णन आगे दिया गया है।

सामाजिक परिवर्तन के रेखीय सिद्धान्त
(Linear Theories of Social Change)

सामाजिक परिवर्तन के रेखीय सिद्धान्तकार उद्‌विकासवादियों से प्रभावित थे। वे यह नहीं मानते थे कि परिवर्तन चक्रीय गति में होता है। उनके अनुसार परिवर्तन सदैव एक सीधी रेखा में नीचे से ऊपर की ओर विभिन्न चरणों में होता है। रेखीय सिद्धान्तकारों में कॉम्टे, स्पेंसर, हॉबहाउस, मार्क्स तथा वेबलिन आदि प्रमुख हैं। कॉम्टे समाज के उद्‌विकासीय रूप को तीन स्तरों (धार्मिक से वैज्ञानिक तक), सपेन्सर चार स्तरों (शिकारी से औद्योगिक तक), तथा मार्क्स पाँच स्तरों (आदिम साम्यवादी से आधुनिक साम्यवादी तक) के रूप में मानते हैं। मार्क्स एवं वेबलिन दोनों ही आर्थिक एवं प्रौद्योगिक कारकों को अधिक महत्व देते हैं, अतः इनके सिद्धान्तों को निर्धारणवादी सिद्धान्त (Deterministic Theories) भी कहते हैं।

(1) **कॉम्टे का सिद्धान्त** (Theory of Auguste Comte)–कॉम्टे ने सामाजिक परिवर्तन का सम्बन्ध मानव के बौद्धिक विकास से जोड़ा है। उन्होंने बौद्धिक विकास एवं सामाजिक परिवर्तन के तीन स्तर माने हैं–

(i) धार्मिक स्तर (Theological State),

(ii) तात्विक स्तर (Metaphysical Stage),

(iii) वैज्ञानिक स्तर (Positive State)।

(i) **धार्मिक स्तर**—यह समाज की प्राथमिक अवस्था थी। इसमें मानव प्रत्येक घटना को ईश्वर एवं धर्म के सन्दर्भ में समझने का प्रयत्न करता था। विश्व की सभी क्रियाओं का आधार धर्म और ईश्वर को ही माना जाता था। उस समय अलग-अलग स्थानों पर धर्म के विभिन्न रूप जैसे बहुदेववाद, एकदेववाद अथवा प्रकृति पूजा प्रचलित थे।

(ii) **तात्विक स्तर**—इसमें घटनाओं की व्याख्या उनके गुणों के आधार पर की जाती थी। इस अवस्था में अलौकिक शक्ति में विश्वास कम हुआ और प्राणियों में विद्यमान अमूर्त शक्ति को ही समस्त घटनाओं के लिए उत्तरदायी माना गया।

(iii) **वैज्ञानिक स्तर**—यह वर्तमान में विद्यमान है। इसमें मानव सांसारिक घटनाओं की व्याख्या धर्म, ईश्वर एवं अलौकिक शक्ति के आधार पर नहीं करता वरन् वैज्ञानिक नियमों एवं तर्क के आधार पर करता है। वह कार्य और कारण के सह-सम्बन्धों को ज्ञात कर नियमों एवं सिद्धान्तों का प्रतिपादन करता है। वह घटनाओं का अवलोकन कर उनकी तार्किक एवं वैज्ञानिक व्याख्या करके सत्य तक पहुँचने का प्रयास करता है। इस प्रकार चिन्तन के विकास के साथ-साथ सामाजिक संरचना, संगठन एवं व्यवस्थाओं का भी विकास एवं परिवर्तन हुआ है।

समालोचना—समाज में होने वाले परिवर्तनों की एक योजनाबद्ध एवं क्रमबद्ध व्याख्या में कॉम्टे का प्रयास सराहनीय है किन्तु उनके इस सिद्धान्त को पूरी तरह सही नहीं माना जा सकता। उन्होंने चिन्तन और सामाजिक विकास के जिन तीन स्तरों का उल्लेख किया है उन स्तरों से विश्व के सभी समाज गुजरें हों, यह आवश्यक नहीं है। ये स्तर किसी समाज में पहले व किसी में बाद में अथवा दो स्तर साथ-साथ भी चल सकते हैं। कॉम्टे के इस समरेखीय विकास के विचार से स्पेन्सर, दुर्खीम एवं अन्य उद्विकासवादी प्रभावित हुए और उन्होंने समाज, संस्कृति और इसके विभिन्न पक्षों का उद्विकासीय क्रम प्रस्तुत किया।

(2) स्पेन्सर का सिद्धान्त (Spencer's Theory)—स्पेन्सर ने सामाजिक परिवर्तन को प्राकृतिक प्रवरण (Natural Selection) के आधार पर समझाया है। स्पेन्सर डार्विन के उद्विकास से प्रभावित थे। डार्विन ने जीवों के उद्विकास का सिद्धान्त प्रतिपादित किया जिसे स्पेन्सर ने समाज पर भी लागू किया। डार्विन के अनुसार जीवों में अस्तित्व के लिए संघर्ष (Struggle for Existence) पाया जाता है। इस संघर्ष में वे ही प्राणी बचे रहते हैं जो शक्तिशाली होते हैं और प्रकृति से अनुकूलन कर लेते हैं, कमजोर इस संघर्ष में समाप्त हो जाते हैं। चूँकि प्रकृति भी ऐसे जीवों का वरण करती है जो योग्य एवं सक्षम होते हैं अतः इस सिद्धान्त को प्राकृतिक प्रवरण का सिद्धान्त कहते हैं। मनुष्य एक सामाजिक प्राणी है, अतः उसके प्रवरण अथवा

जन्म और मृत्यु-दर पर सामाजिक कारकों जैसे प्रथाओं, मूल्य एवं आदर्शों का भी प्रत्यक्ष व अप्रत्यक्ष प्रभाव पड़ता है। इस प्रवरण में श्रेष्ठ मनुष्य ही बचे रहते हैं जो समाज का निर्माण करते और उसमें परिवर्तन लाते हैं। ज्ञान और विज्ञान के क्षेत्र में हर नयी पीढ़ी पुरानी पीढ़ी से अधिक उन्नत होती है और समाज को आगे की ओर बढ़ाती है। इस प्रकार समाज क्रमशः आगे बढ़ता और परिवर्तित होता जाता है। इस प्रकार स्पेन्सर सामाजिक परिवर्तन के लिए अप्राकृतिक एवं सामाजिक प्रवरण को आधार मानते हैं।

स्पेन्सर के अतिरिक्त जैविकीय कारकों को सामाजिक परिवर्तन के लिए उत्तरदायी मानने वालों में गोबिन्यू (Gobineau) व लापोज आदि प्रमुख है। इन विद्वानों की मान्यता है कि समाज का निर्माण और प्रगति उन लोगों द्वारा सम्भव है जो प्रजातीय दृष्टि से श्रेष्ठ होते हैं। जब किसी समाज में प्रजातीय दृष्टि से हीन व्यक्ति होते हैं तो वह समाज पतन की ओर जाता है और जब उसमें शारीरिक व मानसिक दृष्टि से श्रेष्ठ व्यक्ति होते हैं तो वह समाज प्रगति करता है।

स्पेन्सर आदि जीववादियों के सिद्धान्तों की अनेक विद्वानों ने यह कहकर आलोचना की कि मानव समाज में प्राकृतिक प्रवरण को लागू नहीं किया जा सकता तथा इन्होंने परिवर्तन के अन्य सिद्धान्तों की अवहेलना की है।

(3) कार्ल मार्क्स का सिद्धान्त (Theory of Karl Marx)—कार्ल मार्क्स ने सामाजिक परिवर्तन को प्रौद्योगिक एवं आर्थिक कारकों से जनित माना है। अतः उनके सिद्धान्त को अर्थिक निर्धारणवाद (Economic Determinism) अथवा सामाजिक परिवर्तन का प्रौद्योगिक सिद्धान्त (Technological Theory of Social Change) कहा जाता है। इस सिद्धान्त का सविस्तार उल्लेख आगे दिया गया है।

(4) थॉर्सटीन वेबलिन का सिद्धान्त (Theory of Thorstien Veblen)—वेबलिन भी सामाजिक परिवर्तन के लिए प्रौद्योगिक दशाओं को उत्तरदायी मानते हैं। उनका मत है कि प्रौद्योगिक दशाएँ प्रत्यक्ष रूप से सामाजिक परिवर्तन के लिए उत्तरदायी हैं। इसलिए उनके सिद्धान्त को 'प्रौद्योगिक निर्णयवाद' (Technological Determinism) कहा जाता है। वेबलिन के सिद्धान्त का सविस्तार उल्लेख आगे दिया गया है।

चक्रीय तथा रेखीय सिद्धान्तों में अन्तर

(1) चक्रीय सिद्धान्त के अनुसार परिवर्तन का एक चक्र चलता है। हम जहाँ से प्रारम्भ होते हैं, घूम-फिर कर पुनः उसी स्थिति में आ जाते हैं। रेखीय सिद्धान्त यह विश्वास करता है कि परिवर्तन एक सीधी रेखा में होता है। हम क्रमशः आगे बढ़ते जाते हैं और जिस चरण को हम त्याग चुके होते है, पुनः वहाँ कभी नहीं लौटते हैं।

(2) चक्रीय सिद्धान्त में परिवर्तन उच्चता से निम्नता और निम्नता से उच्चता की ओर होता है। किन्तु रेखीय सिद्धान्त यह मानता है कि परिवर्तन सदैव निम्नतम से उच्चता की ओर तथा अपूर्णता से पूर्णता की ओर होता है।

(3) चक्रीय सिद्धान्त के अनुसार परिवर्तन का चक्र तेज व मन्द दोनों ही हो सकता है जबकि रेखीय सिद्धान्त परिवर्तन की मन्द गति में विश्वास करता है।

(4) चक्रीय सिद्धान्त की अपेक्षा रेखीय सिद्धान्त उद्‌विकासवादियों से अधिक प्रभावित है।

(5) चक्रीय सिद्धान्तकारों ने परिवर्तन के चक्र को ऐतिहासिक एवं अनुभवसिद्ध प्रमाणों के आधार पर प्रकट करने का प्रयास किया है जबकि रेखीय सिद्धान्तकारों ने रेखीय परिवर्तन को एक सैद्धान्तिक जामा पहनाया है।

(6) चक्रीय सिद्धान्तकार यह मानते हैं कि परिवर्तन का चक्र मानवीय प्रयत्नों एवं प्राकृतिक प्रभावों का परिणाम है। रेखीय सिद्धान्तकार यह मानते हैं कि सामाजिक परिवर्तन मानवीय प्रयत्न व इच्छा से स्वतन्त्र है तथा ऐसे परिवर्तन स्वतः उत्पन्न होते हैं।

(7) चक्रीय सिद्धान्तकार परिवर्तन को अनेक कारकों का प्रतिफल मानते हैं, और साथ ही कहते हैं कि परिवर्तन प्रकृति का नियम है। अतः यह स्वतः ही घटित होता रहता है। रेखीय सिद्धान्तकार परिवर्तन के किसी एक प्रमुख कारण पर अधिक बल देते हैं, इस अर्थ में वे निर्धारणवादियों के अधिक निकट हैं।

(8) चक्रीय सिद्धान्त की यह मान्यता है कि विभिन्न सामाजिक संगठनों व संरचनाओं की सामाजिक परिवर्तन की प्रक्रिया एवं प्रकृति में अन्तर पाया जाता है। रेखीय सिद्धान्तकार यह मानते हैं कि परिवर्तन के चरण एवं क्रम विश्व के सभी समाजों में एक समान रहते हैं; जैसे शिकारी अवस्था, पशुचारण अवस्था, कृषि अवस्था और औद्योगिक अवस्था सभी समाजों में आती है।

सामाजिक परिवर्तन का कार्ल मार्क्स का आर्थिक सिद्धान्त

कार्ल मार्क्स ने सामाजिक परिवर्तन को आर्थिक कारकों से जनित माना है। अतः उनके सिद्धान्त को आर्थिक निर्धारणवाद अथवा सामाजिक परिवर्तन का आर्थिक सिद्धान्त कहा जाता है। इनका सिद्धान्त वर्तमान समय में सर्वाधिक महत्वपूर्ण एवं क्रांतिकारी सिद्धान्त माना जाता है। उन्होंने इतिहास की भौतिक व्याख्या की और कहा कि मानव इतिहास में अब तक जो परिवर्तन हुए हैं, वे उत्पादन प्रणाली (Mode of Production) में परिवर्तन के कारण ही हुए हैं, जनसंख्या, भौगोलिक परिस्थितियों एवं अन्य कारकों का मानव के जीवन पर प्रभाव तो पड़ता है, किन्तु वे परिवर्तन के निर्णायक कारक नहीं हैं। निर्णायक कारक तो आर्थिक कारक अर्थात् उत्पादन-प्रणाली ही है।

मनुष्य को जीवित रहने के लिए भौतिक मूल्यों (जैसे रोटी, कपड़ा और निवास आदि) की आवश्यकता होती है। इन मूल्यों या आवश्यकताओं को जुटाने के लिए मानव को उत्पादन करना होता है। उत्पादन करने के लिए उत्पादन के साधनों

की आवश्यकता होती है। जिन साधनों के द्वारा व्यक्ति उत्पादन करता है, उन्हें प्रौद्योगिकी कहते हैं। इस में छोटे-छोटे औजार तथा बड़ी-बड़ी मशीनें सम्मिलित हैं। प्रौद्योगिकी में जब परिवर्तन आता है तो उत्पादन-प्रणाली में भी परिवर्तन आता है। मानव अपनी आवश्यकता की पूर्ति के लिए किसी न किसी उत्पादन-प्रणाली को अपनाता है। उत्पादन प्रणाली दो पक्षों से मिलकर बनी होती है, एक उत्पादन के उपकरण या प्रौद्योगिकी, श्रमिक, उत्पादन का अनुभव एवं श्रम-कौशल और दूसरा उत्पादन के सम्बन्ध। किसी भी वस्तु के उत्पादन के लिए औजार, श्रम, अनुभव एवं कुशलता की आवश्यकता होती हे। जो लोग उत्पादन के कार्य में लगे होते हैं, उनके बीच कुछ आर्थिक सम्बन्ध भी पैदा हो जाते हैं, जैसे किसान कृषि क्षेत्र में उत्पादन करने के दौरान मजदूरों, लुहार एवं उसके द्वारा उत्पादित वस्तु के खरीददारों से सम्बन्ध बनाता है। जब उत्पादन प्रणाली में परिर्वतन होता है तो सामज में भी परिवर्तन आता है। उत्पादन प्रणाली किसी भी अवस्था में स्थिर नहीं रहती सदैव बदलती रहती है। वह समाज का मूल है और उसी पर समाज की सामाजिक सांस्कृतिक, धार्मिक, राजनीतिक संरचनाएँ, विश्वास, कला, साहित्य, प्रथाएँ, विज्ञान एवं दर्शन टिके हुए हैं। जिस प्रकार की उत्पादन प्रणाली होती है समाज की ऊपरी संरचना (Super-Structure) अर्थात् धर्म, प्रथाएँ, राजनीति, साहित्य, कला, विज्ञान एवं संस्कृति भी उसी प्रकार की बन जाती है। जब उत्पादन प्रणाली बदलती है तो समाज की ऊपरी संरचना में भी परिवर्तन आता है। समाज की संस्थाएँ बदलती हैं तथा सामाजिक परिवर्तन घटित होता है। जब हाथ की चक्की से उत्पादन किया जाता था तो दूसरे प्रकार का समाज था और आज जब बिजली की चक्की है तो दूसरे प्रकार का समाज है। इसी प्रकार कृषि का कार्य जब हल एवं बैलों की सहायता से तथा उत्पादन का कार्य कुटीर उद्योगों में छोटे-छोटे औजारों से किया जाता था तो एक दूसरे प्रकार का समाज, संस्कृति, धर्म एवं राजनीति थी और आज जबकि कृषि में ट्रैक्टर एवं वैज्ञानिक साधनों का प्रयोग किया जाता है तथा बड़ी-बड़ी मशीनों एवं कारखानों द्वारा औद्योगिक उत्पादन हो रहा है तो एक भिन्न प्रकार का समाज पाया जाता है। इन दोनों अवस्थाओं की राजनीति, धर्म, संस्कृति, कला, साहित्य, दर्शन, प्रथा, नैतिकता एवं लोकाचारों में बहुत अन्तर है। उत्पादन-प्रणाली में परिवर्तन होने पर उत्पादन में लगे लोगों के पारस्परिक सम्बन्धों में भी परिवर्तन आ जाता है। आज के युग में पूँजीपति व श्रमिकों में जो सम्बन्ध पाये जाते हैं, वे कृषि युग के भूस्वामियों एवं मजदूरों के सम्बन्धों से भिन्न हैं।

उत्पादन के सम्बन्धों के सम्पूर्ण योग से ही समाज की आर्थिक सरंचना का निर्णय होता है। उदाहरण के लिए, कृषि युग में जमीदारों, कृषकों एवं कृषि-श्रमिकों के बीच पाये जाने वाले सम्बन्धों से एक विशेष प्रकार की आर्थिक संरचना का निर्माण हुआ जिसे कृषि अर्थव्यवस्था कहते हैं। वर्तमान समय में पूँजीपतियों, कारखानों के स्वामियों एवं श्रमिकों के सम्बन्धों से मिलकर बनने वाली आर्थिक संरचना कृषि युग की आर्थिक संरचना से भिन्न है, इसे औद्योगिक आर्थिक संरचना या औद्योगिक अर्थव्यवस्था कहा जाता है। संक्षेप में, उत्पादन-प्रणाली में परिवर्तन

ही सामाजिक परिवर्तन के लिए उत्तरदायी है। जब उत्पादन के उपकरणों (प्रौद्योगिकी), उत्पादन के कौशल, ज्ञान उत्पादन के सम्बन्ध आदि में परिवर्तन आता है तो सम्पूर्ण सामाजिक-सांस्कृतिक अधि-संरचना (Super-Structure) में भी परिवर्तन आता है जो सामाजिक परिवर्तन कहलाता है।

मार्क्स के अनुसार इतिहास के प्रत्येक युग में दो वर्ग रहे हैं। मानव समाज का इतिहास इन दो वर्गों के संघर्ष का ही इतिहास है। उन्होंने समाज के विकास को पाँच युगों में बाँटा और प्रत्येक युग में पाये जाने वाले दो वर्गों का उल्लेख किया। एक वह वर्ग जिसका उत्पादन के साधनों पर स्वामित्व रहा है और दूसरा वह जो श्रम के द्वारा जीवनयापन करता है। इन दोनों वर्गों में अपने-अपने हितों को लेकर संघर्ष होता रहा है। प्रत्येक वर्ग-संघर्ष का अन्त नये समाज एवं नये वर्गों के उदय के रूप में हुआ है। वर्तमान में भी पूँजीपति और श्रमिक दो वर्ग हैं जो अपने अपने हितों को लेकर संघर्षरत हैं। वर्गों की रचना एवं प्रकृति ही सामाजिक-व्यवस्था का निर्धारण करती है। एक युग के वर्ग-संघर्ष के परिणामस्वरूप नये वर्गों का जन्म होता है जो नयी समाज व्यवस्था को जन्म देता है। इस प्रकार वर्ग-संघर्ष एवं उसके परिणामस्वरूप नये वर्गों के जन्म के कारण ही समाज में परिवर्तन होते हैं। इस तरह मार्क्स ने सामाजिक परिवर्तन में वर्ग-संघर्ष की भूमिका को महत्वपूर्ण माना है।

समालोचना—(i) मार्क्स ने सामाजिक परिवर्तन के लिए केवल एक ही कारक आर्थिक कारक (उत्पादन-प्रणाली) को उत्तरदायी मानकर परिवर्तन के अन्य कारकों की अवहेलना की है। सामाजिक, धार्मिक, भौगोलिक एवं जनसंख्यात्मक कारकों का भी सामाजिक परिवर्तन में महत्वपूर्ण हाथ होता है और स्वयं आर्थिक कारक भी अन्य कारकों से प्रभावित होते हैं।

(ii) मार्क्स कहते हैं कि सामाजिक परिवर्तन प्रौद्योगिकी, आर्थिक सम्बन्ध एवं आर्थिक संरचना में परिवर्तन के कारण आते हैं किन्तु वे यह स्पष्ट करने में असमर्थ रहे हैं कि प्रौद्योगिकी आदि में परिवर्तन क्यों होता है या उसे परिवर्तित करने वाले कौन से कारक हैं?

(iii) मार्क्स द्वारा प्रयुक्त अनेक शब्दों जैसे आर्थिक कारक, उत्पादन की शक्तियाँ तथा सम्बन्ध, आर्थिक आधार, प्रौद्योगिकी आदि की स्पष्टतः व्याख्या नहीं की गयी है। कुछ विद्वान् इसमें केवल आर्थिक प्रविधियों को ही सम्मिलित करते हैं जबकि ऐन्जिल एवं सैलिगमैन आदि ने उत्पादन से सम्बन्धित सभी दशाओं को आर्थिक कारकों में सम्मिलित किया है।

(4) मार्क्स ने वर्ग-संघर्ष पर अधिक जोर दिया है किन्तु समाज की नींव संघर्ष पर नहीं वरन् सहयोग पर आधारित है।

मार्क्स ने सामाजिक परिवर्तन के सिद्धान्त को वैज्ञानिक व ठोस बनाने का पूरा प्रयास किया फिर भी उन्होंने आर्थिक कारकों पर आवश्यकता से अधिक बल दिया है। सोरोकिन कहते हैं कि "मार्क्स एवं एन्जिल्स ने सामाजिक विज्ञान को प्रगतिशील बनाने के स्थान पर इसके विकास में अनेक बाधाएँ उत्पन्न की हैं।"

मैक्स वेबर ने मार्क्स के सिद्धान्त की आलोचना की है क्योंकि वे इन आर्थिक कारकों के स्थान पर धर्म को सामाजिक परिवर्तन का आधार मानते हैं। मैकाइवर एवं पेज के अनुसार मार्क्स के सिद्धान्त की सच्ची शक्ति केवल इस बात में है कि उसने संसार को पूँजीवादी सभ्यता के गम्भीर आन्तरिक दोषों से परिचित कराया है।

वेबलिन का सामाजिक परिवर्तन का प्रौद्योगिक सिद्धान्त

वेबलिन सामाजिक परिवर्तन के लिए प्रौद्योगिक दशाओं को उत्तरदायी मानते हैं। प्रौद्योगिक दशाएँ प्रत्यक्ष रूप से सामाजिक परिवर्तन के लिए उत्तरदायी हैं। इसलिए उनके सिद्धान्त को 'प्रौद्योगिक निर्णयवाद' (Technological Determinism) भी कहा जाता है। वेबलिन ने मानवीय विशेषताओं को दो भागों में विभाजित किया है–

(i) **स्थिर विशेषताएँ**–जिनका सम्बन्ध मानव की मूल प्रवृत्तियों और प्रेरणाओं से है जिनमें बहुत कम परिवर्तन होता है।

(ii) **परिवर्तनशील विशेषताएँ**–जैसे आदतें, विचार एवं मनोवृत्तियाँ आदि। सामाजिक परिवर्तन का सम्बन्ध मानव की इन दूसरी विशेषताओं, विशेष रूप से मानव की विचार करने की आदतों से है।

मनुष्य अपनी आदतों द्वारा नियन्त्रित होता है और उनका दास है। ये आदतें किस प्रकार की होंगी, यह मानव के भौतिक पर्यावरण विशेषकर प्रौद्योगिकी पर निर्भर है। जब भौतिक पर्यावरण अर्थात् प्रौद्योगिकी में परिवर्तन आता है तो मानव की आदतें भी बदलती हैं। मानव जिस प्रकार के कार्य तथा प्रविधि द्वारा जीवनयापन करता है, उसी प्रकार की उसकी आदतें एवं मनोवृत्तियाँ होती हैं। जीवनयापन के लिए मनुष्य जिस प्रकार की प्रविधि को अपनाता है, अपनी आदतों को भी वह उनके अनुकूल ढालता है। ये आदतें व्यक्ति को एक निश्चित प्रकार का जीवन व्यतीत करने को बाध्य करती हैं और उसके द्वारा किया जाने वाला कार्य उसके विचारों को प्रभावित करता है। मानव जिस प्रकार का कार्य करता है, वैसा ही सोचता भी हैं। उदाहरण के लिए, सैनिक, कृषक, डॉक्टर, इन्जीनियर आदि जिस प्रकार का कार्य करते हैं उनके विचार एवं आदतें भी वैसी ही हो जाती हैं। भौतिक पर्यावरण मानव के कार्य को एवं कार्य मानव के विचारों एवं आदतों को निश्चित करता है। उदाहरण के लिए, कृषि कार्य के आधार पर ही मानव जीवनयापन के लिए एक विशेष प्रौद्योगिकी को काम में लाता था, उसी के अनुसार उसका भौतिक पर्यावरण भी बना हुआ था। कृषि कार्य के आधार पर ही मानव की आदत एवं मनोवृत्तियाँ बनी हुई थीं। किन्तु जब मशीनों का आविष्कार हुआ तो मानव का भौतिक पर्यावरण बदला, प्रौद्योगिकी बदली, काम की प्रकृति बदली और उसके साथ-साथ मानव की आदतों एवं मनोवृत्तियों में भी परिवर्तन आया।

आदतें ही धीरे-धीरे स्थापित एवं सुदृढ़ होकर संस्थाओं का रूप ग्रहण करती हैं। संस्थाएँ ही सामाजिक ढाँचे का निर्माण करती हैं। अतः आदतों में परिवर्तन होता है तो सामाजिक संस्थाओं एवं ढाँचे में परिवर्तन आता है जिसे हम सामाजिक परिवर्तन कहते हैं।

सामाजिक संरचना में परिवर्तन ही सामाजिक परिवर्तन है। इस प्रकार वेबलिन सामाजिक परिवर्तन को नवीन प्रविधियों एवं प्रौद्योगिक कारकों से उत्पन्न मानते हैं। इसलिए उन्हें प्रौद्योगिक निश्चयवादी कहा जाता है।

समालोचना (i) वेबलिन के सिद्धान्त में भी लगभग वहीं कमियाँ हैं जो मार्क्स के सिद्धान्त में हैं क्योंकि उन्होंने भी मार्क्स की तरह प्रौद्योगिकी को ही सामाजिक परिवर्तन का कारक माना है।

(ii) वेबलिन ने मानव को अपनी आदतों द्वारा नियन्त्रित प्राणी माना है, लेकिन यह सही नहीं है। मानव आदत के बजाय अपने विवेक से अधिक नियन्त्रित होता है।

(iii) प्रौद्योगिकी परिवर्तन से ही सामाजिक परिवर्तन आता है, यह कहना उचित नहीं है क्योंकि कभी-कभी भौतिक पर्यावरण बिल्कुल नहीं बदलता फिर भी नैतिक, धार्मिक एवं अन्य कारकों के कारण समाज में परिवर्तन आ जाता है।

(iv) वेबलिन का सिद्धान्त एक पक्षीय है। सामाजिक परिवर्तन किसी एक ही कारक का प्रतिफल न होकर कई कारकों का परिणाम है। यह एक जटिल प्रक्रिया है जिसे वेबलिन ने अति सरल रूप में प्रस्तुत किया है।

मार्क्स एवं वेबलिन के सिद्धान्तों की तुलना

(1) मार्क्स ने सामाजिक परिवर्तन के सिद्धान्त का प्रतिपादन एक विशेष उद्देश्य को लेकर किया। वे पूँजीवादी व्यवस्था को समाप्त करके उसके स्थान पर समाजवादी एवं वर्ग-विहीन समाज की स्थापना करना चाहते थे। इस कारण उनका सिद्धान्त पक्षपातपूर्ण एवं अवैज्ञानिक भी बन गया। इसके विपरीत, वेबलिन का ऐसा कोई लक्ष्य नहीं था, वे तो परिवर्तन को एक निरन्तर प्रक्रिया के रूप में प्रकट करना चाहते थे। साथ ही वे सामाजिक उद्‌विकास तथा प्रौद्योगिकी के प्रभाव को भी बताना चाहते थे।

(2) मार्क्स ने सामाजिक परिवर्तन के लिए वर्ग-संघर्ष को आवश्यक माना है जबकि वेबलिन ने नहीं।

(3) मार्क्स ने प्रौद्योगिकी को सामाजिक परिवर्तन का अप्रत्यक्ष कारक माना है जबकि वेबलिन ने नहीं माना।

(4) मार्क्स आर्थिक संरचना को सामाजिक-सांस्कृतिक संरचना का आधार मानते हैं जबकि वेबलिन भौतिक पर्यावरण एवं प्रौद्योगिक दशाओं को आदतों एवं संस्थाओं को निर्धारित करने वाला कारक।

(5) वेबलिन सामाजिक परिवर्तन के लिए आदतों में परिवर्तन को महत्वपूर्ण मानते हैं जबकि मार्क्स ने इस मनोवैज्ञानिक तथ्य की अवहेलना की है।

वेबर का सांस्कृतिक सिद्धान्त

वेबर ने सामाजिक परिवर्तन के लिए सांस्कृतिक कारक विशेषतया धर्म को उत्तरदायी माना है। विश्व के प्रमुख धर्मों का विशद् अध्ययन करके वेबर ने यह जानने का प्रयत्न किया कि धर्म व आर्थिक-सामाजिक घटनाओं में क्या सम्बन्ध है। उन्होंन अध्ययन के आधार पर यह दर्शाने का प्रयत्न किया कि आधुनिक पूँजीवाद केवल पश्चिमी देशों में सबसे पहले क्यों आया, अन्य देशों में क्यों नहीं? इसके लिए आपने विभिन्न धर्मों में पाये जाने वाले धार्मिक आधारों का तुलनात्मक अध्ययन किया और उनका आर्थिक व सामाजिक संगठनों से सम्बन्धों का विश्लेषण किया। धर्म एवं आर्थिक जीवन के सम्बन्धों के अध्ययन को आपने 'दी प्रोटेस्टेण्ट स्प्रिट एण्ड इथिक दि ऑफ कैपिटलिज्म' नामक पुस्तक में प्रकाशित किया है। धर्म सम्बन्धी अपने अन्वेषण के आधार पर वेबर ने यह बतलाया कि किस प्रकार कुछ धार्मिक सिद्धान्तों के प्रभाव से आर्थिक जीवन की तार्किकताा बढ़ी और कुछ के प्रभाव से घटी।

वेबर ने धर्म की समाजशास्त्रीय विवेचना में निम्नांकित तीन प्रमुख समस्याओं को लेकर अध्ययन आरम्भ किया—

(1) एक औसत अनुयायी की धर्म निरपेक्ष नीति और आर्थिक व्यवहार पर प्रमुख धार्मिक विचारों का प्रभाव।

(2) समूह की रचना पर धार्मिक विचारों का प्रभाव।

(3) विभिन्न सभ्यताओं में धार्मिक सभ्यता के कारणों और प्रभाव की तुलना के बाद पश्चिमी सभ्यता के तत्वों का निर्णय करना।[1]

वेबर ने पश्चिमी पूँजीवाद के विकास का अध्ययन किया। उन्होंने यह जानने का प्रयत्न किया कि पूँजीपति लोगों में धार्मिक रूझान का प्रारूप क्या है। उन्होंने यह पाया कि सभी समाजों में बड़े व्यापारियों के मस्तिष्क में यह नैतिक कल्पना होती है कि देवता व्यक्ति से अच्छे कार्य की अपेक्षा करते हैं तथा उसे समुचित पुरस्कार भी देते हैं तथा बुरे कार्यों के लिए व्यक्ति को दण्ड दिया जाता है। वेबर के अनुसार मनुष्य धार्मिक विश्वासों के अनुसार इसलिए कार्य करता है जिससे उसकी उन्नति हो तथा वह दीर्घायु हो। वेबर ने अपने इस अध्ययन में धार्मिक कारकों को परिवर्तनीय तत्त्व माना है और उनका आर्थिक तथा सामाजिक घटनाओं पर क्या प्रभाव पड़ता है, इसका कार्य-कारण के आधार पर विश्लेषण किया है।

अपनी पद्धतिशास्त्रीय अन्तर्दृष्टि के द्वारा वेबर ने प्रोटेस्टेण्ट धर्म के उन आचारों को ढूँढा जिन्होंने आधुनिक पूँजीवाद की आत्मा को विकसित किया।

1. R. Bendix, Max Weber, *An Intellectual Portrait*, (1969, Hindi), p. 90.

उन्होंने धर्म को एक परिवर्तनीय तत्त्व माना और यह दर्शाया कि धर्म किस प्रकार मानव के सामाजिक और आर्थिक जीवन को प्रभावित करता है। अपने अध्ययन के आधार पर वेबर ने निम्नांकित निष्कर्ष दिये–

(1) धार्मिक एवं आर्थिक घटनाएँ परस्पर एक दूसरे से सम्बन्धित और एक दूसरे पर निर्भर हैं। इनमें से किसी एक को दूसरे का निर्णायक मानना उचित नहीं है। वास्तव में ये दोनों एक दूसरे को प्रभावित करती रहती हैं।

(2) घटनाओं के विश्लेषण में एकतरफा दृष्टिकोण नहीं अपना लेना चाहिए, केवल आर्थिक या धार्मिक आधार पर ही किसी घटना की विवेचना नहीं करनी चाहिए वरन् अन्य कारकों के प्रभाव को भी ध्यान में रखना चाहिए।

(3) धार्मिक कारक को एक परिवर्तनीय तत्त्व मानकर वेबर उसका आर्थिक तथा अन्य सामाजिक घटनाओं पर प्रभाव मालूम करने का प्रयत्न करते हैं।

(4) वेबर ने सभी धर्मों के सभी तत्त्वों का उल्लेख न करके उनके केवल आदर्श प्रारूपों (Ideal Type) का ही उल्लेख किया है। इसी प्रकार से आपने आर्थिक कारकों के भी आदर्श प्रारूपों को ज्ञात किया। धर्म के अध्ययन में उन्होंने आदर्श-प्रारूपों के अवधारणा का प्रयोग किया है।

धार्मिक और आर्थिक कारकों के सम्बन्धों को जानने के लिए वेबर ने विश्व के छः प्रमुख धर्मों (हिन्दू, बौद्ध, ईसाई, कन्फ्युशियस, इस्लाम तथा यहूदी धर्म) का अध्ययन किया और प्रत्येक धर्म में पाये जाने वाले उन आर्थिक विचारों को ज्ञात किया जो उस धर्म से सम्बन्धित लोगों के आर्थिक व सामाजिक जीवन को प्रभावित करते हैं। अपने अध्ययन के आधार पर वेबर ने यह प्रकट किया कि केवल प्रोटेस्टेण्ट धर्म में ही कुछ ऐसे आर्थिक विचार पाये जाते हैं जिन्होंने आधुनिक पूँजीवाद को जन्म दिया, यद्यपि इसके लिए अन्य कारक भी उत्तरदायी रहे हैं। वेबर कहते है कि यूरोप में जब रोमन कैथोलिक धर्म प्रचलित था तो पूँजीवाद नहीं पनपा किन्तु धार्मिक सुधार आन्दोलन के कारण जब प्रोटेस्टेण्ट धर्म का उदय हुआ तो आधुनिक पूँजीवाद का भी उदय हुआ।

वेबर ने अपनी पुस्तक 'द प्रोटेस्टेण्ट इथिक एण्ड दि स्प्रिट ऑफ कैपीटलिज्म' में धर्म सम्बन्धी, विचारों की विवेचना में 'पूँजीवाद' तथा प्रोटेस्टेण्ट नीति' को विशेष महत्व दिया है, इन दोनों की संक्षिप्त व्याख्या निम्नलिखित है–

पूँजीवाद का सार (Essence of Capitalism)

मानव के आर्थिक आचरणों पर धार्मिक प्रभावों को स्पष्ट करने के लिए वेबर ने 1904 और 1905 में जो लेख लिखे, उन्हीं के आधार पर उनकी सबसे प्रसिद्ध विवादग्रस्त पुस्तक 'दि प्रोटेस्टेण्ट इथिक एण्ड दि स्पिरिट ऑफ केपिटलिज्म' प्रकाशित हुई। इस पुंस्तक में वेबर ने इस समस्या पर प्रकाश डाला है कि किस प्रकार प्रोटेस्टेण्ट धर्म की नीतियाँ पूँजीवाद के विकास को प्रभावित करती हैं।

वेबर को अपने पारिवारिक जीवन में ही व्यक्तिवाद तथा आर्थिक आचरणों से सम्बद्ध नैतिकता का एक अनूठा समिश्रण देखने को मिला। वेबर के चाचा कार्ल डेविड एक ऐसे उद्यम के संस्थापक थे जो गाँव के घरेलू उद्योग पर आधारित था। वेबर ने देखा कि उनके रहन-सहन के तरीकों में कठिन परिश्रम, दिखावे का अभाव, दयालुता और तर्कनापरकता के गुण थे जो आधुनिक पूँजीवाद के प्रारम्भिक भाग के बड़े उद्यमकर्त्ताओं में झलकते थे। इस बात से वेबर को यह विश्वास हो गया कि पूँजीवाद एक विशेष प्रकार की नैतिकता है जिसमें अनेक विचारों का समावेश देखा जा सकता है।

वेबर के अनुसार आधुनिक औद्योगिक जगत के मनुष्य की एक विशेषता यह है कि वह कठोर परिश्रम करता है। कठोर कार्य एक कर्तव्य है और इसका फल इसी में निहित है। मनुष्य अपने व्यवसाय में अच्छी तरह काम करे, इस भावना से नहीं कि उसे यह काम करना पड़ रहा है वरन् इसलिए कि वह भी ऐसा चाहता है। यही मनुष्य के शील और वैयक्तिक सन्तुष्टि का आधार है। अमरीका में एक कहावत प्रसिद्ध है—"यदि कोई काम करने योग्य है तो उसे सबसे अच्छे ढंग से पूरा करना चाहिए।" वेबर के अनुसार यह कहावत पूँजीवाद का सार है क्योंकि इस धारणा का सम्बन्ध व्यक्ति को आर्थिक जीवन में मिलने वाली सफलता से है।

परंपरावाद से तुलना

पूँजीवाद के सार को स्पष्ट करने के लिए वेबर ने इसकी तुलना एक अन्य आर्थिक क्रिया से की है जिसका नाम उसने 'परम्परावाद' रखा। आर्थिक क्रियाओं में परम्परावाद वह स्थिति है जिसमें व्यक्ति कम काम और प्रतिफल अधिक चाहता है, काम के दौरान आराम अधिक पसन्द करता है, कार्य की नई प्रविधियों से अनुकूलन करने की इच्छा नहीं करता, कम आय से सन्तुष्ट हो जाता है, अकस्मात लाभ प्राप्त करने का प्रयत्न करता है तथा सिद्धान्तहीन रूप से धन का संचय करता है। ये सभी विशेषताएँ पूँजीवाद के सार के विपरीत हैं। आधुनिक पूँजीवाद अन्तर्सम्बन्धित संस्थाओं का एक ऐसा संकुल है जिसका आधार तार्किक आर्थिक प्रयत्न है न कि सटोरियों की तरह के प्रयत्न। पूँजीवाद के अन्तर्गत व्यापारिक निगमों का कानूनी रूप, संगठित विनिमय केन्द्र, सरकारी ऋण पत्रों के रूप में सार्वजनिक ऋण देने की प्रणाली तथा ऐसे उद्यमों के संगठनों का समावेश है जिसका उद्देश्य वस्तुओं का तार्किक आधार पर उत्पादन करना होता है, न कि उनका व्यापार करना। वेबर ने दक्षिण यूरोप, एशिया के विशेषाधिकार सम्पन्न समूहों, चीन के अधिकारियों, रोम के अभिजात वर्ग तथा एल्वी नदी के पूर्व के जमींदारों की आर्थिक क्रियाओं को अकस्मात लाभ की क्रियाएँ माना है। क्योंकि उनमें नैतिक विचारों तथा आर्थिक लाभ के तार्किक प्रयत्नों का अभाव था, इसलिए उन्हें पूँजीवाद के समकक्ष नहीं रखा जा सकता।

जिन पूँजीवादी विशेषताओं का उल्लेख ऊपर किया गया है, वे पश्चिमी समाजों में ही अधिक पायी जाती है। पश्चिमी समाजों में यह एक व्यक्तिगत गुण

न होकर जीवनयापन का एक सामान्य तरीका हो गया। इस प्रकार जनसामान्य में व्याप्त कठोर परिश्रम, व्यापारिक आचार, सार्वजनिक ऋण व्यवस्था, पूँजी का निरन्तर विनियोजन तथा परिश्रम के प्रति स्वैच्छिक प्रवृत्ति पूँजीवाद का सार है, इसके विपरीत अकस्मात आर्थिक लाभ पाने का प्रयत्न, परिश्रम को बोझ और अभिशाप समझकर उससे दूर भागना, सिद्धान्तहीन रूप से पूँजी का संचय करना तथा जीवनयापन के लिए साधारण आय से सन्तुष्ट हो जाना, सामान्य आर्थिक परिस्थितियाँ अथवा 'परम्परावाद' है।

प्रोटेस्टेण्ट नीति (Protestant Ethics)

पूँजीवाद के सार को स्पष्ट करने के बाद वेबर ने ऐसे कारणों को प्रस्तुत किया जिनके आधार पर इनकी उत्पत्ति को धार्मिक सुधार आन्दोलनों के विचारों में खोजा जा सके। वेबर से पूर्व पेटी, माण्टेस्क्यू, बकल, कीट्स, आदि ने प्रोटेस्टेण्ट धर्म तथा व्यापारिक प्रवृत्ति के विकास के सह-सम्बन्धों पर अपने विचार प्रकट किये थे। वेबर ने अनेक अध्ययनों के आधार पर यह निष्कर्ष दिया कि धार्मिक नीति आर्थिक क्रियाओं व आर्थिक विकास के बीच एक सहसम्बन्ध पाया जाता है। वेबर ने यह भी देखा कि जिन प्रदेशों और नगरों ने प्रोटेस्टेण्ट धर्म स्वीकार कर लिया था, वे आर्थिक लाभ के प्रयत्नों को बढ़ावा दे रहे थे। वेबर ने यह भी गवेषणा की कि प्रोटेस्टेण्ट धर्म की नीतियाँ किस प्रकार उन लोगों के लिए प्रेरणा-स्रोत बन गयीं जो तार्किक दृष्टि से आर्थिक लाभों को प्राप्त करने के पक्ष में थे। प्रोटेस्टेण्टवाद वह धार्मिक विचारधारा है जो पोप के अधिकार को स्वीकार नहीं करता और जिसमें विवेक का तत्त्व विशेष रूप से पाया जाता है। नैतिकतावादी दृष्टिकोण, संग्रह की प्रवृत्ति, ईमानदारी, श्रम के प्रति निष्ठा, ये सभी प्रोटेस्टेट धर्म के प्रमुख तत्त्व हैं जिनके कारण यूरोप के विभिन्न देशों में आर्थिक विकास, विशेषतः पूँजीवाद का विकास हुआ।

प्रोटेस्टेण्ट धर्म की नीति के रूप में सेण्ट पॉल के इस आदेश को व्यापक रूप से ग्रहण किया गया—"जो व्यक्ति काम नहीं करेगा, वह रोटी नहीं खायेगा तथा निर्धन की तरह धनवान भी ईश्वर के गौरव को बढ़ाने के लिए किसी न किसी व्यवसाय में अवश्य जुटे।" इस कथन में प्रोटेस्टेण्ट धर्मावलम्बियों को परिश्रम की प्रेरणा दी गयी है। ऐसे ही कुछ अन्य वाक्य और भी हैं जैसे रिचार्ड वैकस्टर ने कहा था, "केवल कर्म के लिए ही ईश्वर हमारी और हमारी क्रियाओं की रक्षा करता है, परिश्रम ही शक्ति का नैतिक तथा प्राकृतिक उद्देश्य है केवल परिश्रम से ही ईश्वर की सबसे अधिक सेवा तथा सम्मान हो सकता है।" सेण्ट जॉन बनियन ने भी कहा था, "यह नहीं कहा जायेगा कि तुम क्या विश्वास करते थे, केवल यह कहा जायेगा कि क्या तुम कुछ परिश्रम भी करते थे, या केवल बातूनी ही थे।" इस प्रकार प्रोटेस्टेण्ट धर्म में सक्रिय जीवन, परिश्रम, समय का सदुपयोग, व्यर्थ की बातचीत न करना, अधिक न सोना तथा ईश्वर के ध्यान के स्थान पर कार्य करना आदि को व्यक्ति के जीवन की नियमावली के अन्तर्गत रखा गया है जिन्हें प्रोस्टेस्टेण्ट नीति कह सकते हैं और इसी नीति ने आर्थिक विकास में योग किया।

वेबर ने प्रोटेस्टेण्ट धर्म में पाये जाने वाले उन आचारों का भी उल्लेख किया है जिन्होंने आधुनिक पूँजीवाद को जन्म दिया। बेंजामिन फ्रेंकलिन ने आधुनिक पूँजीवाद की उन शिक्षाओं एवं उपदेशों का उल्लेख किया है जो सफल व्यवसायी एवं पूँजीपति बनने के लिए आवश्यक हैं। वे हैं–"समय ही धन है" "धन से धन कमाया जाता है", "एक पैसा बचाना एक पैसा कमाना है", ईमानदारी सबसे अच्छी नीति है", "जल्दी सोना और जल्दी उठना व्यक्ति को स्वस्थ, धनी और बुद्धिमान बनाता है", "कार्य ही पूजा है।" प्रोटेस्टेण्ट धर्म के आचारों की तुलना दुनियाँ के दूसरे धर्मों से करके वेबर इस निष्कर्ष पर पहुँचे कि केवल प्रोटेस्टेण्ट धर्म ही ऐसा है कि जिसके, आर्थिक परिणाम अधिक स्पष्ट एवं दूरगामी हैं। यह धर्म लोगों को ईमानदार एवं उत्साही होने, परिश्रम करने, मितव्ययिता बरतने एवं पैसा बचाने पर जोर देता है जो पूँजीवाद लाने के लिए आवश्यक है। यदि ये सिद्धान्त एवं उपदेश न होते तो आधुनिक पूँजीवाद भी सम्भव नहीं होता।

अपनी बात की पुष्टि करने के लिए वेबर ने यूरोप के विभिन्न देशों से ऐतिहासिक प्रमाण जुटाये। इटली व स्पेन में जहाँ पर कैथोलिक धर्म के अनुयायी अधिक हैं, पूँजीवाद का विकास इंग्लैण्ड, अमेरीका व हालैण्ड की अपेक्षा कम हुआ। इंग्लैण्ड, अमरीका व हालैण्ड में प्रोटेस्टेण्ट धर्म के अनुयायी अधिक हैं। वेबर ने गैर–पश्चिमी देशों में प्रचलित धर्मों जैसे कन्फ्यूशियस, बौद्ध, हिन्दू, इस्लाम और यहूदी धर्मों का अध्ययन किया और कहा कि इन धर्मों के आर्थिक आचारों में वे तत्त्व नहीं हैं जो आधुनिक पूँजीवाद को जन्म दे पाते। उदाहरण के लिए, इस्लाम में ब्याज लेना अनुचित माना गया है।

हिन्दू धर्म भौतिकवाद के स्थान पर आध्यात्मवाद पर अधिक जोर देता है। कर्मवाद के सिद्धान्त के आधार पर पिछले जन्म के कर्म के आधार पर ही इस जन्म में फल मिलता है। इसी प्रकार से, जाति के कठोर नियम व्यक्ति को अपनी जाति के व्यवसाय को त्यागने की इजाजत नहीं देते और प्रत्येक जाति के लिए एक व्यवसाय भी निश्चित है। हिन्दू धर्म एक ऐसी समाज–व्यवस्था को जन्म देता है जिसमें सामाजिक गतिशीलता सम्भव नहीं है। आजकल आधुनिकीकरण के प्रभाव से भारत आर्थिक विकास की दिशा में तेजी से आगे बढ़ता जा रहा है। आजकल धर्म और आर्थिक विकास के बीच सम्बन्ध कमजोर पड़ता जा रहा है। वेबर ने प्रोटेस्टेण्ट आचार और आधुनिक पूँजीवाद के विकास को कार्य–कारण के आधार पर स्पष्ट करने का प्रयत्न किया और प्रोटेस्टेण्ट आचारों को पूँजीवाद के विकास के लिए एक प्रभावशाली कारक माना यद्यपि अन्य कारक भी इसके विकास के उत्तरदायी रहे हैं।

पूँजीवाद एवं प्रोटेस्टेण्ट आचार का सम्बन्ध

'पूँजीवाद के सार' तथा 'प्रोटेस्टेण्ट' नीतियों के अध्ययन से वेबर को इनके आधारों में कई समानताएँ ज्ञात हुईं। इसी आधार पर आपने प्रोटेस्टेण्ट नीति के कारण और पूँजीवाद को परिणाम माना। वेबर ने सोलहवीं और सत्रहवीं शताब्दी में धर्म संघों तथा उनकी मान्यताओं में होने वाले परिवर्तनों के मानव व्यवहार पर प्रभाव का

अध्ययन किया। प्रारम्भ में तो कई धर्म संघों ने धन और भौतिक वस्तुओं के संग्रह को उचित माना किन्तु बाद में इसे अधार्मिकता की श्रेणी में रखा गया और वैराग्य को उचित ठहराया गया। वैराग्य की इस धारणा ने आधुनिक पूँजीवादी अर्थव्यवस्था को भी प्रभावित किया। वेबर ने ऐतिहासिक प्रमाणों के आधार पर यह स्पष्ट करने का प्रयत्न किया कि यूरोप के कई देशों में पूँजीवाद के आरम्भ और विकास के लिए प्रोटेस्टेण्ट धर्म की नीतियाँ सहायक रही हैं। प्रोटेस्टेण्ट धर्म, नैतिक शिक्षाएँ धीरे-धीरे इसके सभी अनुयायियों के जीवन में ढल गयीं। वे परिश्रम से आजीविका कमाने को उचित मानने लगे। इस धारणा ने पूँजीवाद के विकास में महत्वपूर्ण भूमिका निभायी।

वेबर की रूचि धार्मिक नीतियों का आर्थिक क्रियाओं पर पड़ने वाले प्रभावों को ज्ञात करने में थी। उन्होंने धार्मिक नीतियों और आर्थिक क्रियाओं के पारस्परिक सम्बन्धों को ही स्पष्ट नहीं किया वरन् धार्मिक विचारों के सामाजिक संस्तरण पर पड़ने वाले प्रभावों को भी ज्ञात किया। उन्होंने यह बताया कि विभिन्न धर्मों के पैगम्बरों, प्रचारकों और विद्वानों आदि की एक विशेष जीवन-शैली थी और उन्होंने अपनी धार्मिक नीतियों का प्रचार करके सामाजिक संस्तरण तथा आर्थिक क्रियाओं को एक विशेष रूप देने का प्रयत्न किया। इस सम्पूर्ण विवेचन के द्वारा वेबर ने मार्क्स से पूर्णतया भिन्न धार्मिक आचारों की भिन्नता को ही विभिन्न समाजों की आर्थिक अभिवृत्तियों की भिन्नता का कारण मान लिया है। पारसन्स का कथन है कि धर्म के समाजशास्त्र की व्याख्या में वेबर का महत्वपूर्ण योगदान एक व्यवस्थित पद्धति शास्त्रीय अर्न्तदृष्टि है जिसके द्वारा उन्होंने विभिन्न कारकों को एक-दूसरे से पृथक् करके उनके कारण और प्रभावों को एक दूसरे की तुलना में स्पष्ट किया।

सोरोकिन का सांस्कृतिक सिद्धान्त

अपनी पुस्तक 'Social and Cultural Dynamics' में सोरोकिन ने सामाजिक परिवर्तन व सांस्कृतिक गतिशीलता का सिद्धान्त प्रस्तुत किया। उन्होंने मार्क्स, पेरेटो एवं वेबलिन के परिवर्तन सम्बन्धी सिद्धान्तों की आलोचना की। उनका मत है कि सामाजिक परिवर्तन उतार-चढ़ाव के रूप में घड़ी के पेण्डुलम की भाँति एक स्थिति से दूसरी स्थिति के बीच होता रहता है। उन्होंने प्रमुख रूप से दो संस्कृतियों—भावात्मक एवं चेतनात्मक का उल्लेख किया। प्रत्येक समाज संस्कृति की इन दो धुरियों अर्थात् चेतनात्मक से भावात्मक की ओर तथा भावात्मक से चेतनात्मक की ओर आता जाता रहता है। एक स्थिति से दूसरी स्थिति में जाने के दौरान मध्य में एक स्थिति ऐसी भी होती है जिसमें चेतनात्मक एवं भावात्मक संस्कृति का मिश्रण होता है। इसे सोरोकिन आदर्शात्मक संस्कृति कहते हैं। विभिन्न संस्कृतियों के दौर से गुजरने पर समाज में भी परिवर्तन आता है।

(1) **चेतनात्मक संस्कृति** (Sensate Culture)—चेतनात्मक संस्कृति को भौतिक संस्कृति भी कहते हैं। इस संस्कृति का सम्बन्ध मानव चेतना अथवा इन्द्रियों

से होता है अर्थात् इसका ज्ञान देखकर, सूँघकर एवं छूकर कर सकते हैं। ऐसी संस्कृति में ऐन्द्रिक आवश्यकताओं व इच्छाओं की पूर्ति पर अधिक जोर दिया जाता है। इस संस्कृति में वैज्ञानिक आविष्कारों, प्रौद्योगिकी, भौतिक वस्तुओं एवं विलास की वस्तुओं का अधिक महत्व होता है। इसमें धर्म, नैतिकता, प्रथा, परम्परा एवं ईश्वर आदि को अधिक महत्व नहीं दिया जाता है। व्यक्ति एवं सामूहिक पक्ष भी चेतनात्मक संस्कृति के रंग में रंगे होते हैं। पश्चिम समाज चेतनात्मक संस्कृति का उदाहरण है।

(2) **भावात्मक संस्कृति** (Ideational Culture)—यह चेतनात्मक संस्कृति के बिल्कुल विपरीत होती है। इसका सम्बन्ध भावना, ईश्वर, धर्म, आत्मा व नैतिकता से होता है। यह संस्कृति आध्यात्मवादी संस्कृति कही जा सकती है। इसमें इन्द्रिय सुख के स्थान पर आध्यात्मिक उन्नति, मोक्ष एवं ईश्वर प्राप्ति को अधिक महत्व दिया जाता है। इसमें सभी वस्तुओं को ईश्वर कृपा का फल माना जाता है। विचार, आदर्श, कला, साहित्य, दर्शन एवं कानून सभी में धर्म एवं ईश्वर की प्रमुखता पायी जाती है। प्रथा और परम्परा पर अधिक बल दिया जाता है। इस संस्कृति में प्रौद्योगिकी एवं विज्ञान पिछड़ जाता है।

(3) **आदर्शात्मक संस्कृति** (Ideal Culture)—यह संस्कृति चेतनात्मक एवं भावात्मक दोनों का मिश्रण होती है, अतः इसमें दोनों विशेषताएँ पायी जाती हैं। इसमें धर्म एवं विज्ञान, भौतिक एवं आध्यात्मिक सुख दोनों का संतुलित रूप पाया जाता है। सोरोकिन इस प्रकार की संस्कृति को ही उत्तम मानते हैं। वे इसे आदर्शात्मक संस्कृति कहते हैं।

सोरोकिन के अनुसार विश्व की सभी संस्कृतियाँ चेतनात्मक से भावात्मक के झूले में झूलती रहती हैं। प्रत्येक संस्कृति अपनी चरम सीमा पर पहुँचकर पुनः दूसरे प्रकार की संस्कृति की ओर लौट जाती है। चेतानात्मक एवं भावात्मक संस्कृतियाँ केवल परिवर्तन की सीमाएँ हैं, समाज में अधिकाँश समय तो आदर्शवादी संस्कृति ही प्रचलित रहती है। संस्कृति में इस परिवर्तन के लिये सोरोकिन ने प्राकृतिक नियमों एवं संस्कृति के आन्तरिक कारणों को उत्तरदायी माना है। परिवर्तन प्रकृति का नियम है। संस्कृति भी इसी नियम के कारण परिवर्तित होती है। संस्कृति की आन्तरिक परिस्थितियाँ भी उसमें परिवर्तन के लिए उत्तरदायी हैं। सोरोकिन के अनुसार बीसवीं सदी की पश्चिमी सभ्यता चेतनात्मक संस्कृति की चरम सीमा पर पहुँच गयी है, अब वह पुनः भावात्मक संस्कृति की ओर लौट जायेगी। चूँकि संस्कृति का समाज से घनिष्ट सम्बन्ध है, अतः जब संस्कृति में परिवर्तन होता है तो समाज में भी परिवर्तन आता है।

समालोचना—सोरोकिन ने अपने सिद्धान्त को वैज्ञानिक बनाने का प्रयत्न किया है, फिर भी उसमें निम्नलिखित दोष हैं।

(i) संस्कृति को एक अवस्था से दूसरी अवस्था तक पहुँचने में इतना लम्बा समय लग जाता है कि इस आधार पर सामाजिक परिवर्तन की प्रकृति को प्रकट करना कठिन है।

(ii) ऐतिहासिक प्रमाणों के आधार पर इस बात को सिद्ध करना सम्भव नहीं कि सभी समाज एक प्रकार की संस्कृति से दूसरे प्रकार की संस्कृति के बीच परिवर्तन के दौर से गुजरते हैं।

(iii) सोरोकिन सांस्कृतिक परिवर्तन के बीच कारकों को भी स्पष्ट करने में असमर्थ रहे हैं। यह कह देना एक वैज्ञानिक के लिए पर्याप्त नहीं है कि परिवर्तन प्राकृतिक कारणों से होते हैं।

अभ्यास के लिए प्रश्न

प्रश्न 1. सामाजिक परिवर्तन के सिद्धान्तों का उल्लेख कीजिए।

प्रश्न 2. सामाजिक परिवर्तन के चक्रीय सिद्धान्तों का उल्लेख कीजिए?

प्रश्न 3. सामाजिक परिवर्तन के रेखीय एवं चक्रीय सिद्धान्तों का संक्षेप में उल्लेख करते हुए दोनों में अन्तर बताइये।

प्रश्न 4. सामाजिक परिवर्तन के किसी एक सिद्धान्त की चर्चा कीजिए जो आपके विचार में वर्तमान भारतीय समाज पर सर्वाधिक घटित होती है?

प्रश्न 5. सामाजिक परिवर्तन के बारे में कार्ल मार्क्स के सिद्धान्त का आलोचनात्मक परीक्षण कीजिए।

प्रश्न 6. सामाजिक परिवर्तन के बारे में वेबलिन के विचारों का उल्लेख कीजिए? मार्क्स एवं वेबलिन के विचारों में अन्तर बतलाइये?

प्रश्न 7. सामाजिक परिवर्तन के बारे में वेबर के धार्मिक सिद्धान्तों का उल्लेख कीजिए?

प्रश्न 8. सामाजिक परिवर्तन के बारे में सोरोकिन के सांस्कृतिक सिद्धान्त की समालोचना कीजिए?

भाग दो

सामाजिक नियंत्रण

(Social Control)

8

सामाजिक नियन्त्रण : अर्थ और आधार

(Social Control : Meaning and Bases)

सामाजिक नियन्त्रण क्या है ?

सामाजिक नियन्त्रण व्यक्ति पर समाज का नियन्त्रण है। व्यक्ति की प्रवृत्तियों में कुछ समाज के लिये लाभदायक होती हैं और कुछ हानिकारक। लाभदायक प्रवृत्तियों पर नियन्त्रण करने का तो प्रश्न ही नहीं उठता। अत: सामाजिक नियन्त्रण व्यक्ति की अशुभ प्रवृत्तियों पर नियन्त्रण करता है। परन्तु क्या सामाजिक नियन्त्रण केवल नकारात्मक (Negative) है। क्या उसका काम केवल कुछ प्रवृत्तियों को रोकना है? नहीं, सामाजिक नियन्त्रण ऐसी परिस्थितियाँ उत्पन्न करता है जिसमें मनुष्य का सामाजीकरण हो और वह समाज विरोधी कार्य न करे। सामाजिक नियन्त्रण में सभी प्रक्रियायें, विधियाँ, नियम, प्रतिमान आदि आ जाते हैं जो इस कार्य में सहायक हैं। इस प्रकार सामाजिक नियन्त्रण पर्याप्त व्यापक शब्द है। यह सरकारी नियन्त्रण नहीं है। सरकारी नियन्त्रण बल प्रयोग पर आधारित है और व्यक्ति पर बाहर से लादा जाता है। सामाजिक नियन्त्रण आत्म-नियन्त्रण है। समाज के परिवर्तन के साथ-साथ यह भी बदलता रहता है।

सामाजिक नियन्त्रण की परिभाषा

समाजशास्त्रियों ने सामाजिक नियन्त्रण की एक-सी परिभाषा नहीं की है। कुछ मुख्य परिभाषायें निम्नलिखित हैं—

(1) ब्रियरली का मत—"सामाजिक नियन्त्रण आयोजित अथवा अनायोजित उन क्रियाओं और साधनों के लिए एक सामूहिक शब्द है जिनके द्वारा व्यक्तियों को सिखाया जाता है, समझाया जाता है, अथवा बाध्य किया जाता है कि

ये उन समूहों की रीतियों और जीवन मूल्यों का पालन करें, जिनके ये सदस्य हैं।''[1] इस परिभाषा से स्पष्ट है कि सामाजिक नियन्त्रण में वे सब नियन्त्रण आते हैं जिनसे व्यक्ति समूह के नियमों के अनुसार चलता रहता है।

(2) गिलिन और गिलिन का मत–''सामाजिक नियन्त्रण सुझाव, अनुनय, निरोध और दबाव जैसे उपायों की वह व्यवस्था है जिसमें शारीरिक बल प्रयोग के साथ सब साधन सम्मिलित हैं जिससे कि एक समाज एक उप-समूह को व्यवहार के स्वीकृत प्रतिमान के अनुरूप बनाता है या जिससे एक समूह अपने सदस्यों के व्यवहार को अपने अनुरूप ढालता है।''[2] इस प्रकार सामाजिक नियन्त्रण में वे सब साधन आ जाते हैं जिनसे व्यक्ति अथवा समूह समाज के अनुरूप ढाले जाते हैं।

(3) पार्क और बर्गेस का मत–''साधारणतया हम सामाजिक नियन्त्रण से जो कुछ समझते हैं वह किसी व्यक्ति-अधिकारी, कृत्यकारी या नेता का सामाजिक प्रक्रिया में मनमाना हस्तक्षेप है।''[3]

सामाजिक नियन्त्रण की यह परिभाषा अपूर्ण है। साधारणतया सामाजिक नियन्त्रण व्यक्ति का नहीं बल्कि समूह का नियन्त्रण है और वह सदैव निरंकुश नहीं होता।

(4) ऑगबर्न और निमकॉफ का मत–''व्यवस्था और स्थापित नियमों को बनाये रखने के लिए एक समाज जिस दबाव के प्रतिमान का प्रयोग करता है वह उसकी सामाजिक नियन्त्रण की व्यवस्था कहलाती है।''[4] इस परिभाषा के अनुसार सामाजिक नियन्त्रण दबाव का प्रतिमान है।

(5) मैकाइवर और पेज–''सामाजिक नियन्त्रण से तात्पर्य उस ढंग से है जिसमें कि समस्त सामाजिक व्यवस्था समन्वित रहती है और अपने को बनाये रखती है–अथवा जिससे यह सम्पूर्ण व्यवस्था एक परिवर्तनशील संतुलन के रूप

---

1. "Social control is a collective term for those processes and agencies, planned or unplanned, by which individuals are taught, persuaded, or compelled to conform to the usages and life values of the groups to which they belong." — Bearly
2. "Social control is that system of measures, suggestions, persuations, restraint and coercion by whatever means including physical force by which a society brings into conformity of the approved pattern of behaviour a sub-group or by which a group moulds into conformity its members." — Gillin and Gillin
3. "What we ordinarily mean by social control is the arbitrary intervention of some individual official, functionary or leader in the social progress."
—Park and Burgess
Introduction to the Science of Sociology, p. 789
4. "The pattern of pressure which a society exerts to maintain order and established rules is known as its system of social control." —Ogburn and Nimkoff.
A Handbook of Sociology, p. 182

में क्रियाशील रहती है''[1] इस प्रकार सामाजिक नियन्त्रण सामाजिक व्यवस्था का ढंग (Way) है।

(6) गुरविच और मूर–''सामाजिक नियन्त्रण की परिभाषा सांस्कृतिक प्रतिमानों, सामाजिक चिन्हों, सामूहिक आध्यात्मिक अर्थ, मूल्यों, विचारों और आदर्शों तथा उनसे प्रत्यक्ष रूप में सम्बन्धित कार्यों और प्रक्रियाओं के योग अथवा पूर्ण के रूप में की जा सकती है जिनसे समस्त समाज, प्रत्येक विशेष समूह और प्रत्येक भाग लेने वाला व्यक्ति सदस्य अस्थायी संतुलनों द्वारा अपने अन्दर के तनावों और संघर्षों पर काबू पाता है और नवीन रचनात्मक उपायों के लिये कदम उठाता है।''

सामाजिक नियन्त्रण की यह परिभाषा पर्याप्त विस्तृत है। इसमें सामाजिक नियन्त्रण के निषेधात्मक और रचनात्मक दोनों पक्षों को शामिल किया गया है और सामाजिक नियन्त्रण के साधनों तथा प्रक्रियाओं की ओर भी संकेत है।

(7) स्मिथ–''सामाजिक नियन्त्रण साधनों के साध्यों के प्रति चेतन सामूहिक अनुकूलन के द्वारा साध्यों की प्राप्ति है।''[2] स्मिथ के अनुसार समाज के कुछ निश्चित उद्देश्य होते हैं। इन उद्देश्यों को प्राप्त करने के लिये समाज सामूहिक रूप में कुछ साधनों का प्रयोग करता है। इन साधनों को जानबूझ कर प्रयोग किया जाता है और इनके पीछे समाज की शक्ति होती है। इस प्रकार समाज के पहले से निश्चित साध्यों को सामूहिक रूप में कुछ साधनों के प्रयोग से प्राप्त करना ही सामाजिक नियन्त्रण है।

(8) पॉल एच॰ लैण्डिस–''सामाजिक नियन्त्रण सामाजिक प्रक्रियाओं का एक क्रम है जिनसे व्यक्ति समूह के प्रति जिम्मेदार बनाया जाता है जिससे सामाजिक संगठन बनाया जाता है और स्थिर रखा जाता है ··· जिससे सामाजीकरण के द्वारा व्यक्तित्व का निर्माण किया जाता है।''[3]

(9) रॉस–Social Control नामक पुस्तक में रॉस (Ross) ने सामाजिक नियन्त्रण की बड़े विस्तृत अर्थों में व्याख्या की है। उसके अनुसार सामाजिक नियन्त्रण में ये सब शक्तियाँ शामिल हैं जिनके द्वारा, समुदाय व्यक्ति को अपने सांचे में ढालता है।'' इस प्रकार सामाजिक नियन्त्रण में रीति-रिवाज, सामाजिक धर्म, वैयक्तिक आदर्श, लोकमत, विधि, विश्वास, उत्सव, कला, ज्ञान, सामाजिक मूल्य

---

1. "By social control is meant the way in which the entire social order coheres and maintains itself—how it operates as a whole, as a changing equilibrium."
—MacIver and Page

2. "Social control is the attainment of ends through collective conscious adaptation of means to those ends."
—R.G. Smith
Collective Papers, p. 37

3. "Social control is a series of social processes by which individual is made group-responsible, by which social organization is built and maintained . . . by which personality is formed through socialisation."
—Paul H. Landis

आदि वे सभी तत्व आते हैं जिनसे व्यक्ति पर समूह का अथवा समूह पर समाज का नियन्त्रण रहता है। इससे समाज में व्यवस्था बनी रहती है और व्यक्तिगत व्यवहार की मर्यादायें निश्चित रहती हैं। इसके बिना समाज का जीवन नहीं चल सकता। सामाजिक नियन्त्रण, जैसा कि अनेक समाजशास्त्री मानते हैं, स्थिरता का पक्षपाती नहीं है। वह निषेधात्मक के साथ-साथ रचनात्मक भी है। एल॰ टी॰ हॉबहाउस के अनुसार वह प्रगति का समाजशास्त्र (Sociology of Progress) है। कूले के अनुसार वह समाज का आत्म-नियन्त्रण है।

संक्षेप में सामाजिक नियन्त्रण उन व्यवस्थाओं, साधनों अथवा प्रक्रियाओं को कहते हैं जिनसे समाज में व्यवस्था रहती है और सामाजिक जीवन चलता है। इनमें शिक्षा, परम्परा, विधि, कानून, प्रथा, कला, जनमत, प्रचार, मूल्य, आदर्श आदि को शामिल किया जाता है।

सामाजिक नियन्त्रण के तत्व

किसी भी प्रकार के नियन्त्रण में दो तत्वों की आवश्यकता पड़ती है एक तो जो नियन्त्रित करता है, दूसरा वह जो नियन्त्रित किया जाता है। इस प्रकार नियन्त्रण की प्रक्रिया में नियन्त्रण के अलावा नियन्त्रणकर्त्ता की आवश्यकता होती है। जैसा कि पीछे बताया जा चुका है, सामाजिक नियन्त्रण व्यक्ति को नियन्त्रित करने की प्रक्रिया है। यहाँ यह प्रश्न उपस्थित होता है कि सामाजिक नियन्त्रण में नियन्त्रणकर्त्ता कौन है। व्यक्ति का नियन्त्रण कौन करता है ? समाज सामाजिक सम्बन्धों की व्यवस्था है। सम्बन्धों की व्यवस्था स्वयं तो नियन्त्रण नहीं कर सकती, उसमें जो नियन्त्रण के तत्व हैं उनका प्रयोग किसी न किसी व्यक्ति द्वारा होना आवश्यक है। इस प्रकार प्रत्येक सामाजिक नियन्त्रण में नियन्त्रणकर्त्ता कोई न कोई व्यक्ति होता है। उदाहरण के लिये परिवार में पिता अथवा माता बालक के व्यवहार का नियन्त्रण करते हैं। पिता अथवा माता के व्यवहार का नियन्त्रण, पास पड़ौसी, बिरादरी वाले अथवा अन्य लोग करते हैं। इस प्रकार समाज में भिन्न-भिन्न सम्बन्धों में व्यक्ति एक दूसरे का नियन्त्रण करते हैं। सामाजिक नियन्त्रण किसी एक व्यक्ति अथवा थोड़े से व्यक्तियों का काम नहीं है। यह सबका सब पर नियन्त्रण है।

सामाजिक नियन्त्रण के उद्देश्य

सामाजिक नियन्त्रण के विषय में एक प्रश्न यह उठता है कि उसके उद्देश्य क्या हैं। सामाजिक नियन्त्रण क्यों किया जाता है ? उससे क्या लाभ हैं ? यूँ तो सामाजिक नियन्त्रण के समस्त लाभों को गिनाने के लिये एक पूरे ग्रन्थ की आवश्यकता है परन्तु स्थूल रूप से उसके मुख्य उद्देश्य निम्नलिखित माने जा सकते हैं—

(1) **व्यक्ति का सामाजीकरण**—सामाजिक नियन्त्रण का सबसे मुख्य उद्देश्य व्यक्ति का सामाजीकरण करना है। असामाजीकृत मनुष्य पशु के समान होता

है। उसको मनुष्य बनाने के लिये उसके सामाजीकरण की जरूरत होती है। सामाजीकरण से उसके चालकों, उद्वेगों, संकल्प, स्वभाव, क्षमता आदि को समाज सम्मत रूप से अभिव्यक्त होने योग्य बनाया जाता है। कहना न होगा कि मनुष्य की वर्तमान संस्कृति और सभ्यता के विकास के मूल में सामाजीकरण की प्रक्रिया ही है। केवल वर्तमान ही नहीं बल्कि मानव का भविष्य भी सामाजीकरण पर निर्भर है।

(2) व्यक्तिगत व्यवहार को नियमित करना—इस प्रकार सामाजिक नियन्त्रण का उद्देश्य व्यक्ति के व्यवहार को नियमित करना है, जिससे कि वह समाज में अपनी विभिन्न स्थितियों के अनुरूप कार्यों को भली प्रकार से कर सके।

(3) सामाजिक निर्णयों और सम्मतियों का मनवाना—सामाजिक नियन्त्रण व्यक्ति पर समाज का नियन्त्रण है। उसका उद्देश्य समाज के व्यक्तियों से समाज की सम्मतियों और निर्णयों का पालन करवाना है।

(4) प्राचीन व्यवस्था को बनाये रखना—सामाजिक नियन्त्रण के द्वारा समाज में प्राचीन रूढ़ियों, परम्पराओं, प्रथाओं और व्यवहार के तौर तरीकों को बनाये रखा जाता है। इस प्रकार सामाजिक नियन्त्रण का एक उद्देश्य समाज की प्राचीन व्यवस्था को बनाये रखना है।

(5) व्यक्तियों के व्यवहार में निर्देश—सामाजिक नियन्त्रण से व्यक्तियों को भिन्न-भिन्न विकल्पों में सही विकल्प का चुनाव करने में सहायता मिलती है। सामाजिक नियन्त्रण के कारण अनेक रास्ते उनके लिये बन्द होते हैं क्योंकि समाज उनको ठीक नहीं समझता। आमतौर से हर एक आदमी जिन्दगी के सभी पहलुओं में समाज द्वारा माने गये और पिटे पिटाये रास्ते पर चलता रहता है। इससे न तो उसके मन में अधिक कशमकश होती है और न उसे निर्णय करने में कठिनाई होती है। आधुनिक समाज की जटिल परिस्थितियों में जब कि जीवन के हर क्षेत्र में इतने अधिक विकल्प हैं सामाजिक नियन्त्रण से व्यक्ति को मार्ग निर्देशन मिलता है।

(6) सामाजिक व्यवस्था को बनाए रखना—इस प्रकार सामाजिक नियन्त्रण का अन्तिम उद्देश्य व्यक्ति का समाज से अनुकूलन करना और इस प्रकार सामाजिक व्यवस्था को बनाये रखना है। सामाजिक नियन्त्रण टूटने से सामाजिक व्यवस्था भी टूटने लगती है। समाज के हर समूह में दृढ़ता बनाये रखने के लिये सामाजिक नियन्त्रण का होना आवश्यक है।

सामाजिक नियन्त्रण के प्रकार

(अ) कार्ल मैनहीम का मत

सामाजिक नियन्त्रण के प्रकारों के विषय में समाजशास्त्रियों के अलग-अलग मत हैं। कार्ल मैनहीन ने सामाजिक नियन्त्रण के अग्रलिखित दो प्रकार माने हैं—

(1) प्रत्यक्ष सामाजिक नियन्त्रण—यह व्यक्ति के समीप रहने वाले लोगों की प्रतिक्रियाओं से व्यक्ति के व्यवहार का नियन्त्रण है। यह नियन्त्रण परिवार, पड़ौस, खेल समूह आदि प्राथमिक समूहों में पाया जाता है। माता-पिता, शिक्षक, साथ के खिलाड़ियों, सहपाठियों तथा पड़ौसियों और साथ काम करने वालों के मतों का व्यक्ति पर बड़ा प्रभाव पड़ता है। उनकी निन्दा, प्रशंसा, सुझाव तथा आग्रह आदि से व्यक्ति के व्यवहार का नियन्त्रण होता है। यह प्रत्यक्ष नियन्त्रण है।

(2) अप्रत्यक्ष सामाजिक नियन्त्रण—यह व्यक्ति से दूर रहने वाले कारकों का व्यक्ति के व्यवहार पर नियन्त्रण है। द्वैतीयक समूहों द्वारा व्यक्ति का नियन्त्रण इसी प्रकार का होता है। इसमें प्रमुख साधन परम्परागत संस्थायें, प्रथायें, तर्कशील व्यवहार (Rationalised Behaviour), स्थितियों में परिवर्तन और सामाजिक यन्त्र (Social Mechanisms) आदि हैं। अप्रत्यक्ष नियन्त्रण के साधन अप्रकट और सूक्ष्म होते हैं। आजकल के जटिल समाज में जनमत, कानून, प्रथा आदि का इसी प्रकार का प्रभाव पड़ता है। ऐसा नहीं है कि इस नियन्त्रण के पीछे व्यक्ति न होते हों परन्तु वे प्रभावित व्यक्ति की नजर में नहीं आते।

(ब) किम्बाल यंग का मत

किम्बाल यंग ने रीतियों के दृष्टिकोण से सामाजिक नियन्त्रण के प्रकारों का विभाजन किया है। इस प्रकार सामाजिक नियन्त्रण को निम्नलिखित दो भागों में बाँटा गया है—

(1) सकारात्मक (Positive)—इसमें सामाजिक नियन्त्रण की पुरस्कार की नीति का समावेश है। पुरस्कार का व्यक्ति के कर्मों पर बड़ा प्रभाव पड़ता है। समाज के अधिकतर व्यक्ति समाज से पुरस्कार पाना चाहते हैं। अतः वे समाज द्वारा स्वीकृत परम्पराओं, प्रथाओं, मूल्यों तथा आदर्शों का सदैव पालन करने की कोशिश करते हैं। इसके बदले में उन्हें सामाजिक यश, सम्मान आदि के रूप में पुरस्कार मिलता है।

(2) नकारात्मक (Negative)—इसमें सामाजिक नियन्त्रण की वे रीतियाँ आती हैं जिनमें दण्ड का भय दिखाकर व्यक्ति को किसी काम से रोका जाता है। समाज जहाँ पुरस्कार द्वारा व्यक्तियों को कुछ विशेष प्रकार के व्यवहारों के लिये प्रोत्साहित करता है वहाँ दण्ड द्वारा उनको अनेक काम करने से रोकता भी है। यह दण्ड हल्का, कठोर, मौखिक या शारीरिक किसी भी प्रकार का हो सकता है। मौखिक दण्ड के उदाहरण बदनामी, व्यंग, उपहास आदि हैं। शारीरिक दण्ड का उदाहरण जाति से बहिष्कार है। इन दण्डों के भय से व्यक्ति समाज द्वारा स्वीकृत प्रथाओं, परम्पराओं, मूल्यों और आदर्शों आदि के विरुद्ध आचरण करने से डरते हैं।

(स) गुरविच का मत—

गुरविच ने सामाजिक नियन्त्रण को अग्रलिखित चार प्रकारों में बाँटा है—

(1) संगठित सामाजिक नियन्त्रण—इसके भी दो रूप हैं—स्वेच्छाचारी और जनतन्त्रात्मक। इनका निश्चय सामाजिक नियन्त्रण के सहज स्वरूपों से होता है।

(2) संगठन सहित सामाजिक नियन्त्रण—यह सांस्कृतिक चलनों और प्रतीकों के माध्यम से होता है। यह रोजमर्रा के जीवन की कार्यविधि से सम्बन्धित है और लचीला है। संस्कार, परम्परायें, दैनिक अभ्यास, फैशन और प्रतीक आदि सब संगठन सहित सामाजिक नियन्त्रण हैं।

(3) सहज सामाजिक नियन्त्रण—यह मूल्यों, आदर्शों तथा विचारों द्वारा होने वाला नियन्त्रण है।

(4) अधिक सहज सामाजिक नियन्त्रण—यह प्रत्यक्ष सामूहिक अनुभव, आकांक्षाओं और निर्माणों के द्वारा होने वाला सामाजिक नियन्त्रण है।

(द) अन्य मत

सामाजिक नियन्त्रण के उपरोक्त प्रकारों के अलावा औपचारिक (Formal) और अनौपचारिक (Informal) प्रकार भी माने गये हैं। औपचारिक में सामाजिक नियंत्रण में वे विधियाँ आती हैं जिनको जान बूझकर नियन्त्रण करने के लिए ही बनाया जाता है जैसे सरकारी कानून, पुलिस, सेना, जेल, दण्ड, विधान आदि। अनौपचारिक सामाजिक नियन्त्रण में वे विधियाँ आती हैं जो समाज की आवश्यकता के अनुसार अपने आप विकसित हो जाती हैं जैसे जनरीतियाँ, प्रथायें, परम्परायें, रूढ़ियाँ, सामाजिक आदर्श आदि। हेज ने दो प्रकार के सामाजिक नियन्त्रण माने हैं—(1) अनुमोदन द्वारा नियन्त्रण (Control by Sanction)—इनमें अपराधी को दण्ड और आज्ञा पालन करने वाले को पुरस्कार देकर सामाजिक नियन्त्रण किया जाता है। (2) सामाजीकरण और शिक्षा द्वारा नियन्त्रण (Control by Socialization and Education)।

सामाजिक नियन्त्रण के साधन

सामाजिक नियन्त्रण के प्रत्यक्ष, अप्रत्यक्ष, औपचारिक, अनौपचारिक बहुत से साधन हैं। रॉस ने सामाजिक नियन्त्रण के महत्वपूर्ण साधनों में परिवार, शिक्षा व्यवस्था, विश्वास और धर्म, सामाजिक संकेत, सामाजिक आदर्शों, संस्कार और उत्सव, कला, नेतृत्व, कानून और शासन तथा भौतिक शक्ति की गिनती की है। गिडिंग्स ने विश्वास, सामाजिक संकेत, धर्म, सामाजिक आदर्श, सामाजिक उत्सव, कला, नेतृत्व, बौद्धिक कारक, शिक्षा और प्रचार, कानून, प्रशासन और शक्ति को सामाजिक नियन्त्रण के महत्वपूर्ण साधन माना है। सामाजिक नियन्त्रण के इन साधनों का आगे विस्तृत वर्णन किया जायेगा।

अभ्यास के लिए प्रश्न

1. सामाजिक नियन्त्रण के अर्थ की विवेचना कीजिए। सामाजिक नियन्त्रण में कला का क्या कार्य है ?
2. सामाजिक नियन्त्रण से क्या अभिप्राय है ? भारतीय समाज से उदाहरण देकर सविस्तार व्याख्या कीजिए।
3. सामाजिक नियन्त्रण की परिभाषा कीजिए तथा उसके साधनों तथा अभिकरणों की व्याख्या कीजिए।
4. सामाजिक नियन्त्रण और सामाजिक परिवर्तन की परिभाषा कीजिए और उनके अर्थ बताइए।
5. सामाजिक नियन्त्रण के प्रमुख साधनों का वर्गीकरण कीजिए।

9

परिवार और परिवारात्मक समूहों के कार्य
(Roles of Family and Familistic Groups)

परिवार की उत्पत्ति के सिद्धान्त

परिवार दुनिया में निम्न से निम्न स्तर के मानव समाज में भी पाया जाता है। जब से मानव का इतिहास लिखा गया है अथवा जब से मनुष्य जीवन का पता चलता है तब से परिवार भी सदैव दिखाई पड़ता है। वास्तव में परिवार सनातन है। उसकी उत्पत्ति का प्रश्न ही नहीं उठता। मैकाइवर और पेज के शब्दों में, "परिवार की इस अर्थ में कोई उत्पत्ति नहीं है कि मानव जीवन में कभी कोई ऐसी अवस्था थी जबकि परिवार अनुपस्थित था या कोई दूसरी ऐसी अवस्था थी जिसमें से वह निकला है।"[1] फिर भी परिवार की उत्पत्ति के प्रश्न को लेकर समाजशास्त्रियों में मतभेद है। वैस्टरमार्क और ब्रिफाल्ट में इस विषय पर खासा विवाद है।

(1) **लिंग साम्यवाद का सिद्धान्त**—कुछ समाजशास्त्रियों के अनुसार प्राचीन काल में कोई भी पुरुष या स्त्री किसी भी दूसरी स्त्री या पुरुष से यौन सम्बन्ध स्थापित कर सकता था। यौन सम्बन्धों में किसी प्रकार का कोई नियन्त्रण न था। यह अवस्था लिंग साम्यवाद (Sex Communism) की अवस्था कहलाती है। इस सिद्धान्त को सिद्ध करने के लिये आदिम जातियों के ऐसे रीति-रिवाजों की ओर संकेत किया जाता है जिनसे यह मालूम पड़ता है कि प्राचीन काल में यौन सम्बन्धों पर नियन्त्रण नहीं के बराबर था। इस प्रकार के अनेक रिवाज मानवशास्त्रियों ने

---

1. "The family has no origin in this sense that there ever existed a stage of human life from which the family was absent or another stage in which it emerged."
--MacIver and Page, *Society,* p. 345

आदिम समाजों के अध्ययन में देखे हैं। उत्सवों पर यौन सम्बन्धों में स्वतन्त्रता, अतिथि सत्कार के लिये पत्नियों और कन्याओं को अतिथि के पास मैथुन के लिये भेजना और स्त्रियों का आदान-प्रदान आदि के रीति-रिवाज अनेक आदिम जातियों में देखे गये हैं। अनेक आदिम जातियों में सन्तान के पिता का निश्चय नहीं किया जाता। समान जाति के व्यक्ति माता-पिता और समान जाति के स्त्री पुरुष बहन भाई कहलाते हैं। परन्तु यौन सम्बन्धों के विषय में बहुत कुछ स्वतन्त्रता होने पर भी प्राय: सभी जातियों में निकट सम्बन्धियों से यौन सम्बन्धों को वर्जित माना गया है। अत: लिंग साम्यवाद का सिद्धान्त ठीक नहीं मालूम पड़ता।

(2) **पितृसत्तात्मक परिवार का सिद्धान्त**—प्राचीन काल में प्लेटो और अरस्तु ने और आधुनिक काल में हेनरी मेन ने पितृसत्तात्मक परिवार के सिद्धान्त (Patriarchal Theory) का जोरदार समर्थन किया है। इस सिद्धान्त के अनुसार परिवार का प्राचीनतम रूप पितृसत्तात्मक परिवार था। इसमें पिता सर्व शक्तिमान होता था। रोम में तो उसे पुत्रों को प्राणदण्ड तक देने का अधिकार था। यह सर्वसत्तासम्पन्न व्यक्ति पिता (Patriarch) कहलाता था। प्राचीन यूनानी, रोमन और यहूदी समाजों में और मध्यकालीन यूरोप में 18वीं शताब्दी तक इसी प्रकार के परिवार पाये जाते थे। इसके बाद औद्योगिक क्रान्ति तथा लोकतन्त्रीय आन्दोलनों के कारण आधुनिक परिवार का जन्म हुआ।

(3) **मातृसत्तात्मक सिद्धान्त**—इस सिद्धान्त में दोष यह है कि यह सभी मानव समाजों में लागू नहीं किया जा सकता क्योंकि अनेक समाजों में पिता के स्थान पर माता की सत्ता ही सर्वोपरि थी। अत: दूसरी ओर कुछ लोगों ने परिवार की उत्पत्ति के विषय में मातृसत्तात्मक सिद्धान्त (Matriarchal Theory) का प्रतिपादन किया है। The Mothers नामक ग्रन्थ में ब्रिफाल्ट ने इस सिद्धान्त का जोरदार समर्थन किया है। लार्ड अवेबरी ब्लोच ने भी इस सिद्धान्त को माना है। ब्रिफाल्ट ने लिखा है कि बहुत से आदिम समाजों में लोगों को यह मालूम नहीं होता कि सन्तान का पितृत्व के साथ कोई भी सम्बन्ध है। कामाचार की खुली छूट वाले समाजों में भी पिता का कोई पता नहीं रहता परन्तु माता का सब कहीं निश्चय होता है। इसलिये यह अधिक स्वाभाविक मालूम पड़ता है कि आदिम परिवार मातृसत्तामक (Matriarchal) रहे हों। पितृसत्तात्मक परिवारों का उदय इन्हीं मातृसत्तात्मक परिवारों से हुआ। खेती के विकास और सभ्यता की प्रगति के साथ परिवार में पिता का महत्व बढ़ गया।

मातृसत्तात्मक सिद्धांत उतना ही एकांगी है जितना कि पितृसत्तात्मक सिद्धांत, क्योंकि अलग-अलग आदिम समाजों में दोनों ही प्रकार के परिवार दिखाई पड़ सकते हैं। मैकाइवर ने लिखा है कि इस समय पाये जाने वाले अनेक आदिम समाजों में पितृसत्तात्मक परिवार मिलते हैं और दूसरी ओर अनेक विकसित समाजों में भी मातृसत्तात्मक परिवार दिखाई पड़ते हैं। अत: ब्रिफाल्ट का यह सिद्धान्त सब कहीं

ठीक नहीं बैठता कि पितृसत्तात्मक परिवार मातृसत्तात्मक परिवार से विकसित हुआ है।

(4) **एक विवाह का सिद्धान्त**— History of Human Marriage में वैस्टरमार्क ने एक विवाह के सिद्धांत (Theory of Monogamy) का प्रतिपादन किया है। डार्विन, जुकरमैन और मैलिनोवस्की ने भी इस सिद्धान्त का समर्थन किया है। डार्विन के अनुसार परिवार का जन्म नर की ईर्ष्या और आधिपत्य की भावना में हुआ। आदिम समाज में शक्तिशाली नर मादा पर एकाधिपत्य रखना चाहता था और वह शक्ति के बल पर ऐसा करने में सफल भी हुआ। आगे चलकर पुरुष का यह अधिकार स्वाभाविक रूप से समाज में मान लिया गया। वेस्टरमार्क के साथ जुकरमैन और मैलिनोवस्की भी इस बात का समर्थन करते है कि अर्ध मानव समाजों और मनुष्य के पूर्वज समझे जाने वाले वनमानुषों में भी यही रीति पाई जाती है।

मैकाइवर के अनुसार एक विवाह का सिद्धान्त परिवार के उद्‌गम की पूरी व्याख्या नहीं करता। यह नहीं माना जा सकता कि सभी स्थानों पर परिवार की उत्पत्ति इसी प्रकार हुई।

(5) **विकासवादी सिद्धांत**—अमेरिकन समाजशास्त्री मॉरगन ने परिवार की उत्पत्ति का विकासवादी सिद्धांत उपस्थित किया है। उसके अनुसार परिवार क्रमशः निम्नलिखित पांच अवस्थाओं से होकर गुजरा है:—

(i) **रक्त सम्बन्धी परिवार** (Consanguine Family)—परिवार की इस अवस्था में रक्त सम्बन्धियों में विवाह की रोक-टोक नहीं थी।

(ii) **समूह परिवार** (Punaluant Family)—क्रमशः रक्त सम्बन्धियों के विवाह पर नियन्त्रण लगाये गये और परिवार समूह परिवार की अवस्था पर आया। इस अवस्था में एक परिवार के सब भाइयों का विवाह दूसरे परिवार की सब बहनों के साथ होता है। इस अवस्था में भी आपस में यौन सम्बन्ध निश्चित नहीं थे।

(iii) **सिंडेस्मियन परिवार** (Syndasmian Family)—इस अवस्था में एक पुरुष एक ही स्त्री से विवाह करता था परन्तु परिवार में ब्याही हुई स्त्रियों से पुरुषों के यौन सम्बन्ध निश्चित नहीं थे।

(iv) **पितृसत्तात्मक परिवार** (Patriarchal Family)—इस अवस्था में परिवार में पुरुष की पूरी प्रभुता थी। वह बहुत सी स्त्रियों से विवाह कर सकता था और सबके साथ यौन सम्बन्ध रखता था।

(v) **एक विवाह परिवार** (Monogamous Family)—यही परिवार की वर्तमान अवस्था है। इसमें एक समय में एक पुरुष एक ही स्त्री से और एक स्त्री भी एक समय में एक ही पुरुष से विवाह करती है।

परिवार की समिति में विकास का होना माना जा सकता है परन्तु सभी समाजों में परिवार के विकास का होना नहीं माना जा सकता। अतः मॉरगन का सिद्धान्त

व्यावहारिक रूप से ठीक नहीं जंचता। इसके अलावा एक विवाह परिवार को ही परिवार की अन्तिम अवस्था मानने का कोई कारण नहीं है। वास्तव में ऐतिहासिक तथ्य मॉरगन के सिद्धान्त का समर्थन नहीं करते। मॉरगन का सिद्धान्त कल्पना और अनुमान पर आधारित है।

(vi) **बहुसंख्यक कारकों का सिद्धान्त**–अतः आधुनिक समाजशास्त्रियों के अनुसार संसार में अलग-अलग समाजों में परिवार के विवाह का क्रम अलग-अलग रहा है। राल्फ लिंटन के शब्दों में "समाजों ने विकास की एक अकेली और एक सी रेखा का नहीं बल्कि भिन्न-भिन्न दिशाओं में जाने वाली अनेक रेखाओं का अनुसरण किया है।"[1] इस प्रकार आधुनिक समाजशास्त्री परिवार के उद्‌गम के बारे में बहुसंख्यक कारकों का सिद्धान्त (Multiple Factor Theory) मानते हैं। मैकाइवर और पेज ने लिखा है "भिन्न-भिन्न पर्यावरणों में भिन्न-भिन्न प्रकार से अभिव्यक्ति पाते हुये मानवीय इच्छाओं और चेतन आवश्यकताओं की एक जटिलता ने सब कहीं किसी न किसी प्रकार की परिवार व्यवस्था को जन्म दिया है।"[2] इस प्रकार परिवार का जन्म अनेक कारकों से हुआ है।

मैकाइवर के अनुसार परिवार की उत्पत्ति के कारकों को तीन भागों में विभाजित किया जा सकता है।

(क) **काम सुख** (Sex)–यह मनुष्य की एक मौलिक प्रवृत्ति है। इसको संतुष्ट करने के स्थायी साधनों की आवश्यकता से परिवार की उत्पत्ति हुई।

(ख) **सन्तानोत्पादन** (Reproduction)–सन्तानोत्पति की प्रबल इच्छा और सन्तान के पालन-पोषण के लिये स्त्री-पुरुष के स्थायी सहयोग की आवश्यकता से परिवार की उत्पत्ति हुई ।

(6) **आर्थिक व्यवस्था**–आर्थिक दृष्टि से स्त्री तथा बच्चे पुरुष पर ही आधारित होते हैं। अतः स्थायी परिवार की आवश्यकता हुई।

इस प्रकार इन तीनों कारकों से परिवार की उत्पत्ति हुई है। वास्तव में परिवार जैसी जटिल और आदिम समिति की उत्पत्ति के समय और कारकों के विषय में निश्चय रूप से कहना कठिन है। इस विषय में व्यापक और उदार दृष्टिकोण से काम लेना पड़ेगा।

आदिम मनुष्य के सामाजिक जीवन में परिवार का आधुनिक समाजों से कहीं अधिक महत्व है। परिवार उनके सामाजिक जीवन का केन्द्र है। परिवार उनके

---

1. "Societies have not followed a single consistent line of evolution but a multitude of diverging lines." —Ralph Linton
2. "Rather a complex of human desires and conscious needs, finding different expression in different environments, everywhere gave birth to some form of family system." --MacIver and Page.

आचरण और व्यवहार का स्वरूप निश्चय करता है। परिवार उनकी सभी आवश्यकताओं की पूर्ति करता है।

परिवार के रूप

साधारणतया पति-पत्नी और उनके बच्चे ही परिवार में गिने जाते हैं। परन्तु भिन्न-भिन्न परिस्थितियों के अनुसार समाजों में परिवार के भिन्न-भिन्न रूप पाये जाते हैं। भिन्न-भिन्न आधारों के अनुसार ये रूप निम्नलिखित हैं– (अ) सम्बन्धों के आधार पर, (ब) विवाह के आधार पर, तथा (स) पारिवारिक वंशावली के आधार पर।

(अ) सम्बन्धों पर आधारित परिवार—सम्बन्धों के आधार पर मानव समाज में निम्नलिखित प्रकार के परिवार पाये जाते हैं–

(1) **प्राथमिक या केन्द्रीय परिवार** (Primary or Nuclear Family)—इसमें केवल पति-पत्नी और उसके बच्चे आते हैं। इसलिये इस प्रकार के परिवार को प्राथमिक या केन्द्रीय परिवार कहते हैं। यह परिवार का सबसे छोटा रूप है। इसमें दूसरे रक्त सम्बन्धी नहीं आते। भारतवर्ष में 'हो' जनजाति में इसी प्रकार का परिवार पाया जाता है।

(2) **रक्त सम्बन्धी परिवार** (Consanguineous Family)—जबकि एक परिवार में केवल एक पति-पत्नी ही नहीं बल्कि अनेक पति-पत्नी और उनके बच्चे रहते हों जो सब एक दूसरे से रक्त सम्बन्धी हों ऐसे परिवार को रक्त सम्बन्धी परिवार कहते हैं। इसमें जन्म के द्वारा एक दूसरे से सम्बन्धित लोग आ जाते हैं। इसलिये इसमें व्यक्तिगत इच्छा या चुनाव का स्थान नहीं होता। विवाह विच्छेद (Divorce) के द्वारा भी ऐसे परिवारों का अन्त नहीं हो सकता क्योंकि इनमें केवल एक पति-पत्नी नहीं होते बल्कि पति-पत्नियाँ होते हैं। भारत में इस शताब्दी के प्रारम्भ तक मालाबार के नायरों (Nayars) में रक्त सम्बन्धी परिवार पाये जाते थे।

(3) **विवाह सम्बन्धी परिवार** (Conjugal Family)—विवाह सम्बन्धी परिवार में, जैसा कि नाम से स्पष्ट है, पति-पत्नी और उनके बच्चों के साथ-साथ विवाह द्वारा बने हुए कुछ सम्बन्धी आ जाते हैं। ऐसे परिवार उन समाजों में पाये जाते हैं जो विवाह को केवल दो व्यक्तियों के मिलन का आधार न मान कर दो परिवारों को मिलाने वाला भी समझते हैं। भारतवर्ष में खरिया (Kharia) जनजाति में ऐसे परिवार के उदाहरण देखे जा सकते हैं।

(4) **विस्तृत या संयुक्त परिवार** (Extended or Joint Family)—केन्द्रीय परिवार में अन्य नाते रिश्तेदारों के आकर रहने से उसका आकार बढ़ जाता है। इस प्रकार के बढ़े हुए परिवार "विस्तृत या संयुक्त" कहलाते हैं। ये नाते-रिश्तेदार पति अथवा पत्नी दोनों में से किसी के भी हो सकते हैं। मध्य भारत की अनेक जनजातियों

में ऐसे परिवार पाये जाते हैं। हिन्दुओं का "संयुक्त परिवार" इस परिवार का ही एक रूप है।

(ब) विवाह पर आधारित परिवार—सम्बन्धों के अतिरिक्त विवाह पर आधारित परिवार भी पाये जाते हैं। विवाह के आधार पर परिवार के विभिन्न प्रचलित रूपों में से मुख्य निम्नलिखित हैं—

(1) **एक विवाही परिवार** (Monogamous Family)—एक पुरुष के एक स्त्री से विवाह करने से उत्पन्न परिवार को "एक विवाही परिवार" कहते हैं। एक विवाही परिवार उन्ही जनजातियों में पाये जाते हैं। जहाँ या तो जनजातियों का वर्तमान सभ्यता से सम्पर्क होता है अथवा दूसरे कन्या मूल्य (Bride Price) अत्यधिक होता है जैसे भारत की हो जनजाति में। एक विवाह परिवार भारत की बहुत कम जनजातियों में पाया जाता है। सभ्य समाज में अब सब कहीं इसका अधिक प्रचार है।

(2) **बहुविवाही परिवार** (Polygamous Family)—एक स्त्री अथवा पुरुष के एक से अधिक पुरुषों या स्त्रियों से विवाह करने से उत्पन्न परिवार को "बहुविवाही परिवार" कहते हैं। आदिम समाजों में इस प्रकार के परिवार के दो रूप पाये जाते हैं। (अ) बहुपति परिवार (Polygamous Family)—इसमें एक स्त्री एक से अधिक पुरुषों से विवाह करके घर बसाती है। भारतवर्ष में उत्तर प्रदेश के जौनसार बावर की खस जनजाति में ऐसे परिवार पाये जाते हैं। (ब) बहुपत्नी विवाही परिवार (Polygamous Family)—इनमें एक पुरुष एक से अधिक स्त्रियों से विवाह करके परिवार की स्थापना करता है। भारत की अधिकतर जनजातियों में ऐसे परिवार पाये जाते हैं। नागा, गोंड, वैगा आदि जनजातियाँ उसके उदाहरण हैं।

(स) वंशावली पर आधारित परिवार—पारिवारिक सत्ता या अधिकार और वंश परिचय या वंशावली के आधार पर आदिम समाजों में परिवार के निम्नलिखित दो प्रमुख रूप पाये जाते हैं—

(1) **पितृसत्तात्मक या पितृवंशीय परिवार**—वंशावली के आधार पर परिवार का दूसरा महत्वपूर्ण रूप पितृसत्तात्मक परिवार है। इस प्रकार के परिवार में विवाह के बाद पत्नी अपने पति के घर में आकर रहती है। ऐसे परिवारों में सत्ता या अधिकार पिता या पति के हाथों में रहती है। इसलिये ये पितृसत्तात्मक परिवार (Patriarchal Family) कहलाते हैं। ऐसे परिवारों में वंश पिता के नाम पर चलता है अर्थात् बच्चे अपने पिता के या उसके वंश के नाम को ग्रहण करते हैं। इसलिये ये परिवार पितृवंशीय परिवार (Patrilineal Family) कहलाते हैं। ऐसे परिवारों को पितृस्थानीय परिवार (Patrilocal Family) भी कहते हैं क्योंकि ऐसे परिवारों में निवास स्थान पिता या पत्नी का होता है और पति तथा बच्चे वहीं जाकर रहते हैं।

पितृसत्तात्मक या पितृवंशीय परिवार की मुख्य विशेषतायें अग्रलिखित हैं—

(1) पितृवंशीय परिवार में विवाह के बाद पत्नी को पति के घर में आकर रहना होता है।

(2) पितृवंशीय समाजों में परिवारिक मामलों में और सम्पत्ति के सम्बन्ध में पिता को सम्पूर्ण अधिकार होता है।

(3) पितृवंशीय परिवार में बच्चों का वंश पिता के परिवार से निश्चित होता है। बच्चे अपने पिता के वंश के समझे जाते हैं।

(4) पितृवंशीय परिवार में बच्चों का अपने पिता की सम्पत्ति पर अधिकार होता है। माता के परिवार की सम्पत्ति पर उनका कोई अधिकार नहीं होता।

(5) पितृवंशीय परिवार में सामाजिक और पारिवारिक पद और उपाधियाँ पुत्र को ही प्राप्त होती हैं।

(2) **मातृसत्तात्मक या मातृवंशीय परिवार** (Matriarchal or Matrilineal Family)—मातृसतात्मक या मातृवंशीय परिवार वह परिवार है जहाँ विवाह के बाद पति अपनी स्त्री के घर में जाकर रहने लगता है। इसे मातृसत्तात्मक परिवार (Matriarchal Family) कहने का कारण यह है कि इसमें पारिवारिक सत्ता स्त्री के ही हाथ में होती है। ऐसे परिवारों में बच्चे अपनी माता के कुल या वंश का नाम ग्रहण करते हैं। इस कारण ये परिवार मातृवंशीय परिवार (Matrilineal Family) भी कहलाते हैं। ऐसे परिवारों को मातृस्थानीय परिवार (Matrilocal Family) भी कहते हैं क्योंकि ऐसे परिवारों में निवास स्थान माता या स्त्री का होता है और पति और बच्चे वहीं रहते हैं।

मैकाइवर और पेज ने मातृसत्तात्मक या मातृवंशीय परिवार की निम्नलिखित विशेषतायें बतलाई हैं।[1]

(1) मातृवंशीय परिवार में बच्चों का वंश माता के परिवार के आधार पर निश्चित किया जाता है। बच्चे पिता के कुल के नहीं बल्कि माता के वंश के समझे जाते हैं। परिवारों में माता के वंश का ही महत्व होता है, पिता का वंश गौण समझा जाता है।

(2) मातृसत्तात्मक परिवार में विवाह के बाद पत्नी अपने पति के घर नहीं जाती बल्कि अपने ही घर में रहती है और उसका पति ही उसके घर आकर रहने लगता है।

(3) मातृसत्तात्मक परिवार में सभी सम्पत्ति सम्बन्धी अधिकार माता के सम्बन्ध से ही निश्चित होते हैं, पुत्र को पिता से कोई सम्पत्ति नहीं मिलती। प्रायः उसे परिवारों में माता के भाई या बहन का लड़का (भान्जा) सम्पत्ति का उत्तराधिकारी होता है।

---

1. MacIver and Page, *Society*, The Macmillan & Co., London (1957), pp. 247-248.

(4) मातृसत्तात्मक परिवार में समाज के विभिन्न पद और उपाधियाँ पुत्र के स्थान पर भान्जे को मिलती हैं।

Women and Marriage in India में पी॰ थॉमस ने मालाबार के नगरों में पाये जाने वाले मातृवंशीय परिवार का संक्षिप्त वर्णन दिया है। मालाबार में ब्राह्मण जाति के नम्बूदरी लोग प्रायः नायर लड़की से विवाह कर लेते हैं[1]। नायर परम्परागत दृष्टिकोण से शूद्र जाति के हैं लेकिन साथ ही अत्यधिक सभ्य और धनी भी हैं। इसलिये उनमें विवाह करने से नम्बूदरी की सामाजिक स्थिति में कोई कमी नहीं आती है। इस मातृवंशीय परिवार की मुख्य विशेषतायें निम्नलिखित हैं—

(i) **स्त्रियों की स्थिति**—नायरों में स्त्री अपने परिवार की मालकिन होती है। विवाह के पश्चात् भी वह अपने परिवार को छोड़कर कहीं नहीं जाती बल्कि पति ही समय-समय पर उसके घर आया करता है। इन लोगों के वंश और सम्पत्ति सम्बन्धी अधिकार माता की ओर से निश्चित होते हैं और पिता को अपनी सन्तानों पर कोई अधिकार नहीं होता। माता के वंश से बच्चों का परिचय दिया जाता है।

(ii) **पुरुषों की स्थिति** —परन्तु इसका अर्थ यह नहीं है कि पुरुषों की स्थिति केवल स्त्री के आधीन बना रहना या आलसी जीवन व्यतीत करना होता है। शासक, श्रमिक या सैनिक आदि के सभी पुरुषोचित कार्य पुरुष ही करते हैं। पारिवारिक मामलों में, आर्थिक अधिकारों में और वंशावली के सम्बन्ध में माता का अधिकार सर्वोच्च होता है। राज परिवारों में राज्यों का उत्तराधिकारी राजा का लड़का न होकर राजा का भान्जा (बहन का लड़का) होता है।

(iii) **विवाह विच्छेद**—नायरों में विवाह विच्छेद की रीति बहुत सरल है। विवाह विच्छेद की इच्छा प्रकट करके केवल पत्नी के घर आना बन्द करके पुरुष विवाह बन्धन तोड़ सकता है। उसी तरह पत्नी भी आसानी से विवाह बन्धन तोड़ सकती है। परन्तु साधारणतया पति-पत्नी का सम्बन्ध प्रेमपूर्ण होता है क्योंकि पति और पत्नी दो भिन्न स्थानों में रहते हैं और एक दो सप्ताह में एक दो बार आपस में मिलते हैं। अतः तलाकों की संख्या कम पाई जाती है।

अनुचित यौन सम्बन्धों और अवैध सन्तान उत्पन्न होने के सम्बन्धों में सामाजिक दण्ड अधिक कठोर नहीं है।

मातृवंशीय समाज

भारतीय जनजातियों में मातृवंशीय समाज भी पाये जाते हैं। मातृवंशीय परिवारों के वर्णन के साथ-साथ इनका विवेचन भी प्रासंगिक होगा।

मातृवंशीय समाज की मुख्य विशेषतायें—मैकाइवर ने मातृवंशीय समाज की मुख्य विशेषतायें अग्रलिखित बतलाई हैं:—

1. P. Thomas, *Women and Marriage in India* (1939), pp. 17-19

(1) **माता से वंश परम्परा**—मातृवंशीय समाज में वंश परम्परा पिता से नहीं बल्कि माता से मानी जाती है। माता के कुल का नाम ग्रहण करने से ऐसे परिवार मातृनामी (Matrilineal) कहलाते हैं और ऐसे समाज मातृस्थानीय (Matrilocal) कहलाते हैं।

(2) **मातृ स्थानीय परिवार**—मातृवंशीय समाज में विवाह के पश्चात् पत्नी ससुराल न जाकर अपने पिता के घर में ही रहती है। पति उसी के घर जाकर रहता है।

(3) **माता के सम्बन्ध से साम्पत्तिक अधिकार**—मातृवंशीय समाजों में साम्पत्तिक अधिकार पिता से पुत्र को नहीं मिलते बल्कि वे माता के सम्बन्ध से निश्चित होते हैं। इस प्रकार प्राय: माता का भाई या बहन का लड़का उत्तराधिकार पाता है। ऐसा होना मातृनामी कुलों में स्वाभाविक भी है क्योंकि सन्तान ननिहाल में रहती है जहाँ नाना के बाद माता, भाई तथा भान्जे ही उत्तराधिकारी हो सकते हैं।

(4) **भान्जे को राज्य तथा पद आदि का उत्तराधिकार**—मातृवंशीय समाजों में पुरोहित इत्यादि पद, सामाजिक सम्मान तथा राज्य का अधिकार पुत्र को न मिल कर भान्जे को मिलता है।

(5) **मातृसत्ता आवश्यक नहीं है**—मैकाइवर का मत है कि मातृवंशीय समाजों से मातृसत्ताक अर्थात् माता द्वारा शासित होने के कोई प्रमाण नहीं है। कुछ समाजशास्त्रियों ने माता द्वारा शासित मानकर मातृवंशीय समाजों को मातृसत्ताक कहा है। परन्तु मैकाइवर उन्हें मातृक (Maternal) ही कहता है। इस विषय में अनेक आधुनिक समाजशास्त्री उससे सहमत हैं।

गारो मातृवंशी समाज

भारत में आसाम की एक जनजाति गारो में मातृवंशी समाज पाये जाते हैं। इस प्रकार के समाज में बच्चे माता-पिता से सम्बन्धित माने जाते हैं। उत्तराधिकार माता से ही चलता है। इसका मूल पूर्वज भी स्त्री ही है। विवाह का प्रस्ताव पहले स्त्रियों की ओर से होता है। परन्तु एक पुरुष को तीन स्त्रियाँ तक रखने का अधिकार है। विवाह के समय लेन-देन नहीं होता। सम्पत्ति की उत्तराधिकारी स्त्रियां ही होती हैं, इस कारण विधवाओं को बहुत काल तक पुनर्विवाह करने का अधिकार नहीं दिया जाता। पुनर्विवाह में इस देर का लक्षण बालकों के वयस्क होने की प्रतीक्षा करना तथा सम्पत्ति को अपने परिवार में ही बनाये रखना है। विवाह के बाद पुरुष ससुराल में रहता है।

खासी मातृवंशीय समाज

भारतीय जनजातियों में आसाम के खासी भी मातृवंशी हैं। इनकी वंश परम्परा स्त्रियों अथवा राजकुमारियों से प्रारम्भ होती है। इनके सृष्टि के बनाने वाले देवता में भी अधिकतर नारीत्व के गुण हैं। सम्पत्ति पर माता का अधिकार होता है और

उसके बाद वह उसकी लड़कियों को मिलती हैं। इस प्रकार पुरुषों की सारी कमाई विवाह के पहले माता की और विवाह के बाद पत्नी की होती है। विवाह के पश्चात् पुरुष ससुराल में रहता है। इस समाज में धार्मिक कर्मकान्ड भी स्त्रियों के हाथ में हैं। पुरोहित का काम अधिकतर स्त्रियां ही करती हैं। खिरिम राज्य का शासक तथा मुख्य पुरोहित स्त्री ही होती है। परन्तु इसका अर्थ यह नहीं है कि इन समाजों में पति पर पत्नी की प्रभुता होती है। स्त्रियों के इतने अधिकार होने पर भी इस समाज में पुरुष को पति के अधिकारों से वंचित नहीं किया जाता। यहाँ पर पतिवाची शब्द का अर्थ स्वामी होता है। तलाक भी दोनों पक्षों की सहमति से होता है।

गारो और खासी जनजातियों के अतिरिक्त भारत में अन्य अनेक जनजातियों में भी मातृवंशी समाज पाये जाते हैं। भारतीय जनजातियों में पितृमूलक समाज की अपेक्षा मातृमूलक समाज ही अधिक प्रचलित हैं।

परिवार के महत्व का अध्ययन दो प्रकार से किया जा सकता है—समाज में परिवार का महत्व और व्यक्ति के लिये परिवार का महत्व। परिवार सामाजिक संगठन की मूल इकाई और महत्वपूर्ण प्राथमिक समूह है। समाज में उसकी स्थिति केन्द्रीय है। वह सामाजिक व्यवस्था का आधार है। दूसरी ओर परिवार व्यक्ति का सामाजीकरण करता है। इस सामाजीकरण से व्यक्ति और समाज का समन्वय बना रहता है तथा व्यक्ति का विकास होता है।

मानव समाज में परिवार का महत्व

समुदाय की मूल इकाई

अरस्तु के अनुसार समुदाय (Community) परिवारों का संगठन (Union of Families) है। इस प्रकार परिवार समुदाय की मूल इकाई है। मैकाइवर ने परिवार को अन्य सामाजिक संगठनों का केन्द्र (Nucleus of other Social Organisations) कहा है। प्राचीनकाल से लेकर आज तक परिवार सामाजिक संगठन की एक प्राथमिक और मौलिक इकाई के रूप में महत्वपूर्ण रहा है। बीसन्ज और बीसन्ज के शब्दों में " परिवार मौलिक और सार्वभौम संस्था है, उस पर प्रत्येक समाज का अस्तित्व निर्भर है।"[1]

प्राथमिक समूह

मानव समाज के इतिहास में परिवार सबसे पहले सामाजिक समूह हैं। आदिम युग में मनुष्य छोटे-छोटे परिवारों में रहता था। इन परिवारों में किसी प्रकार का संगठन अथवा स्थायित्व नहीं था। परन्तु साधारण जैवकीय (Biological) तथा मनोवैज्ञानिक (Psychological) आवश्यकतायें उनसे पूरी होती थीं। साधारणतया एक

1. "The family is the basic and universal institution, upon it depends the survival of every society." —Biesanz and Biesanz

परिवार में स्त्री और पुरुष के अतिरिक्त उनके बच्चे भी रहते थे। शक्तिशाली पुरुष बहुत सी स्त्रियां रखते थे। अत: उनकी स्त्रियों और बच्चों को मिलाकर बड़े-बड़े परिवार साथ रहते थे। धीरे-धीरे मनुष्य खेती करना सीख गया तब कई परिवार एक स्थान पर एकत्रित तथा स्थाई रूप से रह कर खेती आदि करने लगे। पड़ौसी के नाते एक दूसरे के सुख-दु:ख में सम्मिलित होने से क्रमश: इन परिवारों में सामाजिक सम्बन्ध बढ़ने लगे और इस प्रकार कई परिवारों के मिलने से समुदाय बने और समुदायों से समाज का निर्माण हुआ। इस प्रकार परिवार ही वे प्राथमिक समूह थे जिनसे धीरे-धीरे मानव समाजों की उत्पत्ति हुई।

मनोवैज्ञानिक आधार

परिवार की नींव मानव की जैविक और मनोवैज्ञानिक आवश्यकताओं पर टिकी हुई है। आधुनिककाल में परिवार के बहुत से काम अन्य समितियों ने उससे ले लिये हैं। परन्तु फिर भी ऐसी अनेक जैविक और मनोवैज्ञानिक आवश्यकतायें हैं जिनको मानव परिवार के बिना पूरा नहीं कर सकता। हैवलॉक एलिस ने अपने खोजपूर्ण प्रबन्धों में यह दिखलाया है कि बालक के लिये माँ के दूध का जो महत्व है उसको किसी भी अन्य उपाय से नहीं पाया जा सकता। व्यक्ति के मनोवैज्ञानिक विकास पर परिवार का जबर्दस्त प्रभाव पड़ता है। परिवार के बाहर भी यौन वासनाओं की पूर्ति की जा सकती है। परन्तु उससे कभी भी वास्तविक भावात्मक सुख नहीं मिल सकता। मनुष्य एक सामाजिक प्राणी है। इसका वास्तविक अर्थ यही है कि वह परिवार के बिना नहीं रह सकता। इस प्रकार मनुष्य स्वभाव से ही परिवार में रहना चाहता है क्योंकि परिवार में ही उसकी मनोवैज्ञानिक आवश्यकतायें पूरी होती हैं।

केन्द्रीय स्थिति

मानव समाज में परिवार की स्थिति केन्द्रीय होती है। आदिम समाजों में तो सम्पूर्ण सामाजिक संगठन ही पारिवारिक इकाइयों पर आधारित है और समाज में श्रम विभाजन भी परिवार के आधार पर ही होता है। सभ्य समाज में आज के जटिल सामाजिक ढाँचे में परिवार का महत्व पहले से कम अवश्य हो गया है परन्तु आज भी समाज के अधिकांश सदस्यों की अधिकांश क्रियायें परिवार के लिये और परिवार से ही सम्बन्धित होती हैं। देखा जाता है कि लोग अपने आराम से अधिक अपने स्त्री, बच्चों और परिवार के अन्य सदस्यों के सुख और आराम के लिए परिश्रम करते हैं। अत: परिवार अब भी मनुष्य की अधिकांश क्रियाओं का केन्द्र है।

समाज की व्यवस्था का आधार

समाज की सुव्यवस्था परिवारों की सुव्यवस्था पर निर्भर है। यदि किसी समाज में परिवार विघटित होंगे तो सामाजिक संगठन कभी भी व्यवस्थित नहीं रह

सकता। सामाजिक विघटन का एक बड़ा कारण पारिवारिक विघटन है। परिवार समाज के सदस्यों का चरित्र निर्माण करते हैं। फ्रॉयड आदि मनोवैज्ञानिकों ने यह सिद्ध किया है कि बालक का चरित्र तथा मनोवृत्तियाँ परिवार में जैसी बन जाती हैं, वह आगे चलकर समाज में उसी के अनुसार व्यवहार करता है। एडलर के अनुसार व्यक्ति का पारिवारिक कार्य उसके सामाजिक कार्य को प्रभावित करता है।

व्यक्ति के सामाजीकरण में परिवार का योगदान

इस प्रकार परिवार में ही व्यक्ति का सामाजीकरण होता है। परिवार की परिभाषा करते हुए मैरिल ने लिखा है, "परिवार माता-पिता की और बच्चों की स्थायी समिति है जिसके प्राथमिक कार्य बालक का सामाजीकरण और सदस्यों को सन्तुष्ट करना है।"[1] डिवी और और टफ्टस के अनुसार परिवार प्रजाति (Race) की शिक्षा तथा संरक्षण का सामाजिक साधन (Agency) है। परिवार में ही बालक कोमलता, सहानुभूति, आत्म-समर्पण तथा उत्तरदायित्व अनुभव करना आदि आवश्यक गुण सीखता है। परिवार में सीखे हुये गुणों से ही बालक आगे चलकर समाज का एक उत्तरदायी सदस्य बनता है। राइट ने ठीक ही लिखा है कि प्रत्येक परिवार में बालक को स्वतन्त्रतापूर्वक विचार प्रकट करने और व्यक्तित्व का पूर्ण विकास करने का अवसर मिलता है। मनोवैज्ञानिकों ने यह भली प्रकार सिद्ध कर दिया है कि परिवार के अच्छे परिवेश के बिना बालक का समुचित विकास असम्भव है। परिवार में उसकी जो प्रवृत्तियाँ और आदतें बन जाती हैं उनको वह बडा होकर नहीं छोड़ सकता। फ्रायड के अनुसार परिवार में बालक का बड़ों के प्रति जो दृष्टिकोण रहता है उसी से यह निश्चित होता है कि उसका समाज अथवा बिरादरी के बड़े बूढ़ों के प्रति क्या दृष्टिकोण होगा। बालक की प्रारम्भिक शिक्षा परिवार में ही होती है। प्रो० कालिंगवुड के अनुसार बालकों की शिक्षा परिवार में माता-पिता के ही हाथ में होनी चाहिए। माता-पिता को बच्चों के सारे कामों में भाग लेना चाहिए। बालक अपने बड़ों के अनुकरण से बहुत कुछ सीखता है। महात्मा गांधी आदि विचारवान व्यक्ति अपने बच्चों के विकास का स्वयं ध्यान रखते थे। इस प्रकार परिवार ही बालक को समाज के रीति-रिवाजों, व्यवहारों, संस्कृति के अन्य आवश्यक अंगों, स्वास्थ्य रक्षा, प्रेम, सहानुभूति, त्याग, सहयोग आदि की व्यावहारिक शिक्षा देता है। "वह सामाजीकरण करने का सबसे महत्वपूर्ण साधन है।"[2]

संस्कृति का वाहक

परिवार समाज की एक प्राथमिक और मौलिक इकाई है। उसमें ही व्यक्ति का चरित्र और व्यक्तित्व ढलता है। उसके द्वारा ही समाज व्यक्ति को अपनी संस्कृति प्रदान करता है। The Family Conveyance of Tradition नामक लेख में पॉल श्रेकर ने लिखा है कि कि परिवार का मुख्य कार्य बच्चों को संस्कृति प्रदान करना है।

---

1. "Family is an enduring association of parent and offspring whose primary functions are the socialization of the child and the satisfaction of the members."—Merrill.
2. "It is the most important socializing agency."

--Sutherland and Woodword,

विवाह के समान परिवार की संस्था भी संस्कृति के अलग-अलग अंगों से बनती है। इसी कारण से इसके धार्मिक, न्यायिक, राजनैतिक, कलात्मक और भाषा सम्बन्धी पक्ष होते हैं। जब कभी समाज में किसी नई विचारधारा का प्रचार होता है तो उससे परिवार को भी एक नया रूप मिलता है जिससे आने वाली पीढ़ियों का लालन-पालन और मनोवृत्ति उस विचारधारा के अनुरूप हो सके। रोम में राजनीति और कानून का जोर था। इसलिये वहाँ की पारिवारिक व्यवस्था भी ऐसी थी जिसमें बच्चों का पालन पोषण उनकी संस्कृति के अनुरूप हो। आधुनिक सभ्य समाज में व्यवसाय की प्रधानता है। अत: परिवार ने अपना रूप बदल लिया है। इस प्रकार परिवार व्यक्ति को समाज की संस्कृति के अनुरूप बनाता है। परिवार में बालक को समाज में प्रचलित रीति-रिवाजों, व्यवहारों, परम्पराओं आदि की शिक्षा मिलती है। बर्गेस और लॉक ने ठीक ही लिखा है "बालक की सांस्कृतिक सम्बद्धता में परिवार एक मौलिक साधन है और पारिवारिक परम्परा बालक को उसके प्रारम्भिक व्यवहार प्रतिमान और आचार के मानदण्ड देती है।"[1]

सामाजिक नियन्त्रण का साधन

सामाजिक जीवन सम्बन्धों का ताना बाना है। इन सम्बन्धों को ठीक रूप में रखने के लिए अधिकारों और कर्त्तव्यों की ऐसी व्यवस्था की जाती है जिससे समाज के सदस्यों में आपस में संघर्ष न हो और वे एक दूसरे के पूरक के रूप में साथ-साथ विकसित हो सकें। समाज में व्यक्ति का सामंजस्य बनाये रखने के लिये समाज व्यक्ति पर अनेक प्रकार के नियन्त्रण लगाता है, उसको बड़ों की आज्ञा मानना, छोटों से स्नेह रखना और अन्य लोगों से सहानुभूति करना सिखाता है। समाज में व्यवस्था रखने के लिए यौन सम्बन्धों पर नियन्त्रण रखने की बड़ी आवश्यकता होती है अन्यथा आज के जटिल सामाजिक जीवन में अव्यवस्था फैल जायेगी और स्त्री-पुरुष के सम्बन्धों की दृढ़ता समाप्त हो जायेगी, वर्णसंकर सन्तानें उत्पन्न होंगी जिनकी देखभाल करने वाला कोई न रहेगा। यद्यपि मानवशास्त्रियों मीड और मैलिनोवस्की ने ऐसे समाजों का भी पता लगाया है जहाँ यौन नियन्त्रण बहुत कम है और फिर भी साधारणतया समाज व्यवस्थित रहता है, परन्तु इस प्रकार की व्यवस्था आधुनिक सभ्य मानव की रुचि के सर्वथा विरुद्ध है। यौन सम्बन्धी अव्यभिचार आज के सभ्य स्त्री-पुरुष की मांग है। यौन सम्बन्धों के इस नियन्त्रण का कार्य समाज के लिये परिवार करता है। परिवार में विवाहित युवक युवतियों के आचार व्यवहार पर लगभग सभी संस्कृतियों में न्यूनाधिक नियन्त्रण रखा जाता है जब तक कि उनका विवाह न हो जाये। इसी प्रकार परिवार व्यक्ति को अनेक दुर्गुणों और अपराधों, शराब

1.. "The family is a fundamental agency in the cultural conditioning of the child and the family tradition provides the child with his earliest behaviour patterns and standards of conduct."

—Burgees and Locke, *The Fam*ily, (1950), p. 212

पीना, चोरी करना, धोखेबाजी आदि से रोकता है। बहुत कम माता-पिता अपने बच्चों को झूठा, चोर और हत्यारा बनाना चाहेंगे। बुरे से बुरा आदमी भी साधारणतया यह चेष्टा करता है कि उसके बच्चे इन बुराइयों को न सीखें। परिवार में बुरे कार्यों के करने पर बच्चों को डांट तथा दण्ड सहन करना पड़ता है और अच्छे काम करने पर पुरस्कार मिलता है या शाबाशी मिलती है। इससे वे बुरी आदतें छोड़ते हैं और अच्छी-अच्छी बातें सीखते हैं। इस प्रकार समाज में अच्छे नागरिकों का बनाना योग्य माता-पिता पर निर्भर है।

मूल्यों और आदर्शों का प्रसारक

प्रत्येक समाज में कुछ मूल्यों या आदर्शों को ऊँचा और सभ्यता का चिह्न माना जाता है। जिस व्यक्ति में ये आदर्श पाए जाते हैं उसका समाज में बड़ा सम्मान होता है। उदाहरण के लिये भारत में धार्मिक और आध्यात्मिक मूल्यों को सबसे ऊँचा माना जाता है और धार्मिक तथा आध्यात्मिक गुणों को सर्वश्रेष्ठ माना जाता है तथा धार्मिक और आध्यात्मिक व्यक्तियों का समाज में सब कहीं बड़ा आदर होता है। इसके अतिरिक्त भारतवर्ष में साधारणता विवाह से पूर्व यौन सम्बन्धों पर नियन्त्रण आवश्यक माना जाता है। समाज में ऊँचे माने जाने वाले इन मूल्यों को व्यक्तियों में उत्पन्न करने का उत्तरदायित्व परिवारों पर ही है। यह ठीक है कि स्वभाव के अनुसार भी प्रत्येक व्यक्ति का चरित्र भिन्न-भिन्न होता है। परन्तु पारिवारिक परिवेश का भी उसे बनाने में बड़ा हाथ है। गाँधीजी इत्यादि संसार में बड़े-बड़े धार्मिक व्यक्तियों में से अधिकतर पर उनके परिवार के किसी न किसी व्यक्ति का जबर्दस्त धार्मिक प्रभाव था। महापुरुषों के निर्माण में उनकी माताओं का सदा ही बड़ा भारी हाथ रहा है। भिन्न-भिन्न संस्कृतियों के मानने वालों के आदर्शों में जो मौलिक भेद पाया जाता है वह उनके परिवारों में ही उत्पन्न होता है।

मातृभाषा सिखाने वाला

प्रत्येक समाज की संस्कृति, व्यवहार तथा मूल्यों का उस समाज में बोली जाने वाली भाषा से बड़ा दृढ़ सम्बन्ध होता है। साहित्य, समाज की संस्कृति का दर्पण है और साहित्य भाषा पर आधारित है। भाषा का मनुष्य के सामाजीकरण में बड़ा हाथ है। मानव समाज की इतनी जटिल व्यवस्था का श्रेय उसकी अन्य प्राणियों से भाषा विषयक श्रेष्ठता को ही है। परिवार में व्यक्ति भाषा सीखता है। जंगल में भेड़ियों तथा वनमानुषों द्वारा पाले हुये मनुष्य के बच्चे भाषा के विषय में बिल्कुल ही अनजान देखे गए हैं। वे संकेतों से बात करते हैं या पशुओं की बोली बोलते हैं, चारों हाथ पैरों पर चलते हैं, कच्चा मांस खाते हैं और उनमें मनुष्यत्व के चिह्न बहुत कम होते हैं। पशुओं के परिवार में पला मनुष्य पशुओं के समान और मनुष्यों के परिवार में पला व्यक्ति मनुष्यों के समान बनता है। इतना ही नहीं सभ्य परिवार में पला बालक सभ्य तथा असभ्य परिवार में पला बालक असभ्य होता है। परिवार में बालक को सबसे पहले भाषा सिखाई जाती है। यही उसकी मातृभाषा कहलाती

है और इसी के माध्यम से वह विचारों का आदान प्रदान करता है। यदि कोई भारतीय बालक अंग्रेज परिवार में पाला जाय तो उसकी मातृभाषा भी अंगेजी ही बन जायेगी। इस प्रकार भाषा के रूप में सामाजीकरण का मुख्य तत्व बालक को परिवार में ही मिलता है।

सामाजीकरण के उपरोक्त तत्वों के अतिरिक्त और भी अनेक बातें मनुष्य परिवार से ही प्राप्त करता है। समाज में व्यक्ति क्या व्यवसाय करेगा, साधारणतया इसका निश्चय भी परिवार में ही होता है। आज के युग में भी बहुत से लोग अपने पैतृक पेशे और व्यवसाय करते हैं जिनकी शिक्षा-दीक्षा उनको बचपन से ही परिवार में दी जाती है। यह देखा जाता है कि दूकानदार का लड़का बचपन से ही दूकानदारी और सुनार का लड़का सोने-चांदी के कार्य में रुचि रखता है और उसमें शीघ्र योग्यता प्राप्त कर लेता है।

इस प्रकार संक्षेप में, परिवार व्यक्ति को समाज की सभ्यता, व्यवहार, शिष्टाचार, रीति-रिवाज, परम्परायें, धर्म, संस्कृति, आचार-विचार के नियमों, आदर्शों, मूल्यों, व्यवसायों, कर्त्तव्यों के पालन तथा अधिकारों के सदुपयोग आदि सामाजीकरण के सभी अंगों की शिक्षा देता है। यह कहा जाय तो अतिश्योक्ति नहीं होगी कि परिवार मनुष्य का सामाजीकरण करने की सबसे महत्वपूर्ण संस्था है।

परिवार की विशेषतायें

परिवार में अनेक ऐसी विशेषतायें हैं जिनके आधार पर उसे अन्य समितियों से अलग किया जाता है। ये विशेषतायें किसी अन्य समिति में नहीं पाई जातीं। मैकाइवर तथा पेज के अनुसार ये विशेषतायें निम्नलिखित हैं—

(1) **सार्वभौमिकता**—परिवार एक ऐसी समिति है जो सब कालों में और सब समाजों में पाई जाती है। उसका संगठन सार्वभौम है। सामाजिक विकास की प्रत्येक अवस्था में, प्राचीन, मध्य तथा अर्वांचीन सभी कालों में परिवार ने एक समिति के रूप में महत्वपूर्ण कार्य किया है। उनकी सहायता प्रत्येक व्यक्ति के लिये अनिवार्य है। कोई भी मनुष्य ऐसा न होगा जो किसी न किसी समय कुछ न कुछ काल के लिये किसी प्रकार के परिवार में न रहा हो। मनुष्य ही क्यों लगभग सभी पशु और पक्षी भी शिशु अवस्था में परिवार में ही रहते हैं। परिवार के अतिरिक्त अन्य कोई भी समिति ऐसी नहीं है जो इतनी सार्वभौम हो।

(2) **भावात्मक आधार**—परिवार मनुष्य की अनेक भावात्मक प्रवृत्तियों पर आधारित है। उसके सार्वभौम होने का भी यही रहस्य है। ये मूल प्रवृत्तियाँ यौन सम्बन्ध, सन्तानोत्पादन, मातृवात्सल्य तथा पैतृक संरक्षण आदि हैं। इन मूल प्रवृत्तियों के अतिरिक्त परिवार को अन्य द्वैतीयक भावनायें भी दृढ़ बनाती हैं। इन द्वैतीयक भावनाओं में मुख्य हैं रोमांचक प्रेम, दाम्पत्य प्रेम, सन्तान की अभिलाषा, जातीय अभिमान, घर में आर्थिक सुरक्षा पाने की लालसा, सन्तान के द्वारा नाम बनाये रखने

की इच्छा, पत्नी पर वैयक्तिक और एकान्तिक स्वामित्व रखने की इच्छा आदि। परिवार के अतिरिक्त अन्य समितियाँ किसी न किसी प्रकार के सामाजिक समझौते पर आधारित होती हैं। परिवार ही एक ऐसी समिति है जो कि मनुष्य की मूल प्रवृत्तियों और भावनाओं पर आधारित है। सदरलैंड और वुडवर्ड ने ठीक ही लिखा है "आदर्श रूप में परिवार एक प्रकार का मनोवैज्ञानिक विश्राम गृह है जिसमें कोई भी सुरक्षापूर्वक विश्राम कर सकता है और दुकान अथवा दफ्तर की परेशानियों को दूर कर सकता है।"[1]

(3) **रचनात्मक प्रभाव**–परिवार का व्यक्ति के विकास में अन्य सब समितियों की अपेक्षा अधिक रचनात्मक प्रभाव होता है। इसका एक बड़ा कारण यह है कि व्यक्ति अपना बचपन परिवार में ही व्यतीत करता है। बाल्यकाल मनुष्य के विकास में सबसे अधिक रचनात्मक काल होता है। इस समय व्यक्ति की जो आदतें, प्रवृत्तियां, संस्कार, चरित्र, व्यवहार, तौर-तरीके, आदि बन जाते हैं वे शायद ही कभी उससे छूटते हों। फ्रॉयड इत्यादि कतिपय मनोवैज्ञानिकों के अनुसार तो व्यक्ति जो कुछ बनता है वह बचपन के पहले सात वर्षों में बन लेता है और बाद में केवल उन्हीं गुणों और अवगुणों का विकास भर होता है। बचपन में माँ बाप ही बालक के सामने आदर्श होते हैं और वह उन्हीं का अनुकरण करता है। महापुरुषों के व्यक्तित्व पर उनके बचपन के पारिवारिक जीवन के अमिट प्रभाव दिखाई पड़ते हैं। इस प्रकार परिवार सबसे अधिक रचनात्मक प्रभाव वाली समिति है। सदरलैण्ड और वुडवर्ड ने ठीक ही लिखा है "सच तो यह है कि परिवार व्यक्ति के सामान्य प्रकार पर अपनी छाप लगाता है।"[2]

(4) **सीमित आकार**–अन्य समितियों से परिवार इस अर्थ में भी भिन्न है कि उसका आकार अत्यन्त सीमित है। पहले परिवार भी कुछ बड़े-बड़े होते थे। संयुक्त परिवार में माता-पिता और उनके बच्चों के अतिरिक्त उनके नाते रिश्ते के बीसों लोग भी सम्मिलित रहते थे। परन्तु क्रमशः परिवार छोटे होते गये। आजकल जहाँ एक ओर समाज बड़े होते जाते हैं और लोग एक विश्व मानव समाज की भी बात करने लगे हैं, वहाँ परिवार छोटे होते जाते हैं। अब परिवार में पति-पत्नी और उनके बच्चों की ही गिनती होती है। अन्य समितियों से परिवार का आकार सीमित होने का एक बड़ा कारण यह है कि परिवार की सदस्यता जन्ममूलक होती है जबकि अन्य समितियों की सदस्यता जन्ममूलक नहीं होती। इस प्रकार रक्त सम्बन्धों पर आधारित समितियां भी परिवार से बहुत बड़ी होती हैं। परिवार में वे स्त्री पुरुष और उनके बच्चे रहते हैं जो विवाह के बन्धन से बंधे हैं। आजकल एक विवाह के अधिकाधिक प्रचार के कारण भी परिवार सीमित आकार वाले हो गए हैं।

---

1. "Ideally the family is a sort of psychological relief station in which one can safely relax and slough of the cares of shop or office."
—Sutherland and Woodword. *Introductory Sociology,* p. 615
2. "In fact the family stamps the general type of personality..."
--Sutherland and Woodword, *Ibid.*

(5) **सामाजिक ढांचे में केन्द्रीय स्थिति**—अन्य समितियों की अपेक्षा परिवार की सामाजिक ढाँचे में अधिक केन्द्रीय स्थिति होती है। आदिम समाजों में तो समस्त सामाजिक संगठन ही परिवार की इकाइयों पर आधारित होता है। आजकल अनेक अन्य समितियों ने परिवार के अनेक काम उससे ले लिये हैं। इस कारण परिवार की स्थिति अब उतनी केन्द्रीय नहीं है परन्तु फिर भी अरस्तु का यह कहना आज भी उतना ही सत्य है जितना कि आज से 2200 वर्ष पहले था कि समुदाय परिवारों का एक समूह है।

(6) **सदस्यों का उत्तरदायित्व**—परिवार के सदस्यों का उत्तरदायित्व अन्य समितियों के सदस्यों की अपेक्षा अधिक व्यापक और शाश्वत होता है। अन्य समितियों के सदस्यों के उत्तरदायित्व कुछ निश्चित और सीमित होते हैं और तभी तक होते हैं जब तक कि वे उस समिति के सदस्य हैं। परन्तु परिवार की सदस्यता साधारणतया अनिवार्य होती है और मनुष्य को जन्म-भर परिवार के उत्तरदायित्व में को निभाना पड़ता है। परिवार के सदस्यों के उत्तरदायित्व होते भी अधिक हैं। परिवार के सदस्य एक दूसरे के लिये अपना जीवन तक बलिदान करने को प्रस्तुत रहते हैं। परिवार में माता-पिता के बच्चों के लिये और पति-पत्नी के एक दूसरे के लिये त्याग के जो उदाहरण दिखाई पड़ते हैं उनके नमूने अन्य समितियों में मिलने यदि असम्भव नहीं तो कठिन अवश्य हैं। कम से कम इतना तो अवश्य कहा जा सकता है कि अन्य समितियों में परिवार की अपेक्षा त्याग के उदाहरण बहुत ही कम पाये जाते हैं। परिवार के लोगों के हंसते-हंसते कष्ट झेलने का विशेष कारण यह है कि परिवार में उनकी मौलिक प्रवृत्तियां संतुष्ट होती हैं। इसलिये परिवार से उनका लगाव भी अन्य समितियों की अपेक्षा बहुत अधिक होता है।

(7) **सामाजिक नियन्त्रण**—मैकाइवर के अनुसार "वर्तमान समय में परिवार उन कुछ समितियों में से है जिनमें सहमत रहने वाले दोनों पक्ष स्वेच्छा से प्रवेश कर सकते हैं परन्तु परस्पर सहमति द्वारा भी वे स्वेच्छा से उसको छोड़ नहीं सकते।" परिवार में सामाजिक नियन्त्रण अन्य समितियों की अपेक्षा अधिक कठोर होता है। वैसे तो विवाह भी एक समझौता है परन्तु यह समझौता अन्य समझौतों की अपेक्षा अधिक कठोर है। भिन्न-भिन्न समाजों में विवाह विच्छेद के विषय में अलग-अलग तरह के नियम माने जाते हैं परन्तु फिर भी किसी भी आधुनिक समाज में विवाह विच्छेद के नियमों को शिथिल करना अच्छा नहीं माना जाता। भिन्न-भिन्न समाजों में विवाह के सम्बन्ध में और तलाक के विषय में जो भी नियम हैं उनका कठोरता से पालन किया जाता है। जनरीतियों, प्रथाओं, सामाजिक निषेधों तथा कानूनों आदि से परिवार के बन्धन कठोर और अटूट बने रहते हैं।

(8) **स्थायी और अस्थायी प्रकृति**—संस्था के रूप में परिवार स्थायी है और समिति के रूप में अस्थायी है। पति-पत्नी में से किसी एक के मर जाने या विवाह विच्छेद हो जाने पर परिवार की वह विशेष समिति समाप्त हो जाती है। परन्तु

किसी विशेष परिवार के समाप्त हो जाने से परिवार की संस्था पर कोई प्रभाव नहीं पड़ता। परिवार के रूप और उसके संगठन के नियम बदल सकते हैं परन्तु परिवार किसी न किसी रूप में अवश्य रहेगा।

परिवार के कार्य

परिवार के कार्यों का वर्गीकरण

यूं तो सभी संस्थायें अनेक कार्य करती हैं परन्तु परिवार के कार्य सभी संस्थाओं और समितियों से अधिक व्यापक और विविध हैं। जैसा कि इलियट और मैरिल ने लिखा है,"किसी भी संस्था के अनेक विविध कार्य होते हैं और परिवार सम्भवतया सबसे विविध कार्य करने वाली संस्था है।"[1] परिवार के कार्यों का भिन्न-भिन्न समाजशास्त्रियों ने अलग-अलग ढंग से वर्गीकरण किया है।

(1) **आगबर्न और निमकॉफ**—आगबर्न और निमकॉफ ने परिवार के कार्यों को निम्नलिखित छः वर्गों में बांटा है—

(1) स्नेह और प्रेम सम्बन्धी (Affectional) कार्य, (2) आर्थिक (Economic) कार्य, (3) मनोरंजन सम्बन्धी (Recreational) कार्य, (4) पालन-पोषण और रक्षा सम्बन्धी (Protective) कार्य, (5) धर्म सम्बन्धी (Religious) कार्य, (6) शिक्षा सम्बन्धी (Educational) कार्य।

(2) **ग्रोव्ज का वर्गीकरण**—ग्रोव्ज ने परिवार के कार्यों का निम्नलिखित वर्गीकरण किया है— (1) बच्चों की सुरक्षा और देखभाल (Protection and Care of the Young), (2) यौन प्रवृत्तियों को नियमित और नियन्त्रित करना (Regulation and Control of Sex Impulses), (3) सामाजिक विरासत का संग्रह और प्रसार (Conservation and Transmission of Social Heritage), (4) अत्यधिक आत्मीयता के सम्पर्कों के लिए अवसर प्रदान करना (Provision of Opportunity for the most Intimate Contacts).

(3) **रीड का वर्गीकरण**—रीड ने परिवार के निम्नलिखित कार्य माने हैं— (1) वंश वृद्धि (Race Perpetuation), (2) सामाजीकरण (Socialization), (3) यौन सम्बन्धी आवश्यकताओं को नियमित और सन्तुष्ट करना (Regulation and Satisfaction of Sexual Needs), (4) आर्थिक (Economic) कार्य।

परिवार के कार्यों से भी उसका महत्व स्पष्ट होता है। ऑगबर्न तथा निमकॉफ के शब्दों में "किसी भी संस्कृति में परिवार के महत्व का निश्चय करने के लिये यह मालूम करना महत्वपूर्ण है कि कौन से काम (परिवार द्वारा) किये जाते हैं और वे किस सीमा तक किये जाते है।"[2]

---

1. "Any institution has a variety of functions and the family is perhaps the most multifarious of all."
—Elliott and Merril
'Social Disorganisation'

2. "It is important in appraising the significance of the family in any culture to ascertain what functions are performed and to what extent they are exercised."
—Ogburn, W.F. and Nimcoff, M.F.
'A Hand Book of Sociology.' (1950), p. 459

परिवार के कार्यों के उपरोक्त वर्गीकरण से यह स्पष्ट हो गया होगा कि परिवार के कार्य मुख्य रूप से दो प्रकार के हैं– (1) मौलिक तथा सार्वभौम (Basic and Universal) तथा (2) परम्परागत (Traditional) कार्य।

परिवार के मौलिक तथा सार्वभौम कार्य वे हैं जो आदिम और सभ्य, प्राचीन आधुनिक, पूर्वी और पाश्चात्य सभी समाजों में समान रूप से पाये जाते हैं और लगभग एक से ही होते हैं। परिवार के परम्परागत कार्य वे हैं जो विभिन्न समाजों में परम्परा के अनुसार होते चले आते हैं। स्पष्ट है कि ये कार्य सभी समाजों में एक से नहीं हो सकते और सामाजिक परम्पराओं के अनुसार बदलते रहते हैं।

परिवार के मौलिक और सार्वभौम कार्य

परिवार के मौलिक और सार्वभौम कार्य जैवकीय, मनोवैज्ञानिक, यौन आवश्यताओं की पूर्ति तथा बच्चों की सुरक्षा और देखभाल हैं। इनमें भी प्रथम तीन सबसे अधिक महत्वपूर्ण हैं। परन्तु जैसा कि ऑगबर्न और निमकॉफ ने ठीक ही लिखा है। ''काम क्रिया और पितृ सुलभ कार्य परिवार के विशिष्ट कार्य हैं।''[1]

(1) **जैवकीय कार्य**–परिवार के सबसे अधिक मौलिक कार्य जैवकीय कार्य हैं। ये निम्नलिखित हैं:–

(i) **सन्तानोत्पत्ति**–हिन्दू शास्त्रों के अनुसार परिवार का मुख्य कार्य सन्तानोत्पत्ति है। हिन्दू शास्त्रकारों ने लिखा है कि पुत्र के बिना मनुष्य के धार्मिक कार्य सम्पन्न नहीं हो सकते और वह पितृ ऋण से उऋण नहीं हो सकता। पुत्र के न होने पर उसको नरक भोगना पड़ता है। संसार के लगभग सभी समाजों में बांझ स्त्रियाँ उपेक्षा की दृष्टि से देखी जाती हैं। कुछ समाजों में तो वही स्त्री विवाह के योग्य समझी जाती है जो विवाह से पहले ही गर्भ धारण करके अपनी उत्पादन शक्ति का परिचय दे। हिन्दू शास्त्रों में पहली पत्नी से सन्तान उत्पन्न न होने पर दूसरा विवाह करने की छूट है। पति के नपुंसक होने या अन्य किसी कारण सन्तान से उत्पन्न करने के योग्य न होने पर स्त्री 'नियोग' द्वारा अन्य पुरुष से सन्तान प्राप्त कर सकती है। विश्व में अधिकतर मानव समाजों में सन्तान को परिवार का केन्द्र माना गया है। सन्तानोत्पत्ति से वंश चलता है। उससे राष्ट्र की जनसंख्या बढ़ती है। कुछ हिन्दू विचारकों ने सन्तानोत्पत्ति को ही विवाह का एकमात्र ध्येय बतलाया है। हिन्दू विवाह के मंत्रों में वर वधू से कहता है कि उत्तम सन्तान पाने के लिये मैं तेरा पाणिग्रहण करता हूँ। सन्तानोत्पत्ति पर इतना जोर इस लिये दिया जाता है क्योंकि वह समाज के अस्तित्व की अनिवार्य शर्त है। सदरलैण्ड और वुडवर्ड के शब्दों में ''यह एक मौलिक

---

1. "The sex and parental functions are distinctive of the family."
—Ogburn and Nimkoff.
'A Hand Book of Sociology.' p. 459

जैवकीय कार्य है जो कि परिवार करता रहा है, एक ऐसा कार्य जो कि किसी भी मानव या पशु समाज के अस्तित्व के लिये नितांत अनिवार्य है।''[1]

(ii) **भोजन, आवास और कपड़े की व्यवस्था**—मानव जीवन का अस्तित्व रखने के लिये भोजन, आवास और कपड़े का होना अनिवार्य है। परिवार का एक प्रमुख जैवकीय कार्य अपने सदस्यों के लिये इनकी व्यवस्था करना है। परिवार में कमाने वाले लोग अन्य सब सदस्यों के लिये भोजन, वस्त्र आदि का प्रबन्ध करते हैं। प्रत्येक परिवार के रहने के लिये एक घर होता है और परिवार के सदस्यों के लिये भोजन अधिकतर घर में ही बनता है। ''प्रत्येक नया परिवार विवाह के पश्चात् यथा संभव शीघ्र एक स्वतन्त्र घर स्थापित करता है जो कि पति और पत्नी की रुचि और संस्कृति का प्रतिनिधित्व करता है।''[2]

(iii) **सदस्यों की सुरक्षा**—परिवार में असहाय बूढ़ों, बच्चों, बीमारों सभी लोगों की सुरक्षा का प्रबन्ध होता है। बीमारों की परिवार में भली प्रकार देखभाल की जाती है। प्रसूति के समय जच्चा और बच्चा दोनों की देखभाल की जाती है। परिवार बचपन से लेकर बुढ़ापे तक मनुष्य की देखभाल'करता है। राबर्ट फ्रॉस्ट ने ठीक ही लिखा है ''घर वह स्थान है जहाँ जब कभी आपको जाना हो वे आप को आने ही देंगे।''[3]

(2) **मनोवैज्ञानिक कार्य**—परिवार का दूसरा मौलिक और सार्वभौम कार्य मनोवैज्ञानिक है। ऑगबर्न ने स्नेह और प्रेम सम्बन्धी कार्यों को परिवार के आवश्यक कार्यों में माना है। ग्रोव्ज के अनुसार अत्यधिक आत्मीय सम्बन्धों के अवसर प्रदान करना परिवार का आवश्यक कार्य है। परिवार मनुष्य में अनेक मूल-प्रवृत्तियों और भावनाओं को संतुष्ट करता है। बर्गेस और लॉक ने लिखा है, ''परस्पर स्नेह विवाह और परिवार का आवश्यक आधार बनते जा रहे हैं।''[4] परिवार से व्यक्ति को स्नेह, वात्सल्य, सहानुभूति, प्रेम तथा मनोवैज्ञानिक सुरक्षा मिलती है। परिवार में स्त्री-पुरुष का सम्बन्ध केवल शारीरिक ही नहीं होता। परिवार में साथ-साथ कार्य करने से

---

1. "This is the basic biological function which the family has been performing, a function absolutely essential to the survival of any human or animal society."
—Sutherland, R. L. and Woodword, J. L.
Introductory Sociology (1948), p. 610
2. "Each new family establishes an independent home as soon as possible after marriage, the new home reflecting the interest and the culture of both husband and wife."
—Dennis Chapman
The Home and Social Status, 1955. p. 39
3. "Home is the place where when you have to go there they have to take you in."
—Robert Frost,
'The Death of the Hired Man.' *Complete Poems of Rebert Frost,*
Henry Holt and Co. Inc., New York (1940), pp. 43-55
4. "Mutual affection is becoming the essential basis of marriage and the family."
—Burgess & Locke,
'The Family from Institution to Companianship.'

और एक दूसरे के सुख-दुख में हाथ बंटाने से पति-पत्नी में अत्यन्त प्रगाढ़ दाम्पत्य प्रीति उत्पन्न होती है। पारिवारिक प्रेम के अभाव में व्यक्ति का समुचित विकास नहीं हो सकता। विशेषतया बच्चों के व्यक्तित्व के विकास में परिवार का बड़ा भारी हाथ है। रॉल्फ लिन्टन ने लिखा है, "शिशु के समुचित विकास के लिये शारीरिक आवश्यकताओं का सन्तुष्ट होना ही पर्याप्त नहीं है। बच्चों को वैयक्तिक ध्यान, प्रेम और अनुक्रिया के संतोष की अधिक आवश्यकता है।"

(3) **यौन आवश्यकताओं की पूर्ति**—रीड के अनुसार यौन आवश्कताओं को नियमित करना और सन्तुष्ट करना परिवार का मौलिक कार्य है। मनु ने सन्तानोत्पत्ति के साथ-साथ 'रति' को भी परिवार का उद्देश्य माना है। वात्स्यायन ने गृहस्थ आश्रम का सर्वोपरि लक्ष्य 'काम' ही माना है। आधुनिक काल में यौन आवश्यकताओं की पूर्ति परिवार के सबसे मुख्य कार्यों में से है। यौन सम्बन्धों के सन्तुष्ट न होने पर परिवार विघटित होने लगता है और तलाक की नौबत आ पहुँचती है। हैवलॉक एलिस ने लिखा है "यौन सम्बन्धी सामंजस्य भंग हो जाने पर विवाह का ढाँचा ढहती हुई बालू के ढेर पर खड़ा होता है।"[1]

(4) **बच्चों की सुरक्षा और देखभाल**—ग्रोव्ज के अनुसार बच्चों की सुरक्षा और देखभाल परिवार का एक आवश्यक कार्य है। मानव शिशु सबसे अधिक असहाय और दुर्बल प्राणी है। उसको जीवित रखने और उसका समुचित विकास करने के लिये परिवार की आवश्यकता है। माता-पिता अथवा परिवार के अन्य सदस्यों की देखभाल के बिना उसका समुचित विकास होना कठिन है।

परिवार के परम्परागत कार्य

परिवार के परम्परागत कार्य आर्थिक, सामाजिक, धार्मिक, सांस्कृतिक तथा मनोरंजन सम्बन्धी हैं।

(1) **आर्थिक कार्य**—परिवार बहुत से आर्थिक कार्य भी करता है। इनमें से मुख्य निम्नलिखित हैं :—

(i) **श्रम विभाजन**—परिवार में सदस्यों की स्थिति और भूमिका के अनुसार उनका काम बंटा रहता है। पुरुष अधिकतर बाहर के काम करते हैं। स्त्रियां साधारणतया घर का काम संभालती हैं और बच्चों से केवल छोटा-मोटा ऐसा काम लिया जाता है जो उनके विकास में सहायक हो। श्रम के इस विभाजन से जहाँ किसी भी सदस्य पर अत्यधिक बोझ नहीं पड़ता वहां पूरे परिवार का काम व्यवस्थित रूप से चलता रहता है। सभी अपना उत्तरदायित्व समझते हैं और परस्पर सहयोग से कार्य करते हैं।

---

1. "With failure of sexual harmony, the marriage structure rests on shifting sands,"
—Ellis, Havelock,
'Little Essays on the Love and Marriage'

(ii) **आय का प्रबन्ध**—परिवार के सदस्यों के खाने, कपड़े, रहने तथा अन्य आवश्यकताओं के लिये धन की आवश्यकता पड़ती है। परिवार उपभोग आदि आर्थिक क्रियाओं का केन्द्र है। परिवार की सारी आवश्यकताओं की पूर्ति के लिये परिवार आय का प्रबन्ध करता है।

(iii) **सम्पत्ति की देखभाल और व्यवस्था**—अधिकतर परिवार के पास मकान, खेत, दुकान, गहना, रुपया आदि के रूप में कुछ जायदाद या सम्पत्ति होती है। परिवार इस सम्पत्ति की देखभाल करता है और आवश्यकता पड़ने पर सदस्यों में उनका उचित बंटवारा करता है। किसको कितनी सम्पत्ति मिलेगी और सम्पत्ति का प्रबन्ध कौन और कैसे करेगा, इन सब महत्वपूर्ण बातों का निर्णय परिवार ही करता है।

(2) **सामाजिक कार्य**—परिवार के सामाजिक कार्य अत्यन्त महत्वपूर्ण हैं क्योंकि वह समाज की प्राथमिक और मौलिक इकाई है। सामाजिक कार्यों में उल्लेखनीय कार्य निम्नलिखित हैं:—

(i) **स्थिति को निश्चित करना**—परिवार का एक महत्वपूर्ण सामाजिक कार्य समाज में व्यक्ति की स्थिति को निश्चित करना है। परिवार से व्यक्ति की सामाजिक स्थिति, मेलजोल, शादी-ब्याह, उठने बैठने तथा रहन-सहन आदि के नियम निश्चित होते हैं। व्यक्ति के जीविका कमाने के तरीके भी अधिकतर परिवार से ही निश्चित होते हैं।

(ii) **सामाजीकरण**—परिवार व्यक्ति को वे सब बातें सिखाता है जिनसे वह समाज का एक आदर्श सदस्य बन सके। वह व्यक्ति का सामाजीकरण करता है। उसे खाने-पीने, उठने-बैठने, बोलने आदि के ढंग सिखाता है।

(iii) **सामाजिक नियन्त्रण**—परिवार का एक मुख्य सामाजिक कार्य व्यक्ति पर सामाजिक नियन्त्रण रखना है। समाज के प्रचलित नैतिक नियमों को परिवार में व्यक्तियों पर कठोरता से लागू किया जाता है और उनके आचार-विचार पर कड़ा नियन्त्रण रखा जाता है। जिससे समाज में व्यवस्था बनी रह सके। परिवार में व्यक्ति की असामाजिक प्रवृत्तियों पर कड़ी नजर रखी जाती है।

(iv) **सामाजिक विरासत का संग्रह और विस्तार**—परिवार सामाजिक विरासत को बनाये रखता है और भावी पीढ़ी को सौंप देता है। इससे सामाजिक परम्परायें, रीति-रिवाज तथा आदर्श पीढ़ी दर पीढ़ी चलते रहते हैं।

(v) **जीवन-साथी के चुनाव में सहायता**—परिवार से सदस्यों को जीवन-साथी के चुनाव में सहायता मिलती है। यद्यपि आजकल युवक-युवतियां स्वयं भी जीवन-साथी का चुनाव करना पसन्द करने लगे हैं, परन्तु भारत में अब भी माता-पिता या अन्य सम्बन्धी ही वर-कन्या का चुनाव करते हैं।

(3) **धार्मिक कार्य**–हिन्दू शास्त्रों में गृहस्थ आश्रम को धर्म पालन का मूल बतलाया गया है। शास्त्रों में धर्म पालन के लिए पत्नी का होना आवश्यक बतलाया गया है। पत्नी का शाब्दिक अर्थ भी यज्ञ में साथ बैठने वाली स्त्री होता है। पत्नी की अनुपस्थिति में यज्ञ पूरा नहीं माना जाता था। इसके अतिरिक्त धार्मिक कार्यों के लिये पुत्र का होना भी आवश्यक था। अतः प्राचीन हिन्दू-व्यवस्था में परिवार का मुख्य कार्य धर्म पालन था। परिवार में रहकर सदस्य अपने धार्मिक कर्तव्यों का पालन करते थे। आजकल परिवार में धार्मिक काम बहुत कम रह गए हैं।

(4) **सांस्कृतिक कार्य**–परिवार समाज की संस्कृति को जीवित रखता है। वह अपने सदस्यों को सामाजिक संस्कृति के अनुकूल ढालता है। बचपन से ही मनुष्य को संस्कृति के विभिन्न अंगों की शिक्षा दी जाती है। परिवार उनके लिये ऐसा परिवेश निर्माण करता है कि वे अपनी संस्कृति के अनुसार रहना तथा व्यवहार करना सीख जाते हैं। परिवार में बड़े बूढ़े बच्चों को आचार-विचार तथा धर्म नीति की शिक्षा देते हैं।

(5) **मनोरंजन प्रदान करने का कार्य**– परिवार अपने सदस्यों को मनोरंजन प्रदान करता है। पति-पत्नी के प्रेम, बच्चों की तोतली बातें, बूढ़ों की डाट और उपदेश आदि से ऐसा वातावरण बना रहता है कि सब का जी लग जाता है।

आधुनिक काल में परिवार के कार्यों में बड़ा परिवर्तन हो गया है। नर्सरी, किंडरगार्टन स्कूल, होटल, रेस्तराँ, क्लब तथा सिनेमा आदि अनेक एजेन्सियां परिवार के परम्परागत कार्य परिवार से लेती जा रही हैं। अब साधारणतया परिवार के पास केवल मौलिक और सार्वभौम कार्य ही शेष रह गये हैं। उनके स्वरूप में भी भिन्न-भिन्न संस्कृतियों के अनुसार कुछ न कुछ परिवर्तन होते जा रहे हैं।

परिवार के रूप, महत्व और कार्य आदि की विवेचना ऊपर की जा चुकी है। परन्तु इस विवेचना से परिवार का वर्तमान चित्र नहीं उपस्थित होता। परिवार की नवीन प्रवृत्तियों के विश्लेषण के बिना सभ्य मानव समाज में परिवार की वर्तमान स्थिति तथा समस्याओं को समझना कठिन है और इनको समझे बिना परिवार का समाजशास्त्रीय अध्ययन नितान्त अपूर्ण है।

परिवार में आधुनिक परिवर्तन

आधुनिक काल में परिवार के कार्यों और संगठन में भारी परिवर्तन हो रहा है। आजकल परिवार का क्षेत्र मुख्य रूप से मौलिक और आवश्यक कार्यों तक ही सीमित हो गया है। अन्य कार्यों को दूसरी संस्थाएं करने लगी हैं।

Cultural Sociology नामक पुस्तक में गिलिन और गिलिन ने 19 वीं शताब्दी के अमरीकन परिवारों और आधुनिक अमरीकन परिवारों के उद्देश्यों तथा प्रवृत्तियों और व्यवहार के विषय में तुलना की है। जहाँ तक भारतीय परिवारों पर पश्चिमी संस्कृति का प्रभाव पड़ा है ये परिवर्तन भारतीय परिवारों में भी देखे जा सकते हैं।

अमरीका में परिवार की संस्था

19वीं शताब्दी में	वर्तमान काल में
उद्देश्य	**उद्देश्य**
1. सन्तानोत्पत्ति और शिशुओं की देख-भाल।	1. सन्तानोत्पत्ति परन्तु शिशुओं की देख-भाल अधिकतर विशेषज्ञों द्वारा।
2. आर्थिक स्वावलम्बन, उपभोग की अधिकतर वस्तुओं का परिवार में ही बनना।	2. उपभोग की अधिकतर वस्तुओं का घर से बाहर बनना।
3. घर में बच्चों को धार्मिक शिक्षा।	3. बच्चों की धार्मिक शिक्षा घर से बाहर।
4. घर में बच्चों को ऐहिक शिक्षा।	4. बच्चों की ऐहिक शिक्षा घर से बाहर।
5. समूह के सदस्यों के रूप में परिवार के सदस्यों को सामाजिक श्रेणी और प्रशिक्षण देना।	5. व्यक्तियों के रूप में परिवार के सदस्यों को सामाजिक कार्यों के लिये श्रेणी और प्रशिक्षण प्रदान करना।
6. सदस्यों का मनोरंजन।	6. मनोरंजन परिवार से बाहर।
प्रवृत्तियां और व्यवहार	**प्रवृत्तियां और व्यवहार**
1. संतान की अधिक संख्या वांछनीय और स्वाभाविक समझना, सन्तान को पारिवारिक कार्यों के लिये आवश्यक समझना।	1. संतान की कम संख्या को वांछनीय और स्वाभाविक समझना, बच्चों को वैयक्तिक कार्यों में बाधक समझना।
2. परिवार में वृद्ध पुरुषों का प्रभुत्व व कठोर अनुशासन।	2. लोकतन्त्रीय सत्ता, व्यक्तिवाद
3. साधारणतया पुरुषों का और विशेषतया स्त्रियों और बच्चों का कार्य क्षेत्र घर तक सीमित होना।	3. घर की देखभाल और खाना बनाने के अतिरिक्त सब कार्यों का घर से बाहर होना, स्त्रियों का घर से बाहर कार्य करना।
4. घर में ही धार्मिक शिक्षण और कार्यों का होना। चर्च में परिवार	4. घर में धार्मिक शिक्षण और कार्यों का बहुत क़म होना।

का एक इकाई के रूप में भाग लेना।	
5. विभिन्न शिल्पों और व्यवसायों की शिक्षा तथा बौद्धिक शिक्षा का घर में ही दिया जाना।	5. लगभग सारी शिक्षा का घर से बाहर दिया जाना।
6. सामूहिक रूप में परिवार पर अभिमान करना, भाई-बहन, माता-पिता आदि के सामाजिक सम्बन्धों को महत्व देना, व्यक्ति का परिवार के साथ तादात्म्य करना।	6. परिवार से बाहर अपनी वैयक्तिक भूमिकाओं को महत्व देना।
7. मनोरंजन, प्रेम व्यवहार तथा अन्य सामाजिक कार्यों का केन्द्र परिवार में होना।	7. मनोरंजन आदि का केन्द्र परिवार से बाहर।
8. खाना और सोना निश्चित रूप से घर में ही होता था।	8. खाने और सोने का एक बड़ा भाग घर से बाहर होता है।
9. यौन सम्बन्धों में सच्चाई का आदर्श यौन शिक्षा का न दिया जाना।	9. यौन सम्बन्धों में उदार दृष्टिकोण। यौन शिक्षा का अधिक दिया जाना।
10. घर बड़े होना, उसमें पानी के पाइप, गैस, गन्दा पानी ले जाने वाली नालियों का अभाव, बहुत कम सुविधाओं की व्यवस्था, खाना बनाने, सीने, बुनने आदि की सामग्री न होना।	10. छोटा घर, पानी के पाइप, गैस, गन्दा पानी ले जाने वाली नालियों और दूसरी आधुनिक सुविधाओं की व्यवस्था, घर में श्रम की बचत करने वाली, झाड़ू देने, कपड़ा धोने, बर्तन मांजने आदि की मशीनों की व्यवस्था। इनसे स्त्रियों को घर से बाहर कार्य करने की सुविधा हो गई है।

उपरोक्त तालिका से और मैकाइवर के बनाये हुये आगे दिये गये चार्ट से भी आधुनिक अमरीकन परिवारों में परिवर्तन स्पष्ट होता है। जैसा कि पहले ही कहा जा चुका है, अमरीका के आधुनिक परिवारों में जो परिवर्तन पीछे बतलाये गये हैं

उनमें से अधिकाँश परिवर्तन भारतीय उच्च और मध्यम वर्गीय शिक्षित परिवारों में भी पाये जा सकते हैं।

परिवार का कार्य लेने वाली एजेन्सियाँ

आधुनिक युग में परिवार के कार्यों के इस परिवर्तन में अनेक एजेन्सियाँ उसके कार्य लेती जा रही हैं। इन एजेन्सियों में मुख्य निम्नलिखित हैं :–

(1) मातृत्व अस्पताल (Maternity Hospitals)।

(2) स्त्रियों के अस्पताल (Women Hospitals)।

(3) बच्चों के अस्पताल (Baby Clinics)।

(4) शिशुशालायें (Creches) तथा बालोद्यान (Kindergarten)।

(5) बाल-पालक (Baby Sitters)।

(6) होटल तथा रेस्तरां।

(7) परिवार को राजकीय सहायता (Public Aid)।

(8) क्लब, सिनेमा आदि मनोरंजन के साधन।

(1) **मातृत्व अस्पताल**—पहले प्रसूति का काम परिवार में होता था और केवल बालक होने के समय दाई को बुला लिया जाता था। अब समृद्ध परिवारों में अधिकतर यह कार्य मातृत्व अस्पतालों में होता है। गर्भावस्था में स्त्रियां बराबर डाक्टर की राय लेती रहती हैं। प्रसूति काल से कुछ समय पहले वे मातृत्व अस्पतालों में भर्ती हो जाती हैं और बच्चा होने के बाद भी कुछ दिन वहीं ठहरती हैं। सरकार की ओर से मातृत्व अस्पताल खुल जाने से अब मध्यम परिवारों में भी धीरे-धीरे यह प्रथा बढ़ती जा रही है। वास्तव में इस व्यवस्था से बड़ा लाभ है। इससे माता और शिशु योग्य चिकित्सकों की देख-रेख में रहते हैं और उनको समय पर हर प्रकार की औषधि मिल जाती है। केस बिगड़ जाने पर आसानी से और ठीक समय पर ऑपरेशन हो जाता है। घरों में न तो दवाई की सुविधा हो सकती है और न ऑपरेशन का प्रबन्ध, जिससे बड़ी परेशानी होती है और कभी-कभी तो माता या शिशु की जान पर ही आ बनती है। मातृत्व अस्पतालों में प्रसूति की प्रथा बढ़ने का एक कारण संयुक्त परिवार का विघटन भी है। आधुनिक काल में साधारणतया विवाह के बाद नवदम्पत्ति अपने परिवार से पृथक् रहते हैं। प्रसूति के समय उनके पास कोई भी बड़ी-बूढ़ी नहीं होती जो कि उन्हें ठीक राय दे और काम संभाल ले। दूसरे, आजकल शहरों में घर इतने छोटे हैं कि अन्य रिश्तेदारों के रहने का प्रबन्ध भी कठिन हो जाता है। ऐसी अवस्था में यही बात सहज पड़ती है कि डॉक्टर की राय के अनुसार गर्भवती स्त्री को प्रसूति-गृह या मातृत्व अस्पताल में भर्ती करा दिया जाय और सब प्रकार की परेशानियों तथा खतरों से बचा जाय।

आधुनिक परिवार का विकास

पितृसत्ता का परिवार अनेक काम करने वाला था

- इसके अनावश्यक काम अन्य संस्थाओं ने ले लिये हैं।
  - विभिन्न सरकारी संस्थायें परिवार का काम करने लगी है।
  - धार्मिक संस्थाओं ने परिवार के धार्मिक काम ले लिये हैं।
  - शिक्षा के काम किंडरगार्टन स्कूल आदि संस्थायें करने लगी हैं।
  - आर्थिक काम कारखानों तथा अन्य आर्थिक संस्थाओं द्वारा होने लगे हैं।
  - स्वास्थ्य की देख-भाल और रोगों का इलाज अस्पताल करने लगें हैं।
  - मनोरंजन का काम क्लबों थियेटरों, सिनेमा आदि में होने लगा है।
- इसके आवश्यक काम कुछ परिवर्तनों के होने पर भी परिवार में, बने हुये हैं।
  - यौन सुख की स्थायी सन्तुष्टि
  - सन्तानोत्पत्ति और बच्चों का पालन
  - घर की व्यवस्था

(2) **स्त्रियों के अस्पताल**—विशेषीकरण के आधुनिक युग में सभी प्रकार के रोगों के विशेषज्ञ होने लगे हैं। आजकल लगभग सभी बड़े कस्बे और शहरों में स्त्री रोगों के विशेषज्ञ मिल जाते हैं। अत: अब वे ही स्त्रियों के रोगों का इलाज करते हैं। पहले ये कार्य परिवार में ही होते थे।

(3) **बच्चों के अस्पताल**—स्त्रियों के उपचार के साथ-साथ आजकल बच्चों के उपचार के भी विशेषज्ञ डाक्टर होने लगे हैं। पहले बच्चों के छोटे-मोटे रोगों का उपचार परिवार में ही होता था। अब यह कार्य बच्चों के अस्पताल में होता है। इस प्रकार रोगियों की परिचर्या का अधिकांश उत्तरदायित्व डाक्टरों पर रहता है। परन्तु इसका अभिप्राय यह नहीं है कि परिवार से यह कार्य बिल्कुल ही उठ गया हो।

(4) **शिशुशालायें व बालोद्यान**—आधुनिक प्रगतिशील देशों में शिशुशालाओं और बालोद्यानों का विकास हो रहा है। कारखानों में काम करने वाली स्त्रियाँ अपने दूध पीते बच्चों को शिशुशालाओं (Creches) में छोड़ जाती है जहाँ शिक्षित स्त्रियाँ उनकी देखभाल करती हैं, समय पर उनको दूध पिलातीं और खिलौने आदि से उनको बहलाती हैं। इस प्रकार की संस्थाओं का आधुनिक देशों में विशेषतया रूस में बड़ा विकास हुआ है।

इसी प्रकार तीन से छ: वर्ष के बालकों के लिये पाश्चात्य देशों में सब कहीं मान्टेसरी पद्धति के स्कूल, नर्सरियों तथा बालोद्यानों का विकास हुआ है। इनमें बालकों की सब तरह से देखभाल रखी जाती है। भारत में शिशुशालाओं और नर्सरियों की संख्या अभी बहुत ही कम है।

(5) **बालपालक**— शिशुशालाओं तथा नर्सरियों आदि के साथ-साथ पश्चिमी देशों में बच्चों की देखभाल और पालन-पोषण का बहुत सा कार्य बालपालकों (Baby Sitters) ने ले लिया है। बालपालक प्राय: स्त्रियाँ ही होती हैं। वे बच्चों को बहलाती हैं और घण्टों के हिसाब से फीस लेती हैं। अमरीका में जब किसी स्त्री को कुछ घण्टों के लिये ऐसे आवश्यक काम के लिये बाहर जाना होता है जिसमें बच्चों से असुविधा होती है तब वह उन्हें बालपालक के पास छोड़ जाती है।

(6) **होटल और रेस्तरां**—पहले परिवार के प्रत्येक सदस्य का भोजन अनिवार्य रूप से परिवार में ही बनता था। आजकल अनेक कारणों से परिवार के बाहर खाने-पीने और आराम करने का चलन बदल जाता है। संसार के सभी सभ्य देशों में, नगरों में होटलों और रेस्तरां की भरमार होती है जिनमें बड़ी संख्या में लोग नाश्ता और भोजन लेते तथा आराम करते हैं। इस प्रकार भोजन तथा आराम की व्यवस्था करने का परिवार का कार्य होटल और रेस्तरां लेते जा रहे हैं, यद्यपि अधिकतर लोग अब भी परिवार में ही खाते और आराम करते हैं।

(7) **राजकीय सहायता**—पहले परिवार का एक मौलिक कार्य स्त्री, बच्चों के साथ-साथ अपाहिजों, बूढ़ों और बेकारों की सहायता करना भी था। परिवार में इनके लिये भी अन्य सदस्यों के समान खाने कपड़े आदि का समुचित प्रबन्ध होता था। आजकल बहुत से देशों में यह कार्य सरकारी सहायता से होने लगा है और इस दिशा में परिवार का उत्तरदायित्व कम हो गया है। यूरोप के अनेक देशों में बूढ़े, असहाय, बेकार लोगों तथा अनाथ बच्चों को सरकार की ओर से सहायता दी जाती है। कनाडा और अमरीका में भी इस प्रकार की व्यवस्था है। कारखानों में काम करने वाली स्त्रियों को प्रसूति के दिनों में वेतन सहित छुट्टी मिलती है और निशुल्क चिकित्सा की सुविधा मिलती है। बीमे और पेन्शन की सुविधाओं से सरकार सब कहीं बूढ़े और अनाथों की सहायता करती है। अनेक देशों में तो बच्चे बढ़ने पर सरकार से प्रत्येक बच्चे पर कुछ भत्ता दिया जाता है। रूस, स्वीडन, जर्मनी और इटली में इस प्रकार की सहायता की विशेष व्यवस्था है।

(8) **क्लब, सिनेमा आदि मनोरंजन के साधन**—आजकल मनोरंजन व्यवासायिक स्तर पर किया जाने लगा है। संसार के सभी देशों के नगरों में सिनेमा की धूम रहती है। नगरों में सब कहीं क्लब पाये जाते हैं। ये क्लब भी तरह-तरह के होते हैं। कहीं खेल होते हैं तो कहीं ताश जमता है और कहीं नाच-गाना होता है। भिन्न-भिन्न रुचि के अनुसार लोग भिन्न-भिन्न प्रकार के क्लबों के सदस्य बन जाते हैं और उनके द्वारा अपना मनोरंजन करते हैं। शिक्षित परिवारों में स्त्री-पुरुष कभी एक ही और कभी अलग-अलग क्लबों में जाते हैं। अतः मनोरंजन का केन्द्र परिवार नहीं रह गया है।

इस प्रकार आजकल अनेक संस्थायें परिवार के कार्यों में उसकी सहायता करती हैं। होटल, रेस्तरां आदि भोजन और आराम की व्यवस्था करते हैं। सिनेमा, क्लब आदि मनोरंजन की व्यवस्था करते हैं। इस प्रकार ये संस्थायें परिवार से उसके बहुत से काम बांट लेती हैं। परन्तु ये परिवार का स्थान नहीं ले सकतीं। ये केवल उसकी सहायता कर सकती हैं।

आधुनिक परिवार में परिवर्तन के कारक

इलियट और मैरिल के अनुसार परिवार और विवाह पर प्रभाव डालने वाले विभिन्न आधुनिक कारकों को निम्नलिखित वर्गों में बांटा जा सकता है—

(1) आर्थिक कारक (Economic Factors)

(2) राजनैतिक कारक (Political Factors)

(3) दार्शनिक कारक (Philosophical Factors)

(4) सामाजिक कारक (Social Factors)

(1) **आर्थिक कारक**—वर्तमान काल में आर्थिक परिवर्तन ने परिवार के स्वरूप और प्रकृति पर गहरा प्रभाव डाला है। औद्योगिक क्रांति के कारण परिवार उत्पादन की इकाई नहीं रह गया। उत्पादन में मशीनों का जोर-शोर से उपयोग होने लगा, नये-नये कारखाने खुलने लगे और उनमें स्त्रियाँ तथा बच्चे भी काम करने लगे। इससे स्त्रियाँ पुरुषों पर आश्रित नहीं रह गईं और आर्थिक दृष्टि से स्वतन्त्र हो गईं। स्त्री-पुरुष दोनों के आर्थिक क्षेत्र में उतरने से विवाह के बन्धन ढीले पड़ने लगे और उनका आधार केवल प्रेम अथवा वासना-पूर्ति रह गया जिसके अभाव में तलाकों की संख्या बढ़ने लगी। आटा पीसने, कपड़े धोने आदि घर के अनेक कार्यों के लिये नई-नई मशीनों के आविष्कार से घर में स्त्रियों पर काम का भार हल्का हो गया और वे पुरुष के साथ अन्य कार्यों में हाथ बँटाने लगीं। इससे क्रमशः स्त्री-पुरुष की समानता का प्रचार हुआ और व्यक्तिवाद बढ़ने लगा। शहरों में जनसंख्या बढ़ने से भी परिवार पर बड़ा प्रभाव पड़ा। परिवार के अनेक कार्य अन्य एजेन्सियों ने ले लिये। आर्थिक उत्पादन कारखानों में, शिक्षा स्कूल और बालघरों में तथा मनोरंजन क्लबों और सिनेमा गृहों में होने लगा। इससे केन्द्रापगामी (Centrifugal) प्रवृत्तियाँ प्रबल होने लगीं और परिवार की दृढ़ता कम होने लगी। इस संक्षिप्त वर्णन से यह स्पष्ट है कि आर्थिक परिवर्तन ने परिवार के स्वरूप और प्रकृति पर बड़ा प्रभाव डाला है।

परन्तु इनसे परिवार की जैवकीय आवश्यकता पर कोई प्रभाव नहीं पड़ता। परिवार में ही मानव शिशु का जन्म होता है और वह परिवार में ही बढ़ता है। राल्फ लिन्टन, एल्मर तथा हैवलॉक ऐलिस आदि विद्वानों ने शिशु के विकास के लिये परिवार की आवश्यकता पर बड़ा जोर दिया है। हैवलॉक ऐलिस के अनुसार मां के दूध पर पलने वाले बच्चों में शिशु संख्या तथा रोग संख्या उन बच्चों से बहुत कम होती है जो शिशु केन्द्रों पर पाले जाते हैं। परिवार में बालक को केवल शारीरिक विकास में ही नहीं बल्कि मानसिक विकास में भी माता-पिता के स्नेह और सहानुभूति का बड़ा महत्व माना गया है। परिवार में प्रत्येक बालक का व्यक्तिगत रूप से ध्यान रखा जाता है और उसकी आवश्यकताओं की पूर्ति की जाती है। संतान के उत्पादन तथा पालन के अतिरिक्त मैकाइवर ने परिवार के दो अन्य जैवकीय प्रयोजन भी माने हैं— एक तो यौन आवश्यकता की स्थायी सन्तुष्टि तथा दूसरे घर की व्यवस्था। मानव ने अभी तक परिवार के अतिरिक्त किसी ऐसी व्यवस्था अथवा समिति की खोज नहीं की जिसके द्वारा मनुष्य की यौन (Sex) सम्बन्धी आवश्यकताओं की स्थायी रूप से सन्तुष्टि हो सके। यौन वासना केवल शारीरिक आवश्यकता ही नहीं है, उसके आध्यात्मिक और मानसिक पक्ष भी हैं जिनका सन्तोष स्थायी वैवाहिक सम्बन्धों में ही हो सकता है। न्यूयार्क की एक गणना में यह पता लगा कि तीस से चालीस वर्ष की आयु में मरने वालों में अविवाहितों की संख्या विवाहितों से दुगुनी है। इस प्रकार एक अन्य गणना से यह ज्ञात हुआ कि आत्म-हत्या और शराब के प्रभाव से मरने वालों में अधिकतर अविवाहित ही होते हैं। इस प्रकार विवाहित व्यक्ति

अविवाहितों की अपेक्षा स्वस्थ और दीर्घ जीवी पाये गये। वास्तव में परिवार में जो सुख तथा दाम्पत्य प्रेम मिलता है वह अन्यत्र दुर्लभ हैं। परिवार से घर की व्यवस्था बनी रहती है। भारत में एक कहावत प्रचलित है *'बिन घरनी घर भूत का डेरा'*। घरवाली से घर की जो शोभा और व्यवस्था बनी रहती है वह किसी भी विवाहित व्यक्ति के घर में देखी जा सकती है। इसका विशेष पता तब लगता है जबकि घरवाली अपने मायके चली गई हो। उस समय घर की जो दुर्दशा होती है वह कहने की नहीं बल्कि देखने की बात है। अविवाहित और विधुर व्यक्ति भी घर की व्यवस्था में स्त्री का महत्व खूब समझते हैं। इस प्रकार केवल सन्तान का उत्पादन और पालन-पोषण ही नहीं बल्कि यौन आवश्यकताओं की स्थायी संतुष्टि तथा घर की व्यवस्था के लिये परिवार आज भी नितान्त आवश्यक है।

जैवकीय आवश्यकताओं के समान परिवार की सामाजिक आवश्यकता पर भी आर्थिक परिवर्तन का नकारात्मक प्रभाव नहीं पड़ा है। पति-पत्नी एक दूसरे के जीवन साथी कहे जाते हैं। एक दूसरे के रहते उन्हें कभी अकेलापन नहीं अनुभव होता और जीवन में सदैव उत्साह और आनन्द बना रहता है। वास्तव में एक विशेष आयु आने पर युवक युवती सभी को अकेलापन खलने लगता है और वे किसी के हो जाने के लिये, किसी को पाने के लिये, किसी को सदैव नजरों के सामने रखने के लिये, सोते-जागते, उठते-बैठते किसी के साथ के लिये बेचैन रहते हैं। केवल युवावस्था में पति-पत्नी से रूप में नहीं बल्कि बचपन में परिवार के सदस्य के रूप में भी मनुष्य अपनी सामाजिक आवश्यकताओं की पूर्ति करते हैं। परिवार के इस कार्य को कोई भी अन्य संस्था या समिति नहीं कर सकती। परिवार से व्यक्ति की सामाजिक आवश्यकताओं की जो पूर्ति होती है वह किसी भी अन्य प्रकार से नहीं हो सकती।

इस प्रकार यद्यपि वर्तमान आर्थिक परिवर्तनों ने परिवार के स्वरूप और कार्यों पर बड़ा प्रभाव डाला है परन्तु परिवार के मौलिक, जैवकीय तथा सामाजिक कार्य अब भी वैसे ही हैं। मैकाइवर तथा पेज ने अपनी प्रसिद्ध पुस्तक Society : An Introductory Analysis में ठीक ही लिखा है, "आर्थिक परिवर्तन ने परिवार के स्वरूप और प्रकृति पर गहरा प्रभाव डाला है परन्तु इसने मौलिक, जैवकीय और सामाजिक आवश्यकताओं पर कोई प्रभाव नहीं डाला है जो कि परिवार के प्रमुख कार्यों का सृजन करती हैं।"[1]

(2) **राजनैतिक कारक**—आर्थिक कारकों के अतिरिक्त विवाह और परिवार के प्रतिमानों में नवीन परिवर्तन के राजनैतिक कारक भी है। इनमें मुख्य अग्रलिखित हैं—

---

1. "Economic change has deeply effected the form and character of the family but it does not effect the basic biological facts and social needs which create the essential function of the family." —*Op. Cit.*

(i) **राज्य के क्षेत्र और प्रभुता का विस्तार**—यातायात तथा सन्देशवहन के साधनों के विकास और अन्य वैज्ञानिक सुविधाओं के कारण राज्य का क्षेत्र तथा प्रभुता बढ़ती जाती है और धीरे-धीरे राज्य परिवार के अनेक कार्यों को परिवार से ले रहा है। राज्य की प्रभुता बढ़ने से परिवार के सदस्यों पर से पिता की प्रभुता बहुत कम हो गई है। पहले पिता को अपनी सन्तान को दण्ड देने का अधिकार था। परन्तु अब वह उसको उसकी इच्छा के विरुद्ध किसी काम के लिये बाध्य नहीं कर सकता। अमरीका में राज्य परिवार के बच्चों के मामले में भी हस्तक्षेप कर सकता है। राज्य ने परिवार से शिक्षा आदि अनेक कार्यों को ले लिया है। वह बालकों के शारीरिक तथा मानसिक स्वास्थ्य के साथ-साथ उनके भविष्य का भी ध्यान रखता है। राज्य के नियन्त्रण का क्षेत्र बढ़ने के साथ-साथ बच्चों पर परिवार के नियन्त्रण का क्षेत्र कम होता जा रहा है।

(ii) **स्त्रियों को मताधिकार की प्राप्ति** (Enfranchisement of the Women)—विवाह और परिवार के प्रतिमानों में नवीन परिवर्तन का दूसरा राजनैतिक कारण स्त्रियों को मताधिकार मिलना है। इससे जहाँ एक ओर स्त्रियों को पुरुषों के समान राजनैतिक समानता मिलती है वहां दूसरी ओर उन्होंने विधान सभाओं में स्थान लेकर ऐसे विधान बनवाने आरम्भ किये हैं जिनसे स्त्रियों को सभी क्षेत्रों में पुरुष के समान अधिकार मिलें।

(iii) **दार्शनिक कारक**—राजनैतिक तथा आर्थिक कारकों के अतिरिक्त विवाह और परिवार में नवीन परिवर्तनों में दार्शनिक कारकों का भी हाथ है। इन दार्शनिक कारकों में आधुनिक युग में प्रचलित भौतिकवाद, सुखवाद, व्यक्तिवाद, तथा बुद्धिवाद की विचारधारायें हैं। इनसे विवाह धार्मिक बन्धन न रहकर सामाजिक समझौता मात्र रह गया है। उन्मुक्त प्रेम के आदर्श के कारण विवाह-पूर्व और विवाह के बाहर यौन सम्बन्धों की संख्या बढ़ रही है। भौतिक सुखवाद और व्यक्तिवाद से पारिवारिक नियन्त्रण कम होता जा रहा है और विघटन प्रारम्भ हो गया है।

(4) **सामाजिक कारक**—दार्शनिक कारकों के अतिरिक्त विवाह और परिवार में नवीन परिवर्तनों में सामाजिक कारकों का भी बड़ा महत्व है। इन सामाजिक कारकों में मुख्य निम्नलिखित हैं—

(i) **स्त्रियों की दशा में उन्नति**—आधुनिक समुदायों में स्त्रियों में शिक्षा के प्रसार, मताधिकार की प्राप्ति तथा आर्थिक समानता से उनकी दशा बड़ी उन्नत हो गई है। इनसे विवाह तथा परिवार में परिवर्तन हुए हैं। शिक्षा के प्रसार के साथ-साथ स्त्रियों में विवाह की आयु बढ़ रही है और अविवाहित रहने की प्रवृत्ति भी बढ़ती जाती है। विवाह का आधार प्रेम रह गया है। अतः जीवन साथी के चुनाव में स्वतन्त्रता बढ़ती जाने लगी है। युवक युवती स्वयं मिलकर विवाह निश्चित करने लगे हैं। प्रेम विवाहों की संख्या बढ़ने के साथ-साथ तलाकों की संख्या भी बढ़ रही है क्योंकि आर्थिक दृष्टि से स्वतन्त्र हो जाने के बाद विवाह में प्रेम न मिलने पर

वह स्त्री के लिये व्यर्थ हो जाता है। विवाह करने के बाद स्त्रियों को अनेक प्रकार के बन्धनों में रहना पड़ता है और वे अपना मन चाहा जीवन स्तर भी नहीं रख पातीं। इसलिये अविवाहित रहने की प्रवृत्ति बढ़ रही है। स्त्रियों की दशा उन्नत होने से परिवार का आकार भी छोटा होता जा रहा है। आधुनिक शिक्षित स्त्रियाँ अधिक सन्तान उत्पन्न करके अपना स्वास्थ्य बर्बाद करना नहीं चाहतीं। अधिक सन्तान होने से जीवन का स्तर भी नीचा गिरता है और स्त्री पुरुष के वैवाहिक आनन्द में भी बाधा पड़ती है। अधिक बच्चे होने पर स्त्री घर में काम नहीं कर सकती। इन सब कारणों के साथ गर्भ निरोध के वैज्ञानिक साधनों के आविष्कारों से भी आधुनिक परिवारों में बच्चों की संख्या कम होती है।

(ii) **यौन नैतिकता के दोहरे मापदण्ड की समाप्ति**–स्त्रियों की दशा के उन्नत होने के साथ-साथ यौन नैतिकता के दोहरे मापदण्ड की समाप्ति ने भी आधुनिक समुदायों में परिवार और विवाह के स्वरूप पर प्रभाव डाला है। आधुनिक समाजों में यौन नैतिकता के विषय में स्त्री पुरुष के लिये अधिकतर एक से नियम हैं। स्त्री पुरुष किसी के भी व्यभिचारी होने पर दूसरा उसको किसी प्रकार का शारीरिक कष्ट नहीं दे सकता, परन्तु दोनों में से कोई भी एक दूसरे को तलाक दे सकता है। इस प्रकार विवाह के बन्धन में स्त्री पुरुष दोनों के लिये बहुत कुछ समान नियम है। इससे विवाह की संस्था का रूप ही बदल गया है। परिवार में स्त्री पुरुष में समानता आ गई है। शिक्षित पति पत्नी या तो दोनों उन्मुक्त भोगी होते हैं और कोई किसी को नहीं रोकता या फिर उनकी वैवाहिक नैतिकता बड़ी सुदृढ़ रहती है। इससे आधुनिक परिवार में दोहरी नैतिकता समाप्त हो गई है।

परिवार में नवीन प्रवृत्तियां

इस प्रकार आधुनिक काल में परिवार की संस्था में बड़ी तेजी से परिवर्तन हो रहा है। इस विषय में मुख्य नवीन प्रवृत्तियाँ निम्नलिखित हैं–

(1) **परिवार के आर्थिक कार्यों में कमी**–आधुनिक काल में परिवार के बहुत से आर्थिक कार्य कल-कारखाने, सरकारी सहायता तथा अन्य समितियों द्वारा होने लगे हैं।

(2) **परिवार के अन्य कार्यों में कमी**–परिवार के और भी बहुत से कार्य अन्य एजेन्सियों ने ले लिये हैं। बच्चों की देखभाल और पालन-पोषण का कार्य शिशु-शालाओं, बालोद्यानों, किंडरगार्टन स्कूलों और बाल-पालकों द्वारा किया जाने लगा है, प्रसूति और उपचार कार्य अस्पतालों में होता है। हजारों परिवारों को भोजनालय भोजन प्रदान करते हैं।

(3) **पारिवारिक मनोरंजन में कमी और वृद्धि**–आजकल एक ओर मनोरंजन का कार्य सिनेमा तथा कल्ब आदि ले रहे हैं परन्तु दूसरी ओर परिवार में मनोरंजन के साधन भी बढ़ते जा रहे हैं। रेडियो, टेलीविजन तथा घर में खेले जाने

वाले खेलों से आधुनिक परिवार मनोरंजन के केन्द्र बन गए हैं। वास्तव में, जैसा कि फोलसम ने लिखा है, "मनोरंजन सम्बन्धी कार्य कुछ परिवार को कुछ परिवार से हस्तान्तरित किये जा रहे हैं।"[1]

(4) **वैवाहिक और यौन सम्बन्धों में ढिलाई**—आधुनिक परिवारों में वैवाहिक और यौन सम्बन्ध ढीले पड़ते जा रहे हैं और विवाह-पूर्व तथा विवाह के बाहर यौन सम्बन्धों की संख्या बढ़ती जा रही है। सदरलैंड और वुडवर्ड के शब्दों में "यौन नियमों में परिवर्तन से परिवार पर अत्यधिक प्रभाव पड़ा है।"[2]

(5) स्त्री पुरुष के सम्बन्धों में परिवर्तन—आधुनिक परिवार में स्त्री को पुरुष के बराबर अधिकार मिलने से उनके सम्बन्धों में बड़े परिवर्तन हो गये हैं। मौरर ने ठीक ही लिखा है कि "अनेक परिवारों में अब पति परिवार का अध्यक्ष नहीं रह गया है यद्यपि यह तथ्य है कि वह अब भी पारिवारिक नाम और धार्मिक नाम प्रदान करता है जिसको उसकी पत्नी अधिक औपचारिक अवसरों पर प्रयोग करती है। परन्तु पारिवारिक क्षेत्र के अन्दर अब वह निरंकुश सत्ताधारी नहीं है जिसका शब्द ही कानून हो। सच तो यह है कि वह भाग्यशाली है यदि उसके बच्चे उसको कोई हस्तक्षेप करने वाला बाहरी व्यक्ति अथवा बच्चों के किसी कार्यक्रम के प्रति पत्नी के विरोध को तोड़ने में सहायता की आवश्यकता के अवसर पर राजी किया जाने वाला एक सहपक्षी नहीं समझते।

दूसरी ओर पत्नी परिवार में अपने को यदि पति से श्रेष्ठ नहीं तो बराबर अवश्य पाती है। वह परिवार समूह के भाग्य पर सहानुभूति परन्तु दृढ़ हाथ से शासन करती है। वह अब अन्य दिनों के समान श्रमिक अथवा दासी नहीं रही। जहाँ तक बालकों का सम्बन्ध है उसकी आज्ञाओं पर पिता की आज्ञाओं की तुलना में अधिक ध्यान देने की आवश्यकता है।"[3]

---

1. "Recreational functions are being transferred some to and some from the family."
—J.K. Folsom
2. "The family has been greatly affected by the changes in sex mores"
—Sutherland and Woodword, *Introductory Sociology,* p. 608
3. "The husband is no longer the head of the household in many families, inspite of the fact that he still provides the family name as well as the Christian name which his wife uses upon more formal occasions. Within the family circle, however, he is no longer the autocrate whose word is law. In fact he is lucky if his children look upon him other than as a meddle-some outsider or as an alley to be catered to when support is needed in breaking down his wife's opposition to some programme of the childern.
The wife, on the other hand, finds herself quite the equal of her husband in the family circle, if not superior. She rules the destiny of the family group with a sympathetic, but nonetheless determined hand. She is no longer the drudge and slave of the other days. So far as the children are concerned, her commands are even more to be taken into account than those of father."
—Earnest R. Mowrer, *The Family* (1932), pp. 274-275

(6) **बच्चों के महत्व में वृद्धि**—आधुनिक परिवार में बच्चों का महत्व बढ़ गया है। अब उनको शारीरिक दण्ड बहुत कम दिया जाता है। आधुनिक परिवार बच्चों पर केन्द्रित परिवार (Filiocentric Family) होते जा रहे हैं। अर्नेस्ट मौरर के शब्दों में "वास्तव में वे दृश्य पर छा जाने की प्रवृत्ति रखते हैं। उनकी इच्छायें परिवार की नीति निर्धारित करती हैं। इस प्रकार बच्चों पर केन्द्रित परिवार की ओर प्रवृत्ति दिखलाई पड़ती है जिसमें बालक का ही मुख्य स्थान होता है।"[1]

(7) **रक्त सम्बन्धियों के महत्व में कमी**—आधुनिक परिवार में रक्त सम्बन्धियों का महत्व कम होता जा रहा है। परिवार में पति-पत्नी और बच्चे ही रहते हैं।

(8) **संयुक्त परिवार का विघटन**—आधुनिक परिवार अब संयुक्त परिवार नहीं रहे हैं। संयुक्त परिवार का तेजी से विघटन हो रहा है।

(9) **छोटे परिवार**—गर्भ निरोधक औषधियों के प्रचार से और सन्तान को जीवन के सुख भोग तथा प्रगति में बन्धन समझने से जन्म दर बराबर गिरती जा रही है और आधुनिक परिवार छोटे होते जा रहे हैं। फोल्सम के शब्दों में "दो बालकों का परिवार वर्तमान व्यापक सामाजिक मानदण्ड अथवा आदर्श है।"[2]

(10) **पारिवारिक विघटन**—आधुनिक परिवार में विघटन की क्रिया स्पष्ट दिखाई पड़ती है। तलाकों की संख्या बराबर बढ़ती जा रही है। व्यक्ति पर से परिवार का नियन्त्रण उठता जा रहा है।

(11) **परिवार की अस्थिरता**—आधुनिक परिवार अब स्थायी समिति नहीं रहा। वह अस्थिर है। उसको कभी भी तोड़ा जा सकता है। विवाह एक सामाजिक समझौता मात्र रह गया है जिसको थोड़ी सी भी अनबन पर तोड़ना कठिन नहीं है। मैकाइवर के अनुसार आधुनिक परिवार प्राचीन और मध्यकालीन परिवार की अपेक्षा कहीं अधिक दुर्बल और अस्थिर है।

आधुनिक परिवार की समस्यायें

इस प्रकार आधुनिक परिवार के सामने अनेक नई समस्यायें हैं। इनमें से मुख्य समस्यायें निम्नलिखित हैं—

(1) **पति पत्नी के सामंजस्य की समस्या**—आधुनिक परिवार में सबसे

---

1 "They in fact, tend to dominate the scene, their whshes determining the policy of the family. Thus the trend seems to be toward the filiocentric family in which the child plays the dominant role." --Earnest R. Mowrer
The Family, University of Chicago Press. (1932), p. 274

2. "The two child family is now prevailing social standard or ideal."—J.K. Folsom
The Family and the Democratic Society, p. 188.

अधिक कठिन समस्या पति-पत्नी का परस्पर सामंजस्य है। आज की पढ़ी लिखी और जाग्रत नारी जीवन के सभी क्षेत्रों में पति के साथ समानता चाहती है परन्तु पति अभी इतने उदार नहीं बन पाये हैं। अतः दोनों में संघर्ष होना निश्चित है। यौन सम्बन्धों में ढिलाई और विवाह के बन्धनों में अस्थिरता भी पति पत्नी के सम्बन्धों में संघर्ष उत्पन्न करते हैं।

(2) **यौन सामंजस्य की समस्या**—यौन सम्बन्धी मूल्यों में परिवर्तन के कारण आधुनिक परिवार के सामने यौन सामंजस्य की समस्या उत्पन्न हो गई है। पश्चिमी साहित्यकारों में डी० एच० लारेन्स ने अपने उपन्यासों में इस समस्या का बड़ा सुन्दर चित्र खींचा है। मनोविश्लेषणवादी साहित्य ने भी यौन सम्बन्धों के प्राचीन आदर्शों को ठोकर दी है। आजकल यौन वासनाओं की तृप्ति पर बड़ा जोर दिया जाता है। कुछ लोग तो यहाँ तक कहने लगे हैं कि यौन सम्बन्धों में विविधता वांछनीय ही नहीं बल्कि अनिवार्य है। इससे विवाह के पूर्व तथा विवाह के बाहर यौन सम्बन्ध पाये जाते हैं। इन सब बातों से पति-पत्नी में यौन वैषम्य की समस्या उत्पन्न होती है जिससे हजारों लाखों परिवारों का विघटन होता है।

(3) **रोमांचक प्रेम पर आधारित विवाह**--आधुनिक परिवार के सामने एक दूसरी बड़ी समस्या रोमाचंक प्रेम पर आधारित विवाहों से उत्पन्न होती है। इस प्रकार के विवाहों के बाद जब परिवार में पति-पत्नी के रोमांचक प्रेम सम्बन्धी सपने पूरे नहीं होते तो उनको बड़ी चोट पहुंचती है। वे एक दूसरे को दोष देने लगते हैं और अन्त में या तो जीवन भर कलह करते रहते हैं या विवाह का सम्बन्ध तोड़ देते हैं। Social Disorganisation नामक पुस्तक में इलियट और मैरिल ने तलाकों को रोमांचक विवाह का अनिवार्य दुष्परिणाम बतलाया है।

(4) **विवाह विच्छेद की समस्या**—आधुनिक परिवार की एक बड़ी समस्या विवाह विच्छेद की संख्या में वृद्धि है। विवाह एक सामाजिक समझौता मात्र रह गया है। भौतिकवाद, व्यक्तिवाद, बुद्धिवाद आदि के कारण सहिष्णुता और प्रेम कम हो गया है। यौन सुख भोग पर अधिक जोर दिया जाता है। स्त्रियाँ अब पुरुषों पर कम आश्रित रह गई हैं। तलाक के नियम भी कठिन नहीं है। इन सब कारणों से तलाकों की संख्या बराबर बढ़ती जा रही है।

(5) **काम करने वाली स्त्रियों की समस्यायें**—आजकल घर से बाहर काम करने वाली स्त्रियों की संख्या बढ़ती जा रही है। इन स्त्रियों को बच्चों की आवश्यक देखभाल करने का समय नहीं मिलता। काम से थक कर आने पर वे पति और बच्चों की सेवा टहल नहीं कर सकतीं। इससे बच्चों के विकास में बाधा पड़ती है और पति पत्नी में मन-मुटाव और संघर्ष बढ़ता है। अतः घर से बाहर काम करते हुए भी घर की सुख शान्ति बनाये रखने की समस्या उपस्थित होती है।

(6) **पारिवारिक जीवन के लिये शिक्षा**–पारिवारिक जीवन के लिये शिक्षा देना आधुनिक परिवार में एक आवश्यक समस्या बन गई है। विचारों, आदर्शों और परिस्थितियों में तीव्र गति से परिवर्तन होने के कारण पारिवारिक विघटन का खतरा उपस्थित हो गया है जब तक कि स्त्री पुरुष इन नवीन परिवर्तनों से सामंजस्य न कर लें।

(7) **पारिवारिक अनुशासन में शिथिलता**–आधुनिक परिवार में एक बड़ी समस्या परिवार के सदस्यों पर परिवार का नियन्त्रण कम होने से उपस्थित हो गई है। इससे परिवार का अनुशासन शिथिल हो गया है। लड़के-लड़कियाँ, पति-पत्नी, भाई-बहन सभी अपने-अपने रास्ते पर जाना चाहते है और कोई किसी प्रकार की रोक-टोक पसन्द नहीं करता।

(8) पारिवारिक संघर्ष और कलह–अतः पारिवारिक संघर्ष और कलह की समस्या उत्पन्न हो गई है। आधुनिक परिवार में पारिवारिक नियन्त्रण कम होने और मूल्यों में परिवर्तन होने से पति-पत्नी में और माता-पिता तथा बच्चों में संघर्ष बढ़ गया है। बहुधा यह संघर्ष अप्रत्यक्ष रहता है परन्तु इससे परिवार की शान्ति भंग हो जाती है, परस्पर विश्वास उठ जाता है और मनोवैज्ञानिक सुरक्षा की भावना नहीं रह पाती।

(9) न्यून जन्म दर–देर से विवाह, गर्भ-निरोधक औषधियों का अत्यधिक प्रयोग तथा बच्चों को भार समझने के कारण आधुनिक परिवार में जन्म दर बराबर गिर रही है तथा कभी-कभी बच्चों को नितान्त अवांछनीय समझा जाता है। इससे परिवार की अस्थिरता बढ़ती है क्योंकि बच्चों की अनुपस्थिति में पति-पत्नी में उत्तरदायित्व की भावना कम होती है और पारिवारिक बन्धन भी घनिष्ठ नहीं हो पाता।

संक्षेप में, यह कहा जा सकता है कि आधुनिक समाज के सामने परिवार के विघटन की समस्या उपस्थित है। इस समस्या से लगी हुई कितनी ही समस्यायें सामाजिक सम्बन्धों को खोखला कर रही हैं। आवश्यकता है परिवार के पुनर्गठन की।

परिवार में आधुनिक प्रवृत्तियों के दिग्दर्शन से यह स्पष्ट ज्ञात होता है कि आधुनिक परिवार में अनेक विघटनकारी शक्तियाँ कार्य कर रहीं हैं। आधुनिक सभ्य समाज के सम्मुख पारिवारिक विघटन की समस्या उपस्थित है। यह समस्या कहाँ तक है? पारिवारिक विघटन के क्या लक्षण हैं? आधुनिक समाज में किन कारणों से परिवार का विघटन हो रहा है। इन सब महत्वपूर्ण बातों के विवेचन से पारिवारिक पुनर्गठन के रचनात्मक पक्ष में अन्तर्दृष्टि मिलेगी। अतः यहाँ इन्हीं सबका विवेचन किया गया है।

आधुनिक परिवार की अस्थिरता के कारण

आधुनिक परिवार अस्थिर है। परित्याग (Desertion), प्रथक्करण (Separation), तलाक (Divorce) आदि की संख्या में वृद्धि इसका परिणाम है। इस अस्थिरता के मुख्य कारण निम्नलिखित हैं–

(1) पारिवारिक संकटों में सामाजिक संरक्षण की कमी (Absence of Social Protection in Family Crises)—पहले पारिवारिक संकट अर्थात् पति-पत्नी में असामंजस्य होने से बड़े, बूढ़े, बिरादरी वाले और सामाजिक रूढ़ियाँ और परम्परायें उनको रोकती थीं और परिवार टूटने से बच जाता था। परन्तु अब सामाजिक संकटों में पति-पत्नी को सही रास्ता दिखाने वाला कोई नहीं मिलता और क्रोध तथा प्रतिकार की भावना के आवेश में वे प्यार से लगाये गृहस्थी के पौधे को अपने ही हाथों से उखाड़ फेंकते हैं चाहे आवेश उतर जाने पर उन्हें अपने इस कार्य पर कितना ही पश्चाताप क्यों न हो। पहले आर्थिक दृष्टि से पति पर निर्भर होने के कारण पत्नी-पति के अनेक अत्याचारों को चुपचाप सहन करती रहती थी और उसको छोड़ नहीं सकती थी। अब जो स्त्रियाँ स्वयं कमाने योग्य हैं, वे केवल प्यार पाने के लिये शादी करती हैं और जब वही उनको नहीं मिलता तब उन्हें उसे तोड़ते भी देर नहीं लगती। कहीं-कहीं पर तलाक के नियम अत्यधिक सरल होने के कारण परिवार बहुत ही अधिक अस्थिर हो गया है।

(2) प्रभुता के स्थान पर सहयोग (Replacement of Domination by Co-operation)—मैकाइवर तथा पेज के अनुसार अब परिवार में पति-पत्नी के सम्बन्ध का आधार प्रभुता न रहकर सहयोग हो गया है। पहले पूर्व और पश्चिम में सभी सभ्य देशों में पत्नी पर पति की प्रभुता थी। अतः पति के निरंकुश होने पर भी परिवार स्थायी था। परन्तु आधुनिक काल में यह प्रभुता हट जाने पर सहानुभूति और सहयोग के बल पर ही परिवार स्थिर रह सकता है। इन गुणों को उत्पन्न करना साधारणतया सरल नहीं है। अतः आधुनिक काल में परिवार की अस्थिरता बढ़ गई है।

पारिवारिक विघटन

आधुनिक परिवार में अनेक परिवर्तनों के आधार पर कुछ विचारकों का कहना है कि आधुनिक परिवार विघटित है। इस मत की विस्तृत समालोचना करने से पूर्व पारिवारिक विघटन का अर्थ समझ लेना आवश्यक है। इलियट और मैरिल के अनुसार "सर्वाधिक विस्तृत अर्थों में पारिवारिक विघटन अनेक प्रकार के परिवारों में से किसी भी किसी प्रकार का असामंजस्यपूर्ण कार्य सम्मिलित करता हुआ समझा जा सकता है।"[1] पारिवारिक विघटन परिवार का विघटन है। परिवार एक प्राथमिक समूह है जिसमें पति-पत्नी और बच्चे अत्यन्त घनिष्ठ प्रत्यक्ष सम्बन्धों द्वारा बंधे रहते हैं। अतः "पारिवारिक विघटन परिवार के सदस्यों में सामंजस्य का टूटना है।"[2]

---

1. "In the broadest sense family disorganisation may be thought to include any sort of non-harmonious functioning within any of several types of family."
—Elliott and Merril, *Social Disorganisation,* p. 352
2. "Family disorganisation is the disruption of the harmony among family members.".
—The Author

पारिवारिक विघटन के कारण

पारिवारिक विघटन के कारणों का भिन्न-भिन्न लेखकों ने भिन्न-भिन्न प्रकार से वर्णन किया है।

(अ) फोल्सम का मत—फोल्सम ने पारिवारिक विघटन के निम्नलिखित चार कारक माने हैं—

(1) परिस्थिति सम्बन्धी या गैर-व्यक्तित्व कारक (Circumstantial or Non-Personality Factors)—जैसे बुरा स्वास्थ्य, बुरी आर्थिक परिस्थितियाँ, सम्बन्धियों का हस्तक्षेप, किसी प्रकार का दुर्भाग्य, अवांछित संतान इत्यादि।

(2) व्यक्ति के दोष (Personality Defects)—पति-पत्नी में किसी में मानसिक विकार, मद्य सेवन, नपुसंकता, बाँझपन, अस्वाभाविक यौन प्रवृत्तियों या व्यक्तित्व की विकृत्तियों का होना।

(3) व्यक्तित्व विभिन्नताएँ (Personality Differentials)—पति-पत्नी में बौद्धिक, सामाजिक, आर्थिक, कलात्मक पृष्ठभूमि, आर्थिक तथा वेदनाशक्ति सम्बन्धी अन्तर का होना।

(4) असंगत कार्य (Incompatible Roles)—नैराश्य (Frustration) इत्यादि का होना।

(ब) क्रूगर का मत—पारिवारिक विघटन के मुख्य कारण विभिन्न प्रकार के तनाव हैं। क्रूगर ने पारिवारिक तनावों के निम्नलिखित पक्ष बतलाये हैं—

(1) सामान्य उद्देश्य समाप्त हो जाना और पारिवारिक लक्ष्यों का स्थान व्यक्तिगत लक्ष्यों द्वारा लिया जाना।

(2) सब सहयोगी प्रयासों का बन्द हो जाना।

(3) परस्पर सेवाओं का बन्द हो जाना।

(4) पति-पत्नी के सम्बन्धों की घनिष्ठता समाप्त हो जाना।

(5) अन्य सामाजिक समूहों के साथ परिवार के बाहरी सम्बन्धों में परिवर्तन होना।

(6) पति-पत्नी की उद्वेगात्मक मनोवृत्तियों का परस्पर विरोधी हो जाना या उनकी जगह पर उदासीनता की मनोवृत्ति का स्थापित हो जाना।

(स) माउरर का मत—माउरर ने निम्नलिखित चार तनावों का वर्णन किया है—

(1) आर्थिक तनाव

(2) सांस्कृतिक तनाव

(3) जीवन निर्वाह के ढंग से सम्बन्धित तनाव

(4) स्नेह और यौन सम्बन्धी तनाव

(द) बर्गेस का मत—बर्गेस (Burgess) के अनुसार निम्नलिखित सात प्रकार के तनाव परिवार का विघटन करते हैं—

(1) आर्थिक, (2) यौन सम्बन्धी, (3) स्वास्थ्य सम्बन्धी, (4) आदर सम्बन्धी, (5) सांस्कृतिक, (6) स्वभाव सम्बन्धी, (7) जीवन के प्रतिमान सम्बन्धी।

पारिवारिक विघटन के प्रमुख कारण

(1) पारिवारिक तनाव

पारिवारिक तनाव पारिवारिक विघटन के कारण हैं। पारिवारिक तनाव की परिभाषा करते हुये इलियट और मैरिल ने लिखा है "पारिवारिक तनाव से हमारा तात्पर्य किसी भी संघर्ष की परिस्थिति से है जो कि दो सदस्यों विशेषतया पति-पत्नी में विरोधी प्रवृत्तियां उत्पन्न करती है।"[1] अनेक समाजशास्त्रियों ने पारिवारिक विघटन उत्पन्न करने वाले उपरोक्त विभिन्न तनावों को दो भांगों में विभाजित किया है—प्राथमिक और द्वैतीयक तनाव। प्राथमिक तनाव व्यक्तिगत विशेषताओं के कारण होते हैं जैसे स्वभाव, मानसिक विकार इत्यादि। द्वैतीयक तनाव विभिन्न बाह्य परिस्थितियों के कारण होते है।

(अ) प्राथमिक तनाव— प्राथमिक तनाव निम्नलिखित हैं—

(i) **विरोधी स्वभाव** (Clashing Temperaments)—टर्मेन ने दुखी पति-पत्नी के स्वभाव में ये विशेषतायें बतलाई हैं—शीघ्र क्रोधित होना, अपनी इच्छानुसार कार्य करने के लिये झगड़ा करना, दूसरों की आलोचना करना, दूसरों की भावनाओं की परवाह न करना, पारिवारिक अनुशासन या नियमों के विरुद्ध काम करना, दूसरों के प्रति घृणा प्रदर्शित करना, प्रशंसा अथवा दोषारोपण से शीघ्र प्रभावित होना, आत्म-विश्वास की कमी, बहुधा उत्तेजित रहना, बिना किसी कारण के सुख का दुःख में परिवर्तित होना। इसी प्रकार विरोधी स्वभावों के कारण परिवार का विघटन होता है।

(ii) **जीवन दर्शन** (Philosophy of Life) **में भारी अन्तर**—यदि पति-पत्नी के जीवन दर्शन में भारी अन्तर होता है तो उनमें परस्पर संघर्ष होता है। यदि पति-पत्नी दोनों परिवार के बाहर यौन सम्बन्धों को बुरा न समझते हों तो अवैध सम्बन्ध रखने पर भी उनमें संघर्ष न होगा परन्तु यदि कोई एक उन्हें बुरा समझता हो जबकि दूसरा अच्छा समझता हो तो संघर्ष अवश्यम्भावी है। इसी प्रकार भोगवादी पत्नी और आदर्शवादी पति में बहुधा संघर्ष के अवसर आ सकते हैं।

(ii) **व्यक्तिगत व्यवहार प्रतिमानों में विरोध** (Opposition in Personal Behaviour Patterns)—व्यक्तिगत व्यवहार के प्रतिमानों के परस्पर विरोधी होने से

---

1. "By a family tension we mean any conflict situation which generates opposing attitudes between two members particularly between husband and wife."
—Elliott and Merrill, *Social Disorganisation,* p. 385

भी पारिवारिक विघटन होता है। उदाहरण के लिये मेज कुर्सी पर खाना खाना, शराब पीना, सिगरेट पीना आदि को लेकर पति-पत्नी में झगड़ा हो सकता है।

(iii) **स्नेह और यौन सम्बन्धी तनाव**– स्नेह और यौन सम्बन्धी इच्छाओं को परस्पर सन्तुष्ट न कर सकने से भी पति पत्नी में तनाव होते हैं। अनेक मनोवैज्ञानिकों और समाजशास्त्रियों के अनुसार यह पारिवारिक विघटन का एक प्रमुख कारण है।

(iv) **मानसिक विकारग्रस्त व्यक्तित्व**–पति-पत्नी में से किसी के या दोनों के मानसिक विकार-ग्रस्त होने से उनमें संघर्ष होना स्वाभाविक है। अपराधी भावना या अन्य किसी प्रकार की मानसिक ग्रन्थि भी परिवारिक शान्ति को खो देती है।

(ब) द्वैतीयक तनाव–निम्नलिखित द्वैतीयक तनाव भी पारिवारिक विघटन का कारण होते हैं–

(1) **आर्थिक तनाव** (Economic Tensions)–द्वैतीयक तनावों में सबसे प्रमुख आर्थिक तनाव हैं। मुख्य आर्थिक तनाव निम्नलिखित हैं–

(i) **निर्धनता मात्र** (Sheer Poverty)–निर्धनता से पति-पत्नी को मानसिक सन्तुलन ठीक रखना कठिन हो जाता है। अभाव उनके स्वभाव को चिड़चिड़ा बना देता है। चिन्तायें उनकी मानसिक शान्ति को नष्ट कर देती हैं और बात-बात में झगड़ा होने लगता है।

(ii) **व्यापारिक विपर्यस्त** (Business Reverses)–व्यापारिक विपर्यस्त से परिवार की आय घट जाने पर नवीन परिस्थितियों से अनुकूलन की समस्या आ जाती है। जीवन स्तर गिरने पर बहुत से पति-पत्नी दुःखी और चिड़चिड़े हो जाते हैं।

(iii) **पत्नी की आर्थिक स्वतन्त्रता**–धनोपार्जन करने वाली स्त्रियां न तो घर की ओर समुचित ध्यान दे पाती हैं और न बहुधा उसको आवश्यक ही समझती हैं। कभी-कभी पत्नी पति से अधिक धनोपार्जन करती है। इन सब परिस्थितियों में तनाव के अवसर आ सकते हैं।

(iv) **पत्नी की अत्यधिक निर्भरता**– परन्तु यदि पत्नी पैसे-पैसे के लिये पति पर निर्भर रहे तो भी उसका मानसिक स्वास्थ्य सन्तुलित नहीं रह पाता।

(2) व्यावसायिक तनाव (Occupational Tensions)

बहुधा जिन व्यवसायों में पति बहुत अधिक समय तक या असमय घर से बाहर रहता हो अथवा शहर से बाहर रहता हो उनमें पति-पत्नी में असन्तोष के अवसर अधिक पाये जाते हैं। मुख्य व्यावसायिक तनाव निम्नलिखित हैं–

(i) **अस्थायी व्यवसाय** (Unstable Occupations)–बारम्बार व्यवसाय बदलने के अवसर आने से सामंजस्य की समस्या बराबर बनी रहती है जिससे तनाव बढ़ते हैं।

(ii) **अरुचिकर व्यवसाय**—अरुचिकर व्यवसाय व्यक्ति को असन्तुष्ट और चिड़चिड़ा बना देता है जिससे वह घर पर क्रोधित होता, गाली बकता या मारपीट तक पर उतर आता है।

(iii) **व्यावसायिक विशेषतायें**—कुछ व्यवसाय जिनमें भिन्न लिंगीय व्यक्तियों से मिलने के अवसर अधिक आते हैं पारिवारिक विघटन उत्पन्न करते हैं। उदाहरण के लिये अभिनेताओं में तलाकों की दर सबसे अधिक पाई जाती है।

(3) सांस्कृतिक पृष्ठभूमि का अन्तर

पति-पत्नी में सांस्कृतिक पृष्ठभूमि का अन्तर होने से उनके मूल्यों, आदर्शों, तौर-तरीक़ों, रुखों और सोचने के ढंगों आदि में भारी अन्तर होता है जिससे परस्पर संघर्ष के अवसर उत्पन्न होते हैं।

(4) सांस्कृतिक विशेषतायें

पति-पत्नी में से यदि कोई इतना अधिक महत्वाकांक्षी हो जाय कि उसे रुपये, पद अथवा यश के पीछे दूसरे की चिन्ता ही न रहे तो इससे पारिवारिक शान्ति भंग हो जाती है।

(5) बाल विवाह और बेमेल विवाह

अल्पायु में विवाहित पति-पत्नी विवाह के उत्तरदायित्व को नहीं समझ सकते अतः उनमें सामंजस्य कठिन हो जाता है। पति-पत्नी की आयु में अत्यधिक अन्तर होने से भी परस्पर संन्तोष नहीं रह पाता। पति-पत्नी के वयस्क होने और पति की आयु पत्नी से चार पांच वर्ष अधिक होने पर उनमें अधिक अच्छा सामंजस्य हो सकता है।

(6) अन्य कारण

उपरोक्त कारणों के अतिरिक्त पति-पत्नी में से किसी के अधिकतर अस्वस्थ रहने, सास-ससुर का दुर्व्यवहार, पति-पत्नी में से किसी का दुराचार आदि अनेक कारण परिवार में तनाव बढ़ाते हैं जिससे विघटन बढ़ता है और तलाक तक की नौबत आ जाती है।

पारिवारिक विघटन के अन्य कारण

(1) **पारिवारिक एकता में कमी**—आजकल परिवारों के सदस्यों में उद्देश्यों, महत्वाकांक्षाओं, विचारों तथा आदर्शों की एकता समाप्त होती जा रही है। स्त्री, पुरुष, लड़के, लड़कियां सभी के अपने-अपने आदर्श हैं, अपनी योजनायें हैं, अपने प्रोग्राम हैं और अपने विचार हैं जिनमें वे दूसरों का हस्तक्षेप बिल्कुल पसन्द नहीं करते। इस प्रकार साथ रहते, साथ खाते पीते हुए भी उनका एक दूसरे से कोई मतलब नहीं रहता। घर मानों एक होटल बन जाता है जिसमें परिवार के सदस्य केवल खाने और आराम करने को ही एकत्रित होते हैं। जहां पति-पत्नी दोनों नौकरी

या व्यवसाय आदि करते हैं वहां उनमें भी यही अन्तर देखने को मिलता है। इस मनोवृत्ति से परिवार विश्रृंखलित हो जाता है।

(2) **पारिवारिक नियन्त्रण में कमी**—आजकल परिवार के सदस्यों पर से परिवार का नियन्त्रण बराबर उठता जा रहा है। कोई किसी की बात सुनना नहीं चाहता। युवक युवतियों को बड़े बूढ़ों की बातें बड़ी ही कड़वी लगती हैं। वे किसी बात में उनका नियन्त्रण नहीं मानना चाहते। नौकरी लगते ही या विवाह होते ही वे परिवार से अलग हो जाना चाहते हैं। इस प्रकार परिवार का विघटन स्पष्ट दिखाई पड़ता है।

(3) **कलह**—आजकल परिवार में कलह बढ़ता जाता है क्योंकि परिवार का न तो कोई नियन्त्रण ही रह गया है और न सदस्यों में एकता की भावना ही है। संयुक्त परिवार का तेजी से विघटन हो रहा है। मारपीट, मुकदमेबाजी आदि अधिक देखने में आते हैं। एक दूसरे का विश्वास उठता जा रहा है। एक ही घर में कई-कई चूल्हे जलते हैं। इससे परिवार का विघटन स्पष्ट दिखाई पड़ता है।

(4) **मूल्यों में अन्तर**—मानव परिवार के सदस्य कुछ मूल्यों के आधार पर एक दूसरे से बंधे रहते हैं जैसे परिवार में यह आदर्श रहता है कि परिवार का सामूहिक हित हो और सामूहिक हित के लिए व्यक्ति अपने स्वार्थ का त्याग करे। इसी प्रकार परिवार में पति-पत्नी, भाई-बहन, पिता-पुत्र आदि के व्यवहार के विषय में आदर्शस्वरूप कुछ निश्चित प्रतिमान होते हैं जैसे पुत्र को पिता की आज्ञा का पालन करना चाहिये, पत्नी को तन मन से पति की सेवा करनी चाहिये आदि। परन्तु परिवार के सदस्यों के आपसी व्यवहार के ये प्रतिमान और आदर्श सदैव बदलते रहते हैं। पहले पतिव्रता का जो आदर्श था वह आधुनिक नारी को पति की दासता मालूम पड़ती है। पहले पिता की आज्ञा मानने का जो आदर्श था वह नई रोशनी के युवक युवतियों को मानसिक दासता प्रतीत होती है। प्राचीन आदर्श, मूल्य और व्यवहार के प्रतिमान आज की पीढ़ी को मान्य नहीं हैं। इस प्रकार नई पीढ़ी के विचारों में पिछली पीढ़ी से कुछ न कुछ अन्तर अवश्य होता है। परिवार में बाबा से पोते, परपोते तक तीन चार पीढ़ियों के व्यक्ति एकत्रित हो जाते हैं जिनके आदर्शों, मूल्यों और व्यवहार के प्रतिमानों में भारी भेद हो जाता है। यदि बुजुर्ग इस बात को समझ लें कि जमाना बराबर बदलता रहता है और पुरानी रूढ़ियों के पालन की जिद न करें तो उनका नई पीढ़ियों से संघर्ष न होगा। दूसरी ओर यदि नवयुवक बुजुर्गों के संस्कारों को ध्यान में रखकर संघर्षों के अवसरों पर चुप रहें तो पारिवारिक कलह टाला जा सकता है। परन्तु न तो बुजुर्ग साधारणतया इतने उदार और प्रगतिशील होते हैं और न युवक ठन्डे दिमाग से सोचते हैं। इसलिए परिवार में विभिन्न पीढ़ियों के व्यक्तियों में संघर्ष की सम्भावना बराबर बनी रहती है और छोटी-छोटी बातों को लेकर कलह होता रहता है।

(5) **रोमान्स पर आधारित विवाह**—रोमान्टिक प्रेम की आधुनिक महत्ता ने वैवाहिक सम्बन्ध को अस्थिर बना दिया है। आधुनिक युवक युवतियों के सामने

जीवन का सबसे बड़ा अरमान, सबसे प्यारा सपना, जीवन का सार, रोमान्टिक प्रेम होता है जिसके लिये वे मां-बाप, समाज, बिरादरी, धर्म और कैरियर को भी ठोकर मारने में संकोच नहीं करते। सिनेमा तथा उपन्यास ने इस आदर्श को स्थापित करने में और भी सहायता की है। आज के अधिकांश युवक युवतियों के लिये विवाह एक सतत रोमांस है जिसमें दुनिया को भूले हुए दो प्रेमी मुहब्बत के गीत गाते हैं, चांदनी रातों में नौका विहार करते हैं और स्वप्नों की दुनिया में खोये रहते हैं। वैवाहिक जीवन के इसी आदर्श को लेकर वे विवाह कर बैठते हैं और जब जीवन की कठोरताओं, एक दूसरे के स्वभाव की विषमताओं, रोग, शोक, बेकारी, गरीबी, दैनिक जीवन की परेशानियों, बच्चों का उत्तरदायित्व, उनकी सेवा सुश्रुषा तथा आये दिन की बीमारियों से उनकी सुरक्षा, पति की सेवा, सास ससुर की टहल, दफ्तर की कठिन नौकरी के बाद घर के और बाजार के काम आदि जीवन की सैंकड़ों परेशानियां सामने आती हैं तो उनके सपने कुछ दिनों में टूट जाते हैं और वे एक दूसरे को कोसने लगते हैं कि उन्होंने विवाह करके ये आफतें क्यों मोल लीं। यदि ईश्वर की दया से पैसे की कमी न हुई और इनमें से कोई मुसीबत सामने न आई तब भी एक आध साल जोर शोर से प्रेम लीला करने के बाद उन्हें एक दूसरे से घोर बोरियत अर्थात् ऊब हो जाती है। उनका रोमान्टिक मन नित नये-नये रोमान्स की खोज में भागा फिरता है परन्तु वैवाहिक जीवन के शान्त सरोवर में वे लहरें कहां जिन्हें वे ढूंढते फिरते हैं। इस ऊब का परिणाम यह होता है कि क्रमशः पति पत्नी एक दूसरे से खिंचने लगते हैं फिर संघर्ष होता है, तब घृणा और अन्त में विवाह विच्छेद। इलियट और मैरिल के अनुसार "तलाक रोमान्टिक विवाह का अनिवार्य परिणाम है।"[1]

(6) वैवाहिक बन्धन में शिथिलता—परिवार का आधार विवाह का बन्धन है। विवाह के बन्धनों के ढीले पड़ने से परिवार के बन्धन भी ढीले पड़ते हैं। आजकल विवाह एक धार्मिक संस्कार न रह कर एक सामाजिक समझौता मात्र रह गया है जिसको जी ऊब जाने पर या किसी प्रकार का मनमुटाव होने पर सहज ही तोड़ा जा सकता है। इस कारण तलाकों की संख्या बराबर बढ़ रही है। कहना न होगा कि पारिवारिक विघटन की संख्या तलाकों की संख्या से कहीं अधिक है। डॉसन और गेटिस के शब्दों में "इन संख्याओं की तुलना में निस्सन्देह ही पारिवारिक विघटन कहीं अधिक व्यापक तथ्य है क्योंकि यह सांख्यिकी उन्हीं दशाओं को बतलाती है जहां पर प्रक्रिया व्यावहारिक रूप से पूर्ण हो जाती है।"[2] वैवाहिक सम्बन्धों के ढीले होने का एक बड़ा कारण यह भी है कि स्त्रियों की शिक्षा के साथ पुरुष अपने को नई परिस्थिति के अनुसार नहीं बदल पाये हैं। पहले स्त्रियां सब प्रकार से पति पर ही निर्भर रहती थीं। अब शिक्षित हो जाने के बाद वे भी पति

---

1. "Romantic marriage thus leads to Romantic Divorce."
--Elliott, M. A. and Merrill, E.F. *Social Disorganisation.* p. 376
2. "Family disorganisation is no doubt a far more widespread phenomenon than such statistics indicate for they deal only those cases where the process is practically complete." —Dawson and Gettys, *Introductory Sociology.*

के समान धनोपार्जन करती हैं या कम से कम ऐसा करने की योग्यता रखती हैं। अब वे अपने अधिकारों को पहचानने लगी हैं। अब वे जीवन के सभी क्षेत्रों में पुरुष के कन्धे से कन्धा मिलाकर चलना चाहती हैं। अब वे पुरुषों से भी वैसी ही सच्चाई चाहती हैं जैसी कि वह उनसे चाहता है। जब पुरुष स्त्रियों को यह बराबरी का दर्जा नहीं देना चाहता तभी कलह शुरू हो जाता है जिससे परिवार का विघटन होने लगता है।

(7) माता-पिता और बच्चों में संघर्ष—आजकल पारिवारिक विघटन का एक बड़ा चिह्न माता-पिता और बच्चों के संघर्ष में दिखाई पड़ता है। युवक-युवतियों पर से परिवार के बड़े-बुढ़ों का नियन्त्रण बराबर उठता जा रहा है। अब वे अपने उठने बैठने, मिलने-जुलने और शादी-ब्याह आदि में माता-पिता की आज्ञा नहीं मानना चाहते। इस प्रकार उनमें मन-मुटाव बढ़ता जाता है जिससे परिवार का विघटन बढ़ता है।

(8) सुरक्षा का अभाव—पति-पत्नी और माता-पिता व बच्चों के संघर्ष के कारण परिवार में मनोवैज्ञानिक सुरक्षा क्रमशः खत्म होती जा रही है जिससे परस्पर विश्वास उठता जा रहा है और पारिवारिक संगठन छिन्न-भिन्न होता जा रहा है।

(9) उद्योगवाद—पहले परिवार आर्थिक क्रियाओं का केन्द्र था। परिवार में सब सदस्य मिल कर खेती या कपड़ा बुनना या अन्य व्यवसाय करते थे। इससे परिवार में सामूहिक भावना बनी रहती थी और संगठन कायम रहता था। आजकल परिवारों में उत्पादन का कार्य बन्द हो गया है। जुताई, कटाई आदि की मशीनों से खेती करने में अब पूरे परिवार की आवश्यकता नहीं पड़ती। शिल्प तथा नाना प्रकार की वस्तुओं के उत्पादन की बड़ी-बड़ी मशीनें बन जाने से अब उत्पादन का काम कल कारखानों में होता है। मशीनों के निकल आने से भारी काम कम हो गया है। अतः स्त्रियों और बच्चों को भी कारखानों में काम मिलने लगा है। कारखानों में काम करने के लिये लाखों लोग गांवों से नगरों में आने लगे हैं। नगरों में मकानों की तंगी होने के कारण वे अपने परिवार को अपने पास नहीं रखते और अकेले ही रहते हैं। दिनभर का घोर परिश्रम, सब तरह का अपमान, नगर का लुभाने वाला जीवन और पारिवारिक तथा सामाजिक नियन्त्रण की अनुपस्थिति में हज़ारों श्रमिक शराब, वेश्या, जुआ आदि की बुरी आदतों में पड़ जाते हैं। जो श्रमिक अपने परिवार को नगर में ले भी आते हैं वे गन्दी गलियों में तंग और अन्धेरी कोठरियों में रहते हैं जिनमें रोग के कीटाणु पलते हैं। गरीबी और अभाव उनके जीवन की शान्ति को समाप्त कर देता है। उद्योगवाद का एक अन्य बड़ा परिणाम जीवन का यन्त्रवत् बन जाना है। यह यन्त्रवत् जीवन ही मध्यम वर्ग के क्लर्कों, अध्यापकों तथा नौकरी पेशा लोगों और श्रमिकों की जीवनी शक्ति को खाये जा रहा है। ऑल्डस हक्सले, टालस्टाय, महात्मा गांधी तथा श्री अरविन्द आदि संसार के बड़े-बड़े विचारकों ने आधुनिक यन्त्रवादी सभ्यता के इस भंयकर अभिशाप की ओर लोगों का ध्यान

आकर्षित किया है। ऑसवाल्ड स्पेंगलर ने लिखा है कि यह यन्त्रवादी सभ्यता स्वयं ही अपने को खा जायेगी। इस प्रकार उद्योगवाद से व्यक्ति का विघटन हो रहा है। उससे परिवार का संगठन विशृंखलित होता जा रहा है।

(10) भौतिकवादी और व्यक्तिवादी विचारधारा—कैलर ने लिखा है "कोई भी मानव सम्बन्ध, सुखपूर्ण सम्बन्ध के विषय में तो कहना ही क्या साधारण जीवन बिताने के लिये भी तब तक स्थायी नहीं रह सकता जब तक कि उसमें भाग लेने वाले व्यक्ति अपने को नित्य प्रति एक दूसरे के अनुसार उन बातों में ढालने के लिये तैयार नहीं रहते जो कि उनकी व्यक्तिगत स्वतन्त्रता को सीमित करते हैं।"[1] आधुनिक काल की भौतिकवादी तथा व्यक्तिवादी विचारधारा में परिवार के सदस्यों में यह सामंजस्य नहीं रह गया है। इससे परिवार का विघटन होना स्वाभाविक है।

(11) सामाजिक ढांचे में परिवर्तन—आधुनिक काल में समाज की व्यवस्था में बड़ी तेजी से परिवर्तन हो रहा है जिससे परिवार के सदस्यों की स्थिति तथा कार्य भी बदल रहे हैं। जिन परिवारों में मां-बाप, पति-पत्नी, इन बदलती हुई स्थितियों के अनुसार सामंजस्य करने को तैयार नहीं होते उनमें विघटन शुरू हो जाता है।

आधुनिक परिवार का भविष्य

परिवार के विघटन से कुछ लोग यह शंका करने लगे हैं कि क्या पश्चिम के अत्यधिक औद्योगीकृत और यन्त्रीकृत समाजों में परिवार वर्तमान संकट से बच जायेगा। सोरोकिन ने लिखा है, "तदनुसार संविदायुक्त परिवार अपने विकास की प्रगति में अनायास ही एक बिन्दु पर पहुंच गया है जहां कि वह अपने अधिकांश कार्यों और अधिकारों को खो बैठा है और जो बचे भी हैं उनमें से अधिकतर व्यर्थ और अकुशल रूप से होते हैं। वह आकार में सिकुड़ गया है। वह अधिकाधिक अस्थिर और दुर्बल हो गया है। वह सुख और आराम का भी कम से कम प्रबन्ध करता है जो कि सुखवादी संविदायुक्त परिवार में मौलिक उद्देश्य हैं। जब कोई संस्था अपने को इस रूप में पाती है तब वह विनाश की प्रक्रिया में है। यही आज सुखवादी संविदायुक्त परिवार की स्थिति है।"[2] प्रश्न यह है कि परिवार का भविष्य क्या

---

1. "No human relationship whatsoever is, lovable, not to say happy, unless those who share it are prepared to adjust themselves daily in ways that limit their personal freedom." —Keller
2. "Accordingly contractual family, in the progress of its development has unexpectedly reached the point where it has lost most of its functions and prerogatives, even those it retains are often atrophied and poorly performed. It has shrunk in size. It has become increasingly unstable and fragile. Less and less does it furnish even pleasure and comfort, the primary objects of the sensate contractual family. When an institution finds itself in such a situation it is in the process of decay. This is precisely the position of the contractual sensate family to-day." —Sorokin, P. *The Crisis of Our Age*, p. 192

होगा? क्या परिवार एक प्राथमिक समिति के रूप में जीवित बचेगा? वास्तव में परिवार के जीवित रहने के विषय में कभी भी सन्देह नहीं किया जा सकता क्योंकि उसका आधार मनुष्य की अनेक मूल प्रवृत्तियां और भावनायें हैं। यह कहा जाय तो कोई अतिश्योक्ति नहीं होगी कि जब तक मानव समाज का अस्तित्व है तब तक चाहे कितने भी परिवर्तन हों परन्तु परिवार का अस्तित्व भी अवश्य रहेगा। यद्यपि यह दूसरी बात है कि परिवार का संविदात्मक या अन्य कोई रूप नष्ट होकर नया रूप ले ले। सन्तानोत्पत्ति की कामना मनुष्य की स्वाभाविक कामना है। परिवार के बाहर न तो वैध सन्तान उत्पन्न की जा सकती है और न उसके पालन-पोषण का समुचित प्रबन्ध हो सकता है। स्त्री पुरुष की यौन आवश्यकताओं को स्थायी रूप से सन्तुष्ट करने के लिए किसी न किसी प्रकार का परिवार आवश्यक है। परिवार से स्त्री-पुरुष की शारीरिक आवश्यकताओं की ही नहीं, बल्कि मनोवैज्ञानिक आवश्यकताओं, प्रेम करने और प्रेम पाने की इच्छा, मनोवैज्ञानिक सुरक्षा की भावना आदि की भी सन्तुष्टि होती है। परिवार व्यक्ति पर समाज का नियन्त्रण रखता है। परिवार ऐसा परिवेश निर्माण करता है कि जिसमें पलकर बालक का व्यक्तित्व समुचित रूप से विकसित हो बन सके वह एक आदर्श नागरिक बन सके। मैकाइवर ने लिखा है कि बहुत से अध्ययनों से यह मालूम हुआ है कि तीस वर्ष से अधिक आयु के अविवाहित स्त्री-पुरुषों की मृत्यु-संख्या विवाहित स्त्री-पुरुषों की संख्या से दुगनी है। क्षय, दुर्घटनाओं, आत्महत्या, मद्यपान और यौन सम्बन्धी रोगों से मरने वाले लोगों में अविवाहितों की संख्या विवाहितों से बहुत अधिक होती है। ट्रक्सल और मैरिल के शब्दों में "पति-पत्नी का परस्पर प्रेम एक जटिल समाज की अनेक मानसिक और भौतिक व्याधाओं से व्यक्ति की रक्षा करता है।"[1] इससे स्पष्ट है कि परिवार की संस्था से मनुष्य को कितने लाभ हैं। वास्तव में परिवार समाज की एक प्राथमिक और मौलिक इकाई है। वह सारे सामाजिक जीवन की नींव है। वह व्यक्ति का सामाजीकरण करता है और जीवन साथी के चुनाव में सहायता करता है। वह उत्तराधिकार निश्चित करता और धन-सम्पति का प्रबन्ध करता है। परिवार के समस्त प्रत्यक्ष लाभों का वर्णन करना कठिन है। वह मानव प्रकृति का एक अभिन्न अंग है। वह सामाजिक भवन की नींव है। अत: बर्गेस और लॉक का यह कथन उचित ही प्रतीत होता है, "कि बदलती हुई परिस्थितियों से सामंजस्य करने के परिवार के लम्बे इतिहास के कारण और व्यक्तित्व के विकास में तथा व्यक्तिगत सन्तोष में स्नेह के आदान-प्रदान के उसके काम में महत्व के कारण, इन दोनों कारणों से यह भविष्यवाणी करना सुरक्षित मालूम पड़ता है कि परिवार जीवित रहेगा।"[2]

---

1. "Mutual affection guards against many of the mental and physical tribulations of a complicated society." —Truxall & Merrill
2. "It seems safe to predict that the family will survive, both because of its long history of adaptability to changing conditions and because of the importance of its functions of affection in giving and receiving personal satisfaction and in personality development." —Burgess & Locke

परिवार का पुनर्गठन

अतः पारिवारिक विघटन पारिवारिक परिवर्तन में केवल एक पहलू है। ऑगबर्न और निमकॉफ ने ठीक ही लिखा है "परिवार एक अत्यन्त प्रतिरोधक और नमनीय संस्था सिद्ध हुआ है। रूपों और कार्यों में मौलिक परिवर्तन होते हुये भी परिवार हमें ज्ञात प्रत्येक समाज में चलता आ रहा है।" इस प्रकार जहां एक ओर परिवार का विघटन करने वाले तत्व सक्रिय हैं वहां दूसरी ओर कुछ कारक उसका पुनर्गठन भी करते जाते हैं। पारिवारिक परिवर्तन की इन परस्पर विरुद्ध क्रियाओं का निर्देश करते हुए वेबर ने लिखा है "युद्ध के पश्चात् परिवार के लिये एक कठिन समय आता है परन्तु वह समूल नष्ट होने का खतरा नहीं है—व्यक्तिगत परिवार यहाँ तक टूट जायेंगे कि उनको कभी सुधारा नहीं जा सकेगा परन्तु उनका स्थान लेने के लिये नए उत्पन्न होंगे। युद्ध के पश्चात् विवाह-विच्छेद बढ़ेंगे। कुछ समय तक किशोरापराध की दर ऊँची रहेंगी और अनेक घरों में पारिवारिक अनुशासन और माता-पिता की सत्ता पुनः स्थापित नहीं होगी; यौन मानदण्ड जो पहले से भी गिर चुके हैं उनको ऊँचा उठाना भी बहुत कठिन होगा। आर्थिक तूफान भाग्यहीन और अस्थिर परिवारों को एक बड़ी संख्या में नष्ट कर देगा। परन्तु नये युवक-युवतियों में विवाहित प्रचलित रहेगा, जिनको सदैव यह निश्चय रहता है कि यद्यपि अन्य सब असफल रहे हैं परन्तु वे अवश्य सफल होंगे। अधिक सामाजिक कार्य, उन्नत शिक्षा प्रणालियाँ, माता-पिता की अधिक अच्छी शिक्षा तथा और अधिक संख्या में परिवार परामर्शदात्री एजेन्सियाँ सब रचनात्मक पक्ष में गिनी जायेंगी। इस बात का पर्याप्त प्रमाण है कि समाज अभी पारिवारिक प्रतिमान में कोई मौलिक परिवर्तन नहीं चाहता और जिसको भी वह खतरनाक समझेगा उसका जोर-शोर से विरोध करेगा। संभवतः सबसे बड़ा खतरा अधिकांश लोगों की यह देखने की अयोग्यता से है कि कौन सा कारक परिवारों को सबसे अधिक दुर्बल बनाता है और इसलिये कहाँ सबसे अधिक विशेष प्रयास की आवश्यकता है। तत्कालीन दृष्टिकोण उज्जवल नहीं है परन्तु दीर्घकालीन दृष्टिकोण उत्साहवर्धक है।"[1]

उपरोक्त लम्बे उदद्धरण से स्पष्ट है कि पारिवारिक विघटन के साथ-साथ आजकल पारिवारिक संगठन की प्रक्रिया भी चल रही है। जिस प्रकार पारिवारिक विघटन परिवार के सदस्यों में सामंजस्य कम होना है उसी प्रकार पारिवारिक पुनर्गठन का अर्थ परिवार के सदस्यों में सामंजस्य का बढ़ना है। "वर्तमान प्रवृत्तियां केवल विघटन का ही नहीं बल्कि पुनर्गठन का भी प्रतिनिधित्व करती हैं।"[2] यह पुनर्गठन विशेषतया मनोवैज्ञानिक कारकों पर जोर के कारण हो रहा है। इस दृष्टि से आधुनिक

---

1. R.E. Vaber 'Marriage and the Family after the War.' *Annals of the Academy of political and Social Science*, Vol. 292. (Sept. 1943), pp. 164-175
2. "Present trends represent not only disorganization but reorganisation."
—Burgess and Locke.
The Family, (1950), p. 715

एकाकी परिवार पुराने संयुक्त परिवारों से कहीं अधिक सुदृढ़ हैं। परिवार में बालकों के महत्व से भी परिवार की दृढ़ता बढ़ी है। एक ओर यदि तलाकों की संख्या बढ़ी है तो दूसरी ओर पुनर्विवाहों की संख्या बढ़ी है। भारतीय समाज को ही लीजिये तो यदि विवाह विच्छेदों की संख्या बढ़ रही है तो इतने विधवा पुनर्विवाह भी किसी काल में नहीं हुये।

वास्तव में आधुनिक परिवार एक संक्रमण काल (Transitional Period) से गुजर रहा है। इस संक्रमण में उसके उद्देश्यों, आदर्शों और कार्यों में भारी परिवर्तन हुआ है। परन्तु न तो उसके कार्य ही समाप्त हुये हैं और न उसका मूल्य ही नगण्य हो गया है। परिवार मानव में प्रेम पाने और प्रेम करने, मनोवैज्ञानिक सुरक्षा खोजने और सम्बन्धों के साथ-साथ मानसिक और आध्यात्मिक सम्बन्ध खोजने की प्रवृत्ति पर टिका है। इन प्रवृत्तियों के रहते यौन सम्बन्धी प्रथाओं और नियमों में कितना भी परिवर्तन होने पर भी परिवार अवश्य रहेगा। मानव की ये प्रवृत्तियां विघटित परिवार को बारम्बार पुनर्गठित करती रहेंगी। फिर विघटन और संगठन भी तो केवल सापेक्ष शब्द हैं। अधिकतर वास्तविक (Actual) परिवार न तो पूर्णतया संगठित हैं और न नितान्त विघटित। अतः जब तक परिवार बिल्कुल ही न टूट जाये तब तक उसके पुनर्संगठन की क्रियायें काम करती ही रहती हैं और यदि कोई परिवार बिल्कुल ही टूट जाये तो इससे परिवार की संस्था नहीं टूटती। पुराने परिवारों के स्थान पर नवीन परिवार आ जाते हैं और एक संस्था के रूप में परिवार सदैव बना रहता है। इसका अर्थ यह नहीं कि विघटन की आधुनिक प्रवृत्तियों को रोकने के लिए प्रयास की आवश्यकता नहीं है बल्कि केवल यह कि पुनर्संगठन के प्रयास में यह विश्वास बनाये रखना चाहिये कि परिवार जीवित रहेगा यद्यपि देश-काल के अनुसार उसका रूप अवश्य बदलेगा।

अभ्यास के लिए प्रश्न

1. पारिवारिक जीवन पर यान्त्रिक तथा वैज्ञानिक आविष्कारों का क्या प्रभाव पड़ा है? विवेचन कीजिए।
2. परिवार किस तरह समाज की प्राथमिक और मौलिक इकाई है? समझाइये।
3. सामाजिक नियन्त्रण में परिवार के महत्व की व्याख्या कीजिए।
4. सामाजिक नियन्त्रण के रूप में परिवार और राज्य के महत्व की तुलना कीजिए।
5. सामाजिक संरचना को बनाये रखने में परिवार की भूमिका की व्याख्या कीजिए।
6. सामाजीकरण तथा सामाजिक नियन्त्रण में परिवार की भूमिका की विवेचना कीजिए।
7. औद्योगीकरण एवं नगरीकरण के कारण भारतीय परिवार में हो रहे परिवर्तनों का विश्लेषण कीजिए।
8. सामाजिक नियन्त्रण में की भूमिका समझाइये।

10

सामाजिक नियंत्रण में राज्य का कार्यभाग

(Role of State in Social Control)

प्राचीन यूनान के प्रसिद्ध विचारक अरस्तू ने अपने प्रसिद्ध ग्रन्थ पोलिटिक्स की प्रथम पुस्तक के प्रथम अध्याय में लिखा है "प्रत्येक राज्य एक समुदाय है।" राज्य को समुदाय कहने से अरस्तू का तात्पर्य उसको समाज कहना था। इस प्रकार अरस्तू के अनुसार समाज और राज्य में कोई अन्तर नहीं है। अरस्तू की इस विचारधारा को आधुनिक विचारक नहीं मानते। यह भी ठीक है कि आमतौर से हर एक समाज में एक अलग राज्य भी होता है। परन्तु इस नियम के अपवाद भी कम नहीं हैं। राज्य समाज का एक अंग है। परन्तु राज्य समाज नहीं है। वह एक राजनैतिक संगठन है जबकि समाज में सभी प्रकार के मानव सम्बन्ध आते हैं। इस प्रकार समाज एक अधिक व्यापक शब्द है। उसमें गांव, नगर, देश, मानव जगत सभी कुछ आ जाता है। दूसरी ओर राज्य एक संकुचित संगठन है। फिर, राज्य मनुष्य के लिये उतना आवश्यक भी नहीं है। मनुष्य एक सामाजिक प्राणी है। परन्तु सभी विचारक उसको राजनैतिक प्राणी नहीं कहना चाहेंगे। अनेक विचारकों ने राज्य को शक्ति और हिंसा के प्रतीक के रूप में मानव समाज के लिये हानिकारक तक मान लिया है। महात्मा गांधी, प्रिसं क्रोपाटकिन और मार्क्स तथा इंगेल्स आदि ने भविष्य में एक राज्य विहीन मानव समाज की कल्पना की है। राज्य को मनुष्य के लिये क्या-क्या करने का अधिकार है और क्या नहीं अथवा वह समाज के लिये लाभदायक है या हानिकारक इन सब बातों का विस्तृत विवेचन आगे किया जायगा। यहाँ तो केवल इतना ही कहना पर्याप्त है कि राज्य समाज के हित का एक साधन है। राजनैतिक समितियां सामाजिक संगठन का एक महत्वपूर्ण अंग हैं।

राज्य और शासन पद्धति

प्रत्येक राज्य में एक शासन पद्धति होती है। यह मानव पद्धति दूसरे अर्थों में सरकार कहलाती है। सरकार के रूप भिन्न-भिन्न राज्यों में भिन्न-भिन्न होते हैं। कहीं जनतन्त्रीय शासक पद्धति होती है तो कहीं एक सत्ताधिकारी सरकार होती है। कहीं जनता के प्रतिनिधि शासन चलाते हैं तो कहीं किसी विशेष कुल या कुछ परिवार के लोग आनुवंशिक रूप में शासन की बागडोर सम्भालते हैं। स्पष्ट है कि राज्य और सरकार दो अलग शब्द हैं और इनके दो अलग अर्थ हैं। शासन पद्धति एक पद्धति है जब कि राज्य एक समिति है। सरकार राज्य के संगठन की प्रतिनिधि है। शासन पद्धतियाँ बदलती रहती हैं। परन्तु उनके साथ एक समिति के रूप में राज्य नहीं बदलता। शासन पद्धति राज्य का एक आवश्यक अंग है परन्तु वह राज्य नहीं है।

राज्य और राष्ट्र

जैसा कि पीछे राष्ट्र के विवेचन में बतलाया जा चुका है, राज्य और राष्ट्र दो अलग तत्व हैं। राज्यशास्त्रियों ने इन दोनों शब्दों के अलग-अलग अर्थ किये हैं। बर्गेस के अनुसार "राष्ट्र उस लोक समुदाय का नाम है जिसकी भाषा, साहित्य, इतिहास और रीति-रिवाज एक हैं और जो पृथ्वी के एक ऐसे भाग में बसा हुआ है जिसकी भौगोलिक परिस्थिति समान है।" ब्लंशली के अनुसार "राष्ट्र भिन्न-भिन्न व्यवसाय करने वाले भिन्न-भिन्न सामाजिक स्थिति के ऐसे मनुष्यों का संघ है जो समान भावना तथा समान जाति में बंधे हुये हैं और जो भाषा, सभ्यता और रीति-रिवाज में भी समान हैं।" दूसरी ओर जैसा कि राज्य की परिभाषाओं में पहले बताया जा चुका है राज्य एक राजनैतिक दृष्टिकोण से संगठित समूह है। उसकी परिभाषा एक निश्चित भू-भाग में रहने वाले उस सुसंगठित जनसमुदाय के रूप में की जा सकती है जिसकी एक अपनी सर्वोच्च सत्ता सम्पन्न सरकार है। राज्य और राष्ट्र दोनों में एक निश्चित जनसमूह और एक निश्चित भूखण्ड आवश्यक है परन्तु इसके बाद उसकी समानता समाप्त हो जाती है। राज्य के लिये एक सरकार और सर्वोच्च प्रभुसत्ता आवश्यक है, राष्ट्र में उनकी कोई जरूरत नहीं।

राज्य के मूल तत्व

प्राचीन काल से आज तक राज्यशास्त्रियों ने राज्य के मूल तत्वों पर विचार किया। राज्य की परिभाषा में राज्य के चार मूल तत्व बतलाये गये हैं यथा जनसंख्या, भूमि, शासन और प्रभुता। आधुनिक विचारक राज्य में इन चार तत्वों को मानते हैं। परन्तु यहाँ पर राज्य के तत्वों के विषय में कुछ अन्य मतों का दिग्दर्शन भी प्रासंगिक होगा। प्राचीन हिन्दू राज्यशास्त्रियों ने राज्य के सात मूल तत्व या अंग माने हैं। ये मूल तत्व हैं (1) स्वामी अथवा राजा, (2) अमात्य अथवा मंत्री, (3) पुर या राजधानी, (4) राष्ट्र (5) कोष, (6) दण्ड अथवा बल, (7) सुहृत् अथवा मित्र।

यूरोप के प्रसिद्ध राजशास्त्रवेता ब्लंशली ने राज्य के निम्नलिखित सात तत्व माने हैं—(1) जनसंख्या, (2) स्थान, (3) संगठन, (4) शासक शासित में भेद, (5) जीवन, (6) सदाचार के सिद्धान्त, (7) नरगुण प्रधानता। अब राज्य के मुख्य चार तत्वों का विस्तृत विवेचन किया जायेगा।

(1) **जनसंख्या**—राज्य के लिये एक जनसंख्या का होना सबसे अधिक आवश्यक है। परन्तु किसी राज्य में राज्य कहलाने के लिये कितनी जनसंख्या होनी चाहिये इस विषय में निश्चित रूप से कुछ नहीं कहा जा सकता। अरस्तू ने एक लाख जनसंख्या को राज्य के लिये अत्यधिक माना है क्योंकि इससे अधिक नागरिकों का राज्य सत्ता में अधिकार कम हो जाता है। आधुनिक काल में यातायात और संदेशवहन के अभूतपूर्व विकास से यूनानी विचारकों का यह मत निरर्थक हो गया है क्योंकि आधुनिक राज्यों में करोड़ों व्यक्ति भी राज्य शासन में हाथ बंटा सकते हैं। यह ठीक है कि किसी राज्य में जितने कम व्यक्ति होंगे अथवा राज्य जितना छोटा होगा उसके सदस्य उसमें उतनी ही अच्छी तरह भाग ले सकेंगे। राज्य के बढ़ते जाने पर उसका सच्चा जनतन्त्रीय स्वरूप बना नहीं रह सकता परन्तु फिर भी आधुनिक वैज्ञानिक साधनों के कारण राज्यों में करोड़ों की जनसंख्या भी भली प्रकार प्रशासित की जा सकती है। राज्य की जनसंख्या में दो तरह के लोग शामिल हैं—नागरिक और प्रजाजन, नागरिक वे हैं जिन्हें वोट देने और निर्वाचित होने का अधिकार है। दूसरी ओर प्रजाजन में वे विदेशी आते हैं जिनको नागरिकता के अधिकार नहीं मिले हुये हैं।

(2) **भूमि**—राज्य का दूसरा आवश्यक तत्व भूमि है। यहाँ पर भूमि में नदियाँ, झीलें, तालाब, नहरें और समुद्र आदि वे सभी प्राकृतिक तत्व शामिल हैं जो कि राज्य की सीमा के अन्तर्गत आते हैं। अन्तर्राष्ट्रीय नियम के अनुसार राज्य की सीमा के निकट बारह मील तक समुद्र राज्य की भूमि में शामिल माना जाता है और उसमें दूसरे राज्यों के जहाज राज्य की अनुमति के बिना प्रवेश नहीं कर सकते। राज्य में भूमि का विस्तार कितना होना चाहिये इसके विषय में कुछ निश्चित संख्या नहीं रखी जा सकती। आज संसार में छोटे-बड़े सभी तरह के राज्य हैं। ऐसे राज्य भी हैं जिनका भूमि क्षेत्र हमारे देश के एक जिले से बड़ा नहीं है और ऐसे राज्य भी हैं जिनको देश न कहकर छोटे-मोटे उप-महाद्वीप ही कहना अधिक उचित मालूम पड़ता है।

(3) **प्रभुता अथवा प्रभुत्व शक्ति**—किसी देश में राज्य को अन्य संगठनों से अलग करने वाला उसका सबसे अधिक महत्वपूर्ण लक्षण प्रभुता अथवा प्रभुत्व शक्ति है। जनसमूह और भूमि तो अन्य संगठनों के पास भी हो सकती है परन्तु सर्वोच्च प्रभुसत्ता राज्य की ही होती है। इसी कारण राज्य के बनाये हुए कानून उसकी सीमा के अन्तर्गत हर एक समूह को मानने पड़ते हैं। राज्य अपने कानूनों को और अपनी आज्ञाओं को बलपूर्वक मनवाता है और उनको भंग करने वालों को दण्ड तक

देने का अधिकार रखता है। देश के बाहरी मामलों में भी राज्य के अधिकार बड़े व्यापक होते हैं। यद्यपि आधुनिक राज्य कुछ अन्तर्राष्ट्रीय नियमों से भी बाध्य होता है परन्तु फिर भी किसी भी राज्य से सन्धि, व्यापारिक समझौता और युद्ध तक करने में उसको बहुत कुछ स्वतन्त्रता होती है।

(4) **शासन अथवा सरकार**–राज्य का चौथा मूल तत्व अथवा आवश्यक लक्षण शासन अथवा सरकार है। हर एक राज्य में एक शासन पद्वति होती है जिससे राज्य का संगठन चलता है। सीली के अनुसार यह वह व्यवस्था है जिसके द्वारा राज्य की शक्तियाँ प्रकट की जाती हैं। यह शासन अथवा सरकार बदलती रहती है परन्तु इसके साथ राज्य नहीं बदलते। फिर भी हर समय हर एक राज्य में किसी न किसी प्रकार की शासन पद्धति का होना आवश्यक है।

राज्य की उत्पत्ति

राज्य की उत्पत्ति कब और किस तरह हुई इसके बारे में निश्चित रूप से कुछ कहना बड़ा कठिन है क्योंकि यह एक प्रागैतिहासिक अथवा इतिहास-पूर्व घटना है। संसार के सबसे प्रचीन ग्रन्थ वेद में विभिन्न प्रकार के राज्यों का उल्लेख से स्पष्ट है कि वेदों के पहले राज्य की संस्था का काफी विकास हो चुका था। अतः राज्य की उत्पत्ति के विकास में कल्पना के आधार पर ही कुछ कहा जा सकता है। इस कारण राज्य की उत्पत्ति के विषय में विचारकों में बड़ा मतभेद दिखाई पड़ता है। इस सम्बन्ध में मुख्य सिद्धान्त निम्नलिखित हैं–

(1) **शक्ति सिद्धान्त**–कुछ विचारकों के अनुसार राज्य की उत्पत्ति शक्ति से हुई। इस मत के अनुसार राज्य के विकास का युद्ध कौशल से बड़ा घनिष्ठ सम्बन्ध है। इसमें कोई सन्देह नहीं कि राज्य की उत्पत्ति में शक्ति का बड़ा हाथ है और अनेक आधुनिक राज्य युद्ध से विकसित हुए हैं परन्तु फिर भी यह नहीं कहा जा सकता कि राज्य की उत्पत्ति शक्ति के कारण हुई।

(2) **दैवी उत्पत्ति का सिद्धान्त**–भारत तथा कुछ अन्य देशों में प्राचीन विचारकों ने राजा को ईश्वर का प्रतिनिधि माना था। जापानी लोग अपने राजा को सूर्य देव का पुत्र मानते हैं। जेम्स प्रथम ने राजा की आज्ञा को ईश्वरीय घोषित किया था। दैवी सिद्धान्त के निम्नलिखित चार मूल तत्व हैं–(1) राजा को राज्य सत्ता ईश्वर ने दी है। (2) राज्य सत्ता वंशानुगत है। (3) राजा केवल ईश्वर के प्रति उत्तरदायी है। (4) राजा का विरोध करना पाप है। राज्य की उत्पत्ति का दैवी सिद्धान्त आजकल कोई भी विचारक नहीं मानता। गिलक्राइस्ट के अनुसार इस सिद्धान्त की सफलता के तीन मुख्य कारण हैं– (1) इकरार के सिद्धान्त की स्थापना, (2) ईसाई धर्म और राज्य का अलग होना, (3) जनतन्त्रवाद द्वारा स्वेच्छाचारी शासन का विरोध तथा खण्डन।

(3) **सामाजिक अनुबन्ध अथवा इकरार का सिद्धान्त**—कुछ विचारकों के अनुसार राज्य की स्थापना प्राचीन काल में जनता और राजा के बीच एक इकरार के द्वारा हुई। इस सिद्धान्त के सबसे प्रसिद्ध समर्थक हैं हाब्स, लाक और रूसो। इन्होंने भिन्न-भिन्न रूप से इस सिद्धान्त का प्रतिपादन किया है। सामाजिक अनुबन्ध का सिद्धान्त ऐतिहासिक और तार्किक किसी भी दृष्टिकोण से ठीक नहीं बैठता। अतः उसको राज्य की उत्पत्ति की समुचित व्याख्या नहीं माना जा सकता।

(4) **पैतृक तथा मातृक सिद्धांत**—कुछ विचारकों के अनुसार पितृ प्रधान और मातृ-प्रधान परिवारों के क्रमशः विकास से ही राज्य की उत्पत्ति हुई। राज्य की उत्पत्ति की यह व्याख्या अत्यधिक सरल है। इससे आधुनिक राज्य की जटिल व्यवस्था को नहीं समझाया जा सकता।

(5) **विकास सिद्धान्त**—कुछ विचारकों के अनुसार राज्य की उत्पत्ति मानव समाज के क्रमशः विकास में एक अवस्था है। राज्य इतिहास का फल है, इसका यह अभिप्राय है कि वह मनुष्य समाज के क्रमशः और सतत होने वाले विकास का फल है। राज्य के विकास के सिद्धान्त में इतना सत्य जरूर है कि राज्य क्रमशः विकास का फल है परन्तु फिर इस क्रमशः विकास में राज्य किन-किन अवस्थाओं से गुजरा है इसके बारे में निश्चित रूप से कुछ नहीं कहा जा सकता।

(6) **सावयव सिद्धान्त**—कुछ विचारकों के अनुसार राज्य में सावयव एकता है अर्थात् व्यक्ति और राज्य का वही सम्बन्ध है जो कि शरीर के विभिन्न अंगों का शरीर से है। राज्य का सावयव सिद्धान्त यह तो बतलाता है कि व्यक्ति और राज्य का सम्बन्ध घनिष्ठ है परन्तु यह कहना अतिश्योक्ति है कि यह सम्बन्ध वही है जो कि शरीर और उसके अंगों में है।

राज्य की उत्पत्ति के उपरोक्त सिद्धान्तों के अलावा कुछ अन्य सिद्धान्त भी उपस्थित किये गये हैं। उदाहरण के लिये कार्ल मार्क्स ने राज्य को आर्थिक प्रक्रिया का परिणाम माना है। परन्तु ये सभी मत कुछ न कुछ सत्य की अभिव्यक्ति करते हुए भी एकांगी हैं। जैसा कि पीछे बतलाया जा चुका है। राज्य के कुछ मूल तत्व हैं। इन मूल तत्वों के एकत्रित होने पर राज्य बना। इसमें रक्त सम्बन्ध, धर्म और राजनैतिक चेतना का महत्वपूर्ण हाथ था। इसमें शक्ति, दैवी स्वीकृति, सामाजिक समझौता और समाज के क्रमशः विकास का योगदान था। परन्तु इन सब तत्वों ने मिलकर किस तरह राज्य की उत्पति की इस विषय में उदार दृष्टिकोण रखना ही अधिक अच्छा होगा।

राज्य की परिभाषा

राज्य के पीछे दिये गये विवेचन से अब राज्य की परिभाषा करनी आसान होगी। अरस्तू और उसके बाद के विचारकों ने राज्य की बहुत तरह से परिभाषायें की हैं। इनमें से कुछ परिभाषायें निम्नलिखित हैं—

(1) **अरस्तू का मत** –"राज्य एक पूर्ण और आत्मनिर्भर जीवन का लक्ष्य लिए हुए परिवारों और गांवों का एक संघ है।"[1] अरस्तू की यह परिभाषा नगर राज्यों पर ही लागू होती है। आधुनिक राज्य गांवों तक ही सीमित नहीं होते। आधुनिक विचारकों ने राज्य के चार प्रमुख लक्षण बतलाये हैं–(1) जनता, (2) निश्चित भूखण्ड, (3) शासन या सरकार, और (4) सर्वोच्च प्रभुसत्ता (Sovereignty)।

(2) **बर्गेस का मत**–"राज्य एक संगठित इकाई के रूप में मानव जाति का एक विशेष भाग है।"[2] राज्य की इस परिभाषा में निश्चित भूखण्ड का अभाव है।

(3) **ब्लंश्ली का मत**–"राज्य एक निश्चित भूभाग का राजनैतिक दृष्टि से संगठित जनसमूह है।"[3] राज्य की इस परिभाषा में प्रभुसत्ता का उल्लेख नहीं है।

(4) **लास्की का मत**–"राज्य शासक शासितों में बंटा हुआ और अपने भौतिक क्षेत्र में दूसरी सब संस्थाओं पर आधिपत्य का दावा करने वाला एक प्रादेशिक समाज है।"[4] प्रो॰ लास्की की यह परिभाषा बहुत कुछ ठीक ही है।

(5) **गार्नर का मत**–"राजनीति शास्त्र और सार्वजनिक विधि के एक प्रत्यय के रूप में राज्य मनुष्यों के उस न्यूनाधिक बहुसंख्यक समुदाय को कहते हैं जो एक निश्चित भू-भाग में रहता हो, जिसकी ऐसी संगठित सरकार हो जो बाहरी नियन्त्रण से पूरी तरह या प्राय: स्वतन्त्र हो और अधिकांश जनता स्वभाव से ही जिसकी आज्ञा का पालन करती हो।"[5] राज्य की यह परिभाषा सर्वश्रेष्ठ परिभाषाओं में से मानी जा सकती है। इस प्रकार संक्षेप में "राज्य की परिभाषा एक निश्चित भू-भाग में रहने वाले उस सुसंगठित जन समुदाय के रूप में की जा सकती है जिसकी एक अपनी सर्वोच्च सत्ता सम्पन्न सरकार हो।"[6]

---

1. "The State is a union of families and villages having for its end a perfect and self sufficing life." —Aristotle
2. "The State is particular portion of mankind viewed as an organised unit." --Burgess
3. "The State is the politically organised people of a definite territory." —Bluntschli
4. "The State is a territorial society divided into government and subject, claiming within its allotted physical area a supremacy over all other institutions." —Prof. Laski
5. "The State as a concept of political science and public law is a community of persons more or less numerous, permanently occupying a definite portion of territory, independently or nearly so, of external control and possessing an organised government to which the great body of inhabitants render habitual obedience." —Garner
6. "State can be defined as an organised people living in a definite territory and which has its own sovereign government." —The Author

राज्य के अधिकार

राज्य के समाजशास्त्रीय विवेचन में उसके अधिकारों का विवेचन सबसे अधिक महत्वपूर्ण है। प्रश्न यह है कि राज्य को व्यक्ति पर नियन्त्रण करने का कहाँ तक अधिकार है। इस विषय में विचारकों ने भिन्न-भिन्न मत उपस्थित किये हैं।

राज्य का सर्वाधिकारवादी सिद्धान्त

सर्वाधिकारवादियों के अनुसार राज्य का व्यक्ति पर पूर्ण अधिकार है। उसका अधिकार परिवार, धर्म, समाज सबके ऊपर है। कोई भी व्यक्ति, पिता, पुत्र, व्यापारी या वैज्ञानिक, हिन्दू या मुसलमान होने से पहले राज्य का नागरिक है और उसके राज्य के प्रति कर्तव्यों के सामने अन्य सब कर्त्तव्य नगण्य हैं। राज्य के अधिकारों की तुलना में परिवार, जाति, समाज आदि के अधिकार गौण हैं। राज्य सर्वोपरि है। वह व्यक्ति से पूर्ण आत्म-समर्पण मांगता है। वह कहता है कि "भूल जाओ कि तुम किसान, श्रमिक, व्यापारी, वैज्ञानिक, पत्नी या माता हो और केवल यह याद रखो कि तुम एक नागरिक हो। अपने ऊपर अन्य सभी के अधिकार भूल जाओ क्योंकि किसी की भी मेरी अधिकारों से तुलना नहीं की जा सकती।"फासिस्ट इटली तथा नाजी जर्मनी में तानाशाहों ने राज्य के इसी रूप को स्थापित करना चाहा था। जर्मनी और इटली की नृशंसता और हिटलर तथा मुसोलिनी का पतन इस तथ्य के प्रमाण हैं कि व्यक्ति पर राज्य के इस सर्वाधिकार की धारणा ठीक नहीं है। उपरोक्त उद्धरण राज्य की शक्ति और कार्यों की उचित अभिव्यक्ति नहीं है। कार्नवाल ल्वीस का यह कथन सर्वथा अनैतिक है कि "प्रभुसत्ता को व्यक्ति के जीवन, अधिकारों और कर्तव्यों के सम्बन्ध में पूरा अधिकार है।"[1] राज्य को इस प्रकार निरंकुश अधिकार देना व्यक्ति की नैतिक स्वतन्त्रता पर कुठाराघात करना है। विशेषतया विचारों और भावनाओं के नियन्त्रण की चेष्टा तो मनुष्य की वैयक्तिकता को ही समाप्त कर देगी। अन्ततोगत्वा सभी सामाजिक संस्थायें मानव के सर्वांगीण विकास का साधन मात्र हैं और राज्य भी कोई अपवाद नहीं है। अतः ब्लैकस्टोन का यह कथन नीति की जड़ पर कुठाराघात करता है कि "राज्य की सत्ता एक परम, निर्बाध और अनियन्त्रित सत्ता है।"[2]

राज्य के अधिकारों की सीमायें

वास्तव में वैधानिक दृष्टिकोण से भी राज्य के अधिकारों की कुछ निश्चित सीमायें हैं। राज्य के अधिकारों को सीमित करने वाले मुख्य कारक अग्रलिखित हैं—

---

1. "The sovereign has the complete disposal of the life, rights and duties of the individual."

—Cornewall Lewis

2. "The sovereign is a supreme, irresistible, uncontrollable authority."

—Blackstone

(1) **मौलिक अधिकार** (Fundamental Rights)—प्रत्येक राज्य के नागरिकों को कुछ मौलिक अधिकार मिले होते हैं। राज्य इन मौलिक अधिकारों पर कुठाराघात नहीं कर सकता है।

(2) **सामाजिक संगठन**—राज्य में बहुत से सामाजिक संगठन होते हैं जिनके अपने अधिकार होते हैं और जो सामाजिक जीवन के लिये बड़े आवश्यक हैं। साधारणतया राज्य इन सामाजिक संगठनों के अधिकारों की अवहेलना नहीं करता।

(3) **सामाजिक प्रथायें, रीति-रिवाज और परम्परायें**—साधारणतया राज्य समाज की प्रथाओं, रीति-रिवाजों और परम्पराओं का उल्लंघन करता है।

(4) **राज्य का स्वरूप**—राज्य का स्वरूप भी राज्य के अधिकारों को सीमित करता है। जनतन्त्रीय, अधिनायकवादी आदि भिन्न-भिन्न प्रकार के राज्यों में राज्य के अधिकार भी भिन्न-भिन्न होते हैं।

(5) **अन्तर्राष्ट्रीय परिस्थितियाँ**—अधिकारों का प्रयोग करने में राज्य को अन्य राज्यों तथा अन्तर्राष्ट्रीय परिस्थितियों का ध्यान रखना पड़ता है। ऐसा न करने पर उसका अस्तित्व तक खतरे में पड़ सकता है। इसलिये अपने अधिकारों का प्रयोग करने में राज्य अपने नागरिकों और उनकी सामाजिक संस्थाओं का ही नहीं बल्कि बाहरी राज्यों का भी ध्यान रखता है।

संक्षेप में, नागरिकों के मौलिक अधिकार, सामाजिक प्रथायें, रीति-रिवाज और परम्परायें, सामाजिक संगठनों के अधिकार, राज्य का स्वरूप तथा अन्तर्राष्ट्रीय परिस्थितियां राज्य के अधिकारों को सीमित करती हैं अन्यथा अपने सीमित क्षेत्र में राज्य सर्वोच्च सत्ता है। अतः वैधानिक तथा व्यावहारिक किसी भी दृष्टि से राज्य के अधिकार असीम नहीं है।

राज्य के कार्य

सर्वाधिकारवादियों के मत से ऐसा मालूम पड़ता है मानों राज्य सभी कार्य कर सकता हो परन्तु यह विचार सर्वथा भ्रामक है। वास्तव में साधन के दृष्टिकोण से भी राज्य व्यक्ति के लिये आवश्यक सभी कामों को नहीं कर सकता। अतः राज्य को साध्य तो क्या एक मात्र साधन भी नहीं माना जा सकता। मैकाइवर तथा पेज के अनुसार कुछ कार्य ऐसे हैं जिन्हें राज्य ही कर सकता है, कुछ कार्य ऐसे हैं जिनको करने के लिये राज्य अपेक्षाकृत अधिक सुयोग्य है, परन्तु कुछ कार्य ऐसे हैं जिनको राज्य न करे तो अच्छा है और साथ ही कुछ कार्य ऐसे भी हैं जिनको राज्य नहीं कर सकता अथवा जिनको सम्पन्न करने में राज्य अयोग्य है। इन चारों प्रकार के कार्यों को समझ लेने से यह भलीभांति स्पष्ट हो जायेगा कि राज्य को व्यक्ति पर सर्वाधिकार रखने वाला नहीं माना जा सकता। राज्य के ये विभिन्न कार्य अग्रलिखित हैं—

(1) **ऐसे कार्य जिन्हें केवल राज्य ही कर सकता है** (Functions Peculiar to the State)—इस प्रकार के कार्यों के विषय में पर्याप्त मतभेद है परन्तु साधारणतया न्याय, शान्ति, शिक्षा तथा सुरक्षा आदि की व्यवस्था और नाप जोख के पैमाने को तय करना तथा मुद्रा आदि का प्रबन्ध केवल राज्य ही कर सकता है, दूसरी कोई भी समिति उन्हें नहीं कर सकती।

(2) **ऐसे कार्य जिन्हें करने के लिये राज्य अपेक्षाकृत अधिक अनुकूल है** (Functions for which the State is well Adapted)—बहुत से कार्य ऐसे भी हैं जिनको राज्य अन्य समितियों की अपेक्षा अधिक अच्छी तरह कर सकता है। इस तरह के कार्यों में जंगलों की रक्षा करना, खनिज पदार्थों की देखभाल करना, पशुओं की रक्षा करना, शिक्षा की व्यवस्था करना, क्रीड़ा क्षेत्र बनाना, सार्वजनिक बाग बगीचे आदि लगवाने के कार्य आदि सम्मिलित हैं। इस प्रकार प्राकृतिक सम्पत्ति का उपयोग अन्य संगठनों द्वारा भी हो सकता है, परन्तु उन पर ऐसा नियन्त्रण रखना कि उनका दुरुपयोग न हो पाये राज्य ही अच्छी तरह कर सकता है। इसी तरह सामाजिक कल्याण और सुरक्षा के कार्य राज्य अन्य समितियों की अपेक्षा अधिक अच्छी तरह कर सकता है। दूसरी समितियों को इन कार्यों में खर्चा भी अधिक करना पड़ेगा और फिर भी वे उनका उतना अच्छा प्रबन्ध नहीं कर सकेंगी जितना कि राज्य कर सकता है।

(3) **ऐसे कार्य जिनको करने के लिए राज्य अनुकूल नहीं है** (Functions for which State is ill-Adapted)—समाज के ऐसे बहुत से सांस्कृतिक धार्मिक और वर्गगत हितों के कार्य हैं जिनको करने के लिये राज्य अनुकूल नहीं है। ये कार्य अन्य समितियों के द्वारा ही अधिक अच्छी तरह होते हैं।

(4) **ऐसे कार्य जिनको सम्पन्न करने में राज्य अयोग्य है** (Functions which State is Incapable of Performing)—बहुत से कार्य ऐसे हैं जिनको राज्य कर ही नहीं सकता। उदाहरण के लिये राज्य जनमत पर नियन्त्रण नहीं कर सकता, वह व्यक्तियों के आचरण के विषय में नियम नहीं बना सकता, वह सामाजिक परम्पराओं, रीति-रिवाजों और प्रथाओं को नहीं बदल सकता। जनमत अनेक सामाजिक तथा अन्य कारणों से बनता है, व्यक्तियों का आचरण उनके चरित्र पर निर्भर रहता है, सामाजिक परम्परायें, रीति-रिवाज और प्रथायें स्वयं बनती और बिगड़ती रहती हैं।

समाज के कार्यों के उपरोक्त विवेचन से यह स्पष्ट है कि समाज सभी कार्यों को नहीं कर सकता। राज्य को सर्वाधिकारयुक्त नहीं माना जा सकता। व्यक्ति राज्य का नागरिक होने से भी पहले परिवार और समाज का सदस्य है। समाज का सदस्य होने से भी पहले वह एक मनुष्य है, एक आत्म-चेतन (Self-Conscious) प्राणी है। इस प्रकार एक मनुष्य होने के नाते, परिवार का सदस्य और समाज का अंग होने के नाते व्यक्ति के जो कर्तव्य और उत्तरदायित्व हैं उनमें राज्य भी हस्तक्षेप नहीं कर

सकता। वास्तव में व्यक्ति के अधिकारों के सामने राज्य के अधिकार हेय हैं। राज्य को इन्हीं के विकास के लिए अधिकार दिये गये हैं यद्यपि किसी व्यक्ति के अन्य व्यक्ति के विकास में रोड़ा अटकाने वाले काम करने पर राज्य को उसे रोकने का पूरा अधिकार होगा।

राज्य के अनिवार्य कार्य

राज्य के अधिकारों के साथ-साथ उसके कार्य भी बड़े व्यापक हैं। इनमें कुछ कार्य अनिवार्य (Compulsory) हैं और कुछ ऐच्छिक (Voluntary) हैं। अनिवार्य कार्यों में मुख्य निम्नलिखित हैं—

(1) **बाहरी आक्रमणों से देश की रक्षा**—राज्य का सबसे बड़ा अनिवार्य कार्य बाहरी आक्रमणों से देश की रक्षा करना है। इसके लिये उसे जल, थल और नभ सेना तथा अस्त्र-शस्त्रों का समुचित प्रबन्ध करना पड़ता है। उसे उन सब बातों का विशेष ध्यान रखना पड़ता है जिनसे बाहरी राज्यों के आक्रमण का खतरा उत्पन्न हो।

(2) **आन्तरिक शान्ति और सुरक्षा**—राज्य की विदेश नीति के साथ-साथ उसकी गृह-नीति भी बड़ी महत्वपूर्ण होती है। आन्तरिक शान्ति तथा सुरक्षा बनाये रखना राज्य का पहला कर्तव्य है। सामप्रदायिक दंगे, चोरियां, डाके और विद्रोह बढ़ने पर स्वयं राज्य का अस्तित्व खतरे में पड़ जाता है। पुलिस तथा सेना की सहायता से राज्य शान्ति और व्यवस्था बनाये रखता है।

(3) **नागरिकों के अधिकारों की रक्षा**—प्रत्येक राज्य में नागरिकों के कुछ अधिकार होते हैं जैसे जीवन का अधिकार, सम्पत्ति का अधिकार, विचारों की स्वतन्त्रता का अधिकार आदि। इन अधिकारों की रक्षा करना राज्य का अनिवार्य कार्य है। इसके लिये उसको आवश्यक कानून बनाने पड़ते हैं, समुचित शासन प्रबन्ध करना पड़ता है और न्याय की पर्याप्त व्यवस्था करनी पड़ती है।

(4) **न्याय**—इस प्रकार न्याय राज्य का एक अनिवार्य कार्य है। इससे राज्य में कानूनों का पालन होता है, सुव्यवस्था बनी रहती है और सबके अधिकारों की रक्षा होती है।

राज्य के ऐच्छिक कार्य

इन अनिवार्य कार्यों के अतिरिक्त राज्य के ऐच्छिक कार्य निम्नलिखित हैं—

(1) **शिक्षा**—आधुनिक काल में सभी राज्य अपने नागरिकों की शिक्षा का समुचित प्रबन्ध करना अपना कर्तव्य समझते हैं। अशिक्षित नागरिकों का राज्य कभी भी प्रगति नहीं कर सकता। अत: राज्य प्रारम्भिक स्कूलों, कालिजों और विश्वविद्यालयों का प्रबन्ध करता है जिससे कृषि, विज्ञान तथा कला सभी की उच्च शिक्षा का प्रबन्ध हो सके। इनके साथ-साथ अनुसंधानशालाओं, पुस्तकालयों, अजायबघरों, संग्रहालयों

तथा कला कक्षों आदि का प्रबन्ध किया जाता है। प्रारम्भिक शिक्षा निःशुल्क देने का प्रयास किया जाता है। राज्य की ओर से योग्य विद्यार्थियों की शिक्षा के लिये छात्रवृत्तियाँ दी जाती हैं। परन्तु राज्य को शिक्षा केन्द्रों में अनावश्यक हस्तक्षेप नहीं करना चाहिये।

(2) **स्वास्थ्य**—शिक्षा के साथ-साथ आधुनिक राज्य सब कहीं स्वास्थ्य रक्षा का भी आवश्यक प्रबन्ध करते हैं। राज्य की ओर से सफाई, औषधालयों, मुफ्त दवाइयों, बीमारियों को रोकने के टीकों तथा गरीब लोगों के लिये आवश्यक पौष्टिक पदार्थों का भी प्रबन्ध किया जाता है। योग्य डॉक्टर उत्पन्न करने के लिये मैडिकल कालिज खुलवाये जाते है; सरकारी अनुसन्धानशालायें और नर्सों की ट्रेनिंग के स्कूल खुलवाये जाते हैं।

(3) **वृद्धों, निर्धनों और अपाहिजों की रक्षा**—आधुनिक राज्य वृद्ध, निर्धन, बेकार और अपाहिज नागरिकों की भी व्यवस्था करने लगा है। उनको आर्थिक सहायता दी जाती है। बूढ़ों को पेंशन दी जाती है। बीमे की सुविधा से सभी की सुरक्षा का प्रबन्ध रहता है। अनाथालय और महिला आश्रम खुलवाये जाते हैं।

(4) **जनहित की सेवाओं की व्यवस्था**—राज्य रेलवे, डाक, तार, वायरलैस आदि का प्रबन्ध करता है। रेलों, बसों, वायुयानों तथा जहाजों आदि आवागमन के साधनों का प्रबन्ध करना राज्य का कर्तव्य है।

(5) **सामाजिक और आर्थिक सुधार**—सामाजिक और आर्थिक सुधार करना भी राज्य का कर्तव्य है। राज्य बुरे रीति-रिवाजों के विरुद्ध कानून बनाता है और उनकी रोकथाम का प्रबन्ध करता है।

(6) **व्यापार और उद्योगों को प्रोत्साहन**—राज्य का काम व्यापार और उद्योग धन्धों को प्रोत्साहन देना तथा उनका विकास करना भी है। संसार में लगभग सभी जगह मुद्रा और टकसाल का प्रबन्ध राज्य के हाथ में होता है। राज्य तौलने और नापने के मानदण्ड भी स्थिर करता है। आयात-निर्यात के लिये आवश्यक नियम बनाये बिना अन्तर्राष्ट्रीय व्यापार से देश को लाभ नहीं हो सकता। अतः राज्य इस सम्बन्ध में नियम बनाता है। राज्य को बड़े-बड़े मूल उद्योगों (Key Industries) के कारखाने खोलने चाहियें जिससे देश में अन्य उद्योग चलाये जा सकें। राज्य को गृह उद्योगों को भी प्रोत्साहित करना चाहिए।

(7) **श्रम का संचालन**—राज्य को श्रमिकों की दशा सुधारने का प्रयत्न करना चाहिए और ऐसे नियम बनाने चाहियें जिससे उनका शोषण असम्भव हो जाय। बीमारी और बेकारी की दशा में मजदूरों को सहायता मिलनी चाहिए। श्रम कल्याण (Labour Welfare) के विषय में अनेक प्रकार से प्रयत्न करना राज्य का उत्तरदायित्व है।

(8) **राष्ट्र की प्राकृतिक सम्पत्ति** (Natural Resources) **का समुचित उपयोग**—भूमि, जंगल, नदियाँ तथा खनिज पदार्थ और मिट्टी का तेल आदि से राष्ट्र

समृद्धिशाली बन सकता है। इनका अधिक से अधिक अच्छी तरह उपयोग होना चाहिये। इस विषय में राज्य को आवश्यक देख रेख रखनी चाहिये, अनुसन्धान कराने चाहियें, नए-नए खनिज पदार्थों की खोज करानी चाहिये और जंगलों, खानों, भूमि आदि के विषय में आवश्यक कानून बनाने चाहियें।

(9) **मनोरंजन का प्रबन्ध**—जनता के जीवन में नवीनता और प्रफुल्लता बनाए रखने के लिए राज्य को मनोरंजन के साधन जुटाने चाहियें। इसके लिए फिल्म उद्योग, नाट्यशालाओं आदि को प्रोत्साहन मिलना चाहिए।

वास्तव में आधुनिक राज्य का कार्य शासन करना मात्र न होकर जनता का सब प्रकार से कल्याण और विकास करना है। अतः उसके कार्य बहुत बढ़ गये हैं। स्थानीय परिस्थितियों के हेर-फेर से भी इन कार्यों में थोड़ा बहुत परिवर्तन हो जाता है। विभिन्न राजनैतिक विचारधाराओं से राज्य के कार्य भी अलग-अलग माने गए हैं। अतः इस विषय में निश्चित रूप से कुछ नहीं कहा जा सकता। केवल यह सिद्धान्त सर्वमान्य हो सकता है कि राज्य को वे सब कार्य करने चाहियें जिनसे जनता का कल्याण हो परन्तु जनता का कल्याण किसमें है इस विषय पर विद्वानों में मतभेद है। यहीं पर नीतिशास्त्र द्वारा निर्देशन की आवश्यकता है। व्यक्ति का परम लक्ष्य, उसका परम श्रेय क्या है, यह नीतिशास्त्र निश्चित करेगा। राज्य इस आदर्श को प्राप्त करने के लिए आवश्यक साधन जुटायेगा। उदाहरण के लिए व्यक्ति का परम आदर्श आत्म-साक्षात्कार या सर्वांगीण विकास है। अतः राज्य को चाहिए कि उसके भौतिक, मानसिक तथा आध्यात्मिक विकास के साधन जुटाये।

राज्य और समुदाय

राज्य समुदाय नहीं है

बहुत से लोग राज्य को एक समुदाय (Community) मान बैठते हैं। परन्तु राज्य (State) समुदाय का केवल एक राजनैतिक संगठन है। समुदाय राज्य से अधिक व्यापक होता है। जी० डी० एच० कोल ने समुदाय की परिभाषा करते हुये लिखा है "समुदाय से मेरा तात्पर्य सामाजिक जीवन के एक जाल से है, एक ऐसा जाल जिसमें सामाजिक सम्बन्धों की व्यवस्थाओं में साथ-साथ रहने वाले एक सामान्य परन्तु लगातार बदलते हुये रूढ़ियों, प्रथाओं, परम्पराओं के समूह से आपस में बंधे हुये और कुछ सीमा तक सामान्य सामाजिक लक्षणों और हितों के प्रति चेतन बहुत से मानव प्राणी सम्मलित हैं।"[1] राजनीति शास्त्र के इसी विद्वान् ने राज्य की परिभाषा इस प्रकार की है "राज्य एक साधन है जो विशेष मानव समाज को बाहरी तथा आन्तरिक

1. "By community I mean a complex of social life, a complex including a number of human beings living together under conditions of social relationships, bound together by a common, however constantly changing stock of conventions, customs and traditions and conscious to some extent of common social objects and interests."
—G.D.H. Cole

दोनों सम्बन्धों में एक संश्लिष्ट निकाय (Corporate Body) के रूप में संगठित करता है।'' इस प्रकार वास्तव में राज्य समुदाय का एक साधन है। उसको समुदाय का अंग कहा जा सकता है। वह कुछ विशेष उद्देश्यों की पूर्ति के लिये बनाया जाता है।

राज्य समुदाय से सीमित है

राज्य समुदाय की अपेक्षा बहुत अधिक सीमित है। यह सत्य है कि वह सामाजिक कार्यों और सम्बन्धों के एक बड़े भाग का नियन्त्रण करता है परन्तु फिर भी मानव जीवन के बहुत से पक्ष उसके बाहर छूट जाते हैं। सामुदायिक जीवन नागरिक जीवन से कहीं अधिक विशाल है। समुदाय में व्यक्ति राज्य के अतिरिक्त और भी बहुत सी समितियों का सदस्य होता है। राज्य के नियम व्यक्ति के जीवन के बहुत थोड़े अंग का नियन्त्रण करते हैं। मैकाइवर ने लिखा है ''सामाजिक प्राणी होने के नाते हम केवल एक राज्य के नागरिक से बहुत अधिक हैं। हम बहुत से सामाजिक सम्बन्ध स्थापित करते हैं, अनेक सामाजिक कार्य करते हैं और यह सब एक राज्य के सदस्यों के रूप में नहीं बल्कि सामाजिक प्राणियों के रूप में, मित्रों और प्रेमियों के रूप में, चर्चों के, क्लबों के अथवा अन्य समूहों के सदस्यों के रूप में करते हैं।''[1] आत्म-चेतन प्राणी होने के नाते व्यक्ति स्वतन्त्र रूप से विचार करता है और आत्म-विकास के प्रयत्न करता है। व्यक्ति नागरिक से अधिक सामाजिक प्राणी के रूप में काम करता है। उसका यह आत्म-चेतन स्वरूप ही सबसे अधिक व्यापक है।

राज्य एक समिति है

वास्तव में राज्य एक समिति है, यद्यपि उसमें और अन्य सामान्य समितियों में मौलिक भेद है। राज्य को यहाँ इस अर्थ में समिति कहा जा रहा है कि उसकी स्थापना कुछ निश्चित उद्देश्यों को लेकर की जाती है। उसके कुछ विशेष कार्य हैं। न वह सारे काम कर सकता है, न वह व्यक्ति पर सर्वाधिकार ही रखता है। राज्य के अतिरिक्त समाज में और भी समितियाँ हैं जिनका स्थान राज्य नहीं ले सकता, जिनके कामों को करने के लिये राज्य न उपयुक्त है और न समर्थ ही है। जर्मनी तथा इटली आदि कुछ देशों में राज्य को सर्वाधिकार सौंप दिये गये थे परन्तु वह प्रयोग सफल न हो सका। मैकाइवर ने ठीक ही लिखा है कि ''राज्य केवल जीवन के बाहरी पक्ष की ही अच्छी तरह देखभाल कर सकता है। सब बातों के बावजूद

---

1. "As social beings, we are more than merely citizens of a State. We enter into many relationships, we carry on many social activities, not as members of State but as social beings, as friends or lovers, as members of families, of churches, of clubs or other groups." —MacIver

वह किन्हीं भी दशाओं में ऐसे सांस्कृतिक संगठनों के स्थान की पूर्ति नहीं कर सकता जो समाज के विभिन्न समूहों के भिन्न-भिन्न विश्वासों, मतों, हितों और आदर्शों की अभिव्यक्ति करते हैं।''[1] वास्तव में राज्य एक राजनैतिक समिति (Political Association) है जिसका उद्देश्य समुदाय में शान्ति और सुव्यवस्था बनाये रखना और जीवन का स्तर ऊंचा उठाना है तथा ऐसी परिस्थितियां बनाये रखना है जिनमें प्रत्येक नागरिक का स्वतन्त्र सर्वांगीण विकास हो सके। धार्मिक, नैतिक, आर्थिक, सामाजिक तथा मनोवैज्ञानिक आदि ऐसे कितने ही काम हैं जिनको राज्य नहीं कर सकता। जर्मनी का सर्वाधिकारी राज्य भी चर्च का काम अपने हाथ में नहीं ले सका।

राज्य समुदाय का एक साधन है

इस प्रकार राज्य स्वयं साध्य नहीं है। वह एक साधन है जिसको समाज और व्यक्ति की सेवा के लिये उस पर शासन करने के अधिकार दिये जाते हैं। जब राज्य व्यक्ति के लिये उपयोगी न रह जायेगा तब उसकी आवश्यकता भी समाप्त हो जायेगी। इंगेल्स के अनुसार उस दशा में राज्य स्वयं समाप्त हो जायेगा। मार्क्स, इंगेल्स, गांधी, क्रोपाटकिन, टाल्सटॉय, श्री अरविन्द आदि कितने ही विचारकों ने समाज की आदर्श अवस्था में राज्य को व्यर्थ माना है। राज्य की उत्पत्ति के सिद्धान्त भी इस विचार का समर्थन करते हैं कि राज्य साधन है साध्य नहीं। साध्य व्यक्ति और समाज का सर्वांगीण विकास है। राज्य को अधिकार व्यक्ति और समाज से मिलते हैं। वह इसलिये शासन करता है क्योंकि उसको ऐसा करने के लिये ही बनाया गया है। वह राष्ट्रीय सम्पत्ति तथा प्राकृतिक सम्पत्ति का सदुपयोग करने, व्यवस्था और शान्ति रखने, बाहरी आक्रमणों से देश की रक्षा करने, शिक्षा, स्वास्थ्य रक्षा, आवागमन और संचार के साधनों आदि का प्रबन्ध करने तथा ऐसे ही अन्य अनेक कार्यों के लिये बनाया जाता है। वह अन्य समितियों को समाप्त नहीं करता बल्कि उनको नियमित रखता और प्रोत्साहित करता है। रूस जैसे सर्वाधिकारी राज्य ने परिवार के कामों को बिल्कुल नहीं छुआ है। जर्मन में राज्य चर्च पर कभी विजय नहीं पा सका। शूमैन ने लिखा है ''चर्च और केवल चर्च में ही नाजी अधिनायकवाद ने अपने निरपेक्ष दावों में एक अजेय विघ्न पाया।''[2] वास्तव में अच्छा राज्य वही है जो कि समुदाय के हित को लक्ष्य बना कर उसके साधन में लगा रहे। समुदाय का हित साधन न करने पर वह व्यर्थ है और राज्य क्रान्तियों द्वारा उलट दिया जाता

---

1. "The State can effectively supervise only the external aspects of life. Beyond all else, it cannot under any conditions be a substitute for those cultural organisations which express the variant beliefs, opinions of modern interests and ideals of the diversified groups of society." —MacIver
2. "In the church and in the church alone, the Nazi dictatorship has found an insuperable obstacle to its absolutistic pretensions." —Schuman, F.L.

है। मैकाइवर के शब्दों में "अधिक से अधिक इसको (राज्य को) समुदाय का एक साधन माना जा सकता है जिसके कार्य बहुत व्यापक और महत्वपूर्ण हैं परन्तु फिर भी सीमित हैं।"[1] राज्य व्यक्ति और समाज के सर्वांगीण विकास का साधन है।

अभ्यास के लिए प्रश्न

1. सामाजिक नियन्त्रण में राज्य का महत्व बतलाइए।
2. सामाजिक नियन्त्रण के अभिकरण के रूप में राज्य के कार्यों की विवेचना कीजिए।
3. राज्य के सामाजिक कार्यों का वर्णन कीजिए।
4. सामाजिक नियन्त्रण में की भूमिका समझाइए।
5. टिप्पणी लिखिए—राज्य और सामाजिक नियन्त्रण।

---

1. "It is best conceived of as an agency of the community with very broad and important functions, but nevertheless limited." —MacIver

11

सामाजिक नियन्त्रण में धर्म का कार्यभाग
(Role of Religion in Social Control)

धर्म की उत्पत्ति के सिद्धान्त

धर्म की उत्पत्ति के विषय में अनेक सिद्धान्त प्रचलित हैं। इनमें से आत्मवाद (Animism), प्रकृतिवाद (Naturism) तथा कार्यवाद (Functional Theory) विशेष उल्लेखनीय हैं।

(1) **आत्मवाद**—टायलर तथा स्पेंसर ने आत्मवाद को धर्म का मुख्य आधार माना है। स्वप्न, मूर्च्छा तथा अन्य अनुभवों से मानव ने यह निष्कर्ष निकाला कि उसकी आत्मा उसके शरीर से भिन्न है और शरीर से बाहर आ जा सकती है। इस प्रकार यह विश्वास किया जाने लगा कि शरीर के मरने के बाद आत्मा स्वच्छन्द घूमती है। ये आत्मायें मनुष्य को लाभ-हानि दोनों पहुंचा सकती हैं। आदिम मनुष्य जिस बात का कारण नहीं समझ पाता था उसी को प्रेतात्माओं के कारण मानने लगता था। इनसे लाभ उठाने और हानि से बचे रहने के लिये उसने इनकी पूजा प्रारम्भ की। इस प्रकार पितरों की पूजा प्रारम्भ हुई जो कि अनेक विद्वानों के अनुसार संसार में धर्म का सबसे प्राचीन रूप था। प्राचीन मनुष्य जड़ और चेतन में अन्तर नहीं समझता था। इसलिये चेतन प्रेतात्माओं के समान उसने जड़ वस्तुओं की प्रेतात्मायें भी मानीं जो कि प्राकृतिक व्यापारों, नदी का बहना, तारों की गति आदि का नियन्त्रण करती थीं। इस प्रकार प्राकृतिक शक्तियों की पूजा प्रारम्भ हो गई। यह प्रकृति पूजा का सूत्रपात था।

स्पेंसर की आत्मवाद की व्याख्या टायलर की उपरोक्त व्याख्या से कुछ भिन्न है। स्पेंसर के अनुसार आदिम मनुष्य जड़ वस्तुओं तथा पशुओं के नाम पर लोगों

के नाम रखते थे। कुछ पीढ़ियों के बाद इन लोगों की सन्तानें इन जड़ वस्तुओं अथवा पशुओं को ही अपने पूर्वज मानने लगीं। इस प्रकार इन वस्तुओं और पशुओं की पूजा शुरू हुई।

आत्मवाद के सिद्धान्त के विरुद्ध बतलाये गये दोषों में कुछ मुख्य निम्नलिखित हैं—

(i) यह सब जगह नहीं पाया जाता, मैलेनेशिया में आत्मवाद नहीं मिलता।

(ii) यह बात नहीं मानी जा सकती कि आदिम मनुष्य स्वप्न और जाग्रत में तथा जड़ और चेतन में भेद नहीं कर सकते थे।

(iii) यह सिद्धान्त वैज्ञानिक समाजशास्त्र के अनुरूप नहीं है।

(2) **प्रकृतिवाद**—कुछ विद्वानों के अनुसार प्रकृति की विशालता को देखकर मनुष्य को जो असीम का अनुभव हुआ वही धर्म है। मैक्समूलर के शब्दों में 'It is from this sensation of infinite that religions are derived' अर्थात् इसी असीम प्रकृति की अनुभूति से धर्मों का प्रारम्भ हुआ है। प्राकृतिक वस्तुयें देवी देवता मान ली गईं और प्रकृति की पूजा प्रारम्भ हुई। यह सिद्धान्त प्रकृतिवाद कहलाता है। प्रकृतिवाद के सिद्धान्त में प्रमुख दोष निम्नलिखित हैं—

(i) प्रकृतिवाद में अनुमान और कल्पना का सहारा अधिक लिया गया है।

(ii) वैज्ञानिक समाजशास्त्र इस सिद्धान्त का समर्थन नहीं करता।

(3) **कार्यवादी सिद्धान्त**—विलियम राबर्टसन, स्मिथ, दुर्खीम, रेडक्लिफ ब्राउन तथा मैलिनोवस्की आदि ने धर्म के विषय में कार्यवादी सिद्धान्त (Functional Theory) उपस्थित किया है। इस सिद्धान्त के अनुसार धर्म को समझने के लिये समाज में उसका कार्य अथवा आवश्यकता को समझना चाहिये। जिन सामाजिक आवश्यकताओं के कारण धर्म का महत्व है उन्हीं सामाजिक आवश्यकताओं से उसकी उत्पत्ति हुई। धर्म समाज का एक अंग है। उसका अध्ययन सम्पूर्ण समाज के प्रसंग में ही होना चाहिए क्योंकि समाज के विभिन्न अंग अन्योन्याश्रित हैं।

धर्म के इस कार्यवादी सिद्धान्त में सबसे बड़ा दोष यह है कि इसमें धर्म के केवल सामाजिक पक्ष पर जोर दिया गया है। संसार के प्राचीनतम धार्मिक ग्रन्थ वेद में धर्म को अनेक व्यक्तिगत आवश्यकताओं का भी पूर्ति करने वाला बतलाया गया है। रहस्यवाद (Mysticism) में व्यक्ति दैवी शक्ति से अपने लिये शान्ति, प्रकाश और आनन्द आदि की प्राप्ति के लिये उससे एकीभूत होने की चेष्टा करता है।

धर्म की उत्पत्ति का सर्वांग सिद्धान्त

वास्तव में धर्म की उत्पत्ति को समझने के लिए उसके सभी अंगों पर विचार करना पड़ेगा। इस प्रकार धर्म की उत्पत्ति समाज के साथ-साथ व्यक्तिगत

आवश्यकताओं के कारण हुई। व्यक्तिगत आवश्यकताओं में भी केवल आध्यात्मिक अथवा मानसिक नहीं बल्कि विशेषतया भौतिक तथा प्राणात्मक आवश्यकताओं का धर्म की उत्पत्ति में हाथ है। इस प्रकार भय, आश्चर्य, सहायता की इच्छा, प्राकृतिक शक्तियों से बचाव, दैनिक जीवन में लाभ तथा सामाजिक संगठन आदि की प्रवृत्तियों का धर्म की उत्पत्ति में हाथ है। इस विषय में आदिम जीवन को बराबर दृष्टि में रखना आवश्यक है।

धर्म और जादू

धर्म और जादू में समानतायें

जादू में विचित्र क्रियायें आती हैं। जिनका प्रत्यक्ष तो कोई अर्थ नहीं होता परन्तु जिनके द्वारा मनुष्य अप्रत्यक्ष रूप से अथवा गुप्त शक्तियों की सहायता से किसी विशेष लक्ष्य की पूर्ति कराना चाहता है। "जादू प्रत्यक्ष रूप से अर्थात् अलौकिक जीवों के हस्तक्षेप के बिना परिणामों को उत्पन्न करता है; तत्व रूप में और बहुधा गुप्त होता है; एक निश्चित उद्देश्य रखता है और बहुधा बुरे इरादे रखता है इसलिये समाज में उसकी निन्दा होती है।"[1]

धर्म और जादू में अन्तर

जादू और धर्म में निम्नलिखित अन्तर हैं :–

(1) धर्म में व्यक्ति गुप्त अदृश्य शक्तियों से सहायता की प्रार्थना करता है। जादू के द्वारा वह उनको आदेश का पालन करने के लिये जादू के जोर से बाध्य करता है।

(2) धर्म में देवता अथवा अदृश्य शक्ति का स्थान विशेष है। जादू में जादूगर का महत्व है। उसकी शक्ति पर ही जादू का प्रभाव निर्भर है।

(3) धर्म अधिकतर साधन न होकर स्वयं साध्य होता है। वह देवता आदि को प्रसन्न करने के लिये किया जाता है। जादू कुछ विशेष उद्देश्यों को सिद्ध करने का साधन है।

(4) धर्म जादू से कहीं अधिक सामाजिक है। कम से कम वह समाज विरोधी नहीं होता। काला जादू समाज को हानि पहुंचाने के लिये भी हो सकता है।

(5) धर्म में देवता अथवा शक्ति के प्रति आदर और उच्चता की भावना है। जादू में देवता अथवा शक्ति काम करने का एक साधन मात्र है।

---

1. "Magic produces results directly, that is, without the intervention of spiritual beings; is essentially and often secret; has a definite objective in view and is often malicious, and therefore, socially condemned."
—Piddington, R. *Social Anthropology,* (1952), p. 29

धर्म क्या है?

धर्म मानव की एक प्रवृत्ति है। मनुष्य ही एकमात्र धार्मिक प्राणी है। जैसे वह बुद्धि के कारण पशुओं से भिन्न है, उसी प्रकार धर्म की प्रवृत्ति के आधार पर भी वह पशुओं से पृथक् माना जा सकता है। मानव सीमित-असीम (Finite-Infinite) प्राणी है। जब से मनुष्य ने इस भू-मण्डल पर आँखें खोलीं तब से उसके मन में सदैव प्रकृति की पृष्ठभूमि छिपी में छिपी चेतन शक्ति को जानने तथा उससे सम्बन्ध रखने की अभिलाषा रही। जब-जब उसे प्राकृतिक कष्टों और आपत्तियों, तूफानों, बाढ़ों, बिजली, महामारी, अकाल, अतिवृष्टि, अनावृष्टि, भयंकर पशुओं आदि का सामना करना पड़ा तब उसने सहारे और शक्ति की प्रेरणा तथा सहायता के लिये उस अदृश्य शक्ति की ओर देखा। इस प्रकार कभी जिज्ञासा और कभी भय के वशीभूत होकर मानव में धार्मिक प्रवृत्ति जागी। संसार के दुःखों और परिवर्तनशीलता तथा जन्म, मृत्यु और बुढ़ापे की व्याधाओं से निर्वाण प्राप्त करने के लिये भी मनुष्य ने उस अदृश्य शक्ति का साक्षात्कार करना चाहा। इसी प्रकार सांसारिक वासनायुक्त प्रेम से ऊबकर मानव ने परम सौन्दर्य के रूप में ईश्वर को प्रेम का आलम्बन बनाया। मानव ने संसार के सभी रिश्ते ईश्वर से जोड़ने की चेष्टा की। ईश्वर को पिता, सखा, प्रियतम, पति, स्वामी, प्रेमी सभी रूपों में पाने की चेष्टा की गई। इस प्रकार समय-समय पर मानव ने अपनी विभिन्न मूल प्रवृत्तियों को उस अदृश्य शक्ति में तृप्त करना चाहा जिसकी खोज का नाम धर्म है।

धर्म से लाभ

धर्म से मुख्य सामाजिक लाभ निम्नलिखित हैं–

(1) **सामाजिक प्रवृत्ति को प्रोत्साहन**–इस प्रकार धर्म मनुष्य की सामाजिक प्रवृत्ति में भी प्रकट हुआ। एक पिता की सन्तान के रूप में मानव ने अन्य मानवों से प्रेम करना सीखा। सबमें भगवान को पाकर भक्तजनों ने समाज, जनता जनार्दन की सेवा में जीवन होम कर दिया। अनेक सन्तों के विषय में तो यहाँ तक कहा जाता है कि उन्होंने कोढ़ियों के घाव जिह्वा से चाट-चाटकर साफ किये क्योंकि कोढ़ियों के रूप वे भगवान की ही सेवा करते थे। गीता में भगवान के भक्त को "सर्वभूतहिते रतः" अर्थात् सब भूत प्राणियों की सेवा में लगे रहने का उपदेश दिया गया है। ईसाई धर्म में प्रेम और सेवा को बड़ा महत्व दिया गया है। ईसा मसीह ने जीवन भर दुःखी, रोगी और निर्धनों की सेवा की और अन्त में जनता के लिये सूली पर चढ़े। इस्लाम में भाई चारे की प्रवृत्ति को प्रोत्साहन दिया गया है। बौद्ध धर्म ने अहिंसा, दया और करुणा का उपदेश दिया। इसी प्रकार प्राचीन जनजातीय धर्मों में भी एक ही टोटम अथवा देवता को मानने वाले लोगों में बड़ा संगठन रहता था। धर्म ने समाज में सदैव भ्रातृत्व भावना उत्पन्न की है।

(2) शिक्षा का प्रचार—समाज के जीवन में शिक्षा के प्रचार द्वारा भी धर्म ने समाज की भारी सेवा की है। संसार में लगभग सभी जगह धार्मिक आन्दोलनों और धार्मिक संस्थाओं के कामों में शिक्षा के प्रचार का महत्वपूर्ण भाग रहा है। ईसाई गिरजों, मुस्लिम मस्जिदों और हिन्दू मन्दिरों और बौद्ध मठों में पादरी, मुल्ला, पुजारी और भिक्षु लोग बहुत दिनों से शिक्षा प्रचार का काम करते आ रहे हैं। धर्म के कारण ऊँची शिक्षा को भी बड़ा प्रोत्साहन मिला। नालन्दा और तक्षशिला के विश्वविद्यालय जहाँ बौद्ध धर्म के केन्द्र थे वहाँ पांडित्य और विद्या के भी आधार थे। विभिन्न सम्प्रदायों ने अपने-अपने सम्प्रदाय के लोगों में शिक्षा प्रचार के लिये भरसक प्रयत्न किया।

(3) चिकित्सा और सेवा—धर्म के नाम पर समाज में चिकित्सा तथा सेवा सुश्रुषा का भी सदैव रिवाज रहा है। इसका मूल कारण यह है कि धार्मिक व्यक्ति असहायों और रोगियों की सेवा को भगवान की पूजा का एक अंग समझता है। इससे उसे सेवा करने में बड़ा उत्साह मिलता है। पुण्य लाभ के विचार से तथा सेवा की भावना से प्रत्येक धर्म में समृद्ध लोगों में अस्पताल खुलवाने, औषधियाँ बँटवाने तथा आवश्यक वस्त्रादि वितरित कराने का रिवाज है। सन्त लोगों की जीवनचर्या का एक महत्वपूर्ण पक्ष रोगियों की सेवा करना है।

(4) दान का प्रचार—धर्म के साथ दान का महत्व भी लगा हुआ है। हिन्दू, मुस्लिम, बौद्ध तथा ईसाई सभी धर्मों में दान का बड़ा महत्व माना गया है। हिन्दू धर्म के अनुसार जो व्यक्ति दान दिये बिना खाता है वह चोरी करता है। मुसलमानों में भी आय का कुछ अंश दान कर देने का धार्मिक विधान है। दान का अभिप्राय समाज के अन्य लोगों की आर्थिक सहायता करने का था। इससे समाज में आर्थिक विषमता नहीं बढ़ पाती थी और सन्तुलन बना रहता था। आज भी संसार में सब कहीं धार्मिक व्यक्ति भोजन, वस्त्रादि बटँवाते तथा दान करते देखे जा सकते हैं। कुछ लोग तो धर्म के नाम पर घरबार तक दान कर देते हैं।

(5) सहिष्णुता की वृद्धि—सभी धर्मों में त्याग और सहिष्णुता पर बड़ा जोर दिया गया है। ईसा का कहना है कि यदि कोई तुम्हारा कोट मांगे तो उसको लबादा भी दे दो, यदि कोई तुम्हारे एक गाल पर थप्पड़ मारे तो दूसरा भी उसके सामने कर दो। यह धार्मिक सहिष्णुता ईसा से मार्टिन लूथर, बुद्ध से अशोक और प्राचीन भारतीय ऋषियों से गांधी तक देखी जा सकती है।

(6) अहिंसा का उपदेश—ईसा, बुद्ध, मुहम्मद साहब तथा हिन्दू ऋषिगण विश्व के सभी धर्मों के संस्थापकों और सन्तों ने प्रेम और अहिंसा का उपदेश दिया। जैन और बौद्ध अहिंसा को परम धर्म मानते हैं। स्वयं मुहम्मद साहब ने अपने जीवन में सब प्रकार के अत्याचार सहन किये। ईसा ने सूली पर चढ़ते समय भी ईश्वर से उन लोगों को क्षमा कर देने की प्रार्थना की जिन्होंने उसको सूली पर चढ़ाया था। गांधीजी ने गोली खाकर 'हे राम' कहकर हत्यारे को हाथ जोड़ दिये।

(7) विश्व-बन्धुत्व का प्रसार—धर्म से विश्व-बन्धुत्व की भावना भी बढ़ती है। धार्मिक व्यक्ति के लिये सब का बनाने वाला ही ईश्वर है और सब भिन्न-भिन्न रूपों और नामों से उसी की उपासना करते हैं। इस प्रकार धर्म से "वसुधैव कुटुम्बकम्" की प्रवृत्ति उत्पन्न होती है। ईसा, गांधी, बुद्ध, मुहम्मद सभी धार्मिक महात्माओं ने विश्व-बन्धुत्व का उपदेश दिया। धर्म, त्याग और सेवा का पाठ पढ़ाकर स्वार्थ और भौतिकता को दूर करता है।

धर्म से समाज को हानियाँ

परन्तु समाज में धर्म के इन सब अच्छे कामों का यह अर्थ नहीं है कि धर्म से समाज को कोई हानि नहीं हुई। धर्म से जहाँ समाज को लाभ हुआ है वहाँ हानि भी इतनी अधिक हुई है कि बहुत से लोग समाज से धर्म का नाम ही उठा देना चाहते हैं। इस विषय में निम्नलिखित हानियाँ बतलाई जाती हैं—

(1) अन्धविश्वास—धर्म ने संसार में अन्धविश्वास उत्पन्न किये और उनको बनाये रखा। विज्ञान की नई-नई खोजों के बाद भी धार्मिक अन्धविश्वास लोगों में आज भी भरे पड़े हैं और अदृश्य शक्ति के भय के कारण वे उनको छोड़ना नहीं चाहते। धर्म बुद्धिवाद का सबसे बड़ा विरोधी है।

(2) रूढ़िवाद—धर्म रूढ़िवाद का आधार है। धर्मभीरू लोग परलोक और भगवान के भय से प्राचीन परम्पराओं और रूढ़ियों को तोड़ने से डरते हैं। इस प्रकार धर्म प्रगतिवाद में सबसे बड़ा रोड़ा बन गया है। धर्म के नाम पर भारत में बाल-विवाह के निषेध, विधवा पुनर्विवाह के निशेध सती प्रथा के निषेध आदि सुधारों का घोर विरोध किया गया है। वैज्ञानिक प्रगति में धर्म ने बड़ी बाधायें डाली हैं।

(3) शोषण—इस प्रकार मानव के इतिहास में धर्म के नाम पर स्त्रियों का बड़ा शोषण किया गया है। धर्म शास्त्रकारों से स्त्रियों के सारे अधिकार छीनकर उन्हें पुरुष की दासी ही बना दिया। भारत में कर्मफल के सिद्धान्त ने गरीबों और पीड़ितों को अपने शोषण के विरुद्ध विद्रोह करने से रोके रखा।

(4) आलस्य और प्रमाद—धर्म ने भाग्यवाद को प्रोत्साहन दिया और लोगों में अकर्मण्यता फैलाई। धर्म के नाम पर हजारों मुल्ला, पण्डे, पुजारी और पादरी लोग समाज में आज भी परोपजीवी बनकर रहे हैं। भारत में साधु कहलाने वाले लाखों आलसी लोग बिना कुछ काम किए समाज पर बोझ बनकर रहते हैं। उनका सिद्धान्त है "अलगर करै न चाकरी, पंछी करै न काम। दास मलूका कह गये सबके दाता राम।"

(5) हिंसा और युद्ध—धर्म के नाम पर पूर्व और पश्चिम में सैकड़ों वर्षों तक भयंकर युद्ध होते रहे। क्रूसेड तथा 'जिहाद' के रक्तपात से मानवता के इतिहास के पन्ने रंगे पड़े हैं। अकेले यूरोप में धर्म के नाम पर लगभग 400 से अधिक

नर-नारियों को जिन्दा आग में जला दिया गया। भारत के इतिहास में औरंगजेब जैसे धर्मान्ध बादशाहों ने धर्म के नाम पर अन्य धर्मावलम्बियों पर घोर अत्याचार किये।

(6) घृणा और बैर–इस प्रकार धर्म ने मनुष्य में घृणा और बैर का संचार किया। यदि ईश्वर तथा देवतागण इन भिन्न-भिन्न धर्मावलम्बियों की एक दूसरे के विनाश की प्रार्थना सुनते तो आज पृथ्वी पर मानव का नाम निशान भी न बचता। भारत में हिन्दू मुस्लिम साम्प्रदायिक दंगों में नंगी औरतों को कोड़ों से पीटते हुए उनके जुलूस निकाले गए, दूधमुँहे बच्चे जिन्दा आग में झोंक दिए गये, औरतों की छातियाँ काट ली गईं और लाखों लोग अपने देश से निकालकर दर-दर की ठोकरें खाने को मजबूर कर दिये गये। धर्म के नाम पर अमानुषिक कृत्यों को देखकर यह सन्देह होने लगता है कि धर्म मनुष्य को देवता बना देता है या शैतान।

धर्म और धर्मवाद

परन्तु धर्म के इन भयंकर दोषों को देखकर भी धर्म को समाज से निकाला नहीं जा सकता। इनसे धर्म को व्यर्थ अथवा हानिकारक भी नहीं कहा जा सकता क्योंकि जो कुछ धर्म के नाम पर हुआ वही राजनीति, विज्ञान, प्रजाति, जाति, देश और राष्ट्र के नाम पर भी हो चुका है। समाज में जब कोई भी आदर्श और विचार संस्था का रूप ले लेते हैं तब क्रमशः उनकी शक्ति बाहरी बन्धनों में बंध कर क्षीण होती जाती है और अन्त में आत्मा के स्थान पर शरीर की पूजा होने लगती है। शास्त्रों, पूजा घरों, उपासना पद्धतियों, पण्डे, पुजारियों आदि के चक्कर में फँसकर धर्म के सत्य नष्ट अथवा मृत प्रायः हो गए और उनके स्थान पर कर्मकाण्ड आ बैठा। श्री अरविन्द ने इस कर्मकाण्ड को वास्तविक धर्म से अलग करते हुए धर्मवाद (Religionism) का नाम दिया है। धर्म के नाम पर बताये हुए सारे दोष इसी धर्मवाद के दोष हैं। धर्मवाद वैसा ही हानिकारक और मिथ्या है जैसा कि प्रजातिवाद, जातिवाद, सम्प्रदायवाद अथवा संकुचित राष्ट्रवाद ।

धर्म की आवश्यकता

मानव की एक मूल प्रवृत्ति तथा दुःखी, असहाय, पीड़ित लोगों के सहारे के रूप में धर्म समाज के लिये आवश्यक है। टालस्टॉय में शब्दों में, "धर्म का मानव समाज के लिये भूतकाल की भाँति आज भी वही उपयोग है, अर्थात् वह मनुष्य समाज की प्रधान प्रेरक शक्ति और हृदय है। उसके बिना मनुष्य जीवन उसी प्रकार असम्भव है जिस तरह हृदय के बिना शक्ति का बना रहना। ईश्वर अथवा देवताओं के साथ मनुष्य के विभिन्न सम्बन्ध प्रकट करने के लिए अनेक धर्म हो चुके हैं और आज भी प्रचलित हैं। धर्मों की यह विविधता विभिन्न समय में विभिन्न देशों के लोगों के विकास क्रम के अनुसार रही है परन्तु जब से मनुष्य विवेकवान प्राणी बना है तब से आज तक मनुष्य का कोई समाज ऐसा नहीं हुआ जिसमें मनुष्य बिना धर्म के जीवित रह सके हों या रहे हों।" जब तक मनुष्य में सांसारिक भोगों से

आध्यात्मिक असन्तोष उठता रहेगा, जब तक ऐसे मानव रहेंगे जो सत्य, शिव और सौन्दर्य की पूर्णता की ओर जाये बिना नहीं रह सकते, जब तक संसार में दुःख, शोक, रोग, बुढ़ापा और मौत रहेगी तथा जब तक मनुष्य 'मै' और 'तू' से उठकर 'उस' की ओर की प्यास अनुभव करता रहेगा तब तक धर्म मनुष्य के लिए आवश्यक ही नहीं बल्कि अनिवार्य रहेगा। मनुष्य को धर्म और धर्महीनता में से नहीं बल्कि धर्म और धर्मवाद में से चुनाव करना है। अच्छा हो या बुरा धर्म नष्ट नहीं किया जा सकता। परन्तु उसको सुधारा जा सकता है, उसके सत्यों को समझने की चेष्टा की जा सकती है, देशकाल के अनुसार उसका रूप बदला जा सकता है।

धर्म और नीति का सम्बन्ध

धर्म और नीति दोनों ही समाज में व्यवहार के कुछ नियम बनाते हैं जैसे चोरी न करना, सच बोलना, ईमानदारी का बर्ताव करना आदि। इन नियमों का पालन आन्तरिक दबाव से किया जाता है। धर्म में यह आन्तरिक दबाव ईश्वर का विचार होता है। नीति में यह आन्तरिक दबाव अन्तरात्मा का होता है। धर्म और नीति की इस समानता के कारण कुछ विचारकों ने तो दोनों में कोई भेद ही नहीं माना है। मैथ्यू आर्नल्ड के शब्दों में "भावना से युक्त नैतिकता ही धर्म है।"[1] प्रिंगिल पैटीसन और ब्रैडले ने भी नैतिकता और धर्म में घनिष्ठ सम्बन्ध माना है। ब्रैडले लिखता है "नैतिकता से परे जाना नैतिक कर्तव्य है और वह कर्तव्य है धार्मिक होना।"[2]

धर्म और नीति की असमानता

परन्तु ब्रैडले आदि विद्वान् धर्म और आचार में समानता देखते समय उनकी असमानता भूल जाते हैं। धार्मिक होना कोई कर्तव्य नहीं है। धर्म एक मूल प्रवृत्ति है। धर्म के रूप बदलते रहते हैं। परन्तु वह भावना प्रधान और स्वाभाविक (Spontaneous) होता है। धर्म और नीति में बड़ा अन्तर यह है कि नीति किसी प्रकार का बाहरी अनुमोदन (Sanction) नहीं चाहती। उसका अनुमोदन आन्तरिक (Inner) होता है। उसके नियमों को तोड़ना अनुचित (Wrong) समझा जाता है जबकि धार्मिक नियमों का उल्लंघन पाप (Sin) समझा जाता है। धार्मिक नियम एक अलौकिक शक्ति द्वारा बनाये माने जाते हैं। उनके साथ स्वर्ग और नरक की कल्पनायें लगी रहती हैं। यह विश्वास किया जाता है कि उनको तोड़ने वाला नरक में नाना प्रकार की यातनायें सहता है। धार्मिक शक्ति समाजोपरि (Supra Social) है। परन्तु इसका भय सामाजिक और राजकीय शक्ति के भय से भी अधिक होता है। मैकाइवर ने धर्म के बारे में लिखा है "इसलिये वह आमतौर से एक सम्मोदन रखता है जो कि

1. "Religion is morality touched with emotion." --Matthew Arnold
2. "It is a moral duty not to be moral and that is the duty to be religious." --F.H. Bradley

समाजोपरि कहा जा सकता है, चाहे वह आदिम भूत का डर हो या वर्तमान ईश्वर के क्रोध का भय अथवा नरक में कष्टों का एक बाद का जीवन अथवा केवल 'असीम से विषम होने की' एक अनुभूति, जबकि उसके तथाकथित नियमों का उल्लंघन किया गया है।''[1] इस प्रकार धार्मिक नियमों से सामाजिक सम्बन्धों का अप्रत्यक्ष रूप से नियन्त्रण होता है क्योंकि उनका आधार समाजोपरि शक्ति का भय है। इसके विपरीत नैतिक नियम प्रत्यक्ष रूप से सामाजिक सम्बन्धों का नियन्त्रण करते हैं क्योंकि उनका आधार सामाजिक दुष्परिणाम का भय है। नैतिक नियम समाज की आवश्यकताओं के अनुसार बदलते रहते हैं और बदले जा सकते हैं परन्तु धार्मिक नियम अटल माने जाते हैं चाहे वे किसी परिस्थिति में हानिकारक ही क्यों न सिद्ध होते हों। नैतिक नियम बौद्धिक निर्णय पर आधारित हैं, धर्म भावना प्रधान है और बहुधा तर्कहीन (Irrational) हो जाता है।

धर्म अथवा नीति की प्राथमिकता

धर्म अथवा आचार में कौन प्राथमिक है, इस पर विद्वानों में मतभेद हैं। एक दल यह मानता है कि धर्म नैतिकता से पहले है। आगस्ट कोम्ट के अनुसार धर्म नैतिकता की जननी है। देकार्ते, लॉक तथा पैले के अनुसार नैतिकता धर्म से उत्पन्न होती है। ईश्वर की आज्ञा और निषेध ही शुभाशुभ का निर्णय करते हैं। दैवी नियम ही नैतिक मानदण्ड हैं। ईश्वर अपनी इच्छा से नैतिकता की उत्पत्ति करता है, यद्यपि वह स्वयं किसी भी नैतिक नियम से बाध्य नहीं है। उसकी आज्ञाओं को हम पैगम्बरों और दैवी पुस्तकों द्वारा जानते हैं। दूसरी ओर कुछ विद्वानों ने नैतिकता को धर्म से पहले माना है। कान्ट के अनुसार धर्म नैतिकता पर आधारित है और ईश्वर एक नैतिक मान्यता (Moral Postulate) है। मार्टिन्यू भी इसी मत को मानता है। मैथ्यू आर्नोल्ड भी धर्म को नैतिकता का भावात्मक रूप मानता है। टॉनीज और एमाइल दुर्खीम के अनुसार धर्म की उत्पत्ति सामाजिक और नैतिक विचारों को पूज्यता (Sanctification) प्रदान करने के उद्देश्य से हुई। इन दोनों मतों के अलावा एक तीसरा मत भी है जो कि धर्म और नीति को एक दूसरे से अलग मानता है। हर्बर्ट स्पेन्सर का कहना है कि धर्म के प्रारम्भिक रूपों में कोई नैतिक तत्व नहीं था। उस समय मनुष्य अनिष्ट करने वाली दुष्टात्माओं (Evil Spirits) को सन्तुष्ट करने के उद्देश्य से क्रूर बलियों का विधान करता था। मैकाइवर के अनुसार धर्म और नैतिकता के भेद परवर्ती सामाजिक विकास के परिणाम हैं। धर्म और नैतिकता की प्राथमिकता के प्रश्न पर यह मत अधिक समीचीन मालूम पड़ता है। वास्तव में आदिम समाज में ये दोनों इतने अधिक मिले हुए थे कि किसी को भी प्राथमिक नहीं कहा जा

1. "Hence it normally involves a sanction which may be called suprasocial whether it be primitive ghost fear or present wrath of God or the penalties of an after-life of torture in hell or merely the sense of being out of tune with the infinite, when its supposed laws are disobeyed." --MacIver

सकता। मैकाइवर के शब्दों में "यह कहना अधिक सही होगा कि आदिम धर्मों में धार्मिक, नैतिक और अन्य तत्व द्रव रूप में शामिल थे।"[1]

धर्म और नीति का संघर्ष

धर्म रूढ़िवादी है और नैतिकता प्रगतिशील है। धर्म ईश्वरीय स्वीकृति पर आधारित है और नैतिकता आन्तरिक स्वीकृति पर। अत: धर्म और नैतिकता में बहुधा संघर्ष उठ खड़ा होता है। अनेक रिवाज नैतिक दृष्टि से अनुचित होने पर भी धर्म द्वारा बराबर पोषित किये जाते हैं। अनेक रिवाज नैतिक दृष्टि से उचित होने पर भी धर्म उनका जबर्दस्त विरोध करता है। इसलिये कुछ विचारकों ने धर्म और आचार के संघर्ष को अवश्यम्भावी मान लिया है। एक लेखक ने लिखा है "हिन्दुओं में तलाक के नाम पर कितना शोर उठ खड़ा होता है। स्त्री पर कितना ही अत्याचार क्यों न हो उसका पति अत्याचारी, दुराचारी, जन्मान्ध, रोगी, कोढ़ी कुछ भी क्यों न हो, धर्म के नाम पर तलाक का विरोध होता है, परन्तु क्या नैतिक दृष्टि से यह समझा जा सकता है कि दुराचारी, व्यभिचारी और कोढ़ी पति के साथ स्त्री जन्म भर क्यों बंधी रहे? वास्तविकता यह है कि नीति मनुष्य को आगे बढ़ाती है और धर्म उसको आगे बढ़ने से रोकता है।" यह विचार तथ्यात्मक दृष्टि से गलत नहीं है परन्तु तर्क की दृष्टि से इसमें एक दोष है। यह दोष धर्म और नीति के संघर्ष को आवश्यम्भावी मानने वाले सभी मतों में पाया जाता है। धर्म और नैतिकता दोनों का एक रूढ़िवादी पक्ष है और एक प्रगतिशील पक्ष है। रूढ़िवादी पक्ष सदैव प्रगति का विरोधी रहा है चाहे वह धर्म का रूढ़िवादी पक्ष हो या नैतिकता का। यह रूढ़िवादी पक्ष सामान्य जन में प्रचलित रूप में होता है। इस प्रकार कभी दासता को सर्वथा नैतिक माना जाता था। कुल की नैतिकता के नाम पर कितने युवक-युवतियों का गला नहीं घोटा गया है? सुखवाद एक नैतिक सिद्धान्त है परन्तु क्या उससे समाज का या व्यक्ति का कल्याण हो सकता है? रूढ़िवादी रूप में नैतिकता धर्म से कम प्रगति विरोधिनी नहीं है। प्रगतिशील पक्ष में धर्म नैतिकता से कम कल्याणकारी नहीं सिद्ध हुआ। प्रगतिशील और शुद्ध रूप में धर्म और नैतिकता में कभी विरोध नहीं हुआ है। उदाहरण के लिये गीता में धर्म और नैतिकता में कोई विरोध नहीं दिखाई पड़ेगा। श्री अरविन्द ने धर्म में रूढ़िवादी पक्ष को धर्मवाद और प्रगतिशील पक्ष को धर्म कहा है। नैतिकता का संघर्ष धर्मवाद से है धर्म से नहीं। श्री अरविन्द लिखते हैं "सच्चा धर्म आध्यात्मिक धर्म है, वह जो कि आत्मा में रहना चाहता है, जो कि बुद्धि के परे है, मानव के सौन्दर्यात्मक और नैतिक और व्यवहारिक रूप से परे है और धर्म हमारे जीव के इन सदस्यों को आत्मा के उच्चतर प्रकाश और नियमों से सूचित तथा शासित करना चाहता है। इसके विपरीत धर्मवाद अपने को निम्न सदस्यों के किसी

1. "It would be more correct to say that in primitive religions were contained in solution as it were, religion, moral and other elements." --MacIver

संकीर्ण, कर्मकाण्ड वाले महत्व में बांधे रहता है और बौद्धिक रूढ़ियों, रूपों तथा व्यवहारों पर, किसी स्थिर और कठोर नैतिक संहिता पर या किसी धार्मिक, राजनैतिक अथवा धार्मिक सामाजिक व्यवस्था पर विशेष जोर देता है।''[1] धर्म के इस शुद्ध और व्यापक रूप से नैतिकता का कोई संघर्ष नहीं है। मैकाइवर लिखता है ''विश्व चेतन होते हुए धर्म हमारे एक दूसरे से आदान-प्रदान की निकटतर अनुभूति को भली प्रकार बनाये रख सकता है और इस प्रकार विशुद्ध नैतिक संहिता से समीचीन हो सकता है।''[2]

अभ्यास के लिए प्रश्न

1. सामाजिक नियन्त्रण में धर्म के कार्य की संक्षिप्त व्याख्या कीजिए आधुनिक काल में धर्म का प्रभाव क्यों कम हो रहा है।
2. धर्म क्या है? धर्म के समाजशास्त्रीय महत्व पर एक लेख लिखिए।
3. सामाजिक नियन्त्रण में धर्म के महत्व का विवेचन कीजिए।
4. धर्म के समाजशास्त्रीय महत्व की व्याख्या कीजिए।
5. धर्म और नीति के सम्बन्ध और अन्तर की विवेचना कीजिये।

---

1. "True religion is spiritual religion, that which seeks to live in spirit, in what is beyond the aesthetic and ethical and practical being of man and to inform and govern these members of our being by the higher light and laws of the spirit. Religionism, on the contrary, entrenches itself in some narrow pietistic exaltation of the lower members or lays exculsive stress on intellectual dogmas, forms and ceremonies, on some fixed and rigid moral code, on some religio-political or religio-social system."
—Sri Aurobindo
2. "Religion, growing world conscious, may well sustain the nearer sense of our community with one another and thus fall into consistancy with a purely moral code."
--MacIver

12

सामाजिक नियन्त्रण और प्रचार

(Social Control and Propaganda)

आधुनिक काल में जनतन्त्र का महत्व

यूं तो राजनीति के क्षेत्र में शासन पद्धति के विषय में तरह-तरह के विचार पाये जाते हैं, परन्तु आजकल अधिकांश विचारक जनतन्त्र को ही शासन पद्धति का सर्वोत्तम रूप मानते हैं। अब्राहम लिंकन ने "जनता के लिए, जनता द्वारा, जनता की सरकार" के रूप में जनतन्त्र की परिभाषा की है। जनतन्त्र का क्या रूप होना चाहिये, इसके विषय में सभी देशों के विचारक एकमत नहीं हैं और भिन्न-भिन्न देशों में जनतन्त्र के भिन्न-भिन्न रूप पाये जाते हैं। परन्तु फिर भी जनतन्त्र सभी जगह लोकप्रिय है। अनेक देशों में सच्चे अर्थों में जनतन्त्रीय सरकार न होते हुए भी शासक लोग उसे जनतन्त्रीय ही कहते रहते हैं, क्योंकि सभी जगह जनतन्त्र को जनता के कल्याण के लिये आदर्श शासन पद्धति माना जाता है। अनेक देशों में जहाँ जनतन्त्र अभी स्थापित नहीं हो सका है वहाँ भी बहुत से लोग जनतन्त्र की स्थापना के लिये प्रयत्नशील हैं। ऐसा नहीं है कि जनतन्त्र की किसी ने आलोचना ही न की हो। ऑस्कर वाइल्ड ने लिखा है "जनतन्त्र का अर्थ केवल जनता को जनता द्वारा जनता के लिये डण्डों से पीटना है।" परन्तु ऑस्कर वाइल्ड का यह मत तथ्यों से पुष्ट नहीं होता। सच तो यह है कि जनतन्त्र जनता में स्वतन्त्रता, समानता और भ्रातृत्व के आदर्श प्राप्त करने के लिए आदर्श परिस्थितियां उपस्थित करता है। जनतन्त्र उन दशाओं को उत्पन्न करना चाहता है जिनमें पिछड़े वर्ग आगे बढ़ें और निर्धन लोग समृद्ध बनें। जनतन्त्र के सिद्धान्तों को स्पष्ट करते हुए सन् 1776 की अमरीका की आजादी की घोषणा में लिखा गया है "मनुष्य अपने अधिकारों के विषय में समान

उत्पन्न हुये हैं और रहेंगे। राजनैतिक समाज का लक्ष्य मनुष्य के प्राकृतिक और अप्रत्यक्ष अधिकारों की रक्षा करना है। ये अधिकार हैं स्वतन्त्रता, सम्पत्ति सुरक्षा और अत्याचार का विरोध।''

जनतन्त्र के लिये आवश्यक परिस्थितियाँ

जनतन्त्र की सफलता के लिए प्रत्येक समाज में कुछ परिस्थितियों की आवश्यकता होती है। सबसे पहली और अनिवार्य परिस्थिति सामान्य शिक्षा का उच्च स्तर है। जैसा कि बर्टेण्ड रसल ने लिखा है, जिस देश में नागरिक अशिक्षित हों वहां जनतन्त्र की बात भी करना मूर्खता है। स्मरण रहे कि यहां शिक्षा का तात्पर्य साक्षरता से नहीं है। शिक्षा का तात्पर्य राजनैतिक, सामाजिक और सामान्य शिक्षा से है। जब तक नागरिक लोग अपने अधिकारों और कर्त्तव्यों से परिचित नहीं होंगे और नागरिक जीवन की उच्च कल्पना नहीं रखेंगे तब तक वे जनतन्त्रीय सरकार को सफलतापूर्वक नहीं चला सकते। इस प्रकार की शिक्षा जनतन्त्रीय संस्थाओं में भी मिलती है। विधान सभा में या अन्य सार्वजनिक संस्थाओं में भाग लेने से, चुनावों में भाग लेने से तथा अन्य सार्वजनिक कार्यक्रमों में भाग लेने से नागरिकों को जनतन्त्र की शिक्षा मिलती है।

जनतन्त्र और प्रचार

जनतन्त्र के लिये आवश्यक इस शिक्षा में प्रचार का बड़ा महत्व है। प्रचार के द्वारा ही जनता को जनतन्त्र के आदर्शों से परिचित कराया जा सकता है। हर एक देश में जनतन्त्र की एक विशेष कार्य पद्धति होती है। इस कार्य पद्धति से परिचित हुये बिना जनता उसमें समुचित भाग नहीं ले सकती। अतः जनता में इस कार्य पद्धति के व्यापक प्रचार की आवश्यकता है। जनतन्त्र में जनता द्वारा चुने हुए प्रतिनिधि शासन चलाते हैं। इन चुनावों में एक से अधिक राजनैतिक दलों के प्रतिनिधि खड़े होते हैं। सभी राजनैतिक दल अपने-अपने विचारों का जनता में प्रचार करते हैं। इससे जनता यह समझ पाती है कि विभिन्न दलों के उद्देश्य क्या हैं और किस दल के प्रतिनिधि को वोट देना देश के लिये कल्याणकारी होगा। यहां यह ध्यान रखने की बात है कि यह प्रचार कभी-कभी भ्रामक भी हो सकता है और जनतन्त्र की सफलता के लिए भ्रामक प्रचार को रोकना भी उतना ही जरूरी है जितना कि सही बातों का प्रचार करना।

जनतन्त्र में अथवा जन समाज में प्रचार की आवश्यकता के इस विवेचन से यह स्पष्ट है कि समाज शास्त्र और मनोविज्ञान में प्रचार का शास्त्रीय अध्ययन कितना आवश्यक और कितना लाभदायक है। प्रस्तुत अध्याय में प्रचार पर मनोविज्ञान और समाजशास्त्रीय, दोनों दृष्टिकोणों से विचार किया जायेगा। प्रचार की अपील के मनोवैज्ञानिक आधार को समझने से यह स्पष्ट होगा कि समाज में प्रचार का इतना अधिक प्रभाव क्यों पड़ता है। साथ ही इससे यह भी मालूम होगा कि अच्छा प्रचार

किस प्रकार किया जाना चाहिए। इस सम्बन्ध में प्रचार की विभिन्न विधियों का विश्लेषण भी प्रासंगिक होगा। जनतन्त्र में प्रचार करने वालों को प्रभावशाली प्रचार में आवश्यक बातों का भी ज्ञान होना चाहिए। अत: प्रचार के विभिन्न साधनों और उनके गुण-दोषों का विचार किया जायेगा।

प्रचार क्या है ?

इस प्रकार आज के संसार में राजनैतिक, आर्थिक, सामाजिक सभी क्षेत्रों में प्रचार का बोलबाला है। यह प्रचार क्या है? इसको समझने के लिये प्रचार की वैज्ञानिक परिभाषा करनी पड़ेगी। प्रचार शब्द के लिये अंग्रेजी में प्रोपेगण्डा (Propaganda) शब्द का इस्तेमाल किया जाता है। प्रोपेगण्डा शब्द लैटिन भाषा के प्रोपेगेयर (Propagare) नामक शब्द से बना है। प्रोपेगेयर का अर्थ उत्पादन करना या फैलाना अथवा नया पौधा पैदा करने के लिये टहनियों को दबा देना है। इस प्रकार प्रोगेयर में उत्पादन या विस्तार स्वाभाविक न होकर कृत्रिम होता है। स्पष्ट है कि शाब्दिक अर्थ में प्रचार का अर्थ किसी बात को कृत्रिम रूप से फैलाना होगा। इसलिए कभी कभी कुछ लोग प्रचार को हानिकारक समझने लगते हैं, यद्यपि अब यह भलीभांति सिद्ध हो गया है कि जनता की शिक्षा के लिए प्रचार का कितना अधिक महत्व है।

प्रचार की परिभाषायें

प्रचार को अच्छी तरह समझने के लिये उसकी कुछ परिभाषाओं पर दृष्टि डालना भी लाभदायक होगा। कुछ मुख्य परिभाषायें निम्नलिखित हैं–

(1) **किम्बाल यंग का मत**–किग्बाल यंग के अनुसार ''अपने प्रयोजन के लिए हम सबसे पहले मतों, विचारों या मूल्यों के बदलने के लिए और उनका नियन्त्रण करने के लिये और अन्त में पूर्ण निर्धारित दिशा में बाहरी क्रियाओं को बदलने के लिये संकेत और सम्बन्धित मनोवैज्ञानिक प्रणालियों द्वारा प्रतीक के न्यूनाधिक सोच विचार कर आयोजित और व्यवस्थित प्रयोग के रूप में प्रचार की परिभाषा करेंगे।''[1]

प्रचार की उपरोक्त परिभाषा में अग्रलिखित महत्वपूर्ण बातों पर जोर दिया गया है।

---

1. "For our purposes we shall define propaganda as the more or less deliberately planned and systematic use of symbole chiefly through suggestion and related psychological techniques, with a view first to altering and controlling opinions, ideas and values and ultimately to changing overt action along predetermined lines."
--Kimball Young.
Hand book of Social Psychology, (1951), p. 506.

(i) प्रचार अधिकतर सोच विचार कर और व्यवस्थित रूप में किया जाता है।

(ii) प्रचार प्रत्यक्ष रूप से नहीं बल्कि प्रतीक रूप में किया जाता है। उदाहरण के लिये आमतौर से जब कोई राजनैतिक दल यह कहता है कि 'जनता के सच्चे प्रतिनिधि को ही वोट दें' तो उसका तात्पर्य इस बात का प्रचार करना होता है कि उसका अपना प्रतिनिधि ही जनता का सच्चा प्रतिनिधि है और दूसरे राजनैतिक दलों द्वारा खड़े किये गए उम्मीदवार सच्चे प्रतिनिधि नहीं हैं।

(iii) प्रचार अधिकतर संकेत के द्वारा किया जाता है।

(iv) प्रचार का उद्देश्य जनमत को बदलना या उसका नियन्त्रण करना होता है। प्रचार का अन्तिम उद्देश्य जनता के आदर्शों और विचारों को नियन्त्रित करके उसकी क्रियाओं को मनचाही दिशा में मोड़ देना होता है।

(2) **डूब का मत**—डूब के अनुसार "जब कोई व्यक्ति अथवा कुछ व्यक्ति किसी लक्ष्य को पूरा करने के लिये व्यवस्थित ढंग से निर्देश के द्वारा किसी जनसमूह की अभिवृत्तियों पर नियन्त्रण करके उसके व्यवहार को प्रभावित करते हैं तो वह प्रक्रिया प्रचार की प्रक्रिया कहलाती है।"[1]

उपरोक्त परिभाषा में यह बतलाया गया है कि प्रचार सुझाव के द्वारा होता है, उसके द्वारा जनता की अभिवृत्तियों पर नियन्त्रण किया जाता है और प्रचार व्यवस्थित होता है।

इस प्रकार संक्षेप में प्रचार एक मनोवैज्ञानिक प्रक्रिया है जिसमें अप्रत्यक्ष रूप से जनता के विचारों, आदर्शों और अभिवृत्तियों पर नियन्त्रण करने के लिये या उनको प्रभावित करने के लिये व्यवस्थित ढंग से संकेत का प्रयोग किया जाता है।

प्रचार के रूप

प्रत्यक्ष और अप्रत्यक्ष प्रचार

उपरोक्त परिभाषा से यह नहीं समझना चाहिये कि प्रचार केवल अप्रत्यक्ष ही होता है। वास्तव में प्रचार प्रत्यक्ष अथवा अप्रत्यक्ष किसी भी तरह का हो सकता है। प्रत्यक्ष प्रचार में, जैसा कि उसके नाम से स्पष्ट है, लोगों को यह मालूम रहता है कि प्रचार करने वाला कौन है और वह क्यों प्रचार कर रहा है। उदाहरण के लिये आजकल भारत सरकार जीवन बीमा, परिवार नियोजनाएं अल्प बचत योजना आदि अनेक बातों के लिये प्रत्यक्ष रूप में प्रचार कर रही है। सब लोग जानते हैं कि यह प्रचार सरकारी है और इस प्रचार में सरकार लोगों को इनके फायदे बतलाकर इनको

---

1. "....systematic attempt by an interested individual or individuals to control the attitudes of group of individuals through the use of suggestion and consequently, to control their action." --L. W. Doob.
Propaganda : Its Psychology and Technique

अपनाने के लिये कहती है। दूसरी ओर कुछ प्रचार अप्रत्यक्ष (Indirect) भी हो सकते हैं, जैसे पाकिस्तान का भारत विरोधी प्रचार काश्मीर को हड़पने के लिये है। अप्रत्यक्ष प्रचार में लोगों को प्रचार के उद्देश्य का पता नहीं होता। उदाहरण के लिये बहुत से प्रचारक यह भी नहीं स्पष्ट करते कि वे जनता से क्या चाहते हैं। वे जनता के विचारों और आदर्शों को इस तरह बदल देते हैं कि जनता वह ही करती है जो वे चाहते हैं। युद्ध के दिनों में बहुत से नेता अपने देशवासियों में देश-भक्ति और त्याग की भावना उकसाते हैं, जिससे उनका उद्देश्य यह होता है कि अधिक से अधिक लोग सेना में भर्ती हों।

प्रचार के अन्य रूप

मनोवैज्ञानिकों ने प्रचार के कुछ अन्य भेद भी किये हैं, जैसे प्रारम्भिक (Primary) और गौण (Secondary) प्रचार। प्राथमिक प्रचार वह है जिससे पहले से ही उपस्थित कुछ अभिवृत्तियों या पूर्व आग्रहों को भड़काया जाए। उदाहरण के लिये मुसलमानों में हिन्दुओं से कुछ न कुछ तनातनी पहले से ही चली आती है। इसका फायदा उठाकर पाकिस्तानी सरकार मुसलमानों को जिहाद के लिये भड़काती रहती है। यह प्राथमिक प्रचार का एक उदाहरण है। गौण प्रचार में पहले से कोई भी अभिवृत्ति उपस्थित नहीं रहती। इसमें जनता में नये सिरे से कुछ अभिवृत्तियाँ पैदा की जाती हैं। कुछ मनोवैज्ञानिकों ने चेतन (Conscious) और अचेतन (Unconscious) प्रचार में भी अन्तर किया है। चेतन प्रचार जैसा कि उसके नाम से स्पष्ट है, जान बूझकर किया जाता है, अर्थात् वह पहले से आयोजित होता है। अचेतन प्रचार में प्रचार जान बूझकर नहीं किया जाता, वह अनजाने ही हो जाता है।

प्रचार की अपील के मनोवैज्ञानिक आधार

प्रचार के उपरोक्त विवेचन से उसकी अपील के मनोवैज्ञानिक आधारों पर भी प्रकाश पड़ता है। स्थूल रूप से प्रचार की मनोवैज्ञानिक पृष्ठभूमि में संकेत, प्रेरणा, अभिवृत्ति, विश्वास और संवेग तथा अनुभूति होते हैं। प्रचार में इनको प्रभावित किया जाता है, इनका उपयोग किया जाता है, इनको बदला जाता है और इनका नियन्त्रण किया जाता है। प्रचार के मनोवैज्ञानिक आधार को भली प्रकार समझने के लिये प्रचार से इनके सम्बन्ध की विवेचना आवश्यक है।

1. **संकेत**—जैसा कि पहले बताया जा चुका है, प्रचार का मुख्य आधार संकेत हैं। संकेत के द्वारा लोगों के विचारों और आदर्शों में मन चाहे परिवर्तन किये जा सकते हैं। यद्यपि सब लोगों में एक सी संकेतग्रहणशीलता (Suggestibility) नहीं होती परन्तु सुझाव का थोड़ा बहुत प्रभाव हर एक व्यक्ति पर पड़ता है। परन्तु सुझाव में कुछ बातों का विशेष महत्व है। आमतौर से राजनैतिक नेता, अभिनेता, धार्मिक सन्तों आदि की बातों का आदर किया जाता है और उनका अनुकरण किया जाता है। लोग अपने कामों में उनका उदाहरण दिया करते हैं। संकेत की यह शक्ति उनकी

प्रतिष्ठा के कारण है। इसलिये यह प्रतिष्ठा संकेत (Prestige Suggestion) कहलाता है। कहावत है 'महाजनः येन गतः स पन्था' अर्थात् बड़े लोग जिस तरफ जायें वहीं जाने योग्य मार्ग है। इसी तरह लोगों में बहुमत का भी अनुकरण करने की प्रवृत्ति होती है। यह बहुमत का संकेत कहलाता है। अधिकतर आदमी जिस काम को करते हों, अधिकतर लोग जिनको अच्छा मानते हों अन्य लोग भी उन्हीं का अनुकरण करने लगते हैं। भेड़चाल की यह प्रवृत्ति मनुष्य की सामाजिकता के कारण है। बहुत ही कम लोग ऐसे हैं जो बहुमत से प्रभावित न होते हों। इस प्रकार प्रतिष्ठित लोगों के मत अथवा बहुमत के सुझाव के द्वारा जनता में तरह-तरह की बातों का प्रचार किया जाता है। उदाहरण के लिए कांग्रेस का अधिकतर प्रचार नेहरू और गांधी के नाम पर होता है।

2. प्रेरणायें तथा आवश्यकतायें—मनुष्य का हर एक व्यवहार उसकी प्रेरणाओं और आवश्यकताओं पर निर्भर है। इनके बगैर किसी भी व्यक्ति से कोई भी काम नहीं कराया जा सकता। जिस चीज की कोई जरूरत नहीं, जिससे कोई प्रेरणा नहीं मिलती उसका प्रचार नहीं हो सकता। प्रचार उसी का हो सकता है जिसकी लोगों को जरूरत हो या जिसकी जरूरत पैदा कर दी जाए। इसलिये सफल प्रचारक लोगों की प्रेरणाओं को अपील करते हैं। यद्यपि भिन्न-भिन्न लोगों की प्रेरणाओं और आवश्यकताओं में कुछ न कुछ अन्तर होता है परन्तु फिर भी स्थूल रूप से कुछ प्रेरणायें और आवश्यकतायें सभी में देखी जा सकती हैं। उदाहरण के लिये हर एक व्यक्ति चाहता है कि समाज में उसका आदर हो और उसको अच्छा समझा जाए। हर एक व्यक्ति शक्ति प्राप्त करना चाहता है। हर एक व्यक्ति अपनी और अपने परिवार की सुरक्षा चाहता है। हर एक व्यक्ति जीवन का स्तर ऊँचा उठाना चाहता है। आमतौर से हर एक को देश और धर्म से प्रेम होता है। हर एक को रोटी, कपड़ा, काम, नाम और आराम की जरूरत होती है। प्रचार में इन प्रेरणाओं और आवश्यकताओं को उत्तेजित किया जाता है। साम्प्रदायिक दल 'धर्म खतरे में है' का नारा लगाकर अपने सम्प्रदाय में विरोधी सम्प्रदाय के प्रति घृणा का प्रचार करते हैं और उनको उकसाते हैं। विदेशियों का आक्रमण होने से देश की सरकार देश की सुरक्षा के नाम पर जनता का संगठन करती है। साम्यवादी लोग देश की गरीबी दूर करने का वायदा करके और लोगों का जीवन स्तर ऊँचा उठाने का आश्वासन देकर निर्धन लोगों में और मजदूरों में अपने दल का प्रचार करते हैं। जीवन बीमा कम्पनी लोगों की अपनी और अपने परिवार की सुरक्षा और कुशलता की प्रेरणा की अपील करके जीवन बीमा का प्रचार करती है। धर्म प्रचारक, ईश्वर और धर्म के नाम पर, धार्मिक प्रचार करते हैं। आजकल सभी लोग इस बात को जानते हैं कि यदि किसी चीज का प्रचार करना होता हो तो जनता में उसकी आवश्यकता पैदा करना जरूरी है और उसको किसी न किसी प्रेरणा से सम्बन्धित होना चाहिये।

3. विश्वास और अभिवृत्तियाँ—प्रचार का एक उद्देश्य जनता के विश्वासों और अभिवृत्तियों को परिवर्तित करना या उन पर नियन्त्रण करना है। जैसा कि पहले बतलाया जा चुका है, मौलिक प्रचार में पहले से ही मौजूद कुछ अभिवृत्तियों का सहारा लिया जाता है और गौण प्रचार में अभिवृत्तियाँ बदली जाती हैं या बनाई जाती हैं। इसी तरह प्रचार में पुराने विश्वासों को बदलकर नये विश्वास स्थापित करने की चेष्टा की जाती है। उदाहरण के लिए हर एक राजनैतिक दल जनता को यह विश्वास दिलाने की कोशिश करता है कि वही जनता का सच्चा कल्याण कर सकता है। हर एक अपने को जनता का सच्चा प्रतिनिधि बतलाता है और दूसरे दलों में से विश्वास को उठा देना चाहता है। परन्तु विश्वासों को बदलने में अभिवृत्तियों को ध्यान में रखना जरूरी है क्योंकि प्रचार बलपूर्वक नहीं किये जा सकते। यदि जनता की अभिवृत्ति किसी ओर नहीं हो तो उस दिशा में एकदम प्रचार शुरू कर देना बेकार है। इसके लिये जनता में पहले अभिवृत्ति उत्पन्न की जानी चाहिए।

4. संवेग तथा अनुभूतियाँ—मनुष्यों पर संवेगों और अनुभूतियों को उत्तेजित करने वाली बातों का प्रभाव पड़ता है। इसीलिए प्रचारक लोग जनता में प्रचार करते समय अपने मनोनुकूल संवेग उत्पन्न करने की कोशिश करते हैं। जरूरत के अनुसार वे लोगों में भय, क्रोध, आशा, निराशा और घृणा आदि संवेगों को जागृत करने की कोशिश करते हैं। उदाहरण के लिये साम्प्रदायिक दल अपने सम्प्रदाय के लोगों में अन्य सम्प्रदायों से भय, क्रोध और घृणा उकसाते हैं। भारत से ब्रिटिश सरकार को निकालने की कोशिश में भिन्न-भिन्न लोगों ने जनता में भिन्न-भिन्न संवेगों और अनुभूतियों को उकसा कर ब्रिटिश विरोधी और स्वतन्त्रता के पक्ष में प्रचार किया। महात्मा गांधी ने स्वदेशी प्रेम का संवेग उकसाया। क्रान्तिकारियों ने जनता में अंग्रेजों के प्रति क्रोध और घृणा फैलाई। तरह-तरह के नारे लगाये गये। नारों का उद्देश्य जनता की अनुभूतियों को और संवेगों को उकसाना होता है। 'इन्कलाब जिन्दाबाद' के नारे सुनकर और बोलकर लोग उत्तेजित हो जाते हैं और आशा से भर उठते हैं। "सड़ी गली सरकार को, एक टक्कर और दो" का नारा लगाकर लोग क्रोध प्रदर्शित करते हैं। कुशल नेता अपने भाषणों द्वारा लोगों के संवेगों और भावनाओं पर नियन्त्रण करते हैं और उनको मनचाही दिशा में बदल देते हैं। तरह-तरह के चित्रों और पोस्टरों के द्वारा सरकार जनता में मद्य निषेध, परिवार नियोजन, जीवन बीमा, सहकारिता आदि अनेक आन्दोलनों के सम्बन्ध में प्रचार करती है।

प्रचार की प्रविधियाँ

संयुक्त राष्ट्र अमेरिका में, न्यूयार्क में एक प्रचार विश्लेषण संस्था (Institute of Propaganda Analysis) है। इस संस्था ने प्रचार की विधियों का वर्गीकरण किया है। इसके अनुसार ये विधियाँ अग्रलिखित हैं—

(1) **नामकरण** (Name Calling)–किसी के पक्ष या विपक्ष में प्रचार करने के लिये उसके लिये कुछ नामों का प्रयोग किया जाता है। इस नामकरण से पक्ष या विपक्ष में अच्छा खासा प्रचार हो जाता है। उदाहरण के लिये अक्सर राजनैतिक दल के नेता विरोधी दलों को 'गद्दार' या 'पंचमांगी' कहते हैं। कुछ लोग दूसरे दलों को साम्प्रदायिक नाम देकर उनके विरुद्ध प्रचार करते हैं।

(2) **स्थानान्तरण** (Transfer)–स्थानान्तरण, में जैसा कि उसके नाम से स्पष्ट है, परस्पर असम्बद्ध बातों, विचारों या वस्तुओं को जोड़ दिया जाता है। उदाहरण के लिये बहुत से प्रचारक अपनी बातों के पक्ष में बहुत सी इधर उधर की असंगत बातों को जोड़ देते हैं।

(3) **आकर्षक सामान्य धारणायें** (Glittering Generalities)–कुछ शब्द ऐसे हैं जो आमतौर से सभी को आकर्षित करते हैं और जिनको सभी लोग मानते हैं, जैसे विश्व-बन्धुत्व, समानता, स्वतन्त्रता और भ्रातृत्व इत्यादि। इन आकर्षक सामान्य धारणाओं का सहारा लेकर बहुत सी बातों का प्रचार किया जाता है। अन्तर्राष्ट्रीय क्षेत्र में रूस और अमेरिका दोनों ही विश्व-शान्ति के नाम पर अपने-अपने कारनामों के पक्षों का प्रचार करते है। साम्यवादी दल समानता और भ्रातृत्व का नारा लगाकर अपने सिद्धान्त का प्रचार करते हैं यहाँ तक कि हिटलर जैसे तानाशाहों ने भी विश्व-शान्ति और मानव की प्रगति के नाम पर अपने सिद्धान्तों का प्रचार किया।

(4) **प्रसिद्ध व्यक्तियों के प्रमाण-पत्र** (Testimonials)–आम तौर से लोग अपनी चीजों, विचारों या मतों का प्रचार करने के लिये बड़े-बड़े नेताओं और प्रसिद्ध व्यक्तियों के प्रशंसा पत्र पेश करते हैं। भारत में अधिकतर राजनैतिक दल यह प्रचार करते हैं कि महात्मा गाँधी के विचारों को वास्तविक रूप से अपनाये हुये हैं और दूसरे लोग गलत रास्ते पर हैं। चुनाव के दिनों में कांग्रेस ने अपने प्रचार के लिये नेहरू जी और गांधी के प्रमाण-पत्र उपस्थित किये।

(5) **लोक रीति की दुहाई** (Plain Flok Appeal)--प्रचार में लोक रीति की दुहाई दी जाती है, क्योंकि जनता में लोक रीति को अपनाने की प्रवृत्ति होती है। इस बात को ध्यान में रखकर संसार में तब कहीं राजनैतिक दल ऐसे चुनाव चिन्ह ग्रहण करते हैं जो लोक जीवन के समीप हों। उदाहरण के लिये भारत में कांग्रेस का चुनाव चिन्ह दो बैलों की जोड़ी, भारतीय जनता पार्टी का चुनाव चिन्ह कमल, प्रजा सोशलिस्ट पार्टी का चुनाव चिन्ह झोंपड़ी और साम्यवादी दल का चुनाव चिन्ह हंसिया और हथौड़ा है। कहना न होगा कि ये सभी लोक जीवन के बहुत निकट हैं।

(6) **सर्वसम्मति का सहारा** (Band Wagon)–प्रचार में सर्वसम्मति के प्रभाव का भी उपयोग किया जाता है। लोगों में बहुमत की बात मानने की प्रवृत्ति होती है। बहुमत में संकेत की शक्ति होती है। अत: हर एक प्रचारक यह विश्वास दिलाने की कोशश करता है कि बहुमत उसी के सिद्धान्तों और आदर्शों को मानता है। चुनाव के दिनों में इस विधि का विशेष रूप से उपयोग किया जाता है। कम

वोट मिलने पर भी वोटिंग के समय अधिकतर राजनैतिक दल बराबर यह प्रचार करते रहते हैं कि उनको सबसे अधिक वोट मिल रहे हैं और वे भारी बहुमत से जीत रहे हैं।

(7) एकांगी प्रचार या पत्तेबाजी (Card Stacking)—प्रचार की विधि में, जैसा कि इसके नाम से स्पष्ट है, तथ्यों को तोड़-मरोड़ कर अपने पक्ष में दिखाने की कोशिश की जाती है और विरोधी पक्ष के अनुकूल बातों को झूठ-झूट गलत साबित किया जाता है। इस तरह यह एकांगी प्रचार है। स्पष्ट है कि प्रचार की यह रीति अनैतिक और भ्रामक है। फिर भी राष्ट्रीय और अन्तर्राष्ट्रीय राजनीति के क्षेत्र में इसका बराबर प्रयोग किया जाता है। राष्ट्रीय क्षेत्र में सरकारी समाचार पत्र सरकार के पक्ष में और अन्य दलों के समाचार पत्र सरकार के विरोध में समाचारों को तोड़-मरोड़ कर छापते हैं, सामान्य बात को विशेष और विशेष बात को सामान्य रूप में दिखलाते हैं और सारा दोष एक ही पक्ष के सर मढ़ देते हैं। यही अन्तर्राष्ट्रीय क्षेत्र में भी होता है। चीनी समाचार पत्र बराबर यह छापे जाते हैं कि भारत की ओर से उनके सैनिकों पर हमला किया गया और भारतीय लोग उनकी सीमा में घुस गये। इसी तरह पाकिस्तान के समाचार पत्र बराबर यह प्रचार करते रहते हैं कि भारतवर्ष पाकिस्तान के खिलाफ सैनिक तैयारियां कर रहा है।

प्रभावशाली प्रचार में आवश्यक बातें

किम्बाल यंग का मत

प्रचार को प्रभावशाली बनाने में समाज मनोविज्ञान से बड़ी सहायता मिल सकती है। प्रचार प्रभावशाली किस तरह हो इस बारे में समाज मनोवैज्ञानिकों ने बहुत से प्रयोग किये। इन सब प्रयोगों से यह बात सामान्य रूप से देखी गई कि प्रचार का अभाव उसके मनोवैज्ञानिक आधार की दृढ़ता पर आधारित है। किम्बाल यंग[1] ने प्रचार के निम्नलिखित चार मनोवैज्ञानिक आधार बतलाये हैं—

(1) प्रचार का उद्देश्य श्रोतागण से सम्बन्धित होना चाहिए।

(2) प्रचार की प्रत्येक वस्तु जिसके आधार पर प्रचार को अधिक शक्तिशाली और सूत्र रूपी बनाया जाता है।

(3) प्रचार से सम्बन्धित विशेष सुझाव और अन्य मनोवैज्ञानिक विधियाँ।

(4) विचारों, दृष्टिकोणों, मूल्यों तथा क्रियाओं पर विचार का प्रभाव।

प्रभावशाली प्रचार में मुख्य बातें निम्नलिखित हैं—

(1) **अप्रत्यक्ष प्रचार**—प्रचार की सफलता के लिये यह जरूरी है कि लोगों को यह न मालूम हो सके कि प्रचार क्यों किया जा रहा है। प्रत्यक्ष प्रचार का प्रभाव

1. Kimball Young, *Hand Book of Social Psychology,* (1951). pp. 507-508

उतना नहीं पड़ता जितना कि अप्रत्यक्ष प्रचार का पड़ता है क्योंकि प्रत्यक्ष प्रचार में लोगों को यह मालूम हो जाता है कि कौन अपने किस स्वार्थ को सिद्ध करने के लिये प्रचार कर रहा है। इस प्रकार आमतौर से अप्रत्यक्ष प्रचार ही अधिक प्रभावशाली होता है। यहां पर मूल बात यह है कि चूंकि अधिकतर प्रत्यक्ष प्रचार के पीछे किसी विशेष व्यक्ति या समूह का अपना स्वार्थ होता है इसलिये उसका प्रभाव कम पड़ता है। यदि ऐसा न हो अर्थात् यदि प्रत्यक्ष प्रचार में प्रचारक का उद्देश्य निःस्वार्थ हो तो उससे भी लाभ होगा। उदाहरण के लिये भारत सरकार जीवन बीमा, परिवार नियोजन, मद्य-निषेध आदि के लिये प्रत्यक्ष प्रचार कर रही है। इसको अपनाने में जनता का ही भला है। सरकार का इसमें कोई स्वार्थ नहीं है। ऐसी दशा में प्रत्यक्ष प्रचार भी कम प्रभावशाली नहीं होगा।

(2) **विशेष वर्ग के अनुकूल प्रचार**—प्रचार की सफलता के लिये ध्यान रखने की एक दूसरी बात यह है कि प्रचार किस वर्ग, लिंग, आयु अथवा शैक्षिक स्तर के लोगों के लिये किया जा रहा है, क्योंकि इन सबके अन्तर से प्रचार की अपील में अन्तर पड़ जाता है। प्रचार करने में यह देखना जरूरी है कि प्रचार जिस वर्ग के लिये किया जा रहा हो उस वर्ग की अभिवृत्ति के अनुरूप हो। विवादास्पद विषयों में प्रचार को प्रभावशाली बनाने के लिये विषय के पक्ष और विपक्ष दोनों की बातों को उपस्थित किया जाना चाहिए। ऐसा करने से पढ़े लिखे और विचारशील लोगों पर अधिक प्रभाव पड़ता है। परन्तु जो लोग पहले से ही किसी विशेष तरह के विचार रखते हैं उनको एकांगी विचार अधिक प्रभावित करता है। बे पढ़े लिखे लोगों को भी एकांगी प्रचार ही अधिक प्रभावित करता है।

(3) **प्रचार का दोहराना**—प्रचार को प्रभावशाली बनाने के लिये उसको बार-बार दोहराया जाना चाहिये। जैसा कि डाक्टर गोबेल्स (Dr. Goebbels) ने कहा कि एक झूठ को सौ बार दोहराइये और वह सत्य के रूप में स्वीकृत होने लगेगा। बार-बार दोहराने से झूठी बात सही भी मान ली जाती है। सम्मोहन (Hypnotism) में इस बात का व्यापक उपयोग किया जाता है। राजनैतिक क्षेत्र में भी प्रचार की बात को बराबर दोहराया जाता है। धार्मिक और व्यापारिक क्षेत्र में तरह-तरह के नारों को बराबर दोहराया जाता है। परन्तु किसी बात को केवल बार-बार दोहराना मात्र ही काफी नहीं है। कभी-कभी उसके साथ में कुछ तर्क भी दिये जाने चाहियें। सच तो यह है कि जिन विधियों का पीछे उल्लेख किया गया है उन सभी को आवश्यकतानुसार इस्तेमाल करने से प्रचार प्रभावशाली होता है। इस तरह सभी सम्मानित व्यक्तियों के प्रमाण-पत्र पेश करना भी लाभदायक होगा। लोक रीति की दुहाई देने से बहुधा लोग प्रचारक की बात पर विश्वास कर लेते हैं। इसी तरह सर्वसम्मति का सहारा लेने से भी प्रचार प्रभावशाली बनाया जा सकता है। इस सम्बन्ध में यह ध्यान रखना जरूरी है कि प्रचार ऐसा हो जो संवेगों, अनुभूतियों तथा प्रेरणाओं आदि को अपील करे। कभी-कभी अपने प्रचार को प्रभावशाली बनाने के

लिये विरोधी प्रचार करना अधिक अच्छा रहता है। राजनीति के क्षेत्र में कुशल राजनीतिज्ञ बहुधा इस नीति पर चलते हैं।

क्रेच और क्रचफील्ड का मत

प्रभावशाली प्रचार के उपरोक्त विवरण को संक्षेप में क्रेच और क्रचफील्ड[1] के विभिन्न प्रयोगों पर आधारित सफल प्रचार के निम्नलिखित सात नियमों में दिया जा सकता है–

(1) किसी आवश्यकता या प्रेरणा को सन्तुष्ट करने वाले संकेत शीघ्र स्वीकार कर लिये जाते हैं। इसलिये प्रचारक को लोगों की आवश्यकताओं तथा प्रेरणाओं के आधार पर प्रचार करना चाहिए।

(2) स्पष्ट परिस्थितियों की अपेक्षा अस्पष्ट और अनिश्चित परिस्थितियों में दिये जाने वाले सुझाव शीघ्र ग्रहण कर लिये जाते हैं। इसलिये सफल प्रचारक पहले अस्पष्ट परिस्थितियां उत्पन्न करके फिर उनके सुलझाने के लिये सुझाव देते हैं।

(3) जिस जन समूह में प्रचार करना हो उसमें प्रचलित विश्वासों और मान्यताओं के अनुकूल संकेत शीघ्र ग्रहण कर लिये जाते हैं।

(4) प्रत्यक्ष की अपेक्षा अप्रत्यक्ष प्रचार अधिक प्रभावशाली होता है। लोगों को यह नहीं मालूम होना चाहिए कि उनमें किस बात का प्रचार किया जा रहा है।

(5) प्रचार को सामाजिक स्वीकृति प्राप्त होनी चाहिए। सामान्य जनता की आवश्यकताओं को दृष्टि में रखकर ही प्रचार के सुझाव दिये जाने चाहियें। लोगों को ऐसा प्रतीत होना चाहिए कि प्रचारक अपने विचार नहीं बल्कि स्वयं उन्हीं के विचारों को व्यक्त कर रहा है।

(6) प्रभावशाली उत्तेजनायें उत्पन्न करने के लिये भाषा, शब्द चयन, उच्चारण और बोलने का ढंग आदि ऐसा होना चाहिए जो प्रचार के जन-समूह को प्रभावित करे।

(7) प्रचार का प्रतिरोध विरोधी प्रचार द्वारा किया जा सकता है। सर्वोत्तम विरोधी विचार वह है जिसमें अधिकतर जनता की अधिकतर सामाजिक और आर्थिक आवश्यकतायें अधिकाधिक समय तक संतुष्ट होती रहें।

प्रचार के साधन

भिन्न-भिन्न प्रचारक प्रचार करने के लिए तरह-तरह के साधनों को प्रयोग करते हैं। कोई प्लेटफार्म से भाषण देता है, कोई पत्र पत्रिका में खबरें छपवाता है। कुछ लोग पुस्तकें लिखकर ही अपने विचारों का प्रचार करते हैं। नाटक, कविता, उपन्यास आदि साहित्य के माध्यम से भी प्रचार किया जाता है। बहुत से विचारों

1. Krech and Crutchfield, *Theory and Probelms of Social Psychology,* pp. 357-360.

और मूल्यों के प्रचार में सिनेमा का भारी हाथ है। राजनैतिक दल अपने प्रचार के लिये जुलूस निकालते हैं और नारे लगवाते हैं। उद्योग और व्यापार तथा राजनीति सम्बन्धी प्रचार में रेडियो एक महत्वपूर्ण माध्यम है। प्रचार के इन सब माध्यमों का अलग-अलग महत्व और उपयोग है। समय और आवश्यकता के अनुसार सफल प्रचारक इनमें से उपयुक्त माध्यम चुन लेता है। उदाहरण के लिये क्रांति के समय प्रचार के माध्यम शान्ति के समय से भिन्न होंगे। व्यापारिक प्रचार करने में रेडियो और प्रेस सर्वोत्तम साधन हैं। मूल्यों, आदर्शों और विचारों के सम्बन्ध में प्रचार करने में साहित्यिक माध्यम उपयोगी सिद्ध होते हैं। राजनैतिक क्षेत्र में भाषण, नारे, जूलूस, सभा आदि का व्यापक प्रभाव पड़ता है। पहले जमाने में जब रेडियो, प्रेस, सिनेमा आदि नहीं थे तब प्लेटफार्म ही प्रचार का मुख्य माध्यम था। परन्तु आजकल विज्ञान की सहायता से प्रचार के नये-नये माध्यम निकलते आ रहे हैं। इन माध्यमों से कम समय में और कम शक्ति खर्च करके अधिक लोगों में प्रचार किया जा सकता है।

प्रचार के प्रत्यक्ष और अप्रत्यक्ष माध्यम

प्रचार के इन माध्यमों में प्लेटफार्म प्रत्यक्ष माध्यम है। इसके अलावा प्रेस, रेडियो, सिनेमा एवं साहित्य आदि प्रचार के अप्रत्यक्ष माध्यम हैं। प्रत्यक्ष माध्यमों में सभा, जुलूस, नारे, आदि की भी गिनती की जा सकती है। इनमें प्रचारक जनता के सामने व्यक्तिगत रूप से स्वयं उपस्थित होकर अपनी बात कहता है। इसमें उसके बाहरी व्यक्तित्व का भी प्रभाव पड़ता है। अप्रत्यक्ष माध्यमों में प्रचारक स्वयं जनता के सामने नहीं आता। पत्र पत्रिकाओं और साहित्य के द्वारा उसके विचार लोगों के सामने आते हैं। रेडियो से उसकी आवाज सुनाई पड़ती है। सिनेमा में उसको बोलते देखा जा सकता है। स्थूल रूप से प्रत्यक्ष माध्यम अप्रत्यक्ष माध्यमों से अधिक प्रभावशाली होते हैं। परन्तु दूसरी ओर अप्रत्यक्ष माध्यमों से एक विशेष लाभ यह है कि उनसे प्रचारक इतने अधिक लोगों तक पहुँच सकता है कि जितना प्रत्यक्ष माध्यमों से कभी सम्भव नहीं है। उदाहरण के लिये रेडियो से दिया गया भाषण करोड़ों लोगों तक पहुँच सकता है जबकि प्लेटफार्म से दिया गया भाषण अधिक से अधिक दो-तीन लाख लोग सुन सकते हैं। वास्तव में कब किस तरह के माध्यम का प्रयोग करना चाहिए यह प्रचार के उद्देश्य और रूप पर निर्भर है। जहाँ प्रचार में प्रचारक के अपने व्यक्तित्व का भी काफी महत्व होता है वहां प्रत्यक्ष प्रचार से जितना लाभ हो सकता है उतना लाभ अप्रत्यक्ष प्रचार से कभी नहीं हो सकता। उदाहरण के लिये पण्डित नेहरू जैसे नेताओं के प्लेटफार्म पर आने पर लाखों की भीड़ सुनने को एकत्रित होती थी और केवल उनको सुनकर नहीं बल्कि उनको देख कर और उनके हाव भाव तथा व्यक्तित्व से भी प्रभावित होती थी। यूँ तो प्रचार के माध्यम बहुत से हो सकते हैं परन्तु यहां पर केवल मुख्य माध्यमों का ही वर्णन किया जायेगा। ये माध्यम अग्रलिखित हैं—

(1) प्लेटफार्म (Platform)

(2) प्रेस (Press)

(3) रेडियो (Radio)

(4) टेलीविजन (Television)

(5) चलचित्र (Cinema)

(6) शिक्षा (Education)

(7) धर्म (Religion)

(8) साहित्य (Literature)

(9) सभा, जुलूस और नारे (Meetings, Processions and Slogans)

(10) शक्ति का प्रयोग (Use of Force)।

(1) **प्लेटफार्म**–प्लेटफार्म प्रचार का सबसे प्राचीन और आजकल भी सबसे अधिक महत्वपूर्ण माध्यम है। राजनीति के क्षेत्र में सभी राजनैतिक दल प्रचार करने के लिये प्लेटफार्म का इस्तेमाल करते हैं। चुनाव में भाग लेने वाले उम्मीदवार प्लेटफार्म से भाषण देकर ही जनता के वोट जीतने का प्रयास करते हैं। केवल भारत ही नहीं बल्कि संयुक्त राष्ट्र अमेरिका जैसे प्रगतिशील देश में भी प्लेटफार्म ही राजनीति के क्षेत्र में प्रचार का मुख्य माध्यम हैं। अमेरिका के भूतपूर्व राष्ट्रपति कैनेडी ने अपने चुनाव के प्रचार में प्लेटफार्म के माध्यम का ही सबसे अधिक प्रयोग किया था। बहुधा महान् नेता अच्छे वक्ता भी होते हैं। उनके भाषण जनता पर जादू का सा असर करते हैं। प्लेटफार्म के माध्यम में कुछ ऐसी बातें हैं जो कि प्रचार के अन्य माध्यमों में नहीं मिलतीं। जैसा कि पहले बतलाया जा चुका है। प्लेटफार्म की सबसे बड़ी विशेषता यह है कि उसमें प्रचारक जनता के सामने स्वयं उपस्थित होता है। इससे वह अपने व्यक्तित्व, गुणों और योग्यता से श्रोताओं को मोहित कर सकता है। प्लेटफार्म का सामूहिक संकेत की दृष्टि से बड़ा भारी प्रभाव पड़ता है। इसके माध्यम से बहुधा नेता लोग जनता में मनचाहे संवेग उकसा कर उनसे मनचाहा काम करा लेते हैं। यह बात दूसरे किसी माध्यम में नहीं मिलती। इसका एक मुख्य कारण यह है कि प्लेटफार्म से दिये गये भाषण को सुनने के लिये जनता की भीड़ एकत्रित होती है। अतः उसमें भीड़ मनोविज्ञान काम करता है। लोगों पर संवेगों का अधिक प्रभाव पड़ता है। उनकी विवेकशीलता और तर्क बुद्धि कम हो जाती है। इसलिये ऐसे कितने ही उदाहरण हैं जिनमें भाषणकर्त्ता ने भीड़ को उतेजित करके आक्रमण करा दिये, आग लगवा दी और खून करवा दिये। रेडियो, चलचित्र अथवा अन्य किसी माध्यम से यह काम असम्भव है, क्योंकि उनमें प्रचार को ग्रहण करने वाला व्यक्ति के रूप में होता है, भीड़ के सदस्य के रूप में नहीं होता।

(2) **प्रेस**—प्रेस के अविष्कार से प्रचार के क्षेत्र में एक क्रांति सी हो गई। प्रेस के माध्यम से किया गया प्रचार दूर-दूर करोड़ों लोगों तक पहुंच सकता है। हर एक देश में लाखों करोड़ों लोग नियमित रूप से समाचार पत्र पढ़ते हैं। अतः उनके माध्यम से किये गये प्रचार जनता में आसानी से पहुँच जाते हैं। प्रेस द्वारा जो विचार प्रकट किये जाते हैं वे अधिक सन्तुलित और तर्क युक्त होते हैं। उनमें संवेगों से अधिक पाठक की बुद्धि को अपील किया जाता है। इसलिये प्रेस शिक्षित समाज में प्रचार का सर्वोत्तम साधन है। आजकल लगभग हर एक बड़ा राजनैतिक दल अपने प्रचार के लिये कुछ न कुछ पत्र-पत्रिकायें निकालता है। इन पत्र-पत्रिकाओं से उसके विचारों का नियमित रूप से प्रचार होता रहता है। हर एक देश में कुछ सरकारी पत्र पत्रिकायें भी होती हैं। इनसे जनता को सरकार का मत मालूम होता रहता है और सरकार की नीति का प्रचार होता रहता है।

(3) **रेडियो**—प्रचार के क्षेत्र में विज्ञान की सबसे अधिक महत्वपूर्ण देन रेडियो है। यह एक मनोवैज्ञानिक तथ्य है कि देखने की संवेदना से, सुनने की संवेदना अधिक प्रभावशाली होती है। पढ़े हुये भाषण की अपेक्षा सुना हुआ भाषण अधिक प्रभावित करता है क्योंकि उसमें श्रोता प्रचारक की आवाज सुनता है और इस प्रकार किसी हद तक उसके व्यक्तिगत सम्पर्क से प्रभावित होता है। आजकल अधिकतर समृद्ध परिवार में लोग रेडियो सुनते हैं। गांवों में सार्वजनिक रेडियो होते हैं जिनको सुनने के लिये काफी लोग एकत्रित होते हैं। शहरों में पान की दूकानों, उपाहारगृहों और होटलों आदि में रेडियो खुले रहते हैं और श्रोतागण बराबर उपस्थित रहते हैं। इस प्रकार जहां प्रेस द्वारा प्रचार केवल पढ़े लिखे लोगों तक ही पहुँच पाता है वहाँ रेडियो द्वारा प्रचार पढ़े लिखों के साथ-साथ बेपढ़े लिखे लोगों तक भी पहुँच जाता है, रेडियो के प्रचार में एक अन्य विशेषता यह है कि वह अधिक विश्वसनीय और सन्तुलित होता है, क्योंकि रेडियो पर सरकार का नियन्त्रण रहता है। रेडियो से सुने गये प्रचार प्लेटफार्म अथवा प्रेस के समाचारों से अधिक प्रामाणिक माने जाते हैं। रेडियो में एक दूसरी विशेषता यह है कि उसके द्वारा घटना स्थल पर आंखों देखी बातों के समाचार हजारों मील दूर बैठे हुये व्यक्ति को तत्काल मिल जाते हैं और ऐसा मालूम पड़ता है मानो वह घटना अपनी आंखों से देखी जा रही हो। दिल्ली में स्वतन्त्रता दिवस मनाने के साथ-साथ उसका आंखों देखा विवरण रेडियो से प्रसारित किया जाता है। इस विवरण को सुनते हुये लोग जब प्रधानमन्त्री का भाषण सुनते हैं तो उनको ऐसा प्रतीत होता है मानो यह सब उनकी आंखों के सामने ही हो रहा है।

(4) **टेलीविजन**—रेडियो के बाद प्रचार के माध्यमों में विज्ञान की अगली महत्वपूर्ण भेंट टेलीविजन है। रेडियो के द्वारा तो केवल आवाज ही जनता तक पहुंचती है टेलीविजन के द्वारा भाषाणकर्त्ता स्वयं टेलीविजन के पर्दे पर दिखाई पड़ता है। स्पष्ट है कि टेलीविजन के द्वारा प्रसारित किये गये प्रचार अधिक व्यापक होंगे

और उनका प्रभाव भी अधिक पड़ेगा। अमरीका में तो एक व्यक्ति टेलीविजन के पर्दे पर मुक्केबाजी देखते हुये इतना उत्तेजित हो उठा कि उसकी तत्काल मृत्यु हो गई। इस प्रकार कभी-कभी तो टेलीविजन एक प्रत्यक्ष माध्यम बन जाता है। विज्ञान के क्षेत्र में पश्चिमी देशों से पीछे होने के कारण भारत में अभी टेलीविजन का प्रचार नहीं हुआ है। परन्तु पश्चिमी देशों में टेलीविजन शिक्षा और प्रचार का महत्वपूर्ण साधन बन गया है।

(5) **चलचित्र**—यूं तो सिनेमा विशेष तौर से मनोरंजन का साधन है, परन्तु उसके माध्यम से प्रचार भी किया जाता है। चलचित्र के माध्यम से सरकार अपनी नीति और देश की प्रगति तथा अनेक योजनाओं के सम्बन्ध में प्रचार करती है। काश्मीर के सम्बन्ध में भारत के पक्ष में प्रचार करने के लिए अभी हाल ही में भारत सरकार ने एक फिल्म बनाई है। इसी प्रकार परिवार नियोजन, जीवन बीमा, सहकारिता तथा अल्प बचत योजना और प्राइज बांड आदि अनेक सरकारी योजनाओं के बारे में प्रचार करने के लिये चलचित्र बनाये गये हैं। युद्ध और संकट के समय में चलचित्रों के द्वारा सरकार वास्तविक स्थिति का प्रचार करती है। चलचित्र के माध्यम के प्रचार से लोगों के आंख और कान दोनों ही प्रभावित होते हैं। अतः यह प्रचार अधिक यथार्थ और प्रभावशाली होता है। टेलीविजन के मुकाबले में चलचित्र का पर्दा बहुत बड़ा होता है और उसमें पर्दे पर दिखाई पड़ने वाले व्यक्ति और स्थान एकदम वास्तविक से मालूम पड़ते हैं। अतः चलचित्र लोगों की भावनाओं, संवेगों और प्रेरणाओं को अधिक प्रभावित करते हैं। इस प्रकार चलचित्रों द्वारा किया गया प्रचार मनोवैज्ञानिक रूप से अधिक प्रभावशाली होता है। चलचित्रों द्वारा प्रचार में एक लाभ और भी है। इससे एक ही समाज में सैकड़ों स्थानों पर लाखों लोगों को एक फिल्म दिखाकर किसी बात का प्रचार किया जा सकता है। चलचित्र की सबसे बड़ी विशेषता यह है कि उससे घटनास्थल पर घटना के चित्र लेकर उसको प्रामाणिक रूप से ज्यों का त्यों और सजीव रूप से दिखलाया जा सकता है। युद्ध स्थलों पर और दंगों के मौकों पर जो चलचित्र बनाये जाते हैं उनको देखने से दर्शक को ऐसा मालूम होता है कि मानो वह घटनास्थल पर स्वयं उपस्थित हो। अतः वह उन पर पूरा विश्वास करता है और उनके आधार पर किये गये प्रचार को पूरी तरह से मान लेता है।

(6) **साहित्य**—यद्यपि साहित्य में प्रचार की मनोवृत्ति रखना एक दोष माना गया है, परन्तु फिर भी साहित्य सदैव प्रचार के मुख्य माध्यमों में से एक रहा है। कुछ पुस्तकें तो केवल प्रचार की दृष्टि से ही लिखी जाती हैं, जैसे मार्क्स और इंगेल्स का Communist Manifesto साम्यवादी विचारधारा का प्रचार करता है। गांधी और विनोबा जी ने सर्वोदय की विचारधारा के प्रचार के लिये अनेक पुस्तकें लिखी हैं। ये पुस्तकें तो प्रत्यक्ष प्रचार करती हैं। इनके अलावा उपन्यास, नाटक, कहानी, कविता, लेख आदि विभिन्न प्रकार के साहित्य के माध्यमों से भी विचारों और मूल्यों

का प्रचार किया जाता है। उपन्यास, नाटक, कहानी, कविता और लेख आदि के माध्यम से साम्यवादी विचारों को लगभग सभी देशों में प्रचार करने की कोशिश की गई है। राजनैतिक विचारों के अलावा जीवन दर्शन सम्बन्धी विचार, साहित्य के माध्यम से, लोगों में फैलाये जाते हैं। उदाहरण के लिये भौतिकवादी विचारधारा को लेकर आज के युग में एक विशाल साहित्य की रचना की गई है। कहना न होगा कि इस साहित्य से भौतिकवादी और भोगवादी विचारों तथा मूल्यों का प्रचार होता है। देश पर संकट आने के समय भी देश के कवि और साहित्यकार देश के लोगों में देशभक्ति और त्याग की भावनाओं का प्रचार करते हैं। साहित्य द्वारा प्रचार में एक विशेषता यह है कि उसका मनुष्य के भावों और अनुभूतियों पर बड़ा गहरा प्रभाव पड़ता है। मानव हृदय के इस अन्तरंग पक्ष को प्रचार का अन्य कोई भी माध्यम इतनी गहराई से छू नहीं सकता और न किसी का प्रभाव इस क्षेत्र में इतना स्थायी होता है, विशेषतया पढ़े लिखे लोगों में विचारों, मूल्यों और आदर्शों का प्रचार करने के लिये साहित्य सर्वोत्तम माध्यम सिद्ध हुआ है। साहित्य के माध्यम से किया गया प्रचार अप्रत्यक्ष होता है। उपन्यासों और कहानियों में पात्रों के द्वारा जो विचार और आदर्श उपस्थित किये जाते हैं उनको पाठकगण अनजाने ही ग्रहण कर लेते हैं। इस प्रकार साहित्य द्वारा प्रचार बहुत ही सूक्ष्म होता है। परन्तु साहित्य द्वारा प्रचार में प्रचारक अथवा साहित्यकार के व्यक्तित्व और निजी योग्यता का भी बड़ा महत्व होता है। साहित्य द्वारा प्रचार जितना ही अधिक अप्रत्यक्ष होगा उतना ही अधिक प्रभावशाली भी होगा।

(7) **धर्म**—पुराने जमाने से ही प्रचार के लिए शिक्षा और धर्म की सहायता ली जाती रही है। धर्म का आम जनता पर बड़ा भारी असर होता है। जिन विचारों या आदर्शों को धार्मिक ग्रन्थों अथवा सन्तों और महापुरुषों का समर्थन मिला होता है उनको सामान्य जनता बड़ी शीघ्रता से ग्रहण करती है। वास्तव में धार्मिक स्वीकृति के पीछे दैवी स्वीकृति होती है अर्थात् यह माना जाता है कि स्वयं ईश्वर उन विचारों या आदर्शों के पक्ष में है। इससे उसके साथ स्वर्ग और नर्क की कल्पना भी लग जाती है। आमतौर से लोग यह समझते है कि ईश्वर की आज्ञाओं को मानने से स्वर्ग मिलता है और उनके विरुद्ध चलने से मनुष्य को नर्क में तरह-तरह की तकलीफें झेलनी पड़ती हैं। इसलिए जिन बातों को धार्मिक स्वीकृति मिल ज़ाती है उनका आसानी से प्रचार हो जाता है। धर्म के इस महत्व को समझकर बहुत से लोग अपने विचारों को धार्मिक ग्रन्थों के अनुसार बनाने की कोशिश करते हैं। भारत में महात्मा गांधी के विचारों का इतना अधिक प्रचार होने का एक मुख्य कारण उनका धार्मिक प्रभाव भी था। यदि वे महात्मा न होते तो भारत जैसे धर्म प्राण देश में उनके विचारों का इतना प्रचार कभी न हुआ होता।

(8) **शिक्षा**—शिक्षा विचारों और आदर्शों तथा मूल्यों के प्रचार का मुख्य माध्यम है। प्राचीन काल से ही हर एक जाति और राष्ट्र में नेता लोग जनता को

राष्ट्रीय शिक्षा देने के पक्ष में हैं, जिससे कि जनता में राष्ट्रीय विचारधारा का प्रचार हो सके। जो विदेशी लोग भी किसी देश में आकर अपनी विचारधारा का प्रचार करना चाहते हैं, वे भी शिक्षा का माध्यम अपनाते हैं। भारत में ईसाई प्रचारकों ने अपने धर्म के प्रचार में शिक्षा का व्यापक प्रयोग किया। आजकल बहुत सी सरकारें जनता में अपने अनुकूल विचारधारा फैलाने के लिये शिक्षा का सहारा लेती हैं। जर्मनी में हिटलर ने शिक्षा के द्वारा जर्मनी के युवकों और युवतियों के विचारों और आदर्शों को अपने अनुकूल बदलने की जबर्दस्त कोशिश की थी। साम्यवादी देशों में सरकार शिक्षा पर नियन्त्रण करती है और उसके द्वारा अपनी विचारधारा फैलाती है। प्रचार के माध्यम के रूप में शिक्षा में एक विशेष बात यह है कि उसके माध्यम से अधिकतर उचित और तर्क पूर्ण बातों का ही प्रचार हो सकता है। चूंकि शिक्षा लोगों के व्यक्तित्व को विकसित करती है और उनमें विवेक को बढ़ाती है इसलिए शिक्षा के माध्यम से उन्हीं विचारों का प्रचार हो सकता है जो गम्भीर और सूक्ष्म तर्कों के द्वारा उपस्थित किये गये हैं।

(9) **सभा, जलूस और नारे**—राजनैतिक, आर्थिक और धार्मिक प्रचार में सभाओं, जुलूसों और नारों का भी बड़ा महत्व है। अक्सर विभिन्न आर्थिक संगठन, मजदूर यूनियनें और विभिन्न प्रकार के कर्मचारियों के संघ जनमत में अपनी विचारधारा और अपने पक्ष का प्रचार करने के लिये सभायें करते हैं, जुलूस निकालते हैं और नारे लगाते हैं। प्रचार के इन साधनों का एक विशेष महत्व यह है कि इनसे जनता के संवेगों पर बड़ा प्रभाव पड़ता है। सभाओं और जुलूसों में शामिल हुये लोगों का व्यवहार भीड़ के सदस्यों जैसा होता है। उनकी विवेकशीलता कम हो जाती है और संकेतग्रहणशीलता बढ़ जाती है। अत: उनमें किसी भी बात के पक्ष या विपक्ष में आसानी से प्रचार किया जा सकता है। नारे ऐसे वाक्य होते हैं जिनमें प्रचार के मूल तत्वों को बहुत ही संक्षिप्त रूप में रख दिया जाता है। ये वाक्य इस तरह के बनाये जाते हैं कि वे आसानी से याद किये जा सकें और दोहराये जा सकें। इनमें ऐसे शब्दों का प्रयोग किया जाता है जो सुनने वालों के ध्यान को तुरन्त आकर्षित करते हैं और उनके हृदय पर चोट करते हैं। नारे पूरे संवेग के साथ और ऊंचे स्वर में लगाये जाते हैं। सामूहिक रूप से नारे लगाने से लोगों में संवेगों का तीव्र प्रचार होता है। स्वतन्त्रता आन्दोलनों के दिनों में "अंग्रेजों भारत छोड़ो" के नारे का देश की जनता पर व्यापक प्रभाव पड़ता था। इसी प्रकार स्वराज्य और स्वदेशी के नारों से जनता में स्वराज्य और स्वेदशी की विचारधारा का व्यापक प्रचार हुआ था।

(10) **शक्ति का प्रयोग**—यूं तो प्रत्यक्ष प्रचार की अपेक्षा अप्रत्यक्ष प्रचार अधिक प्रभावशाली होते हैं, और इसलिये प्रचार में शक्ति का प्रयोग नहीं होना चाहिए, परन्तु फिर भी शक्ति का प्रयोग सदा ही प्रचार का एक महत्वपूर्ण साधन रहा है। हैडमोवस्की (Hadamovsky) के शब्दों में प्रचार और शक्ति कभी भी एक दूसरे के पूर्णतया विरोधी नहीं रहे। शक्ति का प्रयोग प्रचार का एक भाग हो सकता

है। प्राचीन काल से ही शासकों ने और सरकारों ने अपनी विचारधारा को फैलाने में शक्ति से काम लिया। धर्म के क्षेत्र में तो शक्ति का प्रयोग सदा प्रचार का एक मुख्य साधन रहा। मुस्लिम धर्म प्रचारकों ने तलवार के जोर से दूर-दूर देशों में इस्लाम धर्म का झण्डा फैलाया। ईसाइयों ने भी धर्म के नाम पर युद्ध किये और जहाँ युद्ध नहीं किये वहाँ अन्य उपायों से लोगों को दबाकर अपने धर्म का प्रचार किया। उदाहरण के लिये भारत में ईसाई धर्म प्रचारक पिछड़ी जातियों के हिन्दुओं को इस शर्त पर रूपया उधार देते थे कि वे अपनी चोटी कटवा दें। ऐसा न करने पर उनको ब्याज सहित मूलधन वापस करना पड़ता था। ईसाई बन जाने से उनका कर्जा भी माफ कर दिया जाता था। हिटलर, मुसोलिनी और स्टालिन जैसे तानाशाहों ने अपनी विचारधारा के प्रचार के लिये शक्ति का व्यापक प्रयोग किया, परन्तु इन सब उदाहरणों से यह सिद्ध नहीं होता कि शक्ति का प्रयोग प्रचार का कोई अच्छा या उपयुक्त साधन है। इसमें एक बड़ा दोष यह है कि इसके द्वारा लोगों पर कुछ बातें जबर्दस्ती लादी जाती हैं। जब तक शाक्ति का प्रयोग बना रहता है, लोग इन बातों को मानते रहते हैं। जैसे ही शक्ति का प्रयोग हट जाता है, लोग इन बातों को छोड़ देना चाहते हैं। इसके अलावा शक्ति के प्रयोग से प्रचार करने में विद्रोह की आग सुलगती रहती है और कभी-कभी यह चिंगारी इतनी भड़क उठती है कि प्रचारक और उसका प्रचार सभी ध्वंस हो जाते हैं। इतिहास में शक्ति के प्रयोग से प्रचार करने वाले लोग बुरे नामों से याद किये जाते हैं। अत: आजकल शक्ति का प्रयोग प्रचार का महत्वपूर्ण और उपयुक्त साधन नहीं माना जाता।

भ्रामक प्रचार का प्रतिरोध
(Propaganda Prophylaxis)

भ्रामक प्रचार के कुपरिणाम

प्रचार चाहे झूठे हों या सच्चे जनता को सदैव प्रभावित करते हैं। सच्ची बातों के प्रचार से जनता का अधिकतर लाभ ही होता है। दूसरी ओर झूठी बातों के प्रचार से जनता में भ्रामक और गलत बातें फैलती हैं। तरह-तरह के तनाव उत्पन्न होते हैं जिनसे कभी-कभी प्रत्यक्ष संघर्ष की नौबत आ जाती है। नाजी जर्मनी में यहूदियों के विरुद्ध भ्रामक प्रचार के द्वारा इतनी घृणा उत्पन्न की गई कि नाजी दल के सदस्यों द्वारा लाखों यहूदियों की हत्या होने पर भी इस अत्याचार का कोई विरोध नहीं किया गया। भ्रामक प्रचार के कुपरिणाम का यह एक ज्वलन्त उदाहरण है। इसी तरह के भ्रामक प्रचारों के द्वारा मध्ययुग में अनेक धर्म प्रचारकों ने विरोधी धर्मों के प्रति घृणा और हिंसा का उकसाया। क्रूसेड और जिहाद की घटनाओं से मानव इतिहास के पन्ने रंगे पड़े हैं जो कि भ्रामक प्रचार के खतरे के जीवित उदाहरण हैं। इसी तरह आजकल राजनैतिक क्षेत्र में बराबर भ्रामक प्रचार देखने में आते हैं। चीन बराबर यह प्रचार कर रहा है कि जहाँ तहाँ हिन्दुस्तानी सैनिक ही चीनियों पर आक्रमण करते हैं और

चीनियों का भारत के हजारों मील के क्षेत्र पर जन्म-सिद्ध अधिकार है। इस तरह पाकिस्तान बराबर यह प्रचार करता रहा है कि काश्मीर पाकिस्तान में मिलना चाहिये, भारत का उस पर कोई अधिकार नहीं है। इस तरह के भ्रामक प्रचारों से अन्तर्राष्ट्रीय शांति को भारी खतरा है। इससे जनता के मन विषाक्त हो जाते हैं। उनमें व्यर्थ का भय और घृणा भर जाती है जो कि तनिक सी चिंनगारी पाकर ही भड़क उठती है।

भ्रामक प्रचार के प्रतिरोध के उपाय

अतः भ्रामक प्रचार का प्रतिरोध एक महत्वपूर्ण और गम्भीर समस्या है। इसलिये आधुनिक सरकारों ने इस ओर ध्यान देना शुरू किया है। अनेक मनोवैज्ञानिकों ने इस दिशा में प्रयोग किये हैं। इनमें बिडिल (Biddle) और कोलियर (Collier) के प्रयोग महत्वपूर्ण हैं। स्थूल रूप से भ्रामक विचार तथा विज्ञापनों के प्रतिरोध के लिये निम्नलिखित मुख्य सुझाव दिये जा सकते हैं–

(1) **जनता को भ्रामक प्रचार के सम्बन्ध में सूचनायें देना**–भ्रामक विचार का विरोध करने के लिये यह जरूरी है कि कुछ सामाजिक अथवा सरकारी संस्थायें इस सम्बन्ध में खोजबीन करती रहें और जनता को इस विषय में सूचनायें दिया करें। अमरीका में न्यूयार्क की प्रचार विश्लेषण संस्था यह काम करती है। पत्र पत्रिकाओं, रेडियो, पोस्टरों, पुस्तकों और पर्चों के द्वारा जनता को भ्रामक प्रचार के प्रति सतर्क रहने की चेतावनी दी जा सकती है।

(2) **विरोधी प्रचार**–भ्रामक प्रचार के प्रतिरोध का एक मुख्य उपाय विरोधी प्रचार है। उदाहरण के लिये यदि लोगों को यह भली प्रकार समझा दिया जाये कि सब रोगों की एक दवा नहीं हो सकती अथवा वर्षों में खोई गई शक्ति कुछ घण्टों में वापस नहीं लाई जा सकती तो जनता इस तरह के झूठे प्रचार से बच सकती है। विरोधी प्रचार से जनता में विभिन्न क्षेत्रों में स्वस्थ अभिवृत्ति और विश्वास उत्पन्न किये जा सकते हैं।

(3) **कानूनी रोकथाम**–भ्रामक प्रचार को रोकने के लिये सरकार को कठोर कदम उठाने चाहिये। ऐसे प्रचार को गैरकानूनी घोषित किया जाना चाहिये और जो लोग ऐसा करते हुए पकड़े जायें उनको राज्य की ओर से कठोर दण्ड दिया जाना चाहिये।

(4) **शिक्षा**–भ्रामक प्रचार से अधिकतर अशिक्षित लोग ही प्रभावित होते हैं, शिक्षित लोग आसानी से बहकावे में नहीं आ सकते। इसलिये भ्रामक प्रचार के प्रतिरोध का सबसे अधिक महत्वपूर्ण साधन शिक्षा है। वैज्ञानिक शिक्षा के द्वारा जनता को हर एक बात को बुद्धि और तर्क से परखने की शिक्षा देनी चाहिये जिससे कि वे किसी तरह के भुलावे में न आ सकें।

(5) **आर्थिक सुधार**–कुछ आर्थिक परिस्थितियों ऐसी होती हैं जिनके कारण लोग आसानी से भुलावे में आ जाते हैं। उदाहरण के लिये यह देखा जाता

है कि भ्रामक प्रचार का गरीबों पर अधिक प्रभाव पड़ता है क्योंकि वे लोग ऐसी चीजों की तलाश में रहते हैं जिनमें पैसा कम खर्च हो और लाभ ज्यादा हो। इसलिये चालाक लोग झूठे वायदे करके उनको फंसा लेते हैं। अतः भ्रामक प्रचार के प्रतिरोध के लिये कुछ आर्थिक सुधार भी जरूरी हैं।

(6) **सामाजिक सुधार**—अनेक सामाजिक परिस्थितियां ऐसे अन्धविश्वासों और पूर्वाग्रहों को उत्पन्न करती हैं जिनसे कि भ्रामक प्रचार सुलभ हो जाता है। इसका प्रतिरोध करने के लिये सामाजिक सुधार आवश्यक है।

संक्षेप में यह कहा जा सकता है कि भ्रामक प्रचार का प्रतिरोध करने के लिये सभी दिशाओं से उपाय करने की जरूरत है। जनता को शिक्षित किया जाये। भ्रामक प्रचार का पर्दाफाश किया जाए। सरकार ऐसे लोगों को कठोर दण्ड दे। उनके विरुद्ध प्रचार किया जाए और समाज में ऐसी सामाजिक और आर्थिक परिस्थितियों को दूर किया जाए जो भ्रामक प्रचार में सहायक होती हैं।

अभ्यास के लिए प्रश्न

1. प्रचार की परिभाषा कीजिए। प्रचार के कुछ प्रमुख तरीके भी बतलाइये।
2. संक्षिप्त टिप्पणी लिखिए— प्रचार
3. जनमत तथा प्रचार के समाजशास्त्रीय महत्व की व्याख्या कीजिए।
4. प्रचार का आधुनिक समाजों में महत्व बतलाइये।

13

सामाजिक नियंत्रण और जनमत

(Social Control and Public Opinion)

जनतन्त्र में जनमत का महत्व

आधुनिक युग जनतन्त्र का युग है। संसार के सभी प्रगतिशील राष्ट्रों में जनतन्त्रीय सरकारें है और जहाँ नहीं हैं वहाँ क्रमशः शासन को जनतन्त्रीय बनाने की चेष्टा की जा रही है। लोकतन्त्र के इस युग में यह स्वाभाविक है कि जनता के मत को अत्यधिक महत्व दिया जाए। केवल शासन में ही नहीं बल्कि अन्य मामलों में भी जनमत का बड़ा महत्व है। एक उर्दू शायर ने कहा है–

बजा कहे जिसे आलम उसे बजा समझो।
आवाजे खल्क को नक्काराये खुदा समझो।।

इस प्रकार लगभग सभी समाजों में तौर तरीके, रीति-रिवाज, रहन-सहन और आचार आदि के विषय में जनमत ही अच्छे बुरे का निर्णय करता है। यह ठीक है कि जनमत कभी-कभी गलत भी हो सकता है परन्तु उसको सुधारने के लिये जनमत को सुधार के पक्ष में तैयार करना जरूरी है। कोई भी शासन जनमत के विरुद्ध चलकर नहीं टिक सकता। या तो सरकार जनमत से स्थापित होती है या फिर वह जनमत की स्वीकृति प्राप्त करने की चेष्टा करती है अन्यथा समाप्त हो जाती है।

जनमत की परिभाषा

जनमत को केवल जनता का मत कहने मात्र से उसका स्वरूप स्पष्ट नहीं होता। उसका अर्थ जानने के लिये उसकी कुछ शास्त्रीय परिभाषाओं को देखना भी लाभदायक होगा। कुछ मुख्य परिभाषायें अग्रलिखित हैं:–

(1) **किम्बाल यंग का मत**–"जनमत में एक विशेष समय जनता द्वारा मानी जाने वाली रायें सम्मिलित हैं।"[1]

(2) **कूले का मत**–"जनमत को किसी समस्या के विषय में सहमति की एक अवस्था मात्र न समझकर एक अवयवीय प्रक्रिया समझना चाहिये।"[2]

(3) **अकोलकर का मत**–"जनमत से तात्पर्य केवल विचारों के उस पुँज से है जिसको कि किसी विशेष समस्या के विषय में लोग रखते या अभिव्यक्त करते हैं।"[3]

जनमत की प्रकृति

जनमत की उपरोक्त परिभाषाओं से स्पष्ट है कि जनमत में विशेष समस्याओं के विषय में जनता का मत, विचार, निर्णय आदि सम्मिलित होते हैं। यहाँ यह आवश्यक नहीं है कि लोगों में से प्रत्येक व्यक्ति एक से ही विचार रखता हो। वास्तव में जनमत, बहुमत और प्रभावशाली मत का प्रतिनिधित्व करता है। जनता में कुछ न कुछ लोग तो उसके विरुद्ध होते हैं परन्तु उससे जनमत में कोई परिवर्तन नहीं आता। यह भी आवश्यक नहीं है कि जनमत बहुसंख्यक लोगों का ही मत हो। वास्तव में जैसा कि लावेल ने संकेत किया है जनमत संख्या की बहुलता न दिखाकर प्रभाव की बहुलता दिखाता है। किसी विषय में जनमत से यह मालूम पड़ता है कि कौन-सा विचार अधिक प्रभावशाली है। मैक्डूगल ने जनमत को जनता की नैतिक धारणायें माना है।[4] परन्तु जैसा कि व्यवहार में दिखलाई पड़ता है, जनमत केवल नैतिक समस्याओं के विषय में ही नहीं होता बल्कि राजनैतिक, अथवा शासन सम्बन्धी बातों के विषय में भी होता है। उदाहरण के लिये जनतन्त्रीय सरकार जनमत का प्रतिनिधित्व करने वाली मानी जाती है।

जनमत और व्यक्ति

मैक्डूगल के अनुसार जनमत व्यक्तियों के मत से श्रेष्ठ होता है। जैसा कि पीछे दी गई उर्दू कहावत से मालूम पड़ता है साधारणतया लोग यह मानते हैं कि व्यक्ति को जनमत के अनुसार चलना चाहिये। परन्तु वास्तव में यह मत उचित नहीं प्रतीत होता। कभी-कभी जनमत भारी गलतियां भी कर बैठता है। उदाहरण के लिये कोई

---

1. "Public opinion consists of the opinions held by a public at a certain time."
--K. Young, *Hand Book of Social Psychology*, (1951) p, 431.
2. "Public opinion...should be regarded as an organic process, and not merely as a state of agreement about some questions of the day."
--C. H. Cooley, *Social Process*, (1918) p. 318.
3. "Public opinion simply refers to that mass of ideas which people have or express on a given issue."
--V. V. Akolkar, *Social Psychology*, (1959) p. 244.
4. Wm. Mcdougall, *The Group Mind*, pp. 198-199.

भी विचारवान व्यक्ति जनमत से सुकरात को जहर दिये जाने की घटना को नैतिक नहीं कहना चाहेगा। इस प्रकार कभी-कभी कुछ महान् व्यक्तियों के विचार जनमत के विरुद्ध होते हुये भी अधिक ऊंचे होते हैं और कभी-कभी इतने प्रभावशाली भी होते हैं कि क्रमशः जनमत उसके पक्ष में भी हो जाता है।

जनमत की विशेषतायें

गिन्सबर्ग ने जनमत में निम्नलिखित विशेषताओं का होना आवश्यक माना है।[1] इनसे जनमत की प्रवृत्ति पर प्रकाश पड़ता है।

(1) **सर्वमान्यता**—जनमत उसी मत को कहा जा सकता है जो सर्वमान्य है। सर्वमान्य होने के लिये उसको केवल बहुसंख्या का होना ही पर्याप्त नहीं है बल्कि समूह की रुचि के अनुरूप होना भी जरूरी है।

(2) **समूहगत**—जनमत किसी एक व्यक्ति का विश्वास न होकर समूह के सभी सदस्यों का सम्मिलित मत होता है।

(3) **सामूहिक स्वीकृति**—जनमत समूह के द्वारा समान स्वीकृति से बनता है।

(4) **एकता**—जनमत के लिये समूह के सदस्यों में सामाजिक और सांस्कृतिक एकता होना जरूरी है।

(5) **विचारों का आदान प्रदान**—जनमत के निर्माण के लिये समूह के सदस्यों में परस्पर विचारों का आदान-प्रदान होने की सुविधा होनी चाहिए।

(7) **विश्वास**—वही मत जनमत कहलाता है जिसमें जनता का अगाध विश्वास हो।

जनमत के निर्माण की प्रक्रिया

जनमत के निर्माण की प्रक्रिया बड़ी जटिल होती है। जनमत कभी भी एक दम नहीं बन जाता, बल्कि क्रमशः बनता है। जनमत के बनने में नेताओं के मत का हाथ होता है। जनमत के निर्माण में सबसे पहले कुछ लोग अन्य लोगों का ध्यान किसी विशेष समस्या की ओर आकर्षित करते हैं और उनके महत्व पर जोर देते हैं। क्रमशः लोग उस समस्या पर विचार करने लगते हैं और उसके विषय में अपने-अपने मत उपस्थित करते हैं। इस प्रकार के मतों का तुलनात्मक अध्ययन करने से जो निष्कर्ष निकलता है वही जनमत है। इसमें शासन का भी प्रभाव पड़ता है, परन्तु यह आवश्यक नहीं है कि जनमत में सरकारी अधिकारियों का हाथ अवश्य हो। जनमत के निर्माण के विषय में कुछ मनोवैज्ञानिकों का विचार है कि वह समाज के विभिन्न व्यक्तियों की क्रिया प्रतिक्रिया से होता है। दूसरी ओर अन्य लोगों के

1. M. Ginsberg, *The Psychology of Society*, (1951), p. 141.

अनुसार जनमत का मूल आधार व्यक्तियों का निष्पक्ष विचार विमर्श और तर्क वितर्क है। अन्य विचारकों के अनुसार जनमत के निर्माण के आधार बौद्धिक न होकर संवेगात्मक होते हैं और समूह मनोविज्ञान पर आधारित होते हैं। कुछ लोगों ने जनमत को समूह मन से भी समझाने की चेष्टा की है। वास्तव में जनमत का निर्माण मनुष्य के मूल प्रेरकों के द्वारा ही होता है। वह सोच विचार अथवा नैतिक मापदण्डों के आधार पर नहीं बनता। इसमें अचेतन इच्छाओं और उलझे हुये विचारों का भी महत्वपूर्ण हाथ है। इसी कारण कुछ चतुर नेता लोग जनमत को बड़ी आसानी से मोड़ देते हैं। जनमत के निर्माण में प्रेरणाओं के अलावा अनुकरण का महत्वपूर्ण योगदान है। अन्य लोगों को किसी विशेष समस्या के विषय में कुछ विचारों को मानते देखकर बाकी लोग भी वैसा ही करने लगते हैं क्योंकि वे यह समझते हैं कि जब इतने लोग यह मानते हैं तो अवश्य ही उसमें कुछ न कुछ सत्य होगा। इस प्रकार बहुसंख्यक मत होने से किसी भी मत का जनमत हो जाना सम्भव हो जाता है। जैसा कि पीछे बतलाया जा चुका है कि जनमत के निर्माण की प्रक्रिया में कुछ नेता लोग उसका निर्देशन करते हैं। उन नेताओं में प्रचारात्मक नेताओं की अपेक्षा विषय के विशेषज्ञों का अधिक प्रभाव होता है। इसके अलावा जनमत के निर्माण में आत्म-गौरव की भावना का भी बड़ा महत्व है। आलपोर्ट ने इस पर बड़ा जोर दिया है। आत्म-गौरव की भावनायें व्यक्तियों को समूहिक रूप से प्रभावित करके जनमत की स्थापना में योग देती हैं। इसके साथ-साथ जनमत में जन समस्या और जन विश्वास का भी बड़ा महत्व है। जन समस्या की ओर जन विश्वास ही जनमत बन जाता है।

जनमत के निर्माण में महत्वपूर्ण कारक

जनमत के निर्माण में भाग लेने वाले महत्वपूर्ण कारकों को दो वर्गों में विभाजित किया जा सकता है—व्यक्तिगत कारक और सामाजिक कारक।

(1) **व्यक्तिगत कारक**—यूं तो सामाजिक प्रक्रियाओं में सामाजिक परिस्थितियों का ही अधिक प्रभाव पड़ता है परन्तु कुछ प्रभावशाली व्यक्तियों का भी जनमत के निर्माण में महत्वपूर्ण हाथ होता है। ये महापुरुष दूसरों के आदर्श बन जाते हैं और अन्य लोग उनका अनुकरण तथा अनुगमन करते हैं।

(2) **सामाजिक कारक**—जनमत के निर्माण के सामाजिक कारकों में मुख्य कारक निम्नलिखित हैं।

(i) **अनुप्रस्थ दबाव** (Cross Pressures)—अनुप्रस्थ दबाव से तात्पर्य यह है कि समाज में लोगों के विश्वासों और मान्यताओं पर भिन्न-भिन्न संस्थाओं और दशाओं का अनुप्रस्थ दबाव पड़ता है। इन विश्वासों और मान्यताओं से ही जनमत का निर्माण होता है। स्पष्ट है कि अनुप्रस्थ दबाव के कारण जनमत के निर्माण की प्रक्रिया जटिल हो जाती है और यह कहना कठिन है कि इस दबाव में किसका कितना हाथ है।

(ii) **आर्थिक और व्यावसायिक संस्थायें** (Economic and Professional Institutions)—जनमत के निर्माण के सामाजिक कारकों में आर्थिक और व्यावसायिक संस्थायें भी महत्वपूर्ण हैं। इन्हीं के अन्तर से विभिन्न आर्थिक वर्गों के जनमत में अन्तर दिखाई पड़ता है। जनमत के निर्माण में आर्थिक स्वार्थों का महत्वपूर्ण स्थान होता है। समाज की विभिन्न समस्याओं की ओर भिन्न-भिन्न आर्थिक और व्यावसायिक स्वार्थों के कारण विभिन्न वर्गों में भिन्न-भिन्न जनमत देखे जा सकते हैं।

(iii) **जाति और धर्म** (Caste and Religion)—जनमत को प्रभावित करने वाले मुख्य सामाजिक कारकों में जाति और धर्म की भी गिनती है। यद्यपि आजकल अधिकतर राज्य धर्म निरपेक्ष होते हैं फिर भी सामाजिक जीवन में विशेषतया ग्रामीण सामाजिक जीवन में धर्म का प्रभाव अब भी बना हुआ है। उदाहरण के लिये, भारतवर्ष में विभिन्न सामाजिक और राजनैतिक समस्याओं के विषय में जनमत धार्मिक विश्वासों से बहुत अधिक प्रभावित होता है। धर्म के साथ-साथ जाति भी भारत में जनमत के निर्माण में एक महत्वपूर्ण कारक है। यद्यपि जाति व्यवस्था में बराबर परिवर्तन हो रहा है परन्तु निहित स्वार्थों के कारण देश में जातिवाद बढ़ता जा रहा है। सामाजिक और राजनैतिक दोनों ही क्षेत्रों में विभिन्न प्रश्नों के प्रति विभिन्न जातीय स्वार्थों के कारण जनमत में अन्तर देखा जा सकता है। कहना न होगा कि यह स्थिति जनतन्त्र के लिये नितान्त अवांछनीय है।

(iv) **विशिष्ट सामाजिक घटनाओं का प्रभाव** (Effect of Particular Social Phenomena)—जनमत के निर्माण में उपरोक्त सामाजिक कारकों के अलावा अनेक विशिष्ट सामाजिक घटनाओं का भी प्रभाव पड़ता है। इस सम्बन्ध में किम्बाल यंग ने सात प्रकार की घटनाओं का उल्लेख किया है—(i) विशिष्ट आर्थिक घटनायें, (ii) अन्य विशिष्ट घटनायें, (iii) अन्तर्राष्ट्रीय स्थिति को प्रभावित करने वाली घटनायें, (iv) विशिष्ट घटनाओं के द्वारा व्यक्तियों का मार्ग परिवर्तन (v) बौद्धिक दृष्टिकोण से सम्बन्धित सामाजिक घटनायें, (vi) स्थिरता प्रदान करने वाली घटनायें, (vii) विवेकीकरण (Rationalisation) से सम्बन्धित भ्रमोत्पादक घटनायें। इन सभी घटनाओं का जनमत के निर्माण में महत्वपूर्ण प्रभाव पड़ता है।

(v) **शिक्षा** (Education)—जनमत के निर्माण में शिक्षा का अत्यधिक महत्व है। शिक्षा के द्वारा जनमत बनता है और शिक्षा से ही जनमत में परिवर्तन किया जा सकता है। सामान्य रूप से ग्रामीण जनता की अपेक्षा नगरीय जनता अधिक शिक्षित होती है। अतः ग्रामीण जनमत और नगरीय जनमत में अन्तर दिखाई पड़ता है। सामान्यतया ग्रामीण जनमत रूढ़िवादी और नगरीय जनमत प्रगतिशील होता है।

(3) जनमत के निर्माण में नेता का महत्व—जैसा कि पीछे संकेत दिया जा चुका है, जनमत के निर्माण में नेता का बड़ा महत्व होता है। नेता अपने प्रभाव से जनमत को परिवर्तित करता है। इसका तात्पर्य यह नहीं है कि वह स्वयं जनता

से प्रभावित नहीं होता है। वास्तव में जनमत के निर्माण में नेता और जनता के विचारों की क्रिया प्रतिक्रिया होती है। नेता अन्य लोगों के सामने एक आदर्श के रूप में होता है, इसलिये उसके विचारों को अन्य लोग भी ग्रहण कर लेते हैं। नेता के विचार अन्य लोगों की अपेक्षा अधिक स्पष्ट और सुलझे हुये होते हैं तथा वह भाषणों के द्वारा अपने विचारों को जनता में फैलाता भी है। बहुधा नेता विशेष क्षेत्रों में विशेषज्ञ भी होता है। उदाहरण के लिये राजनैतिक नेता राजनैतिक क्षेत्र में, कलाकार नेता कला के क्षेत्र का और विचारक नेता दर्शन के क्षेत्र का विशेषज्ञ होता है। अतः हर एक समस्या में उसकी राय सबसे अधिक महत्वपूर्ण मानी जाती है और दूसरे लोग सामान्यतया उसी को मानकर चलते हैं। नेताओं के विषय में कहा जाता है कि वे अपने युग के प्रतिनिधि होते हैं। वे जनता के अपने विचारों और अनुभूतियों को व्यक्त करते हैं। दूसरे शब्दों में, जनता के विचार और अनुभूतियाँ जन नेता के द्वारा अभिव्यक्ति पाते हैं। नेता जनता के मनोविज्ञान से भली भांति परिचित होता है। इसीलिए वह जनता के विचारों और अनुभूतियों को अपनी इच्छा अनुसार मोड़कर जनमत को अपने पक्ष में कर लेता है। सभी क्रान्तियों के अग्रदूत नेता ही होते हैं। वे ही क्रान्ति की ज्वाला भड़काते हैं। दूसरे लोग उनका अनुगमन करते हैं। एक ही समाज में एक ही समस्या की ओर जो भिन्न-भिन्न मत दिखाई पड़ते हैं उसका कारण भी नेता का प्रभाव ही है। बहुधा हर एक समाज में हर एक क्षेत्र में एक से अधिक नेता होते हैं जो कि जनता को अपनी ओर खींचने का प्रयास करते रहते हैं। फलस्वरूप जनता में एक ही क्षेत्र में एक ही समस्या की ओर विभिन्न मत दिखाई पड़ते हैं। इससे जनमत के निर्माण की प्रक्रिया जटिल हो जाती है। परन्तु इससे यह लाभ है कि परस्पर विरोधी मत एक दूसरे को सन्तुलित करते रहते हैं और निष्पक्ष विचारक विभिन्न मतों को देखकर वस्तु स्थिति का और भी अच्छा अनुमान लगा सकता है। यूं तो जनतत्र में जनमत का संगठित होना आवश्यक है, परन्तु विशेष समस्याओं के विषय में अनेक जनमत होने से जनतन्त्र को कोई हानि नहीं पहुँचती, जब तक कि वे एक दूसरे के प्रति सहिष्णु और उदार रहें। जनमत के निर्माण में नेता के प्रभाव पर ध्यान देते समय यह याद रखना आवश्यक है कि जनता भी नेता को प्रभावित करती है। जन प्रिय नेता जनता के विचारों और अनुभूतियों को बड़ा महत्व देता है।

4. जनमत और शासन—जनमत के निर्माण की प्रक्रिया के अब तक के विश्लेषण से स्पष्ट हो गया होगा कि जनमत के निर्माण में शासन का भी बड़ा महत्व है। जैसा कि पहले कहा जा चुका है, सफल सरकार या तो जनता के मत के अनुसार कार्य करती है अथवा नई नीति बनाने के बाद जनमत को उसके पक्ष में कर लेती है। जो शासन जनमत को अपने पक्ष में नहीं कर पाता उसका बना रहना असंभव हो जाता है। यह बात जनतंत्रीय समाज में और भी अधिक सच है। जनतन्त्रीय राष्ट्र में कोई भी सरकार अधिक समय तक जनमत की अवहेलना करके नहीं टिक सकती।

जनमत और शासन के परस्पर सम्बन्ध में जनमत शासन को अधिक प्रभावित करता है। अरस्तू ने शासन में जनमत का ध्यान रखने पर बहुत जोर दिया है। उसने तो यहाँ तक कहा कि शासन को केवल बहुसंख्यक जनमत का ही नहीं बल्कि अल्पसंख्यक जनमत का भी ध्यान रखना चाहिये। मौखिक रूप में तो जनतन्त्रीय सरकार बहुसंख्यक जनमत से ही बनती है परन्तु फिर भी उसको अल्पसंख्यक जनमत का भी ध्यान रखना पड़ता है, क्योंकि यदि अल्पसंख्यक जनमत बहुत अधिक विरुद्ध हो गया तो हो सकता है कि वह विद्रोह करे और क्रमशः यह विद्रोह की आग अन्य लोगों में भी फैल जाए। राजनैतिक क्षेत्र में तो यह कहा ही जाता है कि शासन की अच्छाई बुराई के निर्णायक शासित ही होते हैं। परन्तु कला और साहित्य आदि के क्षेत्रों में भी बहुधा जनमत से ही कला और साहित्य का मूल्यांकन किया जाता है। यह ठीक है कि इन क्षेत्रों के नेता जनता से बहुत अधिक ज्ञानी, विचारवान और मेधावी होते हैं, परन्तु बहुत सी बातें ऐसी हैं जो सामान्य मनुष्य अधिक अच्छी तरह समझ पाते हैं, इस प्रकार वस्तुतः जनमत नेता के मत पर भी नियन्त्रण रखता है। इस विषय में सबसे अच्छा तो यह है कि नेता और जनता का निकट सम्पर्क रहे।

जनतन्त्र में जनमत के निर्माण की प्रक्रिया

जनमत के निर्माण की प्रक्रिया का वर्णन पीछे किया गया है परन्तु जनतंत्र में इस प्रक्रिया में कुछ विशिष्टता होती है। इसलिये जनतन्त्र में जनमत के अध्ययन में इस विशेषताओं पर भी ध्यान देना प्रासंगिक होगा। जनतन्त्र में जनमत के निर्माण की प्रक्रिया के मुख्य चरण निम्नलिखित हैं–

1. समस्या अथवा विषय की परिभाषा।
2. प्राथमिक अथवा जांच सम्बन्धी विचार।
3. वैकल्पिक समाधान अथवा योजनाओं का प्रस्तुत किया जाना।
4. जनमत का निर्माण

इस प्रकार जनतन्त्र में जनमत के निर्माण में सबसे पहले कुछ लोग या समूह किसी समस्या या विषय की ओर ध्यान दिलाते हैं और उसकी परिभाषा करते हैं। उदाहरण के लिये भारत में दहेज, सती प्रथा, विधवा विवाह आदि के विषय में समस्या को कुछ समाज सुधारकों ने सबसे पहले जनता के सामने उपस्थित किया। समस्या की परिभाषा के साथ–साथ समस्या के विषय में जाँच की जाती है और उसका खुलासा करने के लिये विचार उपस्थित किये जाते हैं। उस क्षेत्र के विशेषज्ञ अपने–अपने विचार जनता के सामने रखते हैं। शिक्षित लोग परस्पर विचार विमर्श करके समस्या को स्पष्ट करने की चेष्टा करते है। समस्या के इस स्पष्टीकरण में रेडियो, समाचार पत्र, भाषण तथा पुस्तकों आदि से सहायता मिलती है। भिन्न–भिन्न लोग समस्या के भिन्न–भिन्न पहलुओं पर विशेष प्रकाश डालते हैं। इस प्रकार

समस्या स्पष्ट हो जाने के बाद उसके सुलझाव के लिये समाधान या योजनायें प्रस्तुत की जाती हैं। इन समाधानों तथा योजनाओं को प्रस्तुत करने के साथ-साथ उनके पक्ष और विपक्ष के लोग भी अपने मत उपस्थित करते हैं। इस प्रकार विचार विमर्श से जब कोई समाधान या योजना सर्वमान्य हो जाती है तब क्रमशः वह जनमत का रूप धारण कर लेती है। वास्तव में जनमत का निर्माण इस प्रक्रिया के पहले तीन चरणों का परिणाम मात्र है।

अब जनतन्त्र में जनमत के निर्माण की इस प्रक्रिया का एक उदाहरण लिया जा सकता है। भारत में विधवा विवाह के औचित्य के विषय में सबसे पहले कुछ समाज सुधारकों ने जनता का ध्यान आकर्षित किया। जनता में जहाँ कुछ लोगों ने इसको उचित ठहराया वहाँ दूसरे लोग इसके घोर विरोधी थे। दोनों ही पक्षों के लोगों ने अपने-अपने विचार उपस्थित किये। विधवा विवाह के पक्ष में लोगों ने विधवाओं की दुर्दशा पर भी प्रकाश डाला। इस दुर्दशा को दूर करने की बात पर तो सभी सहमत थे। इस प्रकार क्रमशः लोगों के सामने विधवाओं की समस्या स्पष्ट हुई, यद्यपि सभी विधवा पुनर्विवाह को समस्या का समाधान नहीं मानते थे। इन लोगों ने भी अपने कुछ सुझाव रखे। विभिन्न समाधान और योजनायें उपस्थित की गईं। क्रमशः विधवा पुनर्विवाह कानून को भी वैध मान लिया गया। अतः जनमत भी धीरे-धीरे उसके पक्ष में होने लगा। आजकल सामान्य रूप से भारत में जनमत को विधवा विवाह के पक्ष में कहा जा सकता है, यद्यपि अब भी उसका विरोध करने वालों अथवा उसको नीचा समझने वालों की संख्या कम नहीं है।

जनमत को मापने की विधियाँ

जनमत को मापने की मुख्य विधियाँ निम्नलिखित हैं—

(1) ऐतिहासिक गुणात्मक विधि (Historical Qualitative Method)—जैसा कि इसके नाम से स्पष्ट है, इसमें जनमत के गुणात्मक पहलू को मापने की चेष्टा की जाती है। साथ ही साथ इसमें जनमत के परिवर्तन का इतिहास भी मालूम होता है। इस विधि में किसी निर्धारित समय में जनता के दृष्टिकोणों तथा विश्वासों के परिवर्तन की जाँच की जाती है। इस प्रक्रिया में जीवन इतिहास, विषय अध्ययन, साक्षात्कार आदि विधियों की सहायता ली जाती है। इसमें अनुसंधानकर्ता अपने अनुभवों को ध्यान में रखता है और समाचार पत्रों, रेडियो आदि के द्वारा मिलने वाली जानकारी की भी सहायता लेता है। जनमत में भावनाओं, उत्तेजनाओं, प्रेरणाओं, कल्पनाओं आदि का भी हाथ है। ऐतिहासिक विधि में इन सभी का ध्यान रखना आवश्यक है। इस विधि से जनमत के विषय में अनेक महत्वपूर्ण बातें ज्ञात होती हैं। उदाहरण के लिए यह विधि यह बतलाती है कि किसी विषय में जनमत कैसे क्रमशः प्रथा, रूढ़ि अथवा कानून बन जाता है।

(2) गैलप मतदान प्रणाली (Gallup Poll Method)—जनमत को मापने के लिये सबसे अधिक प्रसिद्ध प्रणाली गैलप मतदान प्रणाली है। आजकल इस प्रणाली से विभिन्न समस्याओं के विषय में जनमत का पता लगाया जाता है। उदाहरण के लिये इंग्लैण्ड में अनेक बार इस प्रणाली में डेली मिरर (Daily Mirror) नामक समाचार पत्र ने प्राणदण्ड के विषय में जनमत की परीक्षा की। गैलप मतदान प्रणाली में साक्षात्कार अथवा प्रभावशाली विधि के द्वारा जनमत का अध्ययन किया जाता है।

(3) मतदान प्रणाली (Polling Method)—जनतन्त्रीय देशों में सरकार बनाने के हेतु जनमत को जानने के लिये मतदान प्रणाली का प्रयोग किया जाता है। भारत में इस प्रणाली में जनता बैलट पेपर पर अपनी इच्छा अनुसार उपयुक्त राजनैतिक दल के उम्मीदवार के सामने निशान लगाकर अपना मत प्रकट करती है। मतदान प्रणाली में अन्य समस्याओं के विषय में जाँच करने के लिये तीन विधियाँ अधिक प्रयोग की जाती हैं—(1) समाचार पत्रों के द्वारा बैलट पेपर बाँटकर; (2) चुने हुए नागरिकों के पास डाक बैलट पेपर भेजकर; और (3) साक्षात्कार के द्वारा। कभी-कभी देश में सार्वजनिक राजनैतिक चुनाव होने से पहले ही उनके परिणामों को इन विधियों से जान लिया जाता है।

(4) साक्षात्कार विधि (Interview Method)—साक्षात्कार विधि में, जैसा कि उसके नाम से स्पष्ट है, अन्वेषक सूचनादाताओं के पास जाकर अथवा उनसे साक्षात्कार करके, उनसे प्रश्न पूछकर जनमत ज्ञात करता है। इसमें सबसे बड़ा लाभ यह है कि उसको सही और प्रामाणिक जानकारी हो जाती है। परन्तु इसमें सबसे बड़ी कठिनाई यह है कि इसका बड़े पैमाने पर प्रयोग करने के लिये साक्षात्कार अनौपचारिक होना चाहिये अन्यथा उससे सही जानकारी प्राप्त नहीं हो सकती।

(5) प्रश्नावली विधि (Questionnaire Method)—प्रश्नावली विधि में, जैसा कि उसके नाम से स्पष्ट है, समस्या से सम्बन्धित महत्वपूर्ण बातों को लेकर कुछ चुने हुए प्रश्न निश्चित किये जाते हैं और उनको एक प्रश्न के रूप में लोगों के सामने रखा जाता है। प्रश्न सीधे और स्पष्ट होने चाहियें और उनका उत्तर भी आसान होना चाहिये। इस विधि में एक लाभ यह है कि बहुत सी बातें जो कोई व्यक्ति अनुसंधानकर्ता से आमने सामने नहीं कहना चाहता उन्हें वह प्रश्नावली भरने में व्यक्त कर सकता है।

(6) पुंज अवलोकन विधि (Mass Observation Method)—इस विधि में, जैसा कि इसके नाम से स्पष्ट है, पुंज अथवा समूह का अवलोकन करके कुछ सामान्य निष्कर्ष निकालने की चेष्टा की जाती है। इसमें पक्षपात के कारण गलती होने की, सम्भावना है। अत: यह विधि बहुत कम वैज्ञानिक है।

(7) सार्वजनिक अधिकारियों के नाम पत्र (Letters to Public Officials)— आमतौर से जनता के बहुत से लोग विभिन्न समस्याओं के विषय में अपने

मतों को पत्र सम्पादकों के नाम या सरकारी अधिकारियों के नाम भेजते रहते हैं। इन पत्रों से जनमत का बहुत कुछ अनुमान लगाया जा सकता है। इस विषय में यान्ट और हर्जोग के अध्ययन महत्वपूर्ण हैं।[1]

(8) अर्ध प्रायोगात्मक विधि (Quasi-Experimental Method)—जनमत पर प्रयोग करना सम्भव नहीं है क्योंकि उसकी परिस्थितियों को पूरी तरह से नियन्त्रित नहीं किया जा सकता। इसलिये जनमत को नापने के लिये अर्ध-प्रयोगात्मक विधि का प्रयोग किया जाता है। पीटरसन और थर्स्टन ने इसी विधि के द्वारा चल-चित्रों तथा बालकों की [2] सामाजिक अभिवृत्तियों के प्रति जनमत का अध्ययन किया। मेयर व अनीस[3] ने इस विधि के द्वारा जनता में विवेकशीलता से अधिक प्रेरणाओं और भावात्मक मूल्यों को क्रियाशील पाया।

जनमत के निर्माण के साधन

जनतन्त्र में जनमत के निर्माण के साधनों का बड़ा महत्व है क्योंकि जनतन्त्र में बहुधा किसी भी दिशा में परिवर्तन करने के पहले उसके पक्ष में जनमत का निर्माण करना जरूरी होता है। जनमत के निर्माण के मुख्य साधन निम्नलिखित हैं:—

(1) समाचार-पत्र (Newspapers)—जनमत के निर्माण का सबसे अधिक प्रचलित साधन समाचार पत्र है। समाचार पत्रों के द्वारा सरकार और नेता लोग अपने विचारों को जनता तक पहुँचाते हैं। समाचार पत्रों का पूरा उपयोग होने के लिये यह जरूरी है कि समाचार प्रामाणिक हों। भिन्न-भिन्न समाचार पत्र भिन्न-भिन्न दृष्टियों से समस्याओं पर विचार करते हैं। इससे जनता में सभी प्रकार के विचार स्थान पाते हैं और समस्या के सभी पहलुओं पर विचार किया जाता है। समाचार-पत्र जहाँ जनमत को स्वस्थ बना सकते हैं वहाँ वे उसको पथ-भ्रष्ट भी कर सकते हैं। अतः निष्पक्ष समाचार-पत्रों को प्रोत्साहन दिया जाना चाहिये और निहित स्वार्थों को लेकर चलने वाले समाचार-पत्रों पर कड़ी नजर रखी जानी चाहिये।

(2) रेडियो (Radio)—जनमत के निर्माण का दूसरा महत्वपूर्ण साधन रेडियो है। यह एक मनोवैज्ञानिक तथ्य है कि पढ़ी हुई बात से सुनी हुई बात अधिक प्रभाव डालती है। अतः रेडियो समाचार पत्र से अधिक प्रभावशाली होता है। जनता पर मनोवैज्ञानिक प्रभाव के विषय में रेडियो द्वारा प्रचार के अनेक वैज्ञानिक अध्ययन किये गये हैं। The Psychology of Radio नामक पुस्तक में कैंट्रिल और आलपोर्ट ने रेडियो के विषय में निम्नलिखित महत्वपूर्ण बातें बतलाई हैं[4]—

---

1. R. Wyant and H. Herzog, *Voting Via the Senate Maibag*, 'Public Opinion Quarterly' (1941)
2. R. C. Peterson and L. L. Thurstone, '*Motion Pictures and Social Attitudes of Children* (1933)
3. A. D. Annis and N. C. Meier, '*The Induction of Opinion though Suggestion by Means of Planned Content* (1934)
4. Cantril and G. W. Allport. *The Psychology of Radio* (1935)

(i) रेडियो के द्वारा अधिकतर स्त्रियों से ब्राडकास्ट कराना चाहिये क्योंकि उनकी कण्ठ ध्वनि अधिक जनप्रिय होती है।

(ii) रेडियो में अभ्यस्त भाषणकर्ता के भाषण अधिक पसन्द किये जाते हैं।

(iii) शुद्ध उच्चारण पर जोर देना जरूरी है।

(iv) किसी भी विषय में सामान्य विवरण देने के साथ-साथ विशेष व्याख्या भी दी जानी चाहिये।

(v) पुनरावर्तन अवश्य किया जाए क्योंकि उसका प्रभाव पड़ता है। परन्तु वह सीमा से अधिक नहीं होना चाहिये।

(vi) विषय के अनुरूप वाक्य छोटे बड़े होने चाहिएं। साधारणतया छोटे वाक्य ही अच्छे रहते हैं। परन्तु रोचक विषय में वाक्य लम्बे भी हो सकते हैं।

(vii) बोलने की गति तीव्र होना ठीक नहीं है। साधारणतया एक मिनट में 114 से 160 तक शब्द बोले जा सकते हैं।

(viii) कार्यक्रम औसत रूप से 15 मिनट से अधिक लम्बा नहीं होना चाहिये यद्यपि नाटक आदि मनोरंजक कार्यक्रमों में अधिक समय भी दिया जा सकता है।

कहना न होगा कि यदि उपरोक्त बातों का ध्यान रखा जाय तो जनमत के निर्माण में रेडियो की शक्ति का पूरा उपयोग किया जा सकता है। रेडियो से जनता के विचारों, मतों, विश्वासों और अभिवृत्तियों के अलावा सामाजिक मूल्यों पर भी प्रभाव पड़ता है।

(3) टेलीविजन (Television)—आजकल रेडियो के साथ टेलीविजन भी जनमत निर्माण का महत्वपूर्ण साधन हो गया है। इसमें श्रोता केवल आवाज ही नहीं सुनता बल्कि भाषणकर्ता या पात्र को देख सकता है। स्पष्ट है कि इसका अधिक प्रभाव होता है। क्रमशः देशों में टेलीविजन का प्रचार बढ़ता जा रहा है। खेद है कि भारत में अभी इसका विकास नहीं हो सका है।

(4) चलचित्र (Cinema)—जनमत निर्माण में चलचित्रों का भी बड़ा महत्व है। चललित्रों के द्वारा सामाजिक, राजनैतिक, धार्मिक सभी क्षेत्रों में विचारों, आदर्शों, मूल्यों आदि में परिवर्तन किया जाता है। फैशन की दिशा मोड़ने में तो चलचित्र बहुत ही प्रभावशाली सिद्ध हुए हैं। चलचित्र का अधिक प्रभाव इस कारण है क्योंकि उसमें दिखाई जाने वाली घटनायें एकदम वास्तविक सी लगती हैं। इसलिये उसका भावात्मक प्रभाव अधिक होता है। यह ठीक है कि चलचित्र उतने अधिक लोगों के पास नहीं पहुँच सकता है परन्तु फिर भी जहाँ तक प्रेरणाओं का प्रश्न है चलचित्र का प्रभाव अन्य किसी भी साधन से अधिक होता है।

जनमत के उपरोक्त साधनों का अच्छी बुरी किसी भी दिशा में प्रयोग किया जा सकता है। जनतन्त्र में उनका जनहित कि लिये प्रयोग होना चाहिए। जनतन्त्र

जनता का, जनता द्वारा और जनता के लिये शासन है। अतः उसमें किसी भी दिशा में परिवर्तन करने के लिये सबसे पहले जनमत को बदलना जरूरी होता है। इसके लिये पहले जनमत की माप की जानी चाहिये और फिर समस्या का प्रचार तथा स्पष्टीकरण करने के बाद जनमत को किसी विशेष पक्ष में मोड़ने की चेष्टा की जा सकती है।

अभ्यास के लिए प्रश्न

1. प्रचार तथा जनमत के सम्बन्ध की व्याख्या कीजिये। जनमत पर प्रचार का प्रभाव डालने के लिए कौन-से साधन उपयुक्त हैं ?
2. सामाजिक नियन्त्रण में जनमत तथा प्रचार की भूमिकाओं की व्याख्या कीजिये।
3. संक्षिप्त टिप्पणी लिखिये—जनमत

14

सामाजिक नियन्त्रण और फैशन

(Social Control and Fashion)

फैशन का क्षेत्र

आपने बहुधा लोगों को यह कहते सुना होगा कि आजकल अमुक क्षेत्र में अमुक वस्तु का फैशन है अथवा अमुक क्षेत्र से अमुक वस्तु का फैशन उठ गया है इत्यादि। युवक-युवतियाँ जहाँ देखिये फैशन की बात करते हैं और अपने को अधिक से अधिक फैशनेबिल दिखाने की कोशिश करते हैं। मोहल्ले में कभी-कभी किसी महिला की नई साड़ी आते ही सभी स्त्रियाँ उतावली होकर उसी तरह की साड़ी लाने दौड़ पड़ती हैं। पहले लोग चौड़ी मौहरी की पतलून पहना करते थे, फिर पतलूनों की मौहरी तंग रखने का फैशन आया, अब फिर से मौहरी चौड़ी होने लगी है। केवल कपड़ों के क्षेत्र में ही नहीं बल्कि जेवरों, सजावट के ढ्रंगों और मकानों के रंगों से लेकर तौर तरीकों, रहन-सहन, बातचीत, सभी में फैशन का प्रभाव दिखलाई पड़ता है। परन्तु इसका अर्थ यह नहीं हुआ कि फैशन का क्षेत्र सर्वव्यापक है। जीवन के एक बड़े क्षेत्र में फैशन का प्रभाव दिखाई देने पर भी उसका क्षेत्र सीमित है। उसका प्रभाव उन्हीं क्षेत्रों में दिखलाई पड़ता है जिनमें हम तटस्थ होते हैं। उदाहरण के लिये सलवार की मौहरी तंग भी हो सकती है और चौड़ी भी, अब कैसी मौहरी रखी जाए इस विषय में किसी की भी, कोई विशेष व्यक्तिगत राय न होने के कारण जैसा फैशन होता है वैसी ही मौहरी रख ली जाती है। परन्तु आमतौर से स्त्री पुरुष के परस्पर सम्बन्ध विशेषतया वैवाहिक सम्बन्धों में व्यवहार के तरीके फैशन से निश्चित नहीं होते क्योंकि यह ऐसा क्षेत्र है जिसमें हम तटस्थ न होकर कुछ विशेष प्रथाओं को मानते हैं। इस प्रकार तटस्थता का क्षेत्र बढ़ने के साथ-साथ फैशन का क्षेत्र भी बढ़ता है। उदाहरण के लिये यदि किसी समाज में पति-पत्नी के परस्पर सम्बन्धों के विषय में निश्चित प्रथायें नहीं होतीं या प्रथाओं का सम्मान उठ जाता है तो इनमें भी फैशन चल निकलता है।

फैशन क्या है ?

उपरोक्त विवेचन से स्पष्ट है कि फैशन का प्रथा (Custom), शिष्टाचार (Etiquette), चलन (Usage), रिवाज (Convention) और परम्परा (Tradition) से घनिष्ठ सम्बन्ध है। इस सम्बन्ध की विवेचना करने के पूर्व यह निश्चित करना प्रासंगिक होगा कि फैशन है क्या ? आमतौर से लोग फैशन का अर्थ व्यक्तिगत पसन्द या बहुमत की पसन्द या बड़े आदमियों अथवा नेताओं की पसन्द से लगाते हैं। परन्तु वैज्ञानिक अध्ययन में फैशन की अस्पष्ट परिभाषा से काम नहीं चल सकता। अत: उसकी और भी स्पष्ट परिभाषा करनी होगी।

फैशन की परिभाषा

फैशन की परिभाषा करते हुए रॉस ने लिखा है, "फैशन लोगों के एक समूह के चुनावों में बारम्बार होने वाले परिवर्तनों की शृंखला है जो कि उपयोगिता की भावना के होते हुये भी निश्चित नहीं होते।"[1]

फैशन की इस परिभाषा में चार बातों पर जोर दिया गया है। ये चार बातें निम्नलिखित हैं–

(1) फैशन किसी समूह के चुनाव में परिवर्तन है–फैशन का सम्बन्ध समूह के लोगों की पसन्द अथवा चुनाव से है। फैशन इसमें परिवर्तन करता है। उदाहरण के लिए पहले भारतवर्ष में शहरों में थोड़े से लोग बुशर्ट पहनते थे। अब रिक्शे वाले तक बुशर्ट पहनते देखे जा सकते हैं और सभी वर्गों में इसका फैशन हो गया है।

(2) फैशन बारम्बार होने वाले परिवर्तनों की शृंखला है–फैशन सदैव बदलते रहते हैं। इस परिवर्तन में कभी-कभी कोई चीज फैशन में नहीं रहती और काफी समय बाद फिर से फैशन में आ जाती है। उदाहरण के लिये भारतवर्ष में पढ़े लिखों में बन्द गले के कोट का फैशन था, फिर यह फैशन नहीं रहा, अब धीरे-धीरे यह फिर से फैशन में आता जा रहा है। इस प्रकार फैशन एक गतिशील प्रक्रिया है। यह बारम्बार होने वाले परिवर्तनों की एक शृंखला है।

(3) फैशन उपयोगिता के साथ हो सकता है–अनेक फैशन उपयोगी भी होते हैं। उदाहरण के लिए भारतवर्ष की गर्म जलवायु में बुशर्ट बड़ी आरामदेह रहती है। इस प्रकार बुशर्ट पहनना फैशन भी है और उपयोगी भी है।

(4) फैशन उपयोगिता से निश्चित नहीं होता–परन्तु उपयोगिता फैशन की निर्णायक नहीं है। अनेक वस्तुयें फैशन में आ जाती हैं यद्यपि उनकी कुछ भी उपयोगिता नहीं होती जैसे ब्रोच, टाइयाँ, तरह-तरह के जेवर इत्यादि।

---

1. "Fashion is the series of recurring changes in the choices of a group of people which, though they may be accompanied by utility, are not determined by it."
--Ross, *Social Psychology*, p. 49.

फैशन की प्रकृति

रॉस की परिभाषा के उपरोक्त विश्लेषण से फैशन की प्रकृति पर प्रकाश पड़ता है। इस प्रकार फैशन मनुष्य के चुनावों में परिवर्तन करता है। मैकाइवर और पेज (MacIver and Page) के अनुसार "फैशन से हमारा तात्पर्य एक प्रथा से सम्बन्धित बात में परिवर्तन के समाज सम्मत क्रम से है।"[1] इस क्रम में न तो यह आवश्यक है कि समकालीन लोगों की नकल की जाए, न यही आवश्यक है कि पूर्वजों की नकल की जाए। इसमें न यह आवश्यक है कि उच्च वर्ग की नकल की जाए, न यह कि निम्न वर्ग की नकल की जाए। फैशन इनमें से कोई भी हो सकता है। जैसा कि मैकाइवर ने अपनी परिभाषा में दिखलाया है। फैशन प्रथा का विरोधी अथवा उसके बाहर नहीं होता। यह प्रथा के ही क्षेत्र में काम करता है। उदाहरण के लिए भारतीय वेशभूषा प्रथा से निश्चित होती है परन्तु इस वेशभूषा में छोटे मोटे परिवर्तन फैशन से होते हैं। अधिकतर भारतीय स्त्रियाँ साड़ी पहनती हैं यह प्रथा है। परन्तु साड़ी के रंगों, किनारे के डिजाइन आदि के विषय में चुनाव, फैशन के साथ-साथ बदलते रहते हैं।

फैशन का मनोवैज्ञानिक आधार

फैशन का इतना प्रभाव क्यों है इसका कारण मानव मनोविज्ञान में मिलेगा। फैशन के मनोवैज्ञानिक आधार में दो परस्पर विरोधी इच्छायें हैं एक तो नवीनता (Novelty) की इच्छा और दूसरे समाज सम्मतता (Confirmity) की इच्छा। व्यक्ति जहाँ लोगों से अलग और भिन्न दिखलाई देना चाहता है और इसके लिये अपने रहन-सहन, वेशभूषा, तौर तरीके आदि में नवीनता लाता है वहाँ वह औरों के समान भी दिखलाई देना चाहता है और इसके लिये वस्त्र, खानपान, बातचीत, तौर तरीके आदि में समाज़ सम्मत प्रतिमानों को अपनाता है। फैशन इन दोनों ही इच्छाओं की माँग पूरी करता है। Encyclopaedia of Social Sciences में सपिर के `Fashion' नामक लेख में उसने लिखा है "वस्त्र अथवा व्यवहार के अन्य रूपों में प्रचलित रीति से थोड़ा भी परिवर्तन उस क्षण व्यक्ति की विजय सी मालूम पड़ती है परन्तु यह तथ्य कि अपने साथी उसी दिशा में विद्रोह करेंगे, व्यक्ति को साहसपूर्ण सुरक्षा की अनुभूति देते हैं।"[2] इस प्रकार फैशन परम्परा का विरोधी है परन्तु क्रमशः वह स्वयं ही चलन बन जाता है। एक सार्वजनिक चलन बन जाने पर फिर कोई नया

---

1. "By fashion we mean the socially approved sequence of variation on a customary theme." --MacIver and Page, *Society*, p. 181.
2. "The slight changes from the established norms in dress or other forms of behaviour seem for the moment to give the victory to the individual, while the fact that one's fellows revolt in the same direction gives one a feeling of adventurous safety." --E. Sapir., in his article *Fashion*, Encyclopeadia of Social Sciences (New York, 1935), Vol. VI, pp. 139-144.

फैशन आता है और परिवर्तन होता है, इस प्रकार यह चक्र चलता ही रहता है। फैशन में नकल है परन्तु यह नकल वस्तुओं की नकल न होकर शैली (Style) में नकल है और शैली में नकल की भी प्रत्येक व्यक्ति की अपनी शैली होती है, इस प्रकार यद्यपि फैशन समानता फैलाता है पर उसमें व्यक्तिगत विभिन्नता के लिये भी पर्याप्त स्थान है।

फैशन और अनुकरण

परन्तु यह निश्चित है कि फैशन में अनुकरण का महत्वपूर्ण स्थान है। फैशन अनुकरण की प्रक्रिया के द्वारा ही समाज में फैलता है, अनुकरण की इस प्रक्रिया में कौन किसका अनुकरण करता है यह एक विचारणीय प्रश्न है। मनोवैज्ञानिक विश्लेषण से ज्ञात हुआ है कि अनुकरण कुछ विशेष नियमों के अनुसार होता है। ये नियम निम्नलिखित हैं–

(1) उच्च स्तर के व्यक्तियों का अनुकरण–आमतौर से सभी लोग अपने से उच्च स्तर प्राप्त करना चाहते हैं। अतः सब कहीं अधिकतर लोग वेशभूषा, सजावट आदि में उच्च वर्ग के व्यक्तियों का अनुकरण करते दिखलाई पड़ते हैं। कोई भी व्यक्ति अपने सामाजिक स्तर से निम्न स्तर का अनुकरण नहीं करता और ऐसा करने पर उसकी समाज में बदनामी होती है।

(2) धनवानों का अनुकरण–इस प्रकार आमतौर से निर्धन लोग धनवानों का अनुकरण करते है। धनवानों के से बाहरी ठाट-बाट बनाकर मध्यवर्गीय बाबू लोग समाज में प्रशंसा और सम्मान प्राप्त करना चाहते हैं।

(3) शक्तिशालियों का अनुकरण–शक्तिशाली व्यक्ति सभी को प्रभावित करते हैं। यह शक्ति सौन्दर्य, बल, बुद्धि, धन, पद किसी भी प्रकार की हो सकती है। शक्ति में आकर्षण है। अतः सभी शक्तिशाली व्यक्तियों का अनुकरण करते हैं।

(4) नेताओं का अनुकरण–इस प्रकार साधारण जन फैशन में नेताओं का अनुकरण करते हैं। राजनैतिक क्षेत्र में इस प्रकार का अनुकरण बहुत देखा जा सकता है।

(5) सफल व्यक्तियों का अनुकरण–अंग्रेजी में एक कहावत है Nothing succeeds like success अर्थात् सफलता से अधिक कोई सफल नहीं होता। सफल व्यक्ति सभी की प्रशंसा पाते हैं। अतः लोग उनका अनुकरण करके उनके समान सफल बनने के लिए प्रयत्नशील दिखलाई पड़ते हैं।

(6) नगरवासियों का अनुकरण–सामुदायिक जीवन के प्रकारों के दृष्टिकोण से नगर गाँवों के लिए फैशन के प्रतिमान उपस्थित करता है। फैशन बड़े नगरों से छोटे नगरों तथा गाँवों में फैलते हैं, उदाहरण के लिये भारतवर्ष में दिल्ली अथवा बम्बई के निवासी फैशन में अग्रणी माने जाते हैं।

(7) फिल्म अभिनेताओं का अनुकरण—आजकल लगभग सभी देशों में फिल्म का जनता पर बड़ा प्रभाव है। फिल्म अभिनेता और अभिनेत्रियाँ लगभग सभी जगह वेशभूषा, बालों का बनाव श्रृंगार, हाव-भाव, बोलचाल, तौर तरीकों आदि का फैशन निश्चित करते हैं। उदाहरण के लिए भारतवर्ष में नगरों में नई पीढ़ी के लिए लोगों में ये प्रभाव स्पष्ट देखा जा सकता है।

फैशन का सामाजिक कार्य

अब तक के विवेचन से स्पष्ट है कि फैशन सामाजिक नियन्त्रण का एक महत्वपूर्ण साधन है। नगरों में अधिकांश युवक युवती फैशन का विरोध नहीं कर पाते। चाहे फैशन से कुछ लाभ भले ही न हो परन्तु हममें से अधिकतर लोग फैशन को मानने के लिये मजबूर होते हैं। फैशन का प्रथा और शिष्टाचार से घनिष्ठ सम्बन्ध है। इस सम्बन्ध के विवेचन से भी फैशन का सामाजिक कार्य स्पष्ट होगा।

रिवाज और शिष्टाचार

शिष्टाचार और रिवाज (Convention) प्रथा के अंग हैं। रिवाज उन चलनों (Usages) को कहा जाता है जिनके विषय में समाज के अधिकतर लोग सहमत होते हैं। इस प्रकार अध्यापक का भाषण पसन्द न आने पर भी विद्यार्थी उसको चुपचाप सुनते रहते हैं, यह रिवाज है। शिष्टाचार विशेष अवसरों पर रिवाज़ व्यवहार की विस्तृत व्याख्या करता है। उदाहरण के लिये भारतवर्ष में लोग एक दूसरे से मिलने पर हाथ जोड़कर नमस्कार करते हैं, यह शिष्टाचार है।

फैशन रिवाज और शिष्टाचार दोनों को प्रभावित करता है। उदाहरण के लिये भारतवर्ष में पढ़े लिखे लोगों में अब नमस्ते की जगह हाथ मिलाने का फैशन बढ़ता जाता है और बहुधा छोटों से मिलने पर भी लोग हाथ मिलाते हैं, यद्यपि अभी स्त्री-पुरुष के मिलने पर हाथ मिलाने का फैशन नहीं चला है। इसी प्रकार कहीं जाने पर 'टा-टा' करने का फैशन भी बढ़ता जाता है। शादी के अवसर पर फैशन की वजह से अनेक रिवाज बदलते जा रहे हैं। परन्तु इन क्षेत्रों में भी फैशन का प्रभाव असीम नहीं है, वास्तव में फैशन का प्रभाव केवल उन्हीं क्षेत्रों तक सीमित है जिनमें सांस्कृतिक तटस्थता (Cultural Indifference) के कारण परिवर्तन सम्भव और ग्राह्य है। जैसा कि पहले बतलाया जा चुका है, फैशन भाषा, साहित्य, खान-पान, वेशभूषा, कला आदि जीवन के विभिन्न पहलुओं में अन्तर्वस्तु (Contents) को नहीं बल्कि बाह्य रूप (External Form) को और उसमें भी शैली को परिवर्तित करता है।

फैशन का विस्तार

आधुनिक काल में सामाजिक परिवर्तन के अन्य कारकों के साथ ही फैशन में भी अन्तर दिखलाई पड़ता है। यह परिवर्तन फैशन के क्षेत्र के विस्तार तथा उसके परिवर्तन की गति में तेजी के रूप में दिखलाई पड़ता है। इसका एक बड़ा कारण

संदेशवहन और यातायात के साधनों का विकास और जनसंख्या का बढ़ना है, इससे दूर-दूर के लोग एक दूसरे के सम्पर्क में आते हैं और फैशन का क्षेत्र बढ़ता जाता है। उदाहरण के लिये भारत में नगरवासियों में पेरिस, लन्दन और न्यूयार्क या हालीवुड के फैशन को देखा जा सकता है और अमरीका में भी कुछ महिलाओं को भारतीय साड़ी का प्रयोग करते देखा जा सकता है। नई-नई चीजें आविष्कार के शीघ्र बाद ही फैशन में आ जाती हैं। फैशन से निकली वस्तुओं की बिक्री कठिन हो जाती है और फैशन में आने पर बिक्री बड़ी तेजी से बढ़ती है। अतः व्यापारी और कारखानेदार अपनी वस्तुओं को 'फैशनेबिल' बतलाते हैं और ऐसा ही प्रचार करते हैं। इसमें फिल्म अभिनेताओं और अभिनेत्रियों की सिफारिशों का व्यापक उपयोग किया जाता है। वस्त्र उद्योग में नये-नये डिजाइनों को फैशन में लाने के लिये मॉडलों द्वारा उनका सार्वजनिक प्रदर्शन कराया जाता है। इस प्रकार फैशन से प्रभावित होने वाले नर-नारियों की संख्या बराबर बढ़ती जा रही है। फैशन की इस बाढ़ में उपयोगिता पर नहीं बल्कि 'अपील' पर जोर दिया जाता है। भारतवर्ष में युवक-युवतियाँ फैशन में पश्चिम की नकल करते देखे जा सकते हैं। इस नकल में दिखावा और अन्धानुकरण विशेष है, तर्क और उपयोगिता का विचार बहुत कम है।

सामाजिक प्रक्रिया के रूप में फैशन

सामाजिक प्रक्रिया के रूप में फैशन सामाजिक परिवर्तन का एक अत्यन्त लाभदायक अंग है। प्रथायें और आदतें, परम्परायें और रीति रिवाज जीवन को एक सा और अस्थिर बना देते हैं। फैशन इसमें विविधता और गति लाता है। वह क्रमशः धीरे-धीरे परिवर्तन करते हुये बड़े-बड़े परिवर्तनों को सुलभ बना देता है। वह उस क्षेत्र में काम शुरू करता है जहाँ न्यूनतम प्रतिरोध (Least Restraint) होता है और क्रमशः जीवन के अन्य क्षेत्रों पर प्रभाव डालता है। उदाहरण के लिये भारतवर्ष में नई पीढ़ी की युवतियों के वस्त्रों के नये-नये फैशनों ने उनकी नैतिक धारणाओं को भी प्रभावित किया है। इस प्रकार सामाजिक संरचना के संशोधन तथा परिवर्तन में फैशन एक अत्यन्त महत्वपूर्ण कारक है।

फैशन और प्रथा

प्रथा क्या है?

प्रत्येक समाज में खान-पान, रहन-सहन, छोटे-बड़ों के व्यवहार, बातचीत तथा अन्य अनेक बातों के विषय में व्यवहार के कुछ निश्चित तरीके होते हैं। ये समाज द्वारा स्वीकृत तरीके ही प्रथायें हैं। मैकाइवर और पेज के शब्दों में "काम करने के समाज सम्मत तरीके समाज की प्रथायें हैं।" प्रथाओं के कारण व्यक्ति को अपने जीवन की इन बातों के विषय में नये सिरे से नहीं सोचना पड़ता। वास्तव में वह बहुधा इन बातों के विषय में बिल्कुल ही नहीं सोचता और चुपचाप प्रथाओं का अनुकरण करता है। ये प्रथायें एक पीढ़ी से दूसरी पीढ़ी को मिलती जाती हैं। आमतौर

से लोग इनको व्यवहार के स्वाभाविक और सर्वाधिक उचित तरीके मान लेते हैं और उनको तोड़ना अच्छा नहीं समझते। इस प्रकार प्रथायें व्यक्तियों के व्यवहार का नियन्त्रण करती हैं। बोगार्डस के शब्दों में "प्रथायें और परम्परायें नियन्त्रण की समूह-सम्मत प्रविधियां हैं जो कि अच्छी तरह जम गई हैं, जो कि मान ली जाती हैं और जो कि एक पीढ़ी से दूसरी पीढ़ी को सौंप दी जाती हैं।"

फैशन और लोकाचार

फैशन और प्रथा अथवा लोकाचार की तुलना करते हुए किम्बाल यंग ने लिखा है "यदि हम प्रथा को सामाजिक व्यवहार की एक स्थाई और बनी रहने वाली दशा समझते हैं तो फैशन को इस सामान्य स्वीकृति में मान्य एक परिवर्तन समझा जा सकता है।"[1] इस प्रकार फैशन प्रथाओं की अपेक्षा अधिक स्थाई होते हैं और वे प्रथा के क्षेत्र में परिवर्तन करते चलते हैं। उदाहरण के लिए भारतवर्ष में स्त्रियों में साड़ी और ब्लाउज पहनने की प्रथा है। परन्तु साड़ी किस तरह की हो, किस रंग की हो, किस तरह बांधी जाय, ब्लाउज कैसा कटा हो, उसका गला कैसा हो, आस्तीनें कितनी बड़ी हों, साड़ी और ब्लाउज के रंग में अन्तर हो या समानता आदि अनेक बातें प्रथा से नहीं बल्कि फैशन से निश्चित की जाती हैं। इस प्रकार फैशन समाज में विविधता बनाये रखता है जबकि प्रथा समानता बढ़ाती है। फिर कुछ क्षेत्र ऐसे भी हैं जहाँ साधारणतया कोई विशेष प्रथा नहीं होती और फैशन से ही क्रियायें निश्चित होती हैं। उदाहरण के लिये बालों का शृंगार, कला, भाषा, बोलने का ढंग आदि ऐसे क्षेत्र हैं जिनमें व्यवहार की कोई निश्चित प्रथा नहीं है और इसीलिये सामान्य लोग इन क्षेत्रों में फैशन का ही अनुकरण करते हैं। इसलिये इन क्षेत्रों में परिवर्तन भी अपेक्षाकृत तीव्र गति से होते हैं। जहाँ प्रथा से यह लाभ है कि व्यक्ति को नये सिरे से नहीं सोचना पड़ता और न वह औरों से अलग मालूम पड़ता है वहाँ फैशन से उसकी आत्माभिव्यक्ति की भावना सन्तुष्ट होती है। फैशन उपयोगी ही हो यह आवश्यक नहीं है। कभी-कभी वह इसीलिये ग्रहण किया जाता है जिससे व्यक्ति दूसरों से अलग दिखलाई पड़े। फैशन और प्रथा के अन्तर को बतलाते हुये टार्डे ने लिखा है कि "फैशन समकालीन लोगों का अनुकरण (Imitation of the Contemporaries) है जबकि प्रथा पूर्वजों का अनुकरण (Imitation of Ancestors) है।" प्रथायें पहले से चलती आती हैं। प्रथा का पालन करने वाला व्यक्ति वही करता है जो पहले से होता आया है। दूसरी ओर फैशनेबिल स्त्री-पुरुष वह नहीं करते जो पहले से होता आया है बल्कि रहन-सहन, वेशभूषा, बोल-चाल आदि में लेटैस्ट (Latest) और अपटूडेट (Uptodate) दिखाई पड़ने के लिये वह करते हैं जो चारों ओर हो रहा है। भारत में नई पीढ़ी के लड़के-लड़कियों की वेशभूषा में जो परिवर्तन तेजी से होता देखा जा सकता है उसका कारण फैशन ही है प्रथा नहीं। रॉस के शब्दों

1. "If we consider custom as a stable and persistent phase of social behaviour, fashion may be thought of as a variation permissible within this general acceptance,"
--K. Young, *Hand Book of Social Psychology*, ((1951), p. 411.

में "यदि हम किसी समाज के जीवन को एक बहती हुई जल-धारा से चित्रित करें तब हम एक को (प्रथा) नीचे की ओर अनुकरण और दूसरे को (फैशन) आरपार अनुकरण समझ सकते हैं।"[1] हॉब्स के कथन से भी यही बात सिद्ध होती है जो पीछे बतलाई जा चुकी है कि प्रथा पूर्व कालीन विचारों और क्रियाओं का अनुकरण है जबकि फैशन समकालीन विचारों और क्रियाओं का अनुकरण है।

समूह व्यवहार और फैशन

व्यवहार में फैशन—फैशन केवल व्यक्ति के व्यवहार को ही प्रभावित नहीं करता बल्कि सामूहिक व्यवहार को भी प्रभावित करता है। विभिन्न वर्गों के व्यवहार में फैशन के अनुसार अन्तर देखा जा सकता है। नैतिकता के क्षेत्र में विशैषतया स्त्री-पुरुष के परस्पर सम्बन्धों के विषय में आचारों पर फैशन का बड़ा प्रभाव पड़ता है। फैशन के मूल में एक मुख्य कारण यौन आकर्षण है। इसलिये स्त्री-पुरुष के भिन्नलिंगीय व्यक्तियों के प्रति व्यवहार में फैशन का बड़ा महत्व है। फैशन आत्माभिव्यक्ति का एक साधन है। आत्माभिव्यक्ति व्यक्ति के समूह व्यवहार में ही सम्भव हो पाती है। इसलिये फैशन का प्रभाव सब कहीं दिखाई पड़ता है। व्यापार के क्षेत्र में तो फैशन का व्यापक महत्व दिखाई पड़ता है। वस्तुओं के फैशन में आने से उनकी बिक्री बढ़ती है और फैशन से निकल जाने से उनकी बिक्री ठप हो जाती है।

फैशन का चक्र

समाज में फैशन के चक्र (Cycle of Fashion) का वर्णन करते हुए सिमेल ने लिखा है, "फैशन की प्रकृति की मांग है कि वह एक समय एक समूह के केवल एक अंश के द्वारा ग्रहण किया जाना चाहिये जबकि अन्य लोग उसको ग्रहण करने के पथ पर होते हैं। जैसे ही एक उदाहरण सार्वभौम रूप से ग्रहण कर लिया जाता है अर्थात् जैसे ही शुरू में कुछ थोड़े से लोगों के द्वारा की गई बात अन्य सब लोगों द्वारा व्यवहार में ग्रहण कर ली जाती है जैसा कि हमारी वेशभूषा के कुछ क्षेत्रों में दिखलाई पड़ता है और विभिन्न प्रकार के सामाजिक आचार में देखा जा सकता है, तब हम उनको फैशन नहीं कहते। जैसे-जैसे फैशन फैलता है वैसे-वैसे वह क्रमशः खत्म हो जाता है।"[2] इस प्रकार समाज में फैशन का एक चक्र सा चलता है।

1. "If we figure the life of a society as a flowing stream then we think of one (custom) as down imitation, the other (fashion) as cross imitation."
--E. A. Ross, *Social Psychology*, p. 196.
2. "The very character of fashion demands that it should be exercised at one time only by a portion of the given group, the great majority being merely on the road to adopting it. As soon as an example has been universally adopted, that is, as soon as anything that was originally done only by a few has really come to be practised by all as is the case in certain portions of our apparel and in various forms of social conduct we no longer speak of fashion. As fashion spreads, it gradually goes to its doom." --G. Simmel, --*Fashion.* International Quarterly 1904-1905. pp. 137-138.

उदाहरण के लिये भारत में प्राचीन काल में स्त्रियाँ बहुत ही संक्षिप्त ब्लाउज पहनती थीं जो कि चोली जैसे लगते थे। ये कमर से बहुत ऊँचे होते थे और गले से भी बहुत नीचे होते थे। क्रमशः जब सभी लोग इस तरह की वेशभूषा धारण करने लगे तो ब्लाउजों का आकार बढ़ने लगा। इसके बाद फैशनेबिल स्त्रियों ने फिर पश्चिम के प्रभाव से ब्लाउज संक्षिप्त करने शुरू किये। धीरे-धीरे वे कमर से ऊपर उठने लगे और गले के नीचे आने लगे। आश्चर्य नहीं कि वे शीघ्र ही प्राचीनकाल की चोलियों का रूप धारण कर लें। परन्तु जब यह फैशन सार्वभौम हो जायेगा तब यह निश्चित है कि यह फैशन भी खत्म हो जायेगा और फिर कोई आश्चर्य नहीं कि स्त्रियाँ फिर से बांहदार और पेट को ढँकने वाली ब्लाउज पहनने लगें। इसी प्रकार के फैशन चक्र सभी तरह के फैशनों में देखे जा सकते हैं। फैशन चक्र इसलिये चलते हैं कि पुराने फैशन मनोवैज्ञानिक तत्वों को सन्तुष्ट नहीं करते। न तो उनसे आत्माभिव्यक्ति हो पाती है, न उनमें आकर्षण रहता है, न कोई विशेषता रहती है। कुछ लोग यह कहते दिखाई पड़ते हैं कि अमुक कपड़े तो निम्नवर्ग भी पहनने लगे हम क्या पहनें, मानो कि उनके कपड़े पहनने का उद्देश्य यह भी है कि वे निम्नवर्ग से अलग दिखाई पड़ें। दूसरी ओर निम्न सामाजिक स्थिति के लोग उच्च सामाजिक स्थिति के लोगों के फैशन का अनुकरण करने लगते हैं। भारत में नगरीय समाज में अब नीचे से नीचे सामाजिक स्तर में लोग अपने बच्चों से मम्मी और पापा कहलाना पसन्द करते हैं। क्या आश्चर्य है कि जब फैशन एक प्रथा का रूप धारण कर लेगा तो ऊँची स्थिति के लोग फिर से बापू और अम्मा कहलाना शुरू कर दें। पार्क ने ठीक ही लिखा है कि "इनमें से कुछ फैशन के पीछे रह सकते हैं परन्तु फैशन से आगे कोई भी नहीं बढ़ सकता।" बढ़े भी कैसे ? जैसे ही वह कोई नई बात शुरू करता है, दूसरे लोग उसको ग्रहण कर लेते हैं और यह फैशन बन जाती है। अब शर्त यह है कि उस बात में आत्माभिव्यक्ति, यौन आकर्षण, भिन्नता आदि के मौलिक गुण अवश्य हाने चाहिएं। फैशन के इस चक्र में ऊँची स्थिति या ऊँचे आर्थिक वर्ग के लोग ही उदाहरण उपस्थित करते हैं। नेता, सिनेमा के अभिनेता अभिनेत्रियाँ आदि इसी वर्ग में आते हैं। किम्बाल यंग ने लिखा है, "धुन अथवा फैशन को ग्रहण करने के लिए सम्मानित होना आवश्यक है।"[1] फैशन में परिवर्तन की दिशा को निर्धारित करने में सम्मानित व्यक्तियों का विशेष स्थान होता है। इसका मुख्य कारण यह है कि वे लोगों के सामने भिन्न-भिन्न क्षेत्रों में आदर्श रूप में होते हैं। इसलिये लोग उनकी हर अच्छी बुरी बात का अनुकरण करने लगते हैं। अमेरिका में श्रीमती कैनेडी और इंग्लैण्ड में रानी एलिजाबेथ स्त्रियों में फैशन के क्षेत्र में अग्रणी हैं और उनके द्वारा स्थापित किये गये फैशन बहुत ही शीघ्र उन्माद का रूप ग्रहण

---

1. "Reputability is essential to the adoption of a fad or fashion."
--K. Young, *Handbook of Social Psychology* (1951), p. 422.

कर लेते हैं। फैशन के इस चक्र में जब निम्न वर्ग उच्च वर्ग के फैशन ग्रहण कर लेता है तब तक उच्च वर्ग के लोग फैशन बदल देते हैं। इस प्रकार यह चक्र चलता ही रहता है।

फैशन और यौन आकर्षण

सामूहिक व्यवहार में फैशन के चक्र का मुख्य कारण यह है कि फैशन यौन आकर्षण का एक साधन है। इस बात को सभी जानते हैं कि भारत में सह-शिक्षा बढ़ने के साथ-साथ फैशन में तीव्रगति से परिवर्तन हुआ है। आज के युग में दिखावे में स्त्री पुरुष कोई भी किसी से पीछे नहीं रहना चाहते। नई पीढ़ी के युवक युवतियाँ हर उपाय से अपने को आधुनिकतम और फैशनेबिल सिद्ध करने की चेष्टा करते हैं जिससे कि भिन्न लिंग के व्यक्तियों पर उनका प्रभाव पड़े।

समकालीन विचारों का फैशन पर प्रभाव पड़ता है। किम्बाल यंग ने लिखा है "लिंगों की समानता का हमारा समकालीन आदर्श निस्सन्देह फैशन की दिशा को प्रभावित कर रहा है। पुरुषों के तौर तरीके, वेशभूषा और आदतों को ग्रहण करके स्त्रियाँ अपनी समानता दिखलाने का प्रयास करती हैं।"[1] इस बात का एक उदाहरण यह है कि आज के युग में कटे बाल की लड़कियाँ और बड़े बाल के लड़के बढ़ते जाते हैं। लड़के लड़कियों की वेशभूषा में भी बड़ी समानता आने लगी है।

फैशन के प्रेरक कारण

फैशन के प्रेरक कारणों का विश्लेषण करते हुए बार[2] ने उनमें निम्नलिखित महत्वपूर्ण कारण बताए हैं।

(1) व्यक्तिवादिता की भावना।

(2) अनुरूपता की इच्छा।

(3) आराम की इच्छा।

(4) अपने भौतिक स्वरूप की चेतना।

(5) सुन्दर होने की इच्छा।

(6) व्यक्तित्व की अभिव्यक्ति की इच्छा।

(7) विशिष्ट तथा भिन्न दीखने की इच्छा।

---

1. "Our contemporary ideology of the equality of the sexes is doubtless influencing the direction of fashion. Women attempt to prove their equality with men by adopting the manners, dress and habits of men."

--K. Young, *Ibid*, p. 420.

2. Estelle de Young Barr, *Psychological Analysis of Fashion, Motivation,* Archives of Psychology, (1934) No. 171.

(8) शारीरिक दोष छिपाने की इच्छा।

समूह में स्त्री-पुरुष के व्यवहार में फैशन की प्रकृति में उपरोक्त सभी कारक देखे जा सकते हैं। जैसा कि हरलॉक ने लिखा है, "वस्त्रों का एक मुख्य मूल्य यह है कि वह व्यक्तियों को अपना इस प्रकार विज्ञापन करने योग्य बनाते हैं जिससे कि वे दूसरों का ध्यान और प्रशंसा आकर्षित कर सकते हैं। बहुत से लोग जिनमें कोई योग्यता नहीं होती और जो अपने गुणों के आधार पर औसत से ऊपर उठने की आशा नहीं कर सकते, वस्त्रों के माध्यम से सम्मान की इस इच्छा को सन्तुष्ट करने का साधन पा जाते हैं।"[1] हरलॉक के इस मत की सच्चाई को देखने के लिये समाज में अपने चारों ओर के स्त्री-पुरुषों विशेषतया नई पीढ़ी के युवक-युवतियों पर दृष्टि डालना ही पर्याप्त होगा।

जैसा कि पहले बताया जा चुका है, व्यापार के क्षेत्र में फैशन का भारी महत्व है यद्यपि फैशन उपयोगी नहीं होते और कभी-कभी वे अनैतिक तक समझे जाते हैं। सन् 1929 में स्टुअर्ट[2] ने संयुक्त राज्य अमेरिका में जनता द्वारा फैशन पर किये जाने वाले व्यय का अध्ययन किया। अपने अध्ययन से उसने यह निष्कर्ष निकाला कि जनता कुल व्यय का एक तिहाई भाग फैशन की वस्तुओं पर खर्च करती है। सन् 1938 में एलिजाबेथ हाज[3] ने भी अमरीका में इसी प्रकार के व्यय का उल्लेख किया है। केवल पश्चिमी देशों में ही नहीं बल्कि भारत जैसे गरीब देश में भी लोग अपनी आय का काफी हिस्सा फैशन की चीजों पर खर्च करते हैं। विशेषतया मध्यवर्गीय स्त्री-पुरुषों में फैशन की ओर अधिक प्रवृत्ति देखी जाती है जबकि उसकी वजह से उनको अपना पारिवारिक बजट बनाने में काफी कठिनाई झेलनी पड़ती है। फैशन की प्रवृत्ति का लाभ उठाकर व्यापारी लोग और निर्माता नये-नये फैशन की चीजें बेचने और बनाने में लगे रहते हैं। वस्त्रों के क्षेत्र में तो फैशन का बहुत ही महत्व है और इस क्षेत्र में फैशन बहुत शीघ्र परिवर्तित होता है। पहले सूती साड़ियों का फैशन था, फिर रेशम चला, फिर नायलन आया, आज नायलन भी जा चुका है और अब उच्च वर्ग के बहुत से लोग फिर से सूती साड़ियों पर उतर आये हैं। इस प्रकार एक फैशन चक्र पूरा हो गया है।

---

1. "One of the chief values of clothing is that it enables people to advertise themselves in a way that will win the attention and admiration of others. Many, who lack any ability and could not hope to rise above the `average' on their merits alone, find a satisfactory outlet for this desire for recognition through the medium of dress."
--E. Hurlock.
The Psychology of Dress : An Analysis of Fashion and its Motive, (1929), pp. 27-28.
2. Stuart Chase, *Tragedy of Waste* (1926).
3. E. Hawes, *Fashion is Spinach*, (1938), p. 6.

फैशन और नैतिकता

जैसा कि पहले संकेत किया जा चुका है, सामूहिक व्यवहार में नई पीढ़ी के लोग फैशनेबिल होने के सामने नैतिकता की भी कोई चिन्ता नहीं करते जबकि पुराने लोगों को, लड़के-लड़कियों के कपड़ों की काट-छांट, बांहों का खुला रहना, प्रसाधन की सामग्रियों का अत्यधिक प्रयोग, कसे हुए वस्त्र जिससे शरीर की रेखायें साफ दिखाई पड़ें आदि, एकदम अनैतिक मालूम पड़ते हैं। यहाँ वस्तुस्थिति तो यह है कि वस्त्रों से नैतिकता के विषय में कुछ नहीं कहा जा सकता। परन्तु फिर इस बात से भी इन्कार नहीं किया जा सकता कि रहन-सहन, वेशभूषा और तौर तरीके आदि में बहुत से फैशनों का नैतिकता पर अवश्य प्रभाव पड़ता है क्योंकि उनका फैशन करने वाले की मनोवृत्ति पर, विचारों और संकल्पों पर तथा देखने वालों की मनोवृत्ति, विचारों और संकल्पों पर भी अवश्य प्रभाव पड़ता है। जो फैशन यौन वासना को जितना अधिक भड़काते हैं उनसे अनैतिक भावनाओं के उत्तेजित होने की उतनी ही अधिक आशंका हो सकती है। परन्तु नैतिक, अनैतिक विचारों से फैशन नहीं रुकता, क्योंकि उसके स्रोत नैतिक न होकर मनोवैज्ञानिक हैं।

फैशन और स्टाइल

स्टाइल (Style) के बारे में किम्बाल यंग ने लिखा है "स्टाइल शब्द बहुधा फैशन से लगा रहता है और फैशन के परिवर्तन से सम्बन्धित रहता है परन्तु वह एक अस्पष्ट प्रत्यय है।"[1] फैशन और स्टाइल परस्पर घनिष्ठ रूप से सम्बन्धित हैं। फिर भी इन दोनों में अन्तर समझना आवश्यक है। फैशन प्रथा के अनुसार व्यवहार में समकालीन प्रवृत्ति के अनुरूप परिवर्तन है। स्टाइल इसी फैशन में छोटे मोटे परिवर्तनों को कहा जाता है। उदाहरण के लिए दाढ़ी रखना या न रखना यह फैशन की बात है। परन्तु दाढ़ी किस तरह की रखी जाये, फ्रेंचकट या मुल्लाकट या राजपूतों के तरह की, यह स्टाइल पर निर्भर है। इसी तरह सिगरेट पीना एक फैशन हो सकता है परन्तु इसमें बहुत से स्टाइल दिखाई पड़ते हैं। प्रसिद्ध भारतीय फिल्म अभिनेता देवानन्द और अशोक कुमार दोनों ही सिगरेट पीते हैं परन्तु उनके स्टाइल में अन्तर सभी सिनेमा प्रेमी जानते हैं। पुराने लोगों और नई पीढ़ी के जवानों के सिगरेट पीने के स्टाइल में भारी अन्तर दिखाई पड़ता है। भारतीय सिनेमा के खलनायक प्राण का सिगरेट पीने का बिल्कुल ही अलग स्टाइल है।

फैशन के साथ दो शब्द सम्बन्धित हैं—फैड (Fad) और क्रेज (Craze)। फैड को धुन और क्रेज को उन्माद कहा जा सकता है। वास्तव में ये दोनों फैशन की

---

1. "The term style is often associated with fashion and fashion change but it is a vague concept."
--K.Young
Handbook of Social Psychology (1961), p. 411

गतिशीलता से सम्बन्धित हैं। फैशन की गतिशीलता अत्यधिक तीव्र हो जाने पर वह उन्माद बन जाता है। धुन, उन्माद और फैशन के बीच की स्थिति है। धुन ही अत्यधिक गतिशील और व्यापक हो जाने पर उन्माद बन जाती है। फैशन स्थाई हो जाने पर और उसका क्षेत्र बढ़ जाने पर धुन बन जाता है। किम्बाल यंग के अनुसार धुन वेशभूषा या गहने आदि छोटी-छोटी बातों से सम्बन्धित होती है और बहुधा रूढ़िवादी लोगों को इसमें अनैतिकता और अरूचि, दिखलाई पड़ती है। धुन जब उन्माद का रूप धारण करती है तो संक्रामक रोग की तरह फैलती है। हर व्यक्ति उसके पीछे भागता नजर आता है। उन्माद बन जाने पर चीजें हाथों हाथ बिकती हैं। उन्माद बन जाने पर लोग एक के बाद एक वही क्रिया करते नजर आते हैं। इस प्रकार धुन फैशन से अधिक स्थाई होती है और उन्माद धुन से अधिक तीव्र गति से फैलता है। जो लोग अधिक नवीनता चाहते हैं उनमें फैशन जितनी जल्दी फैलते हैं उतनी ही जल्दी समाप्त भी होते हैं।

फैशन, धुन और उन्माद

फैशन के धुन बनाने में सहायक कारकों में मुख्य हैं नवीनता, प्रचार, विज्ञापन, समय और रूचि, अनुराग होना इत्यादि। इस प्रकार विज्ञापन और प्रचार के जोर से फैशन को धुन और धुन को उन्माद बनाया जा सकता है। वास्तव में उन्माद धुन का एक प्रकार है। धुन दो प्रकार की होती हैं, धार्मिक प्रकार की अथवा उन्माद के प्रकार की। धार्मिक प्रकार की धुन अधिक स्थायी होती है और लोग धार्मिक श्रद्धा से उसका पालन करते हैं। दूसरी ओर उन्माद के प्रकार की धुन अत्यधिक तेजी से फैलती है परन्तु साथ ही साथ उसमें स्थायित्व भी कम होता है। कुशल निर्माता और व्यापारी अपनी वस्तुओं को फैशनेबिल बनाने के साथ-साथ उनको धुन और उन्माद का रूप देने की भी कोशिश करते हैं। कला, विशेषतया लोक-कला के क्षेत्र में बहुत सी बातें शीघ्र ही धुन का और उन्माद का रूप धारण कर लेती हैं। उदाहरण के लिये पश्चिमी समाज में पिछले दिनों राक-एन-राल (Rock-n-Roll) उन्माद बन गया था और आजकल टुइस्ट (Twist) नाम का नृत्य उन्माद बनता जा रहा है। भारत में फैशनों के फैलने में अपेक्षाकृत अधिक समय लगता है और धुन तथा उन्माद का रूप तो वे बहुत ही कम ले पाते हैं। इसके अनेक कारण हैं। पश्चिमी देशों के मुकाबले में भारतीय लोग अधिक रूढ़िवादी, सन्तोषी, अन्तर्मुखी, धार्मिक और साथ ही साथ निर्धन भी हैं। हमारे देश में यातायात और संदेशवहन के साधन पश्चिमी देशों जैसे विकसित नहीं हैं। भारत की स्त्रियों के आदर्श भी पश्चिम की स्त्रियों से भिन्न हैं। इन सब तथा अन्य अनेक कारणों से भारत में पश्चिमी समाजों की अपेक्षा फैशन की गतिशीलता कम होती है। फिर भी जैसे-जैसे आधुनिक शिक्षा और

पाश्चात्य संस्कृति का प्रभाव बढ़ता जाता है वैसे-वैसे वह गतिशीलता बढ़ती जाती है। इस गतिशीलता में सबसे अधिक महत्वपूर्ण योगदान सिनेमा का कहा जा सकता है।

अभ्यास के लिए प्रश्न

1. फैशन से आप क्या समझते हैं ? फैशन के मनोवैज्ञानिक आधारों का वर्णन कीजिए।
2. संक्षिप्त टिप्पणी लिखिए—फैशन
3. प्रथा और फैशन का महत्व पूरी तरह बताइए।
4. फैशन किसे कहते हैं ? फैशन की विशेषताओं का वर्णन कीजिए।

15

सामाजिक नियंत्रण और नेतृत्व

(Social Control and Leadership)

समूहों का नेता

प्रत्येक समूह में भिन्न-भिन्न सदस्यों के कार्य भिन्न-भिन्न होते हैं। समूह के सभी सदस्य प्रत्येक कार्य को करने की सामान्य रूप से योग्यता नहीं रखते। व्यक्तिगत योग्यता के अनुसार उनमें कार्यों का विभाजन हो जाता है। कार्यों के विभाजन के साथ-साथ उनकी स्थिति में भी अन्तर पड़ता है। बालकों के किसी समूह को देखिये तो उसमें कोई नेता दिखाई पड़ेगा तो बाकी लोग उसके पीछे चलने वाले। कभी-कभी एक ही समूह में कई नेता होते हैं जिनमें एक दंगा करने की योजना बनाता है जबकि दूसरा उस योजना को कार्य रूप में परिणित करता है। बाकी लोग उनकी सहायता करते हैं। स्पष्ट है कि योजना बनाने वाला नेता बुद्धि में तेज होगा जबकि उस पर अमल करने वाला नेता शारीरिक दृष्टि से सबसे अधिक शक्तिशाली होगा। बालकों के समूह की तरह मानव समाज में सब कहीं भिन्न-भिन्न समूहों में एक या अधिक नेता होते हैं और बाकी लोग उनके अनुगामी। भारत के गाँवों में भिन्न-भिन्न जातियों में जातीय नेता होते हैं। इनके अलावा कुछ नेता गाँव भर का नेतृत्व करते हैं। राजनैतिक क्षेत्र में तो नेता इतना अधिक सर्वव्यापक है कि साधारणतया नेता शब्द से राजनैतिक का ही अर्थ माना जाता है। भारत में कांग्रेस दल ने सबसे अधिक नेतृत्व किया है। अतः जब कोई व्यक्ति शुद्ध खद्दर के कपड़े, धोती, कुर्त्ता, टोपी आदि पहनने लगता है तो कुछ लोग यूं ही उसको नेता कहने लगते हैं। इसी प्रकार मौहल्ले में जो लोग मौहल्ले के कामों में अधिक दिलचस्पी लेते हैं वे नेता कहे जाते हैं। नेता सब कहीं देखे जा सकते हैं क्योंकि उनकी सब कहीं जरूरत पड़ती है। नेता सब कहीं पहचाने जा सकते हैं क्योंकि वे औरों से अलग

दिखलाई पड़ते हैं। नेता स्वयं बनते हैं और दूसरों को रास्ता दिखलाना शुरू कर देते हैं। नेताओं को दूसरे लोग भी चुनते हैं और उनके अनुगामी बन जाते हैं।

नेतृत्व के अध्ययन का महत्व

समाज मनोविज्ञान और समाजशास्त्र के दृष्टिकोण से आज के युग में नेतृत्व का वैज्ञानिक अध्ययन अत्यन्त महत्वपूर्ण है क्योंकि इस जनतन्त्रीय युग में नेता जितने भी अधिक योग्य होंगे उतनी ही अधिक प्रगति की आशा की जाती है। सच तो यह है कि प्रत्येक देश के सामने सबसे पहली समस्या होती है कुशल नेताओं को उत्पन्न करना। उपरोक्त विवरण से स्पष्ट है कि नेतृत्व के अनेक पहलू हैं, शास्त्रीय विवेचन में इन सब पहलुओं पर अलग-अलग और विस्तृत विचार किया जाना चाहिये।

नेता क्या है ?

स्प्रोट के अनुसार–"कोई भी जो दूसरों के लिये एक आदर्श है बहुधा एक नेता कहलता है।"[1] इस प्रकार भिन्न-भिन्न समूहों में उस व्यक्ति को नेता माना जाता है जो उस समूह के अन्य लोगों के लिये आदर्श हो। स्पष्ट है कि पहलवानों के दल में पहलवान नेता हो सकता है और राजनैतिक दल में राजनैतिक दांव पेचों को समझने वाला व्यक्ति ही नेता हो सकता है। दोनों ही परिस्थितियों में वही नेता कहलाता है जो दूसरों को रास्ता दिखाता है अर्थात् जो दूसरों का आदर्श होता है। आदर्श होने के कारण ही समूह के अन्य व्यक्ति स्वभावतया ही नेता का अनुगमन करने लगते हैं। इसी कारण नेता का अन्य व्यक्तियों पर इतना प्रभाव होता है। नेता के अनुगामी नेता की आज्ञा को मानते हैं। वे उसके उपदेशों को जीवन में उतार लेना चाहते हैं, उसके इशारे पर जान पर भी खेल जाते हैं। फ्रॉयड के अनुसार नेता अनुगामियों का अहं आदर्श (Ego-ideal) बन जाता है।

नेतृत्व क्या है ?

नेतृत्व के विवेचन में सबसे पहले यह निश्चित करना जरूरी है कि नेतृत्व है क्या ? इस सम्बन्ध में भिन्न-भिन्न विद्वानों ने भिन्न-भिन्न परिभाषायें उपस्थित की हैं। इस परिभाषाओं के विवेचन से यह स्पष्ट होगा कि नेतृत्व क्या है ? कुछ मुख्य परिभाषायें निम्नलिखित हैं–

(1) लेपियर और फ्रैंसवर्थ का मत–"नेतृत्व एक व्यवहार है जो कि अन्य व्यक्तियों के व्यवहार को नेता पर उनके व्यवहार के प्रभाव की अपेक्षा अधिक प्रभावित करता है।"[2] प्रत्येक समूह में विभिन्न सदस्यों में कुछ सम्बन्ध होते हैं और सभी एक दूसरे को प्रभावित करते हैं। इन परस्पर सम्बन्धों और परस्पर प्रभाव में

1. "Any one who acts as a model to others is often called a leader."
—Sprott, W. G. H. *Social Psychology,* (1952), p. 71.
2. "Leadership is a behaviour that affects the behaviour of other people, more than their behaviour affects that of the leader."
—Lapiere and Fransworth, *Social Psychology*, (1954), p. 254.

जो व्यक्ति दूसरे को तो अत्यधिक प्रभावित करता है और उनसे उतना अधिक प्रभावित नहीं होता वह नेता बन जाता है। इस प्रकार नेतृत्व की परिभाषा से नेता और अनुगामियों की अन्तर्क्रिया पर प्रकाश पड़ता है। नेता नेतृत्व करता है, सुझाव देता है, आज्ञा देता है और रास्ता दिखलाता है। अन्य लोग उसका अनुगमन करते हैं।

(1) नेतृत्व और प्रभुता में अन्तर–इस परस्पर अन्तर्क्रिया में स्पष्ट दिखाई पड़ता है कि नेतृत्व और प्रभुता समानार्थक शब्द नहीं हैं। जहाँ नेता का अनुगामियों पर प्रभाव पड़ता है वहाँ अनुगामियों का भी कुछ प्रभाव नेता पर अवश्य पड़ता है। मनोवैज्ञानिक दृष्टि से अनुगामियों के प्रति नेता के व्यवहार में प्रभुत्व अधिक होता है, जबकि नेता के प्रति अनुगामियों के व्यवहार में दैन्य की भावना अथवा समर्पण की भावना अधिक काम करती है। किन्तु ऐसे अवसर बहुत कम आते हैं जबकि नेता का व्यवहार एकदम प्रभुत्वयुक्त हो और अनुगामी पूर्णतया आत्म–समर्पण करें। इस प्रकार नेता और अनुगामियों की अन्तर्क्रिया में केवल यही बात सदैव देखी जा सकती है कि नेता का व्यवहार अनुगामियों को अधिक प्रभावित करता है जबकि अनुगामियों का व्यवहार नेता को अपेक्षाकम प्रभावित करता है। जहाँ कहीं प्रभुत्व और आत्म–समर्पण का इस प्रकार मेल हो वहीं नेतृत्व देखा जा सकता है। इसके लिये यह आवश्यक नहीं है कि नेता अच्छी ही राह में ले जाये। चाहे वह अच्छी राह में ले जाये या बुरी राह में, नेता–नेता ही है और नेता रहते उसके अनुगामी उसकी आज्ञा का पालन करते ही हैं।

(2) मैकाइवर और पेज का मत–"नेतृत्व से हमारा तात्पर्य लोगों को प्रोत्साहित करने अथवा निर्देशित करने की वह योग्यता है जो कि पद के अलावा व्यक्तिगत गुणों से आती है।"[1] नेतृत्व की इस परिभाषा में नेतृत्व और पद में अन्तर दिखलाया गया है। केवल ऊँचा पद होने मात्र से कोई व्यक्ति नेता नहीं बन जाता यह दूसरी बात है कि अपने पद से उसे नेता बनने में कुछ सहायता भले ही मिलती हो। वास्तव में नेतृत्व व्यक्ति के व्यक्तिगत गुणों पर निर्भर है उसके पद पर नहीं। इसलिये कभी–कभी यह देखा जाता है कि वैधानिक रूप से चुने हुये नेता की बात कोई नहीं मानता और दूसरे कुछ लोगों की बात मानने लगते हैं। राजनैतिक क्षेत्र में नेतृत्व के व्यक्तिगत गुणों के अभाव में राजनीतिज्ञ अपना पद भी सुरक्षित नहीं रख सकता। नेतृत्व के ये व्यक्तिगत गुण क्या हैं, इनका विवेचन क्रमशः किया जायेगा।

नेता और नेतृत्व

संक्षेप में नेता वह प्रभावशाली व्यक्ति है जो समूह में विशेष कामों को करता

---

1. "By leadership we mean the capacity to persuade or to direct men that comes from personal qualities apart from office."

—R. M. MacIver and C. H. Page.
Society, Macmillan and Co. London (1952), p. 46.

है, जो सुझाव देता है, आज्ञा देता है और रास्ता दिखाता है, जो दूसरों के सामने आदर्श बनकर रहता है, जिसका सब आदर करते हैं और जिसके संकेतों तथा आज्ञाओं का पालन किया जाता है। इस नेता का व्यवहार अथवा कार्य ही नेतृत्व कहलाता है। इस प्रकार नेतृत्व एक व्यवहार अथवा प्रक्रिया है जो कि समूह के अन्य लोगों को इस तरह प्रभावित करती है कि वे आत्म-समर्पण कर देते हैं और उनकी आज्ञा का अनुगमन करते हैं। जैसा कि पहले बतलाया जा चुका है, नेतृत्व की प्रक्रिया प्रभुता की प्रक्रिया से भिन्न है। पिगोर्स के शब्दों में "नेतृत्व परस्पर प्रोत्साहित करने की एक प्रक्रिया है जबकि प्रभुता नियन्त्रण की एक प्रक्रिया है जिसमें श्रेष्ठता प्राप्त करके एक व्यक्ति अथवा समूह अपनी इच्छानुसार प्रयोजनों को सिद्ध करने के लिये दूसरों की क्रियाओं पर नियन्त्रण करता है।"[1]

नेतृत्व की प्रकृति

नेतृत्व की विभिन्न परिभाषाओं से नेतृत्व की प्रकृति स्पष्ट होती है। नेतृत्व की प्रकृति को और भी स्पष्ट करने के लिये समूह में नेता की स्थिति और कार्य का विवेचन सहायक होगा। इस सम्बन्ध में नेता और पदासीन व्यक्ति अथवा नेता और पदासीन प्रमुख में अन्तर करना भी प्रासंगिक होगा।

समूह में नेता की स्थिति और कार्य

समूह में नेता का एक विशिष्ट स्थान होता है और अनुगामियों से उसके कुछ विशिष्ट सम्बन्ध होते हैं। इस विषय में निम्नलिखित महत्वपूर्ण बातें दिखलाई पड़ती हैं—

(1) नेता अनुगामियों का आदर्श होता है—जैसा कि पहले बतलाया जा चुका है, किसी भी समूह में वही व्यक्ति नेता बनता है जिसको अन्य लोग आदर्श मानते हैं और जब तक वे उसको आदर्श मानते हैं तब तक वह नेता बना रह सकता है।

(2) नेता एक सम्मानित और प्रतिष्ठित व्यक्ति होता है—समूह के अन्य लोगों के सामने आदर्श रूप में रहने के लिये यह आवश्यक है कि नेता सम्मानित और प्रतिष्ठित हो। साधारणतया जितना ही बड़ा नेता होता है उसका उतना ही अधिक सम्मान और प्रतिष्ठा होती है।

(3) नेता का सत्कार किया जाता है—नेता और अनुगामियों के परस्पर व्यवहार में अनुगामी सदैव नेता का सत्कार करते हैं। उसकी बात को ध्यान से सुना जाता है। उसको चोट पहुँचने पर लोग जान पर खेल जाते हैं। उसके आँख के इशारे

---

1. "Leadership is a process of mutual stimulation while domination is a process of control in which by the assumption of superiority a person or group regulates the activities of others for purposes of his own choosing."
Pigors, *Leadership or Domination*, (1953)

पर अनुगामी सब कुछ करने को तैयार रहते हैं। अनुगामियों के इस सत्कार से नेता भी प्रोत्साहित होता है और अपना उत्तरदायित्व अनुभव करता है।

(4) नेता की आज्ञा शिरोधार्य होती है—जिस प्रकार परिवार में बालक अपने पिता की आज्ञा को टाल नहीं सकता उसी प्रकार समूह में नेता की आज्ञा अनुगामियों के लिये सदैव शिरोधार्य होती है।

(5) नेता और अनुगामी दोनों एक दूसरे को प्रभावित करते हैं—नेता और अनुगामियों के परस्पर सम्बन्ध और व्यवहार में यह ध्यान रखने की बात है कि ये दोनों ही एक दूसरे को प्रभावित करते हैं यद्यपि इस परस्पर प्रभाव में नेता का प्रभाव निश्चय ही बहुत अधिक होता है। इससे एक महत्वपूर्ण बात यह भी निकलती है कि नेता को अनुगामियों के मनोविज्ञान पर सदैव दृष्टि रखनी चाहिये। उसको उनका सम्मान करना चाहिये और उनकी भावनाओं को ठेस नहीं पहुँचानी चाहिये। उसको जोर जमाने से अधिक अनुगामियों के दिलों पर अधिकार करने की चेष्टा करनी चाहिये। तभी वह उनका प्रिय नेता बन सकता है।

(6) नेता समूह के व्यवहार को निर्धारित करता है—जैसा कि पीछे बतलाया जा चुका है, समूह के सभी लोग नेता के सुझावों और आज्ञाओं का अनुगमन करते हैं। इस प्रकार समूह में नेता की उपस्थिति श्रेष्ठतम और केन्द्रीय होती है। उसके अनुगामी सदैव उसकी ओर उन्मुख रहते हैं। हर एक कठिनाई में वे उसी का मुँह ताकते हैं और वह जैसा कहता है वैसा ही करते हैं। इसी बात को व्यक्त करते हुए सीमान और मौरिस ने लिखा है "नेतृत्व की एक अस्थायी रूप से मानने योग्य परिभाषा उसके प्रभाव के पहलू पर जोर देती है। नेतृत्व के कार्य उन व्यक्तियों के कार्य हैं जो अन्य व्यक्तियों को अनुरूप दिशा में प्रभावित करते हैं।"[1]

(7) नेता समूह के अन्य सदस्यों पर नियन्त्रण रखता है— प्रत्येक समूह में अनेक व्यक्ति होते हैं। उनके विशेष प्रकार के सम्बन्धों से नेतृत्व की प्रक्रिया निश्चित होती है। पिगोर्स के शब्दों में, "नेतृत्व व्यक्ति और पर्यावरण के सम्बन्ध में लागू किया गया एक ऐसी परिस्थिति का ज्ञान देने वाला प्रत्यय है जबकि एक व्यक्ति पर्यावरण में इस प्रकार स्थित होता है कि उसके संकल्प, अनुभूतियों और अन्तर्दृष्टि के सामान्य लक्ष्य को प्राप्त करने के लिए दूसरे निर्देशित और नियन्त्रित होते हैं।"[2]

---

1. "One tentatively adoptable definition of leadership emphasizes its influence aspect, leadership acts are acts by persons which influence other persons in shared direction."

—Seeman and Morris

2. "Leadership is a concept applied to the personality—environment relation to describe the situation when a personality is so placed in the environment that his will, feeling and insight direct and control other in persuit of a common cause."

—Pigors, *Leadership or Domination*, (1935)

नेतृत्व और पद

समूह में नेता के स्थान और कार्य के उपरोक्त विवेचन से यह स्पष्ट होता है कि नेतृत्व कुछ व्यक्तिगत गुणों पर निर्भर है और उसमें तथा पद में अन्तर है। यह ठीक है कि उच्च पद मिलने पर व्यक्ति आसानी से नेता बन सकता है। जैसा कि शारटिल और स्टागडिल ने लिखा है "जो लोग ऐसे पद ग्रहण करते हैं जिनमें सामान्य नेतृत्व की योग्यता की आवश्यकता मानी जाती है वे नेतृत्व के अध्ययन के लिये उपयुक्त विषय हैं।"[1] परन्तु केवल पद पर होने मात्र से किसी व्यक्ति में गुण होना आवश्यक नहीं है। हाँ, यह अवश्य है कि ऐसे पद पर बहुत समय तक बने रहने के लिये नेतृत्व के गुण आवश्यक हैं। उदाहरण के लिए सेनानायक के गुणों के अभाव में कोई भी सेनापति बहुत दिनों तक सफलता से सेना का संचालन नहीं कर सकता। दूसरी ओर जिस व्यक्ति में ये गुण अधिक होंगे वह सेनापति न होते हुये भी सेनानायक बन बैठता है। पद और नेतृत्व के इसी अन्तर के कारण बड़े-बड़े तथाकथित नेता पदच्युत कर दिये जाते हैं, सेनापति अपनी सेनाओं के द्वारा मार दिये जाते हैं और नये-नये लोग नेतृत्व के द्वारा आगे आते हैं।

नेता और पदासीन प्रमुख में अन्तर

इस प्रकार नेता पदासीन प्रमुख (Head) से भिन्न है। स्थूल रूप से इन दोनों में निम्नलिखित अन्तर हैं—

(1) प्रभाव के आधार में अन्तर—नेता और पदासीन प्रमुख दोनों का अन्य लोगों पर प्रभाव होता है परन्तु दोनों के प्रभाव के आधार अलग-अलग होते हैं। पदासीन प्रमुख का प्रभाव, जैसा कि उसके नाम से स्पष्ट है, उसके पदासीन होने के कारण होता है। दूसरी ओर नेता का प्रभाव उसके नेतृत्व के गुणों के कारण होता है।

(2) प्रभुता के आधार में अन्तर—नेता और पदासीन प्रमुख दोनों ही प्रभुता सम्पन्न होते हैं। परन्तु इस प्रभुत्व को वे अलग-अलग उपायों से प्राप्त करते हैं। पदासीन प्रमुख मुख्य और महत्वपूर्ण स्थानों पर अपने दल के लोगों को नियुक्त करके अपना प्रभुत्व कायम रखता है। दूसरी ओर नेता अपने अनुगामियों के दिलों को जीतकर उन पर अपना प्रभुत्व बनाये रखता है।

(3) समूह के अन्य सदस्यों से सम्बन्ध में अन्तर—नेता और पदासीन प्रमुख दोनों के अन्य लोगों से सम्बन्ध होते हैं। इन सम्बन्धों की प्रकृति में अन्तर है। पदासीन प्रमुख केवल आज्ञा देता है और अन्य लोगों की राय नहीं लेता। दूसरी ओर सफल नेता समूह के अन्य लोगों के मत से भी प्रभावित होता है और उसका ध्यान रखता है।

---

1. "Persons who occupy positions which are commonly presumed to demand leadership ability are proper and likely subjects for study of leadership."
—Shartle and Stogdil.

(4) सामाजिक दूरी का अन्तर—पदासीन प्रमुख और अन्य लोगों में काफी सामाजिक दूरी होती है जिसके कारण लोग उससे डरते हैं। दूसरी ओर नेता सम्मानित और प्रतिष्ठित होते हुये भी अपने अनुगामियों में घुला मिला रहता है और उनसे सामाजिक दूरी नहीं रखता। पदासीन प्रमुख सामाजिक दूरी बनाये रखने की चेष्टा रखता है जबकि नेता सामाजिक दूरी हटाने का प्रयास करता है।

(5) समूह के नियन्त्रण में अन्तर—पदासीन प्रमुख और नेता दोनों ही अन्य लोगों का नियन्त्रण करते हैं परन्तु इस नियन्त्रण के स्वरूप में अन्तर है। पदासीन प्रमुख का नियन्त्रण अधिकतर प्रभुत्व जमाने के रूप में होता है जबकि नेता समूह के व्यक्तियों के सहयोग से उन पर नियन्त्रण करता है।

(6) समूह के उद्देश्य निर्धारित करने में अन्तर—पदासीन प्रमुख और नेता दोनों ही समूह के उद्देश्य निर्धारित करते हैं। परन्तु पदासीन प्रमुख इसमें अन्य लोगों की राय नहीं लेता जबकि नेता ऐसे ही उद्देश्य निर्धारित करता है जिनके पीछे समूह की अप्रत्यक्ष स्वीकृति होती है अर्थात् जो समूह के अन्य सदस्यों को उनके अपने मन के उद्देश्य मालूम पड़ते हैं।

सत्ता और नेतृत्व

उपरोक्त विवेचन से स्पष्ट है कि सत्ता (Authority) और नेतृत्व में पर्याप्त अन्तर है। सत्ता में प्रभुता की भावना निहित होती है। सत्ताशील व्यक्ति अपनी बातों को मनवाने के लिए शक्ति का भी प्रयोग करता है। सत्ता के साथ आत्म-प्रदर्शन भी लगा हुआ होता है। सत्ता से लोग डरते हैं। दूसरी ओर नेतृत्व में ये सब बातें नहीं दिखाई पड़तीं। यद्यपि नेता प्रभुत्वशाली होता है परन्तु वह अपना प्रभुत्व कभी नहीं जमाता। सफल नेता शक्ति का प्रयोग नहीं करता। जनता उससे डरती नहीं बल्कि उससे प्रेम और आदर रखती है। नेता भी अपने अनुगामियों से प्रेम और सहिष्णुता का व्यवहार करता है। वह अपने अधिकारों की ओर नहीं बल्कि कर्त्तव्यों की ओर देखता है। वह जनता के सामने एक आदर्श उपस्थित करता है। अतः स्पष्ट है कि नेताओं को सत्ता के पीछे नहीं भागना चाहिये। ऐसा करने से उनके बहुत से नेतृत्व के गुणों में कमी आती है और कभी-कभी तो वे सत्ता के लालच में अपना नेतृत्व भी खो बैठते हैं। राजनैतिक क्षेत्र में आये दिन ऐसे बहुत से उदाहरण देखे जा सकते हैं जिनमें नेतृत्व को कायम रखने के लिये नेता ने सत्ता को ठोकर मार दी।

नेतृत्व के प्रकार

नेतृत्व के वर्गीकरण के आधार

विभिन्न विद्वानों ने नेतृत्व के भिन्न-भिन्न प्रकार बतलाये हैं। नेतृत्व के वर्गीकरण भिन्न-भिन्न आधार पर किये गये हैं। इनमें से मुख्य आधार अग्रलिखित हैं—

(1) नेतृत्व की उत्पत्ति (Origin of Leadership)।

(2) नेतृत्व का उद्देश्य (Purpose of Leadership)।

(3) नेतृत्व की प्रकृति (Nature of Leadership)।

(4) अनुगामियों के साथ नेता के सम्पर्क की प्रकृति (Nature of the relation of the leader with the followers)।

अब इन विभिन्न वर्गों में नेताओं के प्रकार का विस्तृत वर्णन प्रासंगिक होगा।

(1) उत्पत्ति के आधार पर वर्गीकरण—उत्पत्ति के आधार पर नेतृत्व के निम्नलिखित प्रकार माने गये हैं। कहना न होगा कि इनसे नेतृत्व की उत्पत्ति पर प्रकाश पड़ता है।

(i) **शासन द्वारा नियुक्त** (Executive Apporinted) **नेता**—जैसा कि इसके नाम से स्पष्ट है इस प्रकार के नेता को शासन नियुक्त करता है और शासन द्वारा पद प्राप्त करने से ही उनके नेतृत्व की उत्पत्ति होती है। सरकारी अधिकारी वर्ग इसी समूह में आता है।

(ii) **समूह द्वारा नियुक्त** (Group Appointed) **नेता**—ये नेता समूह के व्यक्तियों के द्वारा चुने जाते हैं। भारत में पंचायतों, स्थानीय निकायों और लोक सभाओं तथा राज्य सभाओं आदि के जन नेता समूहों के द्वारा चुने जाते हैं।

(iii) **आत्म-नियुक्त** (Self-Appointed) **नेता**—परन्तु कुछ नेता ऐसे होते हैं जिनको न तो शासन अधिकार देता है और न समूह। वे अपने व्यक्तिगत गुणों के कारण स्वयं आगे बढ़कर अन्य लोगों का नेतृत्व करने लगते हैं और उनके गुणों के कारण अन्य लोग भी उनको नेता मानने लगते हैं। महात्मा गांधी जैसे जनप्रिय नेता इसी वर्ग में आते हैं। यहाँ पर यह भ्रम हो सकता है कि आत्म-नियुक्त नेता नेतृत्व की इच्छा से आगे बढ़ता है। वस्तुतः यह आवश्यक नहीं है। यहाँ आत्म-नियुक्त कहने से केवल यही तात्पर्य है कि इन नेताओं को चुना नहीं जाता। उनके गुणों के कारण ही वे स्वाभावतया नेता मान लिये जाते हैं।

(2) उद्देश्यों के आधार पर वर्गीकरण—उद्देश्यों के आधार पर भी नेताओं का वर्गीकरण किया जा सकता है। भिन्न-भिन्न क्षेत्रों में भिन्न-भिन्न समूह भिन्न-भिन्न उद्देश्यों को लेकर काम करते हैं। इन उद्देश्यों की प्राप्ति के लिये जो व्यक्ति सबसे अधिक गुणवान और सामर्थ्यशाली दिखायी पड़ते हैं वे इन क्षेत्रों में नेता मान लिये जाते हैं। यूं तो इस प्रकार के बीसों नेता हो सकते हैं परन्तु यहाँ पर केवल बौद्धिक, कलात्मक और शासक के रूपों का उल्लेख पर्याप्त होगा। इस प्रकार इस वर्ग में निम्नलिखित नेता आते हैं।

(i) **बौद्धिक** (Intellectual) **नेता**—बौद्धिक क्षेत्र में बौद्धिक नेतृत्व की आवश्यकता होती है। विज्ञान, दर्शन आदि के क्षेत्र में महान् वैज्ञानिक और महान् विचारक बौद्धिक नेता कहे जा सकते हैं। वे राह दिखाते हैं और दूसरे उनका अनुगमन करते हैं। फ्रॉयड और शंकराचार्य इसी प्रकार के नेता थे।

(ii) **कलाकार** (Artist) **नेता**—कला के क्षेत्र में महान् कलाकार ही नेतृत्व कर सकते हैं। तानसेन, प्रेमचन्द, रवीन्द्रनाथ ठाकुर इत्यादि कलाकार नेता कहे जा सकते हैं।

(iii) **शासक** (Executive) **नेता**—शासन के क्षेत्र में शासक अथवा सत्तारूढ़ व्यक्ति नेता बन जाते हैं। उदाहरण के लिए हर एक जिले में जिलाधीश शासन के क्षेत्र में जिले का नेता होता है और उसकी आज्ञाओं को सभी मानते हैं।

(3) नेतृत्व की प्रकृति के आधार पर वर्गीकरण—नेतृत्व की प्रकृति के आधार पर भी नेताओं का वर्गीकरण किया गया है। उदाहरण के लिये कुछ नेता निरंकुश होते हैं जबकि कुछ प्रजातन्त्रीय होते हैं। नेतृत्व की प्रकृति के आधार पर नेताओं का वर्गीकरण निम्नलिखित है—

(i) **निरंकुश** (Authoritarian) **नेता**—निरंकुश नेता, जैसा कि उसके नाम से स्पष्ट है, निरंकुश होता है अर्थात् मनमाना व्यवहार करता है। अपने निर्णय में वह किसी की राय नहीं लेता। वह भय उत्पन्न करके दूसरों पर शासन करता है। वह दूसरों का सहयोग नहीं लेता बल्कि उनको आज्ञा देता है। जो लोग उसका विरोध करते हैं वे दण्ड पाते हैं। जो उसकी बात मानते हैं उनको पुरस्कार मिलता है। वह सारे अधिकार अपने हाथ में रखता है और खास-खास जगहों पर अपने आदमियों को नियुक्त करता है। स्पष्ट है कि इस प्रकार का नेता एक अधिकारी और सत्तारूढ़ व्यक्ति है। सच तो यह है कि उसको नेता कहा ही नहीं जाना चाहिये।

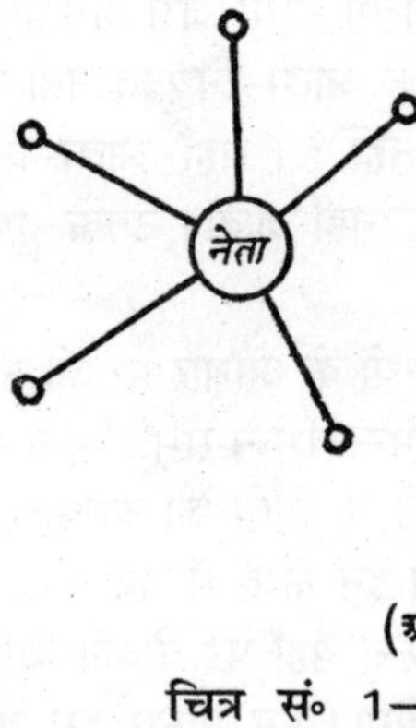

(अ)

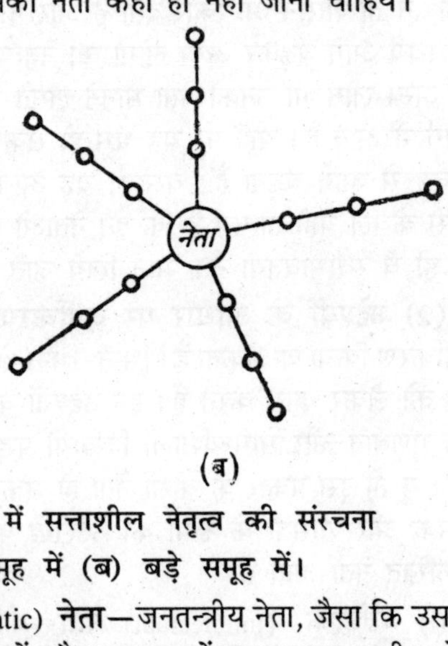

(ब)

चित्र सं० 1—समूह में सत्ताशील नेतृत्व की संरचना
(अ) छोटे समूह में (ब) बड़े समूह में।

(ii) **प्रजातन्त्रीय** (Democratic) **नेता**—जनतन्त्रीय नेता, जैसा कि उसके नाम से स्पष्ट है, विचारों, कार्य-प्रणालियों और व्यवहार में एकदम जनतन्त्रीय होता है। वह सबकी राय लेता है और सबका सहयोग प्राप्त करने की चेष्टा करता है। वह

भय से नहीं बल्कि श्रद्धा, विश्वास और प्रेम प्राप्त करके नेतृत्व करता है। वह अपने को नेता नहीं कहता और न सारे अधिकार ही अपने हाथ में रखता है। वह योग्यता के अनुसार अन्य लोगों को अधिकार बाँट देता है और अपने को जनता का सेवक कहता है।

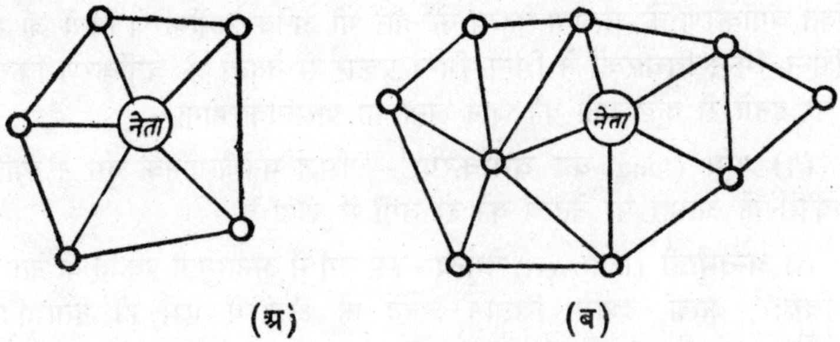

चित्र नं॰ 2— जनतन्त्रीय नेतृत्व की संरचना
(अ) छोटे समूह में (ब) बड़े समूह में

(4) अनुगामियों के साथ सम्पर्क की प्रकृति के आधार पर वर्गीकरण—अनुगामियों के साथ सम्पर्क की प्रकृति के आधार पर भी नेतृत्व का वर्गीकरण किया गया है। विभिन्न नेताओं के अनुगामियों से भिन्न-भिन्न प्रकार के सम्बन्ध होते हैं। कुछ नेता शासन से सम्बन्ध रखते हैं, कुछ संस्था में ऊँचे पद के कारण नेता होते हैं, कुछ कार्य कुशल नेता होते हैं, जबकि कुछ हृदयग्राही नेता होते हैं। स्थूल रूप से इस वर्ग के नेताओं का वर्णन निम्नलिखित है—

(i) **प्रभुत्वशाली** (Dominant) **नेता**—प्रभुत्वशाली नेता, जैसा कि इसके नाम से स्पष्ट है, अपने अनुगामियों से प्रभुत्व का सम्बन्ध रखता है। वह उन पर शासन करता है, चाहे वह अपनी शक्ति के कारण कितना ही सफल क्यों न दिखलाई पड़े।

(ii) **संस्थागत** (Institutional) **नेता**—प्रत्येक संस्था में कोई न कोई व्यक्ति सर्वोच्च पद ग्रहण करता है। जैसे हर एक विद्यालय में एक वाइस चान्सलर होता है जो सर्वोच्च अधिकारी माना जाता है। उसके अधिकारों के कारण अन्य सभी लोग उसकी आज्ञा मानते हैं। वास्तव में संस्थागत नेता पदासीन प्रमुख है, नेता नहीं।

(iii) **विशेषज्ञ** (Expert) **नेता**—अनेक क्षेत्रों में जो लोग अपने क्षेत्र के विशेषज्ञ हैं वे स्वभावतया ही नेता बन जाते हैं। अनुगामियों से उनके सम्पर्क का आधार उनकी विशेष योग्यता होती है। वे उनसे मिलने जुलने, उनको जानने या उनके विचारों और व्यवहारों की कोई आवश्यकता नहीं समझते। विशेषज्ञ होने के कारण अन्य लोग स्वयं समय-समय पर इनकी राय लेते हैं, इनके मतों का सम्मान करते हैं तथा कठिनाइयों में ये उनको निकलवाते हैं। विशेषज्ञ नेता विशेषज्ञ हैं, उनको नेता नहीं कहना चाहिये।

(iv) **हृदयग्राही** (Persuasive) **नेता**—हृदयग्राही नेता अनुगामियों का हृदय जीत लेते हैं। वे उनसे निकटतम सम्पर्क बनाये रखने की चेष्टा करते हैं। ये ही सच्चे नेता हैं। इन्हीं में नेतृत्व के सारे गुण दिखलाई पड़ते हैं।

5. विद्वानों द्वारा नेतृत्व के वर्गीकरण—विभिन्न आधारों पर नेतृत्व के उपरोक्त वर्गीकरण के अलावा नेतृत्व के और भी अनेक वर्गीकरण किये जा सकते हैं। भिन्न-भिन्न विचारकों ने भिन्न-भिन्न प्रकार से नेतृत्व के वर्गीकरण किये हैं। यहाँ पर इनमें से कुछ मतों को जान लेना भी प्रासंगिक होगा—

(1) युंग (Jung) **का वर्गीकरण**[1]—प्रसिद्ध मनोवैज्ञानिक युंग ने व्यक्तियों के प्रकारों के आधार पर नेतृत्व को दो वर्गों में बाँटा है—

(i) **अन्तर्मुखी** (Introvert) **नेतृत्व**—इस वर्ग में अन्तर्मुखी प्रकृति के नेता आते हैं। विचार, कला, दर्शन, विज्ञान आदि के क्षेत्र में ऐसे ही नेता दिखाई पड़ते हैं।

(ii) **बहिर्मुखी** (Extrovert) **नेतृत्व**—बहिर्मुखी व्यक्तित्व वाले नेता बहिर्मुखी नेतृत्व करते हैं। अधिकतर पुरुष नेता इसी वर्ग में आते हैं। शासन, राजनीति आदि के क्षेत्र में अधिकतर नेता बहिर्मुखी होते हैं।

युंग के प्रकार भेद की काफी आलोचना की गई है और अधिकतर मनोवैज्ञानिक उसको वैज्ञानिक नहीं मानते। युंग के वर्गीकरण के आधार पर बैलिंगग्राथ (Bellingrath), काल्वेल और वैलमैन (Callwell and Wellman) तथा स्वार्ड (K. Sward) आदि विद्वानों ने कुछ परीक्षण किये हैं। कहना न होगा युंग का वर्गीकरण वैज्ञानिक नहीं कहा जा सकता।

(2) बार्टलेट (Bartlett) **का वर्गीकरण**[2]—बार्टलेट ने नेताओं को निम्नलिखित वर्गों में बाँटा है—

(i) **संस्थागत नेतृत्व**—इस प्रकार के नेतृत्व का वर्णन पीछे किया जा चुका है।

(ii) **प्रभुत्वशाली नेतृत्व**—इसका वर्णन पीछे किया जा चुका है।

(iii) **हृदयग्राही नेतृत्व**—इसका उल्लेख भी पीछे हो चुका है।

6. अन्य वर्गीकरण—नेतृत्व के उपरोक्त वर्गीकरण के अलावा महत्वपूर्ण वर्गीकरण है कोनवे[3] का वर्गीकरण, नेफ[4] का वर्गीकरण, वूल्फ[5] का वर्गीकरण,

---

1. Jung. C. G. *Psychological Types*, (1922).
2. Bartlett, F. C. The Social Psychology of Leadership, *Journal of National Institute of Industrial Psychology* (1926) 3 pp. 188-193.
3. Conway, Sir, W. H. *The Crowd in Peace and War*. (1915)
4. Nafe, R. W. Psychological Description of Leadership, *Jr. Soc. Psycho.* (1930), I : pp. 284-266
5. Wolf, A. B. *Conservatism, Radicalism and Scientific Method*, (1923)

स्वार्ट्स का वर्गीकरण, यंग का वर्गीकरण। स्थानाभाव से इनका यहाँ विस्तृत वर्णन नहीं किया जा सकता। इनमें से अनेक का उल्लेख पीछे किया जा चुका है। उदाहरण के लिये यंग ने नेतृत्व को दो वर्गों में बांटा है। (क) निरंकुश नेतृत्व, (ख) प्रजातन्त्रीय नेतृत्व। इन दोनों का वर्णन पीछे किया जा चुका है।

नेतृत्व के गुण

नेतृत्व के विवेचन में व्यावहारिक दृष्टिकोण से सबसे अधिक महत्व नेतृत्व के गुणों का है। इन गुणों के ज्ञान से जहाँ यह मालूम होता है कि नेता किस प्रकार का व्यक्ति है वहाँ यह भी पता चलता है कि नेता बनने के लिये व्यक्ति में कौन-कौन सी योग्यतायें होनी चाहियें। भिन्न-भिन्न विद्वानों ने नेता में भिन्न-भिन्न गुण बतलाये हैं। यहाँ पर उनमें से कुछ महत्वपूर्ण मतों का वर्णन किया जायेगा।

(अ) **पिगोर्स का मत**—नेतृत्व के विषय में पिगोर्स ने निम्नलिखित बातों को आवश्यक माना है—

1. सामान्य उद्देश्य (Common Cause)
2. नेता (Leader)
3. अनुगामी (Follower)
4. वर्तमान परिस्थिति (Present Situation)

(ब) **आलपोर्ट के अनुसार नेतृत्व के गुण**—आलपोर्ट ने नेता में निम्नलिखित गुण बतलाये हैं—

1. ऊपर उठने का गुण (Trait of Ascendence)
2. शारीरिक शक्ति (Physical Power)
3. अधिक फुर्तीलापन (High Mobility)
4. सीधा और प्रभावशाली शरीर (Erect, Aggressive Carriage)
5. मृदुवाणी (Tonus)
6. दृढ़ता (Tenacity)
7. सन्मुख बोलने की प्रणाली (Face to Face Mode of Address)
8. शक्ति की परिपूर्ति (Reinforcement of Energy)
9. संयम (Restraint)
10. गहनता (Inscrutability)
11. व्यापक क्रिया क्षेत्र (Expansiveness in the Field of Action)
12. उच्च बुद्धि (High Intelligence)
13. समझ (Understanding)

14. सामाजिक प्रेरणा से अत्यधिक प्रभावित होने वाला (Keenly Susceptible to Social Stimulation)
15. चतुरता (Tact)
16. उत्साह (Zeal)
17. सामाजिक कार्यों में भाग लेना (Social Participation)
18. चरित्र (Character)
19. प्रेरणा शक्ति (Drive)

चार्ल्स बर्ड ने नेता में लगभग 79 विशेषताओं का जिक्र किया है। विशेषताओं की इस लम्बी सूची में अनेक विशेताओं को कई बार दोहराया गया है।

(स) **कॉफिन का वर्गीकरण**[1]—कॉफिन ने इन विशेषताओं को सीमित वर्गों में रखने की चेष्टा की है। कॉफिन के अनुसार नेता में आवश्यक गुण निम्नलिखित वर्गों में रखे जा सकते हैं—

(1) बुद्धि (Intelligence)—तीव्र बुद्धि, अन्तर्दृष्टि, बौद्धिक दूरदर्शिता, प्रखरता, चतुरता और अच्छी जानकारी।

(2) नैतिक संवेदनशीलता (Moral Sensitivity)—ईमानदारी, न्याय, उपयुक्त निर्णय, उदार दृष्टिकोण, सत्यानुराग, नैतिक दृष्टि, परार्थ और आदर्शवाद।

(3) कल्पना (Imagination)—मौलिकता, कल्पना, पूर्व दृष्टि, जिज्ञासा, मानसिक नमनीयता तथा व्यापक रुचियाँ।

(4) संयम (Restraint)—संयम, गहनता और आत्म-नियन्त्रण।

(5) प्रेरणा शक्ति और दृढ़ निश्चय (Drive and Determination)—लगन, प्रेरणा, उत्साह, गतिशील व्यक्तित्व, स्पष्टवादिता, आक्रामकता, महत्वांकाक्षा, उर्ध्वोन्मुखता, नाम पाने की इच्छा, वीरता, दृढ़ता, एकाग्रता, सहनशीलता इत्यादि।

(6) उत्तरदायित्व (Responsibility)—परिपुष्ट, सम्मानित, स्पष्टवादी चरित्रवान, सधा हुआ, विश्वसनीय, स्वच्छ, संगठित, कर्त्तव्यपरायण, उद्यमी, कार्य, प्रेमी तथा एकाग्र।

(7) आत्म-निर्भरता (Self-Reliance)—प्रयोजन और दिशा की अनुभूति, आत्म-निर्भरता, आत्म-विश्वास, निर्णय की योग्यता, उत्साह तथा निर्णय का अन्तिम होना।

(8) गत्यात्मक शारीरिक लक्षण (Dynamic Physical Characteristics) — शारीरिक शक्ति, आकार, क्षमता, मृदुवाणी, सीधा शरीर इत्यादि।

---

1. Coffin, T. E; A Three Component Theory of Leadership, *Jr. of Abnormal and Social Psychology.* (1944) 39, pp. 63-83.

(9) अक्षुब्धता (Imperturbability)—सन्तुलन, कठोरता, सम-स्वभाव, प्रफुल्लता, आशावादिता, सहिष्णुता और धैर्य।

(10) सामाजिक प्रतिक्रियाशीलता (Social Responsiveness)—सामाजिक प्रेरणा में ग्रहणशीलता, सामाजिक कार्यों में भाग लेना, मैत्री, प्रेम, सामाजिकता, बहिर्मुखी प्रवृत्ति और दूसरों पर छा जाना।

(11) दूसरों से अच्छे सम्बन्धों को आसानी से बनाए रखना (Easy Maintenance of Good Realitions with Others)—चतुरता, कूटनीतिकता, मेहरबानी, सहानुभूति, सहयोग, मानवता और मानव प्रकृति का ज्ञान।

नेतृत्व के गुणों के उपरोक्त 11 वर्गों को कॉफिन ने और भी संक्षिप्त करके निम्नलिखित 3 वर्गों में बाँटा है—

(1) नियोजन (Planning)—	1. समस्याओं को जानने की क्षमता।
	2. इन समस्याओं के समाधान के लिए योजनाएं बनाने की क्षमता।
(2) संगठन (Organisation)—	3. योजनाओं को सफल बनाने के लिये कार्यकर्ताओं और आवश्यक वस्तुओं को जुटाने की व्यवस्था।
	4. सम्पूर्ण व्यवस्था का संगठन करके एक संतुलित इकाई बनाने की योग्यता।
	5. आकस्मिक परिवर्तनों के लिये क्षमता।
(3) संलग्नता (Persuasion)—	6. योजना को कार्यान्वित करने के लिये सम्पूर्ण उत्तरदायित्व को भिन्न-भिन्न व्यक्तियों में बाँटने की क्षमता।
	7. सम्पूर्ण व्यवस्था का सफल निरीक्षण करने की क्षमता।
	8. सम्पूर्ण व्यवस्था पर अपना नियन्त्रण रखने की क्षमता।

मेतृत्व के विभिन्न गुणों के विषय में पीछे दिये गये विभिन्न मतों से यह स्पष्ट होता है कि नेता में केवल शारीरिक गुण होना काफी नहीं है। यहाँ यह ध्यान रखने की आवश्यकता है कि पशु जगत में सबसे अधिक शक्तिशाली पशु ही नेता होता है जबकि मानव जगत में शक्ति मात्र काफी नहीं है। फिर भी नेतृत्व के गुणों में शारीरिक शक्ति और आकर्षक व्यक्तित्व का बड़ा महत्व है। वस्तुत: मानव समाज

में बहुधा बौद्धिक योग्यता और आकर्षक शारीरिक व्यक्तित्व साथ-साथ देखे जा सकते हैं। पार्ट्रिज (Pairtidge) ने अपने अध्ययनों से यह सिद्ध किया है कि आर्मी एल्फा बुद्धि परीक्षणों में सबसे ऊँचे अंक पाने वाले सभी लोग सुन्दर, लम्बे और स्वतन्त्र प्रकृति के थे। पार्ट्रिज का यह मत एकांगी है, क्योंकि बहुत से बुद्धिमान और मेधावी नेताओं में शारीरिक सौन्दर्य का नितान्त अभाव पाया गया है। इस प्रसंग में सुकरात, अष्टावक्र, चाणक्य आदि कुछ ही नाम काफी होंगे। दूसरी ओर यह कहना भी ठीक न होगा कि आज के युग में केवल बौद्धिक क्षमता ही किसी व्यक्ति को नेता बनाने के लिये काफी है। वास्तव में नेता बनने के लिये मनुष्य में शारीरिक और बौद्धिक गुणों के अलावा व्यक्तित्व के अनेक गुणों और विशेषतया व्यवहारिक चतुरता की आवश्यकता होती है।

नेतृत्व के लिए शिक्षा

परन्तु केवल इन गुणों के रहने मात्र से भी नेतृत्व सफल नहीं हो सकता। यह ठीक है कि नेता में जन्मजात नेतृत्व के गुण होते हैं, परन्तु जैसा कि प्लेटो ने ठीक ही कहा है उनको शिक्षा की भी आवश्यकता होती है। जनतन्त्र में शिक्षा और सार्वजनिक कार्यक्रमों के द्वारा नये-नये नेता उत्पन्न किये जा सकते हैं। इसके लिये नई पीढ़ी के योग्य युवक-युवतियों को उत्तरदायित्वपूर्ण कार्य दिये जाने चाहियें। उनको आगे आने का मौका मिलना चाहिये। युवक आन्दोलन के द्वारा उनको अपने गुणों को प्रकट करने का अवसर मिलना चाहिये। इस प्रकार जब जाने वाले नेताओं का स्थान लेने के लिये नये-नये नेता बराबर आते रहेंगे तो समाज और राष्ट्र प्रगति की राह पर तेजी से और सतत बढ़ सकेगा।

नीतिमत्ता और नेतृत्व

जनता में नीतिमत्ता बनाये रखना बहुत कुछ स्वयं जनता पर निर्भर है, परन्तु इसका अधिकतर उत्तरदायित्व नेताओं पर माना जाता है। नीतिमत्ता को बनाये रखने के लिये योग्य नेतृत्व की आवश्यकता है। भारत का ही उदाहरण लिया जाए तो वर्तमान संकट में देश में, गाँव-गाँव में, नगर-नगर में और नगरों के भिन्न-भिन्न मौहल्लों में जन नेताओं को जनता में उत्कृष्ट नैतिक स्तर बनाये रखने की चेष्टा करनी चाहिये। यद्यपि अखिल भारतीय नेताओं का बड़ा भारी महत्व है परन्तु थोड़े से ऊपर के लोग देश में नीतिमत्ता नहीं बनाये रख सकते क्योंकि उनका सामान्य जनता से उतना अधिक निकट सम्पर्क नहीं रहता जितना कि नगर, मौहल्ले अथवा गाँव के नेताओं का रहता है। इसलिए नीतिमत्ता को बनाये रखने के लिये सब कहीं योग्य नेतृत्व का निर्माण होना चाहिए। ये नेता लोग पंचगामियों पर और गलत अफवाह उड़ाने वालों पर नजर रखेंगे तथा नीतिमत्ता को गिरने नहीं देगें। ये जनता में देश के नेताओं के प्रति आस्था बनाये रखेंगे, संदेहों का निवारण करेंगे और

नये-नये उपायों के द्वारा जनता में उत्साह बनाये रखेंगे। ये जनता के सामने वर्तमान उद्देश्यों को स्पष्ट करेंगे और उन्हें विजय में दृढ़ विश्वास दिलायेंगे। स्वतन्त्रता का युद्ध केवल किसी विशेष स्थान पर ही नहीं होता वह गाँव-गाँव, नगर-नगर और गली-गली में होता है। इसलिये नीतिमत्ता बनाये रखने के लिए सब कहीं प्रयत्न करने की जरूरत है। जहाँ लोगों को उद्देश्य बतलाये जायें वहाँ नेता उन्हें उद्देश्यों को प्राप्त करने के साधन बतलायेगा। नीतिमत्ता बनाये रखने के लिए लोगों में समान उद्देश्यों की चेतना उत्पन्न होनी चाहिये और उन्हें उपयुक्त मार्ग का ज्ञान होना चाहिए। उन्हें यह स्पष्ट होना चाहिये कि उद्देश्यों को प्राप्त करने के लिए उनमें से हर एक को अपनी प्रतिदिन की जिन्दगी में क्या करना है। इस प्रकार नेता हर उपाय से जनता में उद्देश्यों के लिए कार्य के प्रति लगन बनाये रखता है। वह उन्हें कार्य से विमुख नहीं होने देता। वह लोगों में टीम स्प्रिट बढ़ाता है और उत्साह का समुचित उपयोग भी करता है। यह नीतिमत्ता बनाये रखने की जनतन्त्रीय पद्धति है। जनतन्त्रीय समाज में जनता में नये-नये नेता उत्पन्न करने की बड़ी जरूरत होती है। इन नेताओं के सहारे ही जनतन्त्र चलता है।

अभ्यास के लिए प्रश्न

1. संक्षिप्त टिप्पणी लिखिए—नेतृत्व
2. नेता के लिये आवश्यक गुणों का वर्णन करो।

16

सामाजिक संहितायें

(Social Codes)

सामाजिक नियम

सामाजिक नियम मानव समाज की एक अपनी विशेषता है। पशुओं के समूह में किसी प्रकार के नियम, रूढ़ियाँ और जनरीतियाँ आदि नहीं होते। इसलिये उनके समूह में किसी प्रकार का संगठन नहीं होता और न उसको समाज ही कहा जा सकता है। सामाजिक नियम सांस्कृतिक अनुकूलन के परिणाम हैं। व्यक्ति समाज में रहकर उनको सीखता है। कुछ उसके व्यक्तित्व के अंग बन जाते हैं कुछ को वह उनके परिणामों के कारण मानता है। फिर, चाहे यह उन नियमों को मानता हो या न मानता हो व्यक्ति पर उनका प्रभाव अवश्य पड़ता है। उसका अधिकतर व्यवहार उन्हीं से नियन्त्रित होता है। उन्हीं के द्वारा समाज एक संगठित रूप ग्रहण करता है। उनका विश्लेषण करके समाज की प्रकृति को जाना जा सकता है।

सामाजिक संहितायें

जब भिन्न-भिन्न नियमों को एक साथ संग्रह कर लिया जाता है तब वह संग्रह संहिता कहलाता है। सामाजिक नियमों के संग्रह सामाजिक संहिता कहलाते हैं। महत्वपूर्ण सामाजिक संहिताओं को नीचे लिखे वर्गों में बाँटा जा सकता है–

(1) धार्मिक संहिता (Religious Code)

(2) आचार संहिता (Moral Code)

(3) प्रथा संहिता (Code of Customs)

(4) प्रचलित ढंग या फैशन संहिता (Code of Fashion)

इन संहिताओं के अलावा सामाजिक नियन्त्रण के कुछ अन्य साधन भी हैं जिनका इस अध्याय में वर्णन किया जायेगा।

सामाजिक संहिता का बाहरी स्वरूप न्यूनाधिक एक सा रहते हुए भी उसके नियम देश काल की परिस्थितियों के अनुसार बदलते रहते हैं। इस प्रकार सामाजिक संहिता एक गतिशील और नमनीय अवधारणा है।

सामाजिक संहिताओं में स्वीकृतियाँ

सामाजिक नियम कानून से भिन्न कानून के पीछे राज्य की शक्ति होती है और राज्य उसको बल पूर्वक मनवाता है। सामाजिक नियम के पीछे राज्य की शक्ति नहीं होती। परन्तु इसका अर्थ यह नहीं है कि सामाजिक नियम में किसी प्रकार का बल नहीं होता। कभी-कभी तो ऐसा देखा जाता है कि सामाजिक नियम कानून से भी अधिक बलशाली होते हैं क्योंकि उनके पीछे समाज की स्वीकृति (Sanction) होती है। यहाँ पर इस स्वीकृति की अवधारणा को अच्छी तरह समझ लेना आवश्यक है। हर एक संहिता से लगी हुई एक स्वीकृति होती है। यदि यह स्वीकृति न हो तो संहिता के नियमों की अवज्ञा हो सकती है। इसी अवज्ञा को रोकने के लिये हरेक संहिता के पीछे एक स्वीकृति रखी जाती है। उदाहरण के लिये कानून राज्य की स्वीकृति होती है। इसी तरह धार्मिक संहिता के पीछे ईश्वर, देवी देवता, नर्क या स्वर्ग आदि समाजोपरि शक्ति की स्वीकृति होती है। आचार संहिता के पीछे किसी बाहरी शक्ति की स्वीकृति नहीं होती परन्तु उसके पीछे व्यक्ति की स्वयं की आत्म-चेतना की स्वीकृति होती है। प्रथा के पीछे समाज की स्वीकृति होती है। समूह में रहकर समूह की प्रथा को न मानने पर व्यक्ति को समूह का विरोध झेलना पड़ता है। फैशन संहिता के पीछे किसी प्रकार की स्वीकृति नहीं होती परन्तु मनुष्य मनोवैज्ञानिक रूप से फैशन के अनुसार चलने को बाध्य होता है। इस प्रकार यह कहा जा सकता है कि फैशन संहिता के पीछे मनोवैज्ञानिक स्वीकृति होती है।

सामाजिक संहिताओं का महत्व

समाज के जीवन में भिन्न-भिन्न प्रकार की सामाजिक संहिताओं का बड़ा महत्व है। वे व्यक्ति के जीवन को नियमित रखती हैं जिससे समाज में परिवर्तन होते हुये भी नियन्त्रण बना रहता है। प्रस्तुत अध्याय में सामाजिक नियन्त्रण के साधनों के रूप में इन विभिन्न सामाजिक संहिताओं के कार्य का विवेचन क़िया जायेगा। इससे सामाजिक नियन्त्रण के साधन के रूप में धर्म, आचार प्रथा, फैशन आदि का महत्व स्पष्ट होगा।

समाज में सामाजिक नियम इतने अधिक और विविध होते हैं कि उन सबका वर्णन करना असम्भव है। अतः उनका वर्गीकरण करना भी बड़ा ही कठिन काम है। कभी-कभी उनका वर्गीकरण उनकी मान्यता के आधार पर किया जाता है। कभी-कभी उनका वर्गीकरण उनके सामाजिक महत्व के अनुसार और कभी-कभी परिवर्तनशीलता तथा संचारशीलता के आधार पर किया जाता है। मोटे तौर पर

सामाजिक नियमों का वर्गीकरण रूढ़ियों (Mores), जनरीतियों (Folkways), विधियों (Laws), फैशन (Fashion), रिवाजों (Conventions), शिष्टाचार (Etiquette) आदि के रूप में किया जाता है। इन सामाजिक नियमों में एक प्रकार की बाध्यता होती है जिससे समाज के सदस्यों को इनका अनुसरण करना ही पड़ता है। विभिन्न व्यक्तियों तथा विभिन्न सामाजिक परिस्थितियों के लिये ये सामाजिक नियम एक ही से नहीं होते बल्कि व्यक्ति की स्थिति और कार्य के अनुसार संशोधित हो जाते हैं। सभी व्यक्ति समान रूप से इनका पालन भी नहीं करते। व्यक्ति और समाज की क्रिया प्रतिक्रिया से इनका स्वरूप भी बदलता रहता है। सामाजिक नियमों के बिना मानव समाज की कल्पना भी नहीं की जा सकती। अब सामाजिक संहिताओं द्वारा सामाजिक नियन्त्रण का वर्णन किया जायेगा। इससे सामाजिक नियन्त्रण के विभिन्न साधनों (Means) का ज्ञान होगा।

(1) रूढ़ियाँ (Mores)

रूढ़ियों की परिभाषा

रूढ़ियाँ और जनरीतियाँ सामाजिक नियन्त्रण के सबसे अधिक मुख्य साधन हैं। रूढ़ियों का अर्थ जानने के लिये उनकी परिभाषा जानना जरूरी है। कुछ मुख्य परिभाषायें निम्नलिखित हैं–

(1) मैकाइवर और पेज–"इस प्रकार, यह तर्क किया जाता है कि जब जनरीतियाँ अपने साथ समूह के कल्याण की कल्पना और शुभाशुभ का विचार जोड़ लेती हैं तब वे रूढ़ियों में परिवर्तित हो जाती हैं।"[1]

(2) डॉसन और गेटिस–"रूढ़ियाँ वे जनरीतियाँ हैं जिन्होंने अपने साथ, कुछ विचार के द्वारा यह निर्णय जोड़ लिया है कि समूह का कल्याण उन पर खास तौर से आधारित है।"[2]

रूढ़ियों की विशेषतायें

जनरीतियों के समान रूढ़ियाँ भी स्वयं उत्पन्न होती हैं। कभी-कभी जनरीतियाँ ही रूढ़ियाँ बन जाती हैं तब उनका उल्लंघन कठिन हो जाता है। रूढ़ियों की विशेषतायें अग्रलिखित हैं–

---

1. "Thus, it is reasoned, that when the folkways have added to them conceptions of group welfare, standards of right and wrong; they are converted into mores."
—MacIver and Page, *'Society'*, p. 20
2. "Mores are folkways which have added to them through some reflection the judgment that group welfare is particularly dependent upon them."
-Dawson and Gettys,
An Introduction to Sociology, : The Ronald Press Co., New York (1948), p. 50

(1) रूढ़ियों में नैतिकता की भावना होती है। उनका पालन न करना समाज में बुरा समझा जाता है और उनका पालन न करने पर समाज कुछ न कुछ दण्ड का विधान करता है।

(2) रूढ़ियों को समाज की स्वीकृति होती है। उनका मानना अनिवार्य होता है।

(3) रीति-रिवाज या जनरीतियाँ रूढ़ि बनकर दृढ़ बन जाती हैं।

आमतौर से रूढ़ियाँ तीन प्रकार की होती हैं–

(1) आचार सम्बन्धी जैसे गुरुजनों की सेवा करना, सच बोलना इत्यादि।

(2) निषेध (Taboos)–जैसे हिन्दुओं में गोहत्या आदि।

(3) विधि (Law)–जिनके न मानने में राज्य का भय होता है।

जनरीतियाँ (Folkways)

जनरीतियाँ क्या हैं ?

समाजशास्त्रियों ने जनरीतियों (Folkways) की जो परिभाषायें उपस्थित की हैं उनमें कुछ मुख्य निम्नलिखित हैं–

(1) बोगार्डस–"एक समूह की जनरीतियों में रूढ़ियों और व्यवहार की अन्य सभी रीतियाँ शामिल होती हैं जो रोचक समझी जाती हैं परन्तु समाज के कल्याण के लिये आवश्यक नहीं समझी जातीं।"[1]

(2) ग्रीन–"कार्य करने की वे रीतियाँ जो एक समाज या समूह में सामान्य होती हैं और जो एक पीढ़ी से दूसरी पीढ़ी को परम्परागत रूप से चली जाती हैं, जनरीतियों के नाम से जानी जाती हैं।"[2]

जनरीतियों की विशेषताएँ–इस प्रकार जनरीतियाँ मनुष्य के परम्परागत व्यवहार के सामाजिक नियम हैं। जनरीतियों की मुख्य विशेषताएँ निम्नलिखित हैं–

(1) वे व्यक्ति को समाज में व्यवहार के नियम बतलाती हैं।

(2) वे विभिन्न परिस्थितियों में मनुष्य के आचरण को नियन्त्रित करती हैं।

(3) वे देश, काल तथा परिस्थितियों के अनुसार परिवर्तित होती रहती हैं।

---

1. "The folkways of a group include the mores and all the other ways of behaving that are considered interesting but not essential to the welfare of the group."
—E. S. Bogardus *Sociology*, p. 6

2. "Those ways of acting that are common to a society or a group, and that are handed down from one generation to the next are known as folkways."
—A. W. Green
Sociology : An Anlysis of Life in Modern Society, p. 75

जनरीतियों और रूढ़ियों में अन्तर

वास्तव में जनरीतियों तथा रूढ़ियों में बहुत ही कम अन्तर है। जनरीतियाँ रूढ़ियों से कम कठोर होती हैं और उनका पालन उतना आवश्यक भी नहीं माना जाता। साधारण जनता रूढ़ियों को ही नैतिक नियम मानती है। जनरीतियों के बारे में ऐसा नहीं है। रूढ़ियों का पालन न करना समाज के लिये अकल्याणकारी माना जाता है। उनके पालन न करने पर समाज आर्थिक या सामाजिक दण्ड दे सकता है परन्तु जनरीतियों को न मानने पर न तो समाज से दण्ड ही मिलता है और न उसको उतना बुरा ही माना जाता है।

(3) प्रथायें (Customs)

प्रथा क्या है ?

रूढ़ियों और जनरीतियों के समान ही प्रथाओं का भी सामाजिक नियन्त्रण में महत्वपूर्ण कार्य है। प्रत्येक समाज में खान-पान, रहन-सहन, छोटे बड़ों के व्यवहार, बातचीत तथा अन्य अनेक बातों के विषय में व्यवहार के कुछ निश्चित तरीके होते हैं। ये समाज द्वारा स्वीकृत तरीके ही प्रथायें हैं। मैकाइवर और पेज के शब्दों में "काम करने के समाज सम्मत तरीके समाज की प्रथायें हैं।"[1] प्रथाओं के कारण व्यक्ति को अपने जीवन की इन बातों के विषय में नये सिरे से नहीं सोचना पड़ता। वास्तव में वह बहुधा इन बातों के विषय में बिल्कुल ही नहीं सोचता और चुपचाप प्रथाओं का अनुसरण करता है। ये प्रथायें एक पीढ़ी से दूसरी पीढ़ी को मिलती जाती हैं। आमतौर से लोग इनको स्वाभाविक और सर्वाधिक उचित व्यवहार के तरीके मान लेते हैं और उनका तोड़ना अच्छा नहीं समझते। इस प्रकार प्रथायें व्यक्तियों के व्यवहार का नियन्त्रण करती हैं। बोगार्डस के शब्दों में "प्रथायें और परम्परायें नियन्त्रण की समूह सम्मत प्रविधियाँ हैं जो कि अच्छी तरह जम गई हैं, जो कि मान ली गई हैं और जो कि एक पीढ़ी से दूसरी पीढ़ी को सौंप दी जाती हैं।"[2] प्रथाओं और जनरीतियों, रूढ़ियों तथा संस्थाओं में कुछ अंशों (Degress) का अन्तर है। उदाहरण के लिये विवाह एक संस्था में विभिन्न चलन वरमाल, पलंगचार आदि प्रथायें हैं।

प्रथाओं का महत्व

समाज में व्यक्ति के बर्तावों के नियन्त्रण में प्रथाओं का बड़ा महत्व है। वे व्यक्ति के जीवन को इस प्रकार नियन्त्रित करती हैं कि उस पर कम से कम दबाव

---

1. "The socially accredited ways of acting are the customs of society."
—MacIver and Page, *Society*, p. 18
2. "Customs and traditions are group accepted techniques of control that have become well established, that are taken for granted, and that are passed along from generation to generation."
—Bogardus, E. S., *Sociology*, p. 475

पड़ता है। आमतौर से लोग खुद ही प्रथाओं के अनुसार चलना चाहते हैं। इससे एक ओर तो वे समाज के विरोध और उपेक्षा से बच जाते हैं और दूसरी ओर उन्हें प्रत्येक बात पर स्वयं नये सिरे से नहीं सोचना पड़ता। प्रथाओं के द्वारा उनको जीवन की प्रत्येक बात और क्रिया में स्पष्ट मार्ग दर्शन मिल जाता है। एक उदाहरण लीजिए, हिन्दुओं में दिनचर्या, शिक्षा, तौर तरीकों तथा विवाह आदि अवसरों के लिए निश्चित प्रथायें हैं। वर्णाश्रम व्यवस्था ने इन प्रथाओं को और भी व्यवस्थित बना दिया है। अत: हिन्दू को इन सबके बारे में सोचना नहीं पड़ता और सदियों के अनुभव से जो प्रथायें बन चुकी हैं, उनके अनुसार उसका जीवन सुचारू रूप से चलता रहता है। गिन्सबर्ग (Ginsberg) ने ठीक ही कहा है कि प्रथायें हमारे जीवन में वही काम करती हैं जो प्राणियों में मूल प्रवृत्तियाँ करती हैं। मूल प्रवृत्तियाँ जीवन संघर्ष में प्राणियों का मार्ग निर्देशन करती हैं। प्रथायें सामाजिक जीवन में मनुष्य को मार्ग दिखलाती हैं। बचपन से ही मनुष्य को उनके पालन की आदत पड़ जाती है और वह बिना किसी हील हुज्जत के उनके अनुसार काम किये जाता है। ये प्रथायें उसको सामाजिक विरासत के रूप में मिल जाती हैं और यही वह आगे आने वाली पीढ़ी को सौंप जाता है। आमतौर से व्यक्ति प्रथाओं का विरोध करने का साहस नहीं करता। कभी-कभी तो हानिकारक प्रथायें भी सैकड़ों साल चलती रहती हैं, क्योंकि एक तो सभी व्यक्ति उनको हानिकारक नहीं समझते दूसरे जो उन्हें हानिकारक समझते भी हैं उन्हें विरोध करने का साहस नहीं होता। कोई विरला साहसी व्यक्ति ही रिवाजों को बदलता है उसका विरोध किया जाता है, कभी-कभी तो उसकी जान पर भी आ बनती है परन्तु क्रमश: अन्य व्यक्ति भी उसके कायल हो जाते हैं और इस प्रकार प्रथायें बदलती रहती हैं। परन्तु इससे व्यक्ति के बर्तावों के नियन्त्रण में उनके प्रभाव में कोई कमी नहीं आती।

(4) कानून

कानून क्या है ?

कानून सामाजिक नियन्त्रण का प्रमुख साधन है। राज्य समाज के व्यक्तियों के व्यवहार का नियन्त्रण करने के लिए कानून बनाता है। इन कानूनों को न मानने पर और उनका उल्लंघन करने पर सरकार द्वारा दण्ड दिया जाता है। इस प्रकार कानून का नियन्त्रण शासन शक्ति का नियन्त्रण है जो कि सरकारी अधिकारियों में निहित रहती है। कानूनों को पुलिस और न्यायालय तथा कभी-कभी सेना की सहायता से लागू किया जाता है।

रॉस के अनुसार ''कानून समाज द्वारा प्रयुक्त सामाजिक नियन्त्रण का सबसे विशिष्ट और पूर्ण साधन है।''[1] रॉस ने कानून के दो कार्य बतलाये हैं-(1)

1. "Law is the most specialized and highly furnished engine of social control employed by society."
—Ross

व्यक्तियों के कुछ हिंसात्मक कार्यों का दमन करना, (2) दूसरों के अधिकारों का ध्यान रखने और सहयोगपूर्ण कार्य करने के लिए व्यक्ति को बाध्य करना। इस प्रकार कानून केवल समाज की रक्षा ही नहीं करता बल्कि उसका कल्याण भी करता है। आधुनिक राज्य कल्याणकारी राज्य (Welfare State) है। अत: आधुनिक राज्यों में जीवन के सभी पक्षों में कानून का प्रवेश होता जा रहा है। कानून जहाँ अपराधियों का कार्य-क्षेत्र सीमित करता है वहाँ दण्ड का भय दिखाकर अन्य लोगों को अपराध करने से रोकता भी है। जहाँ वह कानून का पालन करने वाले की कानून न मानने वाले से रक्षा करता है वहाँ वह प्रत्येक व्यक्ति को दूसरे के मार्ग में बाधा पहुँचाने से रोकता है। इस प्रकार कानून राज्य के व्यक्तियों के आचरण पर नियन्त्रण करता है और सबको आगे बढ़ने के अवसर प्रदान करता है।

कानून और प्रथा का अन्तर

मैकाइवर और पेज के अनुसार "प्रथा एक सामूहिक कार्यविधि (Group Procedure) है जो बिना प्रत्यक्ष अधिनियम के, बिना किसी संगठित सत्ता द्वारा घोषणा किये हुए, लागू किये हुए अथवा रक्षा किये हुए क्रमश: उदित हुई है, प्रथा सामान्य स्वीकृति द्वारा सुरक्षित रखी जाती है।" इसके विपरीत कानून की परिभाषा करते हुये मैकाइवर और पेज ने लिखा है कि "कानून नियमों का वह संग्रह है जिसको राज्य के न्यायालयों द्वारा माना जाता है, जिसकी व्याख्या की जाती है और विशिष्ट परिस्थितियों में प्रयोग किया जाता है।"[1] इस प्रकार जबकि प्रथा क्रमश: विकसित होती है, कानून सरकार और अन्त में न्यायालयों द्वारा राज्य के सभी नागरिकों पर अनिवार्य रूप से लागू किया जाता है। प्रथा सामान्य स्वीकृति द्वारा सुरक्षित रखी जाती है परन्तु कानून की रक्षा पुलिस, सेना और न्यायालय के द्वारा की जाती है। इस विषय में कानून किसी भी अन्य समिति के नियमों से भिन्न है। अन्य समितियाँ अपने नियमों के भंग करने पर हद से हद सदस्य को समिति से निकाल सकती हैं, परन्तु कानून के भंग करने पर राज्य कठोर से कठोर दण्ड यहाँ तक कि प्राण दण्ड भी दे सकता है। इस प्रकार कानून के पीछे सामान्य स्वीकृति मात्र नहीं बल्कि राज्य की सत्ता की स्वीकृति का बल है। प्रथा सामाजिक नियम है, कानून राज्य के नियम हैं। प्रथायें लिखित और निश्चित नहीं होतीं, कानून लिखित और निश्चित तथा अधिनियमित होते हैं, न्यायालय उनकी व्याख्या करते हैं और उनको तोड़ने वालों को दण्ड दिया जाता है। मैकाइवर के अनुसार कानून के दो उद्देश्य हैं—(1) मनुष्य को सामान्य अवसरों पर सुरक्षा प्रदान करने वाली मौलिक व्यवस्था को बनाये रखना। (2) एक दूसरे के हितों पर आक्रमण करने और व्यक्तियों के परस्पर संघर्षों को

---

1. "Law is the body of rules which are recognised, interpreted and applied to particular situation by the courts of the State." --MacIver and Page
Society : *An Introductroy Analysis*, Macmillan and Co. London (1957) p. 175

रोकना। मैकाइवर ने लिखा है "कानून राज्य द्वारा समर्थित संहिता है और सब पर समान रूप से लागू होने के कारण इस प्रकार स्वयं समाज का संरक्षक है।"[1]

प्रथा और कानून का अन्तर

प्रथा	कानून
1. समाज के नियम	1. राज्य के नियम
2. अधिनियमित नहीं	2. अधिनियमित
3. क्रमशः विकसित	3. राज्य द्वारा बनाये गये
4. अस्पष्ट और अलिखित	4. स्पष्ट और लिखित
5. कोई सत्ता लागू नहीं करती	5. राज्य सत्ता लागू करती है।
6. न मानने पर केवल जग हँसाई होती है।	6. न मानने पर दण्ड मिलता है।
7. सामान्य स्वीकृति द्वारा रचित।	7. सेना, पुलिस, न्यायालय द्वारा लागू किया जाता है।
8. अधिकतर प्राथमिक समूहों में नियन्त्रण करती है।	8. अधिकतर द्वैतीयक समूहों में नियंत्रण करते हैं।
9. अनौपचारिक	9. औपचारिक
10. प्रायः तर्कहीन	10. प्रायः तर्कपूर्ण
11. आमतौर से इनको बदलने के लिये आवाज नहीं उठाई जाती।	11. इनको बदलने के लिए आवाज उठाई जाती है।
12. समाज के सभी व्यक्तियों के लिये।	12. नियम भंग करने वाले व्यक्तियों के लिये।

कानून और प्रथा का संघर्ष

किसी भी राज्य में कोई ऐसा कानून सफल नहीं हो सकता जिसका समर्थन करने वाली सामाजिक प्रथा प्रचलित न हो, प्रथा विरोधी कानून का अस्तित्व खतरे में पड़ जाता है। इस प्रकार जब कोई कानून प्रचलित प्रथाओं द्वारा अनुमोदित होता है तब तो उसका कोई विरोध नहीं किया जाता परन्तु यदि वह प्रचलित प्रथाओं के विरूद्ध होता है तो उसका विरोध किया जाता है और कानून तथा प्रथा में संघर्ष शुरू हो जाता है। इसमें प्रथा तो लोगों को अपने स्वभाव का अंग ही मालूम पड़ती है

1. "Law means the code upheld by the State, which because of its inclusive applicability, is thus a guardian of society itself."

-MacIver and Page, *Ibid.*

और कानून बाहरी सत्ता द्वारा लादा हुआ लगता है। अतः वे उसे उखाड़ फैंकने की चेष्टा किया करते हैं। प्रथा और कानून के इस संघर्ष के सैंकड़ों उदाहरण भारतवर्ष में ही मिल सकते हैं। बाल विवाह को रोकने के लिए बनाया गया शारदा कानून आरम्भ में इसी कारण सफल नहीं हो सका कि देश में बाल विवाह की प्रथा प्रचलित थी। परन्तु धीरे-धीरे शिक्षा के प्रचार से जब बाल विवाह की प्रथा उठती गई तब यह संघर्ष समाप्त हो गया। इसी प्रकार का संघर्ष आज अस्पृश्यता की प्रथा और अस्पृश्यता विरोधी कानून में दिखाई पड़ता है। जिन देशों में रंग भेद की प्रथा है वहाँ रंग भेद विरोधी कानून सफल होते नहीं दिखाई पड़ते और आये दिन दंगे होते रहते हैं। कानून और प्रथा का यह संघर्ष एक सामाजिक तथ्य है। इसका तात्पर्य यह नहीं है कि प्रथाओं के विरुद्ध कानून नहीं बनने चाहियें। बुरी प्रथाओं को रोकने के लिये कानून बनाने ही पड़ते हैं। परन्तु इससे केवल यह बात मालूम पड़ती है कि कानून की सफलता के लिये प्रचार और शिक्षा द्वारा प्रथा को बदलने की भी कोशिश की जानी चाहिये। प्रथायें कानून में नहीं बदली जा सकतीं। वे धीरे-धीरे विकसित होती हैं और सामान्य स्वीकृति से पुष्ट होती हैं। जनमत को क्रमशः प्रभावित करके ही प्रथाओं को बदला जा सकता है।

कानून और प्रथा का अन्योन्याश्रय

इस प्रकार कानून और प्रथा अन्योन्याश्रित हैं। कानून को बदलने के लिये प्रथा को बदलना आवश्यक है। प्रथा और कानून दोनों में साथ-साथ परिवर्तन होने चाहियें क्योंकि दोनों एक दूसरे पर निर्भर हैं। वास्तव में ये दोनों एक दूसरे के बिना अधूरे हैं। प्रत्येक देश में लिखित संविधान के साथ क्रमशः कुछ प्रथायें विकसित हो जाती हैं। ये प्रथायें कानूनों को बनाये रखती हैं क्योंकि प्रथाओं से कानून स्वाभाविक बन जाता है और लादा हुआ सा नहीं मालूम पड़ता।

दूसरी ओर कानून के बिना प्रथायें अपूर्ण हैं। प्रथायें व्यक्ति को किसी काम से बलात् नहीं रोक सकतीं। इस प्रकार प्रथाओं की सहायता से समाज में अपराध नहीं रोके जा सकते। अतः उनके साथ-साथ कानूनों की भी जरूरत होती है। प्रथायें अस्पष्ट होती हैं। उनसे व्यक्ति को साफ-साफ कर्तव्य और अकर्तव्य का ज्ञान नहीं होता। कानून स्पष्ट होते हैं और प्रथाओं की कमी को पूरा करते हैं। कानून की व्याख्या करने के लिये वकील और न्यायाधीश होते हैं। प्रथायें बहुत धीरे-धीरे बदलती हैं जबकि समाज में कभी-कभी तीव्र परिवर्तन की आवश्यकता होती है। हानिकारक प्रथाओं को बदलने में बड़ा समय लगता है क्योंकि प्रथा की तो प्रकृति ही धीरे-धीरे बदलने की है। अतः आधुनिक समाजों में परिवर्तन की गति के साथ चलने के लिये प्रथाओं के साथ-साथ कानून की बड़ी जरूरत है। प्रथायें विभिन्न व्यक्तियों और समूहों के संघर्षों का निराकरण नहीं कर सकतीं, उसके लिये कानून की सहायता अनिवार्य है। राज्य में अनेक समितियाँ और संस्थायें होती हैं जिनके

नियम राज्यों के नियमों के या एक दूसरे के नियमों के विरुद्ध हो सकते हैं। अत: इनके संघर्ष को रोकने के लिये राज्य में कानून आवश्यक हो जाते हैं। प्रथा का उल्लंघन करने पर दण्ड नहीं मिलता। इससे उसका अनुशासन कमजोर सा रहता है और उससे सामाजिक व्यवस्था सुदृढ़ नहीं रह सकती। इसलिये उनके पूरक के रूप में कानून आवश्यक है। इस प्रकार प्रथा और कानून परस्पर पूरक हैं। प्रथाओं के कारण कानून और कानून के लिये प्रथायें बनती हैं।

(5) सामाजिक नियन्त्रण में शिक्षा का महत्व

शिक्षा का लक्ष्य

मिल (Mill) के अनुसार शिक्षा एक प्रयोजनमय प्रक्रिया (Purposive Process) है जो कि संस्कृति को एक पीढ़ी से दूसरी पीढ़ी तक ले जाने में और उन्नत करने में सहायक होती है। वास्तव में शिक्षा उन समस्त शक्तियों में सबसे महत्वपूर्ण शक्ति है जो कि मनुष्य के सामाजिक विकास में सहायक होती है। शिक्षा का क्षेत्र स्कूल नहीं बल्कि समाज है। समाज में बचपन से लेकर बुढ़ापे तक मनुष्य को शिक्षा मिलती है। इन शिक्षा ग्रहण में उसकी स्कूल या कॉलिज की शिक्षा उसकी सहायक होती है। इस प्रकार शिक्षा एक विशाल प्रक्रिया का एक महत्वपूर्ण अंग है। शिक्षा का लक्ष्य मनुष्य की सामर्थ्यों और गुप्त शक्तियों का विकास करना है। श्री रवीन्द्र नाथ ठाकुर के शब्दों में "शिक्षा मनुष्य में पहले से उपस्थित पूर्णता की अभिव्यक्ति है।"[1] An Idealistic Philosophy of Education में हार्ने लिखता है "पाठ्यक्रम का लक्ष्य मानव और उसकी दुनिया का एक पूर्ण दृष्टिकोण देना, जीवन में सर्वोत्तम वस्तुओं के लिये एक रुचि उत्पन्न करना होना चाहिए।"[2] गिलिन (Gallin) ने शिक्षा के निम्नलिखित उद्देश्य माने हैं—

(1) बालक को भाषा और गणित का ज्ञान कराना जिससे वह अपने विचारों को दूसरों तक भली भाँति पहुँचा सके और उनके विचार समझ सके तथा आवश्यक हिसाब किताब रख सके।

(2) बालक को अपने समाज की संस्कृति समझने तथा अपने को उसके अनुसार ढालने के योग्य बनाना।

(3) बालक को सामाजिक प्रतिमानों (Social Patterns) का ज्ञान कराना जिससे वह यह जान सके कि किस परिस्थिति में किस व्यक्ति के साथ किस तरह का व्यवहार करना चाहिए।

---

1. "Education is the manifestation of perfection already in man." —R. N. Tagore
2. "The curriculum should aim at giving rounded view of man in his world, a taste for the best things in life and the ability to take one's own practical part in the world." —Horne H. N.

(4) बालक को आर्थिक दृष्टि से समाज में आत्म-निर्भर होना सिखाना।

(5) वर्तमान विद्याओं का ही ज्ञान न देना बल्कि साथ ही उनमें ऐसी प्रकृति उत्पन्न करना कि बालक इन नवीन अन्वेषणों द्वारा उन्नति करके सामाजिक जीवन को समृद्ध करे।

सामाजिक जीवन में शिक्षा

इस प्रकार शिक्षा समाज की सत्ता बनाये रखने के लिए बड़ी आवश्यक है। शिक्षा सामाजिक नियन्त्रण का एक अत्यन्त महत्वपूर्ण साधन है। उसके द्वारा सामाजिक विरासत (Social Heritage) को एक व्यक्ति से दूसरे व्यक्ति तक और एक समूह से दूसरे समूह तक पहुँचाया जाता है। उसके द्वारा व्यक्ति को सामाजिक प्रथाओं, परम्पराओं, रीति-रिवाजों और व्यवहारों का ज्ञान कराया जाता है। उसके द्वारा पुरानी और नई पीढ़ियों में सम्बन्ध स्थापित रखा जाता है। उसके द्वारा व्यक्ति को उसके अधिकारों और कर्त्तव्यों का ज्ञान कराया जाता है। शिक्षा संस्कृति का विकास करती है। वह सामाजिक कुशलता (Social Efficiency) बढ़ाती है। व्यक्ति को आत्म-निर्भर बनाकर वह समाज की आर्थिक प्रगति में सहायक होती है। वह राष्ट्र के लिए उत्तम नागरिकों का निर्माण करती है। वह सामाजिक प्रगति के रास्ते की बाधाओं को दूर करके समाज की प्रगति में सहायक होती है। वह राष्ट्रीयता और अन्तर्राष्ट्रीयता की भावना को विकसित करती है और लोगों को एक दूसरे को समझाने में सहायता देती है। इस प्रकार शिक्षा के बिना सामाजिक जीवन में समन्वय और व्यवस्था असम्भव है। Dynamic Sociology में प्रो० वार्ड (Prof. Ward) ने शिक्षा का कार्य ज्ञान की वृद्धि माना है। Brief Course in the History of Education में मनरो (Munroe) ने ज्ञान की वृद्धि के साथ शिक्षा का कार्य सामाजिक नियन्त्रण, संस्कृति तथा सभ्यता का प्रसार और सामाजिक प्रगति को प्रोत्साहन देना माना है। अशिक्षित मनुष्य सभ्य नहीं कहला सकता यद्यपि शिक्षा का अर्थ साक्षरता नहीं है। मानव समाज और पशुओं के रेवड़ (Herd) में जो अन्तर है वह शिक्षा के ही कारण है। शिक्षा मानव समाज के संगठन की नींव है। वह मानव की श्रेष्ठता का आधार है।

शिक्षा और सामाजिक नियन्त्रण

रस्किन के अनुसार ''शिक्षा लोगों को शिष्ट बनाने में है जो कि उन्हें होना चाहिये।''[1] शिष्टाचार के प्रतिमान और आदर्श प्रत्येक समाज में अलग-अलग होते हैं। शिक्षा द्वारा व्यक्ति को इन्हीं का प्रशिक्षण दिया जाता है। यहाँ पर शिक्षा का अर्थ पढ़ना लिखना मात्र न होकर उसके व्यापक अर्थों में लिया गया है। शिक्षा के इसी अर्थ में समाजशास्त्री उस पर विचार करता है। शिक्षा मनुष्य को प्रकृति द्वारा मिली

1. "Education consists in making people polite what they ought to be." —Ruskin

शक्तियों, इन्द्रियों, बुद्धि, स्मृति आदि का उपयोग सिखाती है। शिक्षा उसको जीवन संघर्ष में सफल होने योग्य बनाती है। शिक्षा अनुकूलन की कला (Art of Adaptation) है। मनुष्य के लिए यह अनुकूलन प्राकृतिक से अधिक सामाजिक है। अत: शिक्षा मनुष्य का समाज से अनुकूलन करती है। इस प्रकार शिक्षा सामाजिक नियन्त्रण का एक महत्वपूर्ण साधन है।

शिक्षा केवल कला में ही नहीं होती, शिक्षा परिवार, स्कूल, खेल का मैदान, क्लब, आफिस सभी जगह होती है। व्यक्ति को सब कहीं कुछ न कुछ सिखाया जाता है, उसका सामाजीकरण किया जाता है। परिवार में, स्कूल में, खेल के मैदान में, बालक परिवार के, स्कूल के और खेल के मैदान के नियमों का पालन सीखता है, शिष्ट तौर तरीकों का प्रयोग सीखता है। विभिन्न मूल्यों का आदर करना सीखता है, विभिन्न प्रतिमानों का अनुकरण करना सीखता है, दूसरों की राय और मत की इज्जत करना सीखता है और प्रथाओं व परम्पराओं का पालन करना सीखता है। मौखिक शिक्षा से अर्थात् पढ़ने लिखने आदि से वह इन सब का बौद्धिक आधार तैयार करता है और व्यावहारिक शिक्षा से वह इनको व्यवहार में उतारना सीखता है। शिक्षा व्यावस्थाओं में विरोध होने अथवा शिक्षा का काम ठीक-ठीक न होने पर समाज की व्यवस्था छिन्न-भिन्न हो जाती है और सामाजिक नियन्त्रण काम नहीं कर पाता। अत: सामाजिक नियन्त्रण के भली प्रकार चलने के लिए शिक्षा एक आवश्यक शर्त है। उचित और व्यवस्थित शिक्षा के अभाव में सामाजिक नियन्त्रण केवल एक जबर्दस्ती का दबाव रहेगा जो बहुत दिन नहीं चल सकता। समुचित शिक्षा के बिना व्यक्ति और समाज का समन्वय कठिन नहीं है। बल्कि लगभग असम्भव है। शिक्षा सामाजिक नियन्त्रण को स्वाभाविक बना देती है। उससे सामाजिक नियन्त्रण आत्म-नियन्त्रण बन जाता है और व्यक्ति को उसका बोझ नहीं मालूम पड़ता यह दूसरी बात है कि शिक्षित व्यक्ति गलत सामाजिक नियन्त्रण को मानने को मुश्किल से तैयार होगा।

(6) क्रीड़ा समूह

क्रीड़ा समूह में बालक का सामाजीकरण होता है और वह अन्य लोगों से व्यवहार के तरीके सीखता है। हेज ने लिखा है कि "पर्यवेक्षित खेल के द्वारा बच्चे अनुभव से यह सीखते हैं कि सभ्य जीवन सभी सम्बन्धित व्यक्तियों के लिये बर्बरता की अपेक्षा अधिक श्रेष्ठ है।"[1] खेल नियमों पर आधारित होते हैं। इन नियमों का पालन किये बिना खेल हो ही नहीं सकते। इस प्रकार के नियम व्यक्ति में नियन्त्रण से रहने अथवा नियम पालन की आदत डालते हैं। खेल व्यक्ति को अनुशासित बनाता है और उसको नेता की आज्ञा का पालन करना तथा अन्य लोगों के साथ

1. "By supervised play children learn by experience that civilçed life is far superior for all concerned than savagery." —Hayes

सहयोग करना सिखाता है। उससे बालकों में सामूहिक उत्तरदायित्व की भावना उत्पन्न होती है।

(7) सामाजिक नियन्त्रण में कला का कार्य

कला समाज में व्यक्तियों की अनुभूति पर शासन करती है। संगीत, कविता, नृत्य, वाद्य, चित्रकारी, मूर्तिकारी आदि सभी से कलाकार दूसरों को प्रभावित करता है। मनुष्यों के संगठन में भावनाओं का बड़ा महत्व है। भावनाओं की एकता पर ही सामाजिक संगठन आधारित है। भावनाओं का नियन्त्रण, नियन्त्रण का अत्यन्त प्रभावशाली रूप है। जब-जब किसी देश, राष्ट्र, समूह अथवा दल का संगठन करने का अवसर आता है तब उसके सदस्यों की भावनाओं को अपील की जाती है। भारत में प्राचीन काल में युद्ध के समय रणगान गाये जाते थे। उनसे जहाँ सैनिकों को युद्ध के लिये उत्साह मिलता था वहाँ सामूहिक गान से उनको एकता का भी अनुभव होता था। जनजातीय समाजों और आदिम समाजों में सामूहिक गान और सामूहिक नृत्य आदि का सामाजिक एकता में बड़ा महत्व है। इनसे भावनाओं को उत्तेजना मिलती है और परस्पर तनाव ढीले पड़ते हैं जिससे मनुष्यों में एक दूसरे के प्रति सहानुभूति की भावना का संचार होता है। उनसे समाज के प्रत्येक व्यक्ति पर प्रभाव पड़ता है। उनकी अपील सार्वभौम है। केवल उनमें भाग लेने वालों में ही नहीं बल्कि उनको देखने वालों में भी भावनाओं का संचार होता है। इस प्रकार कला का सामाजिक नियन्त्रण में वही महत्व है जो कि खेल का है। दोनों आपस के भेदभावों को दूर करते हैं और तनावों को कम करके एकता का संचार करते हैं। अतः कला का प्रयोग सभी कहीं दिखाई पड़ता है। जनजातियों में त्यौहारों पर, युद्ध के अवसर सर, बीज बोने के अवसर पर, खेती काटने के अवसर पर सामूहिक गान और सामूहिक नृत्य दिखाई पड़ते हैं। इस प्रकार कला का प्रयोग व्यापक है। उसको धार्मिक, राजनैतिक, सामाजिक सभी अवसरों पर प्रयोग किया जाता है। भारत में विशेष अवसरों पर जो राष्ट्रीय गान का आयोजन किया जाता है उसका यही महत्व है।

कला समाज के हित के लिये मनुष्यों की सौन्दर्य प्रवृत्ति का उपयोग करती है। चित्रकारी और मूर्ति निर्माण में राष्ट्रीय वीरों और नेताओं के चित्र और मूर्तियाँ, सुन्दर, भव्य और प्रभावशाली बनाये जाते हैं। शैतान, राक्षस और उनके मानव भक्तों को कुरूप और वीभत्स रूप में चित्रित किया जाता है। भारतीय चित्रकला में देवताओं और राक्षसों तथा दैवी और आसुरी प्रकृति के मनुष्यों के चित्रण में इस प्रकार का अन्तर स्पष्ट देखा जा सकता है। इस प्रकार कला मनुष्यों के आदर्शों और विचारों को भी प्रभावित करती है। शुभ को सुन्दर और अशुभ को कुरूप दिखाया

जाता है । स्वभावतया इससे मनुष्यों पर अच्छा प्रभाव पड़ता है। सभी शुभ को पसन्द करते हैं और अपनाना चाहते हैं और अशुभ से दूर भागना चाहते हैं। असामाजिक प्रवृत्तियों, चोरी, व्यभिचार, झूठ, हत्या आदि को सभी जगह वीभत्स और कुरूप चित्रित किया जाता है और सामाजिक गुणों, प्रेम, सहानुभूति, परोपकार, त्याग आदि को सुन्दर और स्वस्थ रूप में चित्रित किया जाता है।

कला राष्ट्र के सदस्यों के सामने राष्ट्र के स्थायित्व का चित्र उपस्थित करती है। भारत में विभिन्न युगों की कला हमारे वर्तमान को अतीत से जोड़ती है और यह संकेत करती है कि करोड़ों व्यक्तियों के पैदा होते और मरते रहने पर भी राष्ट्र की परम्परायें, आदर्श, प्रथायें, धार्मिक विश्वास और संस्कृति के अन्य तत्व अक्षुण्ण रूप से विद्यमान रहते हैं। व्यक्ति आता है और चला जाता है परन्तु समाज सदैव रहता है। राष्ट्र अमर है। अजन्ता और एलौरा की गुफायें, सांची और भारहुत के स्तूप, ग्वालियर और दिल्ली आदि के किले और आगरे का ताजमहल आदि भारतीय संस्कृति के कलात्मक रूप राष्ट्र की अमरता की घोषणा करते हैं। ये देश की शक्ति और शाश्वतता के प्रतीक हैं।

कला हमारे सामाजिक प्रतीकों को गौरवान्वित करती है। उदाहरण के लिये राष्ट्र का ध्वज सुन्दर रंगों से सजाया जाता है। भारत का तिरंगा झंडा, अशोक चिन्ह आदि सौन्दर्य की दृष्टि से भी प्रभावशाली हैं क्योंकि उनमें कला का ध्यान रखा गया है। भिन्न-भिन्न देशों के राष्ट्र चिन्ह (National Symbols) भिन्न-भिन्न प्रकार की भावना प्रदर्शित करते हैं। रूस का हंसिया, हथौड़ा, श्रमिकों और किसानों के महत्व और योगदान का प्रतीक है। भारत में बने सैकड़ों शहीद स्मारक कला के माध्यम से जनता में देशभक्ति का संचार करते हैं। स्थान-स्थान पर स्थापित शहीदों की मूर्तियाँ देखने वालों को त्याग और शौर्य का पाठ पढ़ाती हैं। इस प्रकार कला से समाज के राष्ट्रीय पर्वों, आदर्शों, चिन्हों, परम्पराओं, रीतियों सभी को गौरवमय रूप मिलता है।

कला श्रम का सम्मान स्थापित करती है। हंसिया, हथौड़ा लिये हाथ उठाये स्त्री-पुरुष की विशाल मूर्तियाँ किसको प्रेरणा नहीं देतीं ? मजदूर भारत माता का सपूत है, वह राष्ट्र का अग्रदूत है। भारत माता को उससे बड़ी आशायें हैं। भारत माता के विविध चित्र और मूर्तियाँ प्रत्येक देशभक्त भारतवासी के हृदय में स्फूर्ति का संचार करती हैं।

इस प्रकार कला के माध्यम से व्यक्ति पर सामाजिक मूल्यों, आदर्शों, परम्पराओं, रीतियों तथा प्रथाओं आदि का नियन्त्रण रहता है। कला उसे इन सब को मानने को प्रेरित करती है और इनके लिये बड़े से बड़ा त्याग करने को तैयार करती है।

(8) सामाजिक नियन्त्रण में विश्वासों का महत्व

सामाजिक नियन्त्रण में विश्वासों, सुझावों और सामाजिक आदर्शों का बड़ा महत्व है। Social Control में रॉस ने सामाजिक नियन्त्रण में विभिन्न प्रकार के विश्वासों का विस्तृत वर्णन किया है। गिलिन तथा रॉस ने विश्वासों को पाँच प्रकारों में विभाजित किया है। ये प्रकार निम्नलिखित हैं–

(1) सामाजिक नियमों और व्यवहारों की शाश्वतता में विश्वास–इनमें यह माना जाता है कि सामाजिक नियम स्वाभाविक और प्राकृतिक हैं और उनके विरुद्ध कार्य करने से प्रकृति से दण्ड मिलता है।

(2) कर्मफल में विश्वास–हिन्दू पुनर्जन्म में विश्वास करते हैं। पुनर्जन्म के साथ कर्म के सिद्धान्त में विश्वास लगा हुआ है। इस विश्वास के अनुसार प्रत्येक आत्मा एक शरीर छोड़ने के बाद दूसरा शरीर धारण करती है और अपने कर्मों के अनुसार उसको अगले जन्म में अच्छा या बुरा शरीर मिलता है। बुरे काम करने वाले पशुओं और नीच जातियों में पैदा होते हैं और अच्छे काम करने वाले ब्राह्मण, देवता या राजाओं का शरीर धारण करते हैं। इस प्रकार कर्म में विश्वास से सामाजिक व्यवहारों को मान्यता मिलती है जिससे व्यक्ति पर उनका नियन्त्रण रहता है।

(3) तपस्या में विश्वास–इसके अनुसार बुरे आदमी को बुरे कर्मों का फल इसी जीवन में भोगना पड़ता है। वह जाति से बहिष्कृत कर दिया जाता है, उसको सामाजिक त्यौहारों और व्यवहारों में शामिल नहीं किया जाता। ये सजायें उसको अपने कर्मों का सुधार करने के लिये दी जाती हैं। इनसे उसकी आत्मा पाप से मुक्त होती है।

(4) परलोक में विश्वास–लगभग सभी समाजों में लोग लोक परलोक अर्थात् स्वर्ग नरक में विश्वास करते हैं। पुराण और अन्य ग्रन्थ स्वर्ग नरक के विविध चित्रण से भरे पड़े हैं। वे वर्णन, चित्र तथा मूर्तियाँ मनुष्यों को असामाजिक कामों से रोकते हैं और समाज सम्मत कामों की ओर प्रेरित करते हैं।

(5) गतात्माओं से सम्बन्ध में विश्वास–इस विश्वास के अनुसार आत्मायें अमर हैं और शरीर छोड़ने के बाद भी पृथ्वी पर रहने वाले लोगों से उनका लगाव रहता है। हमारे प्रिय बन्धु-बान्धवों की आत्मायें स्वर्ग से हमारे कामों को देखती रहती हैं। माँ अपने बच्चों को, पत्नी अपने पति को अथवा पति पत्नी को स्वर्ग से निहारते हैं। इस विश्वास से हमें सामर्थ्य और स्फूर्ति मिलती है तथा बुरे रास्ते पर न जाने की प्रेरणा मिलती है।

विभिन्न प्रकार के विश्वासों के उपरोक्त वर्णन से यह स्पष्ट होता है कि सामाजिक नियन्त्रण में विश्वासों का कितना महत्व है। ये प्रभावशाली हैं और इनमें कुछ खर्च नहीं होता। आत्म-नियन्त्रण के रूप में ये कभी-कभी कानून से भी

अधिक प्रभावशाली होते हैं। कानून हेतुओं को नहीं निश्चित करता। वह दिलों पर शासन नहीं करता। परन्तु विश्वास हमारी अन्तरात्मा के अभिन्न अंग हैं। परलोक, प्राकृतिक न्याय, कर्म, पुनर्जन्म और गतात्माओं की देखभाल में विश्वास से मनुष्य स्वयं सत्पथ कर जाने की कोशिश करता है और बुरे कामों से बचता है। इनसे बुरे कामों में चिन्ता होती है और अच्छे कामों से सन्तोष मिलता है। 'भगवान सब देखता है', यह विश्वास व्यक्ति के व्यवहारों पर जितना नियन्त्रण कर सकता है, उतना राज्य, सेना, पुलिस, कानून, पड़ोसी कोई नहीं कर सकते। मनुष्य की असामाजिक प्रवृत्तियों पर इन विश्वासों का जबर्दस्त और सहज नियन्त्रण रहता है। ये विश्वास हमारे कामों के आधार स्रोत बन जाते हैं। ये आदिम और सुसंस्कृत सभी समाजों में व्यक्तियों के आचरणों का नियन्त्रण करते हैं। उनकी सामर्थ्य व्यक्ति के विश्वास पर निर्भर है। उनमें सन्देह होते ही उनकी शक्ति समाप्त हो जाती है। उनमें विश्वास ही से उनकी शक्ति है।

(9) सामाजिक सुझावों द्वारा नियन्त्रण

सामाजिक सुझाव अप्रत्यक्ष रूप से सामाजिक नियन्त्रण पर प्रभाव डालते हैं। व्यक्ति जागते हुए और काम करते हुए अपने अचेतन हेतुओं (Motives) को नहीं समझ पाता। अतः सामाजिक सुझाव अचेतन रूप में ही काम करते हैं। सामाजिक सुझावों के प्रभाव का एक उदाहरण इस तथ्य में मिलता है कि किसी देश में बाहर से आये लोग, विशेषतया उनके बालक नये देश के तौर तरीके और विश्वास ग्रहण कर लेते हैं। सामाजिक सुझाव अनेक प्रकार से प्रभाव डालता है। एक विधि उदाहरण (Example) की है। वांछित सामाजिक गुण प्रदर्शित करने वाले व्यक्ति का लोग सम्मान करते हैं। उसे फूलों के हार पहनाते हैं, उसके जलूस निकालते हैं और उसको ऊँचे आसन पर बैठाते हैं, शहीदों की समाधियों पर मेले लगते हैं, उनके स्मारक बनाये जाते हैं, उनकी मूर्तियाँ स्थापित की जाती हैं। इस प्रकार सुधारकों, सन्तों, नेताओं और शहीदों के यश से अन्य लोग उनसे प्रभावित होते हैं और उनके उदाहरण का अनुसरण करने की स्फूर्ति प्राप्त करते हैं।

सामाजिक सुझाव के काम करने का एक अन्य तरीका मनुष्य की सुप्त शक्तियों की आस्था पर जोर देना है। मानव संकल्प के बल से असम्भव को भी सम्भव बना सकता है। उत्साह दिलाने से वह बड़े से बड़े कठिन कार्य सम्पन्न कर सकता है। इस तथ्य का नेता, सेनापति, सुधारक, राजा, उपदेशक आदि व्यापक उपयोग करते हैं।

सामाजिक सुझाव शब्दों तथा लेखों से अभिव्यक्त आदर्शों द्वारा भी काम करता है। प्रचार भी एक प्रकार का सुझाव है। आधुनिक काल में समाचार पत्रों, रेडियो, टेलीविजन आदि का प्रभाव किसी से छिपा नहीं है। प्रचार की सहायता से ही जर्मनी, इटली और जापान के राष्ट्रों में अभूतपूर्व सामर्थ्य और संगठन दिखाई पड़ा था।

सामाजिक सुझाव का सबसे प्रभावशाली प्रकार शिक्षा है। शिक्षा में सामाजिक सुझाव का व्यापक रूप से प्रयोग किया जाता है। उदाहरण, उपदेश अनुशासन, खेल तथा आदर्शों और जनतन्त्रीय प्रशिक्षण के द्वारा शिक्षा में सामाजिक सुझावों का प्रयोग किया जाता है। शिक्षा के समान ही प्रथायें और परम्परायें भी सामाजिक सुझावों का प्रयोग करती हैं। प्रथायें और परम्परायें व्यक्तियों के आचरण, व्यवहार और विश्वासों को एक रूप में ढालती हैं।

(10) सामाजिक आदर्शों द्वारा नियन्त्रण

सामाजिक सुझावों की तरह सामाजिक आदर्श भी सामाजिक नियन्त्रण के महत्वपूर्ण साधन हैं। स्वतन्त्रता, समानता और भ्रातृत्व के आदर्शों ने जनतन्त्रीय समाजों में महत्वपूर्ण भाग लिया है। जर्मनी के सामने "आदर्श प्रजाति" का आदर्श रखकर हिटलर ने पूरे राष्ट्र का जबर्दस्त संगठन किया। समानता के आदर्श ने साम्यवादी देशों में काया पलट दी है। विश्व-बन्धुत्व का आदर्श भेदभाव मिटा रहा है। न्याय के आदर्श ने शोषण को रोका है। अतः आदर्शों का महत्व स्पष्ट है। निस्सन्देह आदर्शों का महत्व उनके मानने वालों की सामर्थ्य पर निर्भर है परन्तु इससे उनका मूल्य कम नहीं होता।

इस प्रकार विश्वास, सामाजिक सुझाव और सामाजिक आदर्श सामाजिक नियन्त्रण के महत्वपूर्ण साधन हैं और प्रत्येक संगठित तथा प्रगतिशील समाज में इनका व्यापक रूप से प्रयोग किया जाता है।

(11) सामाजिक नियन्त्रण में पुरस्कार और दण्ड का कार्य

प्रत्येक समाज में दण्ड और पुरस्कार की एक व्यवस्था रहती है जो कि व्यक्तियों के विभिन्न कार्यों का नियन्त्रण करती है। दण्ड और पुरस्कार की यह व्यवस्था अलग-अलग समाजों में अलग-अलग तरह की होती है और उसी के अनुसार व्यक्तियों के व्यवहार और आचरण में भी अन्तर पड़ जाता है। उदाहरण के लिये कुछ जनजातियों में जो स्त्री सबसे अधिक तलाक प्राप्त करती है उसका सबसे अधिक सम्मान किया जाता है। अतः इससे तलाकों की वृद्धि को प्रेरणा मिलना स्वाभाविक है। एक ओर नागा जनजाति में जो नवयुवक सिर काट कर नहीं लाता उससे कोई भी युवती विवाह करना पसन्द नहीं करती, दूसरी ओर हिन्दू समाज में किसी का सिर काटने वाले व्यक्ति से शायद ही कोई लड़की विवाह करना पसन्द करेगी। इस परस्पर विरोधी दण्ड और पुरस्कार व्यवस्था से नागा लोगों में बहुत से सिरों के शिकारी (Head Hunters) होते हैं और हिन्दू समाज में हत्यायें अपेक्षाकृत कम होती हैं।

पुरस्कार के रूप भिन्न-भिन्न समाजों में अलग-अलग तरह के होते हैं। पुरस्कार पद, सम्मान, धन, स्त्री, सामाजिक स्वीकृति, यश आदि के रूप में होता है। दण्ड इन्हीं पुरस्कारों से वंचित किये जाने के रूप में होता है। मानव स्वभाव से ही ऐसे काम करना चाहता है जिनसे पुरस्कार मिले और ऐसे काम नहीं करना चाहता जिनसे दण्ड मिले। अतः पुरस्कार और दण्ड व्यवस्था द्वारा समाज व्यक्ति के आचरण और व्यवहार का नियन्त्रण करता है। उदाहरण के लिये कुछ जनजातियों में उसी स्त्री को विवाह के लिये उपयुक्त माना जाता है जो विवाह के पूर्व ही गर्भवती बन चुकी हो। अतः ऐसे समाज में क्वारी लड़कियाँ अधिक से अधिक यौन सम्बन्धों की ओर प्रवृत्त होती हैं। दूसरी ओर हिन्दू समाज में ऐसी कन्या से कोई विवाह करना पसन्द नहीं करता जो विवाह के पूर्व गर्भवती हो चुकी हो। अतः हिन्दू समाज में क्वारी कन्यायें भरसक यौन सम्बन्धों से बचने की कोशिश करती हैं। जिन कामों से समाज में बदनामी हो उनसे व्यक्ति हमेशा बचता है। भारतवर्ष में पहले जब जातिवाद और छुआछूत का बड़ा जोर था तब अन्तर्जातीय विवाह से बड़ी बदनामी होती थी। अब क्योंकि इस विषय में जनमत कुछ बदल गया है अतः अन्तर्जातीय विवाह को प्रोत्साहन मिलने लगा है। समाज में प्रेम, मैत्री, सहानुभूति, दया, दान करना आदि गुणों वाले व्यक्ति का सम्मान किया जाता है और इनसे वंचित व्यक्ति का तिरस्कार किया जाता है। अतः लोग जानबूझकर इन गुणों को प्राप्त करने की कोशिश करते हैं। जग हंसाई का डर व्यक्ति पर जितना नियन्त्रण रखता है उतना बहुत कम बातों का होता है। दुनिया में नाम कमाने के लिये लोग बड़े से बड़ा त्याग करने को तैयार रहते हैं। रूस में सबसे अधिक उत्पादन करने वाले श्रमिकों को सम्मानित उपाधियाँ दी जाती हैं। इस पुरस्कार से मजदूरों में काम करने की प्रतियोगिता सी रहती है। पुरस्कार में धन का बड़ा महत्व है। इसके कारण व्यक्ति के व्यवहारों पर बड़ा नियन्त्रण रहता है। धन की खातिर व्यक्ति क्या नहीं करता ?

मनुष्य एक सामाजिक प्राणी है। अतः उसके कामों पर सामाजिक पुरस्कार और दण्ड का प्रभाव पड़ना स्वाभाविक है। हम सभी उन्हीं कामों को करना चाहते हैं जिनको अन्य लोग स्वीकार करें और अच्छा समझें तथा जिनसे वे हमारा सम्मान करें। यदि किसी काम से हमारी बदनामी हो सकती है, हमारे विवाह आदि में बाधा पड़ सकती है, हमारा पद व सम्मान कम हो सकता है अथवा जिस कार्य को समाज के अधिकांश व्यक्ति स्वीकार नहीं करते तो उसको करने में हम हिचकिचाते हैं। इस प्रकार समाज की पुरस्कार और दण्ड की व्यवस्था हमारे कामों का नियन्त्रण करती है।

(12) सामाजिक नियन्त्रण में हास्य का कार्य

मनुष्यों के सामाजिक सम्बन्धों में हास्य का विशेष योगदान है। हास्य से सामजिक सम्बन्धों में विविधता, स्फूर्ति और घनिष्ठता बनी रहती है। शारीरिक और

मानसिक दृष्टि से थके हुये होने पर भी हंसी मजाक से लोग फिर से ताजे हो जाते हैं। हंसी-हंसी में लोगों को ऐसी बातें समझाई जा सकती हैं जो गम्भीरता से कहने पर वे बुरा मान सकते हैं। इस प्रकार कौमिक अथवा हास्य के द्वारा सामाजिक नियन्त्रण सरल हो जाता है। विशेष अवसरों पर नाटकों के द्वारा विदूषक समाज के नेताओं का जो चित्र खींचते हैं उससे जहां लोगों का मनोरंजन होता है वहाँ उन्हें शिक्षा भी मिलती है। नाटकों, फिल्मों आदि में अनेक प्रकार की शिक्षायें कौमिक के द्वारा दी जाती हैं। इन शिक्षाओं को व्यक्ति बड़े हल्के मन से ग्रहण कर लेता है।

समाज में प्रत्येक प्रकार के समूह में हास्य से सामाजिक नियन्त्रण बना रहता है। ग्रामीण समूह में लोक गीतों, सामूहिक नृत्यों और नाटकों, नौटंकियों के माध्यम से सामाजिक रीति-रिवाजों, परम्पराओं आदि की समीक्षा की जाती है और उनमें परिवर्तन किया जाता है। सामूहिक रूप से हास्य के कार्यक्रमों में भाग लेने से व्यक्तियों में परस्पर तनाव कम होते हैं। अनेक समूहों के मिल जुल कर हास्य के कार्यक्रमों में भाग लेने से सामूहिक तनाव कम होते हैं। उदाहरण के लिये यदि भारतवर्ष में विभिन्न क्षेत्रों के रहने वाले, भिन्न-भिन्न भाषा बोलने वाले और भिन्न-भिन्न धर्मों तथा जातियों के सदस्य व्यक्तियों को एकत्रित होकर हंसी मजाक का अवसर दिया जाए तो उनमें सामूहिक तनाव निश्चय ही कम होंगे।

अस्तु, सामाजिक जीवन के प्रत्येक क्षेत्र में किसी न किसी प्रकार के हास्य की प्रथा देखी जाती है। अधिकतर हास्य सामाजिक परिस्थिति में ही विकसित होता है। इससे व्यक्तियों के परस्पर सम्बन्ध घनिष्ठ होते हैं, उनमें सहानुभूति बढ़ती है और वे एक दूसरे की भावनाओं में भाग लेते हैं। मनोवैज्ञानिक दृष्टि से हास्य मनुष्य की एक सहज प्रवृत्ति है बल्कि कुछ लोगों ने तो इसी मूल प्रवृत्ति के आधार पर मनुष्य को अन्य पशुओं से अलग माना है यद्यपि अनेक विचारकों ने अनेक पशुओं में भी हास्य की प्रवृत्ति दिखलाई है।

हास्य के भय के कारण समाज में मनुष्य अपने कामों पर नियन्त्रण रखते हैं। कोई भी दूसरों की हंसी का पात्र नहीं बनना चाहता। जग हंसाई होने के डर से लोग सब प्रकार के असामाजिक कार्यों से दूर रहते हैं। दूसरों के उपहास का पात्र न होने की भावना से प्रत्येक व्यक्ति अपने विशिष्ट कार्य को अधिक मनोयोग से करता है। इस प्रकार कलाकार, साहित्यकार, संगीतकार तथा साधारण व्यावसायिक व्यक्ति और कर्मचारी भी अपने-अपने विशिष्ट कामों को अधिक से अधिक कुशलता से करने का प्रयास करते हैं जिससे उन्हें दूसरों की हंसी का पात्र न बनना पड़े। हास्य के प्रतिमान भी सामाजिक परिस्थितियों में ही निश्चित होते हैं और अधिकतर हास्य के समाज सम्मत प्रतिमान ही उपयुक्त माने जाते हैं। हास्य के कारणों के विषय में कुछ लोग उसको अतिरिक्त शक्ति को निकालने का माध्यम समझते हैं जबकि अन्य विचारक खोई हुई शक्ति फिर से प्राप्त करने का मार्ग समझते हैं। हास्य मनुष्य की

एक सहज प्रेरणा है और उससे ये दोनों ही कार्य सिद्ध होते हैं। मानव जाति ने लम्बे अनुभव से हास्य को व्यक्तिगत और सामाजिक जीवन में उपयोगी पाया है और यह इन दोनों ही क्षेत्रों में स्वास्थ्य और व्यवस्था की वृद्धि करता है।

अभ्यास के लिए प्रश्न

1. एक धर्मनिरपेक्ष राज्य में सामाजिक नियन्त्रण के साधन के रूप में धर्म के भाग की परीक्षा कीजिए।
2. सामाजीकरण और सामाजिक नियन्त्रण में पड़ौस का महत्व बतलाइए।
3. सामाजिक नियन्त्रण में शिक्षा का भाग बतलाइए।
4. संक्षिप्त टिप्पणी लिखिए—कला का सामाजिक कार्य।
5. सामाजिक नियन्त्रण में दंड के महत्व की विवेचना कीजिए।
6. रूढ़ि और कानून में अन्तर बताइए। क्या समाज की रूढ़ियों में कानून की सहायता से परिवर्तन लाया जा सकता है?